中共中央在延安十三年史（7）

经济建设史

中国延安精神研究会　编
李刚　魏鹏娟◎主编

中共党史出版社

编辑委员会

总　　序

李铁映

中国共产党在新民主主义革命时期的历史，是中国共产党在马克思列宁主义的指导下，创建自己的革命理论、开辟革命道路的探索史；是中国共产党领导人民大众浴血奋战，推翻“三座大山”，建立新中国的奋斗史；也是中国共产党人为民族独立和人民解放，用鲜血和生命谱写的无私奉献史。从1935年10月至1948年3月，即中共中央到达陕北至毛泽东和中央领导机关离开陕北的十三年，史称延安时期，则是这部历史中最为辉煌的篇章。

二十世纪三四十年代，世界革命运动风起云涌。被压迫民族和人民，与帝国主义和各国反动势力展开了英勇顽强的斗争。人民革命和人民解放战争是这一时期最鲜明的特征。

苏联社会主义建设取得了伟大成就，向世界人民展现了一条崭新的光明之路。以苏共为领导的共产国际，在支持世界无产阶级革命、被压迫民族与人民，争取民族独立和人民解放的革命斗争中，发挥了重要作用，推动了世界民族独立和人民解放革命运动的发展。

资本主义世界各国，经历了二十年代末和三十年代初的经济危机后，经济开始复苏。德国、意大利和日本法西斯国家，为了摆脱经济危机、转移国内阶级矛盾、在世界范围内争霸，挑起了第二次世界大战。

二十世纪三十年代中期，是中国国内阶级矛盾尖锐复杂、日本侵略中国、中华民族陷入深重灾难的时期。

1931 年 9 月 18 日，日本帝国主义发动了侵略中国的“九一八”事变，整个东北仅在 4 个多月的时间内被日本侵略者占领。1932 年 1 月 28 日，日本帝国主义入侵上海，继而于 1933 年入侵华北。1935 年夏秋，日本帝国主义又制造了侵略中国内地的“华北事变”，控制了包括北平、天津在内的河北、察哈尔两省的大部分地区。中华民族处于危急关头，亡国灭种的大祸迫在眉睫。

中国共产党及其领导的中国工农红军，首先举起抗日救国的大旗。

1931 年，在日本帝国主义侵略中国之始，中共中央发表宣言：以民族革命战争，把日本帝国主义者驱逐出中国。1933 年 1 月 17 日，中华苏维埃共和国临时中央政府提出，在停止对苏维埃的进攻、保证民众的民主权利等条件下，中国工农红军准备和任何武装部队订立共同抗日作战的协定。1934 年 7 月和 9 月，中共中央先后决定，将红七军团和红二十五军分别改编为抗日先遣队，北上抗日。1935 年 8 月 1 日，中共中央发表《为抗日救国告全体同胞书》（史称“八一宣言”），再次提出：只要国民党军队停止进攻苏区，实行对日作战，红军愿立即与之携手，共同救国。

但是，这些正确的主张和行动，没有得到国民党政府的响应。不仅如此，蒋介石坚持“攘外必先安内”的国策，指挥国民党军队对共产党领导的工农红军进行疯狂“围剿”。

中国工农红军各方面军，曾连续击败国民党军队的多次“围剿”。在第五次反“围剿”后，红军为了摆脱被国民党“围剿”的困境，为了抗击日本帝国主义的侵略，开始了战略转移。第一方面军即中央红军，于1934年10月开始长征，1935年10月到达陕北。第二、四方面军也先后于1936年10月到达西北，实现了三大主力红军的胜利会师。从此，中国革命大本营奠基西北，陕北便成为中共中央和主力红军长征的落脚点、抗日战争的出发点。

中共中央到达陕北后，红军能否在这块贫瘠狭小的地方站住脚并得到发展；在日本帝国主义侵略中国日益加深、国内阶级矛盾仍然对立的情况下，中华民族能否团结起来战胜日本帝国主义，其中最关键的是建立抗日民族统一战线。国共两党实行第二次合作等问题，摆到了全党面前。

面对新的形势和任务，中共中央于1935年12月17日在陕西省安定县（今子长县）瓦窑堡，召开政治局扩大会议（即瓦窑堡会议），明确提出了抗日民族统一战线的理论和策略。会后，中国共产党以民族大义为重，积极推进从反蒋抗日、逼蒋抗日到联蒋抗日的历史进程，顺利实现了第二次国内革命战争向全民族抗日战争的战略转变，制定并执行了全面抗战的路线和持久战的战略方针，团结带领全国各族人民，取得了打败日本帝国主义的伟大胜利。

抗战胜利后，蒋介石又发动了反人民的内战，中国共产党团结带领全国人民继续英勇奋斗。到1948年初，解放战争取得了决定性胜利。中原、东北、华北、陕北、山东等战场，捷报频传，大部分地区得到解放，有的地区仅剩下少数几座孤城。这些胜利，为全国解放奠定了基础。

中共中央在延安十三年，经历了土地革命战争后期、抗日战争、解放战争的战略防御和战略反攻阶段三个时期。十三年中，中国共产党领导中国人民创建了彪炳史册的辉煌成就。

建立了广泛的统一战线。为了实现中华民族的大团结，共同完成党在抗日战争和解放战争时期的中心任务，中国共产党在认真分析我国社会主要矛盾、阶级状况，总结我们党历史经验的基础上，建立了广泛的统一战线。抗日战争时期，实现了以第二次国共合作为基础的抗日民族统一战线。这个统一战线，既有工人阶级、农民阶级、小资产阶级，也有民族资产阶级、开明绅士、地方实力派，还有以蒋介石为代表的英美派大地主、大资产阶级。我们党对不同阶级、阶层和社会团体，采取了有利于团结抗日的政策措施；对以蒋介石为代表的国民党，坚持了既联合又斗争的策略方针，确保了抗日民族统一战线的巩固和发展。解放战争时期，我们党适时建立了人民民主统一战线。这个统一战线，不仅包括工人阶级、农民阶级、城市小资产阶级、民族资产阶级、开明绅士、其他爱国分子、少数民族，而且包括海外华侨等各方面的进步力量。统一战线的建立，为夺取抗日战争和解放战争的胜利集结了强大的革命力量。统一战线是中国共产党的伟大创造，是中国革命的一大法宝。

建设了一支听党指挥、忠于人民、英勇善战的人民军队。 1935 年 10 月，中央红军到达陕北时不足 8,000 人；连同红二、四方面军，陕北红军，红二十五军，南方红军和游击队，东北抗日联军等，不足 10 万人。1948 年 3 月，毛泽东离开陕北时，人民解放军已发展到 280 万人（其中正规部队 149 万人，地方部队 131 万人），民兵 550 万人，支前民工约有 600 多万人，在全国范围内形成了浩浩荡荡的革命大军。其间，红军改编为八路军、新四军，解放战争时期改称人民解放军。不管形势任务和军队的名称如何改变，党对军队绝对领导的根本原则，全心全意为人民服务的建军宗旨，打仗、做群众工作、生产的三大任务，始终没有变。同时，始终坚持政治工作是我军一切工作生命线的重要思想，适时进行新式整军，充分利用作战间隙加强战术技术训练，积极创新适应作战需要的武装力量体制等。所有这些，都极大地推进了把我军这个以农民为主要成分的革命军队，建设成为一支无产阶级性质的、具有严格纪律的、同人民群众保持密切联系的、能打胜仗的新型人民军队的历史进程。人民军队、人民战争，是中国共产党的又一伟大创造。

扩大了革命根据地和解放区。1935 年 10 月，中共中央到达陕北时，陕甘革命根据地是土地革命后期仅存的一块革命根据地。抗日战争胜利时，革命根据地发展到 19 块，面积达 100 万平方公里，人口近亿。1948 年 3 月，毛泽东离开陕北时，陕甘宁、晋察冀、晋冀鲁豫、晋绥、山东、中原等解放区大都连成一片，面积达 235.55 万平方公里，占全国总面积的 24.5%；人口 1.68亿，占当时全国总人口的 35.3%；并占领了 57 座城市。各革命根据地和解放区都为革命战争的胜利作出了重大贡献。以陕甘宁边区为例，仅从 1947 年 3 月至 1948 年 2 月，支前参战民工 2,181,664 人，支前牲畜1,478,708头，做军鞋 929,000 双。毛泽东曾说："延安和陕甘宁边区的人民对于全国人民是有伟大贡献的。"

创建了人民当家作主的新型政权。在中国共产党领导下，陕甘宁边区在汲取瑞金苏区建立苏维埃政权经验的基础上，1939 年 1 月 15 日至 2 月 4 日，在延安召开陕甘宁边区首届参议会，民选的参议员有工人、农民、知识分子的代表，也有商人和地主的代表。会议选举产生了人民当家作主的新型政权，制定了《陕甘宁边区抗战时期施政纲领》。其他根据地和解放区也相继建立了经过民主选举产生的民主政府。各级政府认真贯彻执行共产党的路线方针政策，充分发扬民主，努力为人民群众办好事，清正廉洁，深入开展土地革命，大力加强经济建设和文化建设，破除迷信、移风易俗，实行婚姻自由，整顿社会秩序，制定有关法律，创造了共产党局部执政、土地革命与接管城市的成功经验。创建人民当家做主的政权，是中国共产党的又一伟大创造。

加强了共产党的建设。1935 年 10 月，中共中央到达陕北时，全国共产党员仅有 4 万多人。1948 年 3 月，毛泽东离开陕北时，全国党员发展到 290 多万人。1939 年 10 月，毛泽东在《〈共产党人〉发刊词》中提出，建设一个全国范围的、广大群众性的、思想上政治上组织上完全巩固的布尔什维克化的中国共产党，并把这一任务称之为党的建设“伟大的工程”。各级党组织在严酷的战争条件下，始终把加强党的思想建设、组织建设、作风建设放在革命斗争中的首位，认真执行党的决议，严守党的纪律，充分发挥了共产党员的先锋模范作用和党支部的战斗堡垒作用。经过延安的学习整风，全党的思想更加统一，政治更加坚强，组织更加巩固，形成了理论联系实际、密切联系群众、批评与自我批评的优良作风，党的凝聚力和战斗力大大增强。在此基础上，召开了党的第七次全国代表大会，为党的建设进一步指明了正确方向。特别重要的是，延安时期形成了以毛泽东为核心的党的第一代领导集体。在理论和实践中建设党，是中国共产党最伟大的创造。

毛泽东思想成为党的指导思想。《毛泽东选集》一至四卷第二版收入的 159 篇文章中，有 112 篇文章是在延安时期撰写的，占 71%；收入《刘少奇选集》77 篇、《朱德选集》65 篇、《周恩来选集》116 篇、《任弼时选集》47 篇文章中，在延安时期撰写的分别为 29 篇、23 篇、39 篇、25 篇，分别占各自《选集》的 37%、35%、34%、53%。这期间，以毛泽东为代表的中国共产党人，系统总结了建党以来特别是土地革命战争时期的历史经验，以及抗日战争和解放战争中的实践经验，提出了一系列符合中国实际的具有独创意义的思想和观点，科学回答了时代和实践提出的新课题，形成了一个完整系统的科学体系，即毛泽东思想。毛泽东思想是马克思列宁主义基本原理与中国革命具体实践之统一的思想，即中国化的马克思主义。党的“七大”把毛泽东思想确立为党的指导思想。以毛泽东为核心的党的第一代领导集体，对如何认识马克思主义和中国实际，如何实现马克思主义与中国实际相结合，都作了深刻阐述，为马克思主义中国化、时代化、大众化，开辟了道路。

发展了新民主主义的文化。在解放区，利用举办识字班、夜校、冬学以及救亡室等形式，组织人民群众学文化。在条件具备的老解放区，大力创办小学、中学和大学，有的还进行了以解决教育脱离现实革命斗争为目的的教育改革。在国统区，党的地下工作者在人民群众中积极宣传共产党的理论和路线方针政策，并组织进步艺术家创作抗日救国和争取人民民主的文艺作品。

1940 年 1 月，毛泽东发表《新民主主义论》，提出建设民族的、科学的、大众的新民主主义文化的重要思想，推动了文化事业的发展。以陕甘宁边区为例，1935 年 10 月，中共中央到达陕北以前，有的县仅有几所小学、几十名学生，没有中学，95% 以上的农民是文盲。到 1940 年，陕甘宁边区已有小学 1,314 所，中等学校 7 所，其中小学生达 4.36 万余人，50% 左右的青壮年扫除了文盲。中共中央和边区政府还先后成立了中央党校、抗日军政大学、陕北公学、马列学院、中国女子大学、青年干部训练班、鲁迅艺术文学院、延安自然科学院等 30 余所院校和研究机构，为党培育了数十万各类专门人才。1942 年 5 月，毛泽东发表《在延安文艺座谈会上的讲话》，系统回答了文艺“为什么人”服务和“如何服务”等重大问题，推动了文艺事业的繁荣发展。一批以《黄河大合唱》、歌剧《白毛女》、平剧《逼上梁山》、长篇叙事诗《王贵与李香香》等为代表的文艺精品相继推出，在社会上产生了巨大反响。

研究和开展了民族宗教工作。中共中央到陕北不久，1936 年党就开始研究回族和宗教问题。1937 年 7 月，中共中央成立了少数民族工作委员会。党的六届六中全会讨论了少数民族工作问题，制定了民族区域自治政策。1939 年初，建立了民族问题研究室。这期间，党颁发了一系列关于民族问题的重要文件，认真执行民族政策，实行民族平等，尊重各民族的文化和风俗习惯，帮助少数民族改善与提高生活水平，发展生产和教育，采取多种措施消除民族隔阂，积极改善各民族间的关系。中央党校和陕北公学先后办起了少数民族干部培训班、蒙古青年队和少数民族工作队。党还创办了中央民族学院。陕甘宁边区推选大批少数民族的代表担任边区县、区、乡参议员和政府委员。许多抗日根据地，建立起回族救国会等爱国团体和几十支回民抗日武装。我党还制定并执行了符合我国实际的宗教政策，公开宣布：人民群众有信仰宗教的自由，也有不信仰宗教的自由；共产党员可以同某些唯心主义者甚至宗教徒建立在政治上的反帝反封建的统一战线。正是在这样的理念和政策的指导下，宗教工作取得了显著成效，调动了广大信教群众参加和支持抗日救国、打倒蒋介石、解放全中国革命斗争的积极性。

吸引了大批有志青年和知识分子奔赴延安。中共中央专门作出大量吸收知识分子的决定。共产党正确的路线和方针政策，在解放区乃至全国各地产生了积极影响。特别是共产党领导的八路军、新四军和敌后抗日武装力量的不断发展及其取得的辉煌战果，与国民党政府消极抗日、不断退让的所作所为及其恶劣后果，形成了鲜明的对照。“延安”和“西安”分别成了代表两个政党、两个政府、两种社会、两种前途、两种命运的政治性概念。广大有志青年和知识分子，掀起了奔向延安和各解放区、投身革命的热潮。全国各地奔向延安的知识分子就有 4 万多人。这些革命青年来到延安、解放区和作战部队后，认真学习，积极工作，刻苦改造世界观，自觉接受战火的考验，成长为坚强的革命战士，成为治党治军治国的骨干力量。

开展了广泛的国际交流。我们党冲破国民党的严密封锁，利用各种合法的和隐蔽的手段，广泛宣传共产党的主张，驳斥国民党恶意编造的种种谣言和污蔑，积极争取外援，赢得了国际社会对共产党领导的革命事业的同情、理解和支持。一方面，我们党继续加强与苏联共产党和政府的交往，得到了他们在政治、经济、军事等方面对我党领导的革命斗争的支持，特别是1945年8月苏联出兵东北，推进抗日战争胜利的进程，加速了日本帝国主义的投降。同时，我们党还积极争取国际社会进步组织和人士对我们的支持。不少国家、政党和进步团体，都派出了到延安和其他解放区的考察组、援助团、医疗队等组织，在道义、物质、技术等方面对我提供支持。白求恩、马海德、柯棣华等外国朋友的名字，在中国家喻户晓；埃德加·斯诺的《红星照耀中国》小册子，在全世界产生了广泛影响；毛泽东和英国记者贝特兰以及和美国记者安娜·路易斯·斯特朗的谈话，对世界各国政府和人民了解中国的抗日战争和解放战争产生了很大作用。另一方面，我们党充分利用日本发动侵华战争后帝国主义之间的矛盾，积极推进反对日本帝国主义国际统一战线的建立。抗日战争初期，虽然美英曾一度实行“不干涉”中日战争的消极政策，并一度企图以牺牲中国利益为条件同日本妥协，但太平洋战争的爆发，终于使中、美、英在抗日的基础上走到了一起。

取得了抗日战争和解放战争的伟大胜利。在中国共产党倡导建立的抗日民族统一战线旗帜下，中国人民同日本侵略者进行了艰苦卓绝的殊死斗争，经过8年抗战，共歼灭日军150多万人。其中，共产党领导的抗日武装，坚持人民战争的思想和游击战的战略战术，抵抗了60%的日军、90%的伪军，歼灭日军52.7万余人、伪军118.7万余人。这些战绩，迫使日军放弃了向北进攻苏联的计划，削弱了日军南下太平洋的实力，推动了美国、苏联在亚洲及太平洋对日战争的胜利，终于使日本帝国主义在投降书上签字。这是一百多年来中国人民反抗外敌入侵第一次取得胜利的民族解放战争，洗雪了十九世纪四十年代以来中华民族百年耻辱，成为中华民族由衰败到重新振起的转折点。

从1946年6月开始的解放战争，至1948年3月毛泽东离开陕北时，歼灭国民党军2,244,790人(其中正规军1,454,287人，非正规军790,503人)，取得了解放战争的决定性胜利，形成了经略半壁江山、势如破竹的战略进攻之势，为实行战略决战创造了有利条件。

培育了延安精神。广大共产党员带领人民群众在与穷凶极恶的国内外敌人的殊死搏斗中，在继承和发扬中华民族优秀传统和井冈山精神、长征精神等革命精神的基础上，培育了以坚定正确的政治方向，解放思想、实事求是的思想路线，全心全意为人民服务的根本宗旨，自力更生、艰苦奋斗的创业精神为主要内容的延安精神。培育了不怕鬼，不信神，独立自主，走自己的路的思想境界。延安精神，是中国共产党人在延安时期革命精神中的集中概括，充分体现了党的性质和宗旨、优良传统和作风，充分体现了中国共产党人的崇高品德和高尚情怀，是党魂、军魂和民族魂中的重要内容。邓小平指出："我们一定要宣传、恢复和发扬延安精神"，"我们不是靠马克思主义的科学理论和上述的革命精神参加革命到现在吗？从延安到新中国，除了靠正确的政治方向以外，不是靠这些宝贵的革命精神吸引了全国人民和国外友好人士吗？"邓小平的这些论述，深刻阐明了延安精神的重大意义。

1948年初，解放战争的形势发生了根本性变化。国民党军队由战略进攻转为"全面防御"，我军则结束了长期以来所处的战略防御地位。正如毛泽东所说："这是一个历史性的转折点。这是蒋介石的二十年反革命统治由发展到消灭的转折点。这是一百多年来帝国主义在中国的统治由发展到消灭的转折点。""这个事变一经发生，它就将必然地走向全国的胜利。"同时，土地改革、整党、整军运动，在全党全军和全国新老解放区陆续展开。

为适应形势任务深刻变化的需要，中共中央和毛泽东、周恩来等中央领导同志，于1948年3月23日离开陕北，前往河北省平山县西柏坡，开始了领导全党全军和全国人民解放全中国、迎接新中国诞生的新的伟大征程。

延安时期十三年取得的成就充分说明，中国人民是伟大的人民，中国共产党是伟大的党，人民军队是伟大的军队，毛泽东思想是马克思主义中国化的伟大理论。然而，这些伟大不是自然而然地产生和发展的，而是经过艰苦奋斗，用血与火铸就的。中国人民，只有在共产党的领导下，才能找到正确的革命道路，团结起来，实现民族的独立和人民的解放；中国共产党，只有围绕党的中心任务，坚持不懈地加强自身建设，密切联系群众，为实现人民的根本利益而英勇奋斗，才能真正发挥核心领导作用；人民的武装力量，只有在共产党的领导之下，经过艰苦细致的思想政治教育和艰苦卓绝的战争锤炼，才能真正成为一支听党指挥、忠于人民、英勇善战的人民军队；毛泽东思想，只有中国共产党人坚持把马克思主义的基本理论与中国实际和时代特征相结合，才能产生并得到丰富与发展。

历史是前人的实践和创造，是现实的基础和对未来的昭示。列宁曾说："忘记过去就意味着背叛。"我国古代也有"灭其国必先去其史"的史例和警言。苏共亡党、苏联解体，与乱心摄魂、污史糟人有关。在新的历史时期，要搞垮中国，就会从否定中国共产党、否定社会主义制度、否定毛泽东思想、否定老一辈无产阶级革命家入手。一切不愿看到中国振兴的力量，都会利用这套巫术。涂鸦、妖魔化中国，这是他们的惯伎，在人类历史上屡见不鲜。

当前，我们党领导全国人民已进入二十一世纪的第二个十年。世情、国情、党情、民情，与延安时期相比，已经发生了根本性变化。但党的性质和宗旨没有变、不能变，也不会变，实现中华民族的伟大复兴，建设社会主义，最终实现共产主义的伟大目标没有变、不能变，也不会变。延安时期形成的毛泽东思想，仍然是并将永远是党的精神力量，延安时期培育的延安精神，仍然是现代化建设和改革开放不可或缺的精神动力；延安时期形成的党的优良作风，仍然对新形势下社会主义精神文明建设具有重要借鉴意义。

为从中共中央在延安时期的历史中汲取政治营养、精神动力和历史智慧，中国延安精神研究会从2007年开始，启动了“一史两志”，即中共中央在延安十三年史和陕甘宁边区志、延安地方志工程。

这一工程共分三个部分，共40余个课题，约2,500多万字。第一部分是历史资料，设有中共中央在延安十三年《重要文献选编》、《重要会议资料》、《对重大事件处理资料》等20多个课题；第二部分是总论，设有《中共中央领导同志论延安精神》、《中共中央在延安十三年历史》、《中共中央在延安十三年编年史》等课题；第三部分是分论，主要包括延安时期的政治、经济、军事、文化、社会、教育、外交等各项事业的发展史和《陕甘宁边区志》、《延安地方志》。

经过200余名专家学者历经近10年的共同努力，这项工程已经基本完成。这部大型系列史书，资料真实丰富，论述较深刻，脉络清晰，反映了延安时期我们党带领人民进行的主要活动、取得的成就和创造的经验。广大参研人员坚持理论与实际、历史与现实相结合的原则，付出了艰辛劳动。

“一史两志”科研成果，为深化延安时期中共党史研究开了个好头，打下了一定的基础。但要真正把这一历史时期的宝贵财富全部挖掘出来、研究清楚、得出符合历史实际并对现实有借鉴价值的成果，还须继续深入进行研究。

我相信，通过广大理论工作者的共同努力，党史研究工作一定能在不太长的时间内推出更多精品力作，并一定能够充分发挥研究成果以史鉴今、资政育人的作用。

前　言

“东方红，太阳升，中国出了一个毛泽东！”

1935 年 9 月中共中央率领红军到达陕北，完成了将中国革命大本营落脚到陕北的伟大壮举。在中共中央指导下，1937 年 9 月，成立陕甘宁边区政府，揭开了中共中央在延安进行经济建设的伟大篇章。

中共中央在延安领导陕甘宁边区和其他根据地的经济建设，历时 13 个春秋。大致可以划分为三个阶段。即，第一阶段：1935 年 9 月到 1937 年 5 月，中共中央到达延安初期的经济建设。这一阶段主要是在中共中央的正确领导下，对此前陕甘苏维埃政府经济建设中存在的“左”和右的错误倾向进行纠正，使陕甘苏维埃政府领导的经济建设走上正确的发展道路，并集中力量解决红军到达陕北初期所面临的一系列经济问题，通过恢复和发展陕甘苏区的经济，保证陕甘苏区军民所需，为中国革命大本营落脚陕北提供必要的物质保障。第二阶段：1937 年 9 月到 1945 年 7 月。中共中央在抗日战争时期领导陕甘宁边区和其他抗日根据地的经济建设。1937 年 7 月抗日战争全面爆发，1937 年 9 月陕甘宁边区政府成立，随即开展了陕甘宁边区全面的国民经济建设。在这一时期，在中共中央“发展生产，保障供应”、“力争外援，休养生息”、“独立自主，自力更生”等政策引导下，陕甘宁边区和其他抗日根据地开展以“减租减息”、“大生产运动”为主要内容的全面经济建设，使陕甘宁边区和其他抗日根据地的工农业生产、商业和金融业活动以及交通邮电事业都有了长足的发展，为保证抗日战争的胜利奠定了物质基础。第三阶段：1946 年 6 月到 1948 年 3 月，解放战争时期陕甘宁边区和其他革命根据地的经济建设。这一阶段经济建设的主要任务是粉碎国民党军队对陕甘宁边区和其他革命根据地的“围剿”，通过努力恢复和发展生产，保证解放战争的物质供应和军民生活，为取得解放战争的胜利，提供充分的物资保证。

中共中央在延安 13 年的经济建设，是不断进行理论创新、道路创新和制度创新的 13 年；是中共中央领导陕甘宁边区和其他根据地依靠理论自信、道路自信和制度自信不断取得辉煌成就的 13 年；是陕甘宁边区和其他根据地在中共中央领导下，进行自力更生，浴血奋斗可歌可泣、荡气回肠的 13 年。在这 13 年里，我们党在以毛泽东为代表的第一代领导集体正确指引下，把马克思主义的普遍真理与中国革命的实际相结合，进行艰苦的理论探索和大胆的理论创新，创造性地形成了毛泽东思想的理论体系，成为指引中国革命和边区经济建设的灯塔。在这一正确理论指引下，我们党在毛泽东带领下，创造性地摸索出一条符合中国实际地具有中国特色的新民主主义革命和建设的道路，为陕甘宁边区和其他根据地的经济建设指明了发展的方向。道路决定命运。在新民主主义革命和建设道路指导下，我们党从陕甘宁边区和其他根据地的实际出发，利用边区政府独立自主的合法地位，进行制度创新，形成了符合边区和其他根据地实际具有新民主主义性质的一系列制度和机制，以及与这些制度、机制配套的方针政策，极大地调动了陕甘宁边区和其他根据地军民各个方面生产和建设的积极性，使边区和其他根据地蕴藏的创造财富力量充分涌流出来，使陕甘宁边区和其他根据地军民发展生产的热情被充分调动了起来，使陕甘宁边区和其他根据地军民因此而获得了人生出彩的机会和追求生活幸福的机会。在一片贫瘠的土地上创造了令全国和世界惊叹的辉煌业绩，为取得抗日战争和解放战争的胜利奠定了雄厚的物质基础和提供了充分的物资保证，而且为夺取全国胜利积累了相应的资产和宝贵的经验。

中共中央在延安经济建设13年的成功经验，是中国共产党领导陕甘宁边区和其他根据地军民共同创造的极其珍贵的历史财富，这些经验对于我们今天进行社会主义现代化建设和实现两个百年目标的“中国梦”，具有十分重要的历史启迪。这些经验和启迪概括起来就是：一、客观分析判断形势，正确处理革命和经济建设的关系，是党领导根据地经济建设取得成功的重要前提；二、从实际出发，实事求是，脚踏实地地开展经济建设，是党领导根据地经济建设取得成功的思想保证；三、独立自主，自力更生，依靠自己的力量发展经济，是党领导根据地经济建设取得成功的政策基础；四、经济建设要与人民利益相结合，以人民利益为根本出发点，是党领导根据地经济建设取得成功的力量源泉；五、调动一切积极因素，发展广大民众参与经济建设，是党领导根据地经济建设取得成功的社会保障。

全面总结中共中央在延安经济建设的历史发展过程和成功经验，是本书承担的任务和光荣使命。为完成这一使命，我们要求本书的写作必须以马克思主义和毛泽东思想为指导思想，在全面充分占有历史资料的基础上，实事求是，求真务实，客观叙述毛泽东经济思想和中共中央在延安领导经济建设的历史发展过程，认真总结中共中央在延安领导经济建设的历史经验，科学评价中共中央在延安经济建设的历史作用和历史功勋。通过几年的不懈努力，这一目标基本上得到了实现。本书的主要创新之处在于：以丰富的史料和基本准确的史实，全面阐述了1935—1948年毛泽东经济思想和中共中央关于经济工作重大方针政策的形成、发展的历程和伟大实践与成就，既突出陕甘宁边区又兼顾各根据地经济发展情况，从宏观到微观全面介绍了中共中央在延安13年经济建设发展史。

当然，由于我们学科知识积累有限，本书还存着许多不足之处，敬请广大读者不吝赐教，提出宝贵意见，以帮助我们进一步深化学术思想和提高业务水平！

作者

2015 年 12 月于西北大学

目　录

第一章 中共中央到达延安初期的经济政策

第一节 中共中央到达前陕甘宁边区的社会经济状况

一、陕甘宁边区的自然生态环境

陕甘宁边区包括了陕西北部、甘肃东部和宁夏的东南部区域。陕甘宁边区的大致区划北至横山、白于山、秦长城一线；西临贺兰山、六盘山；东临黄河西岸与山西隔河相望；南界一般以凤翔、耀县、韩城联线以北的山地与关中平原分界。

边区地势西北高东南低，面积约为 13 万平方公里，大部分位于黄土高原之上，平均海拔约在一千米以上的高度。陕甘宁边区地貌是岩石孤山或风沙地形，处于黄土塬、梁、峁、沟壑为主体的黄土高原。边区长城沿线的主要气候为温带半干旱气候，其余地区则多为暖温带半干旱气候。总体来说，边区区域的自然生态环境主要以黄土高原的地貌气候特征为代表，其中以陕北延安地区最具有代表性，是典型的黄土高原地貌特征。

黄土高原在水力、风力、重力侵蚀作用和人为破坏下，由于面状侵蚀、沟蚀、潜蚀（或称地下侵蚀）、泥流、块体运动和挖掘、运移土体等，造成陷穴、盲沟、天然桥、土柱、碟形洼地等土地流失现象，称为“假喀斯特”现象。强烈的沟谷侵蚀或地下水浸泡软化土体，使上方土体随水向下坡移动，形成泥流，对黄土地貌的侵蚀过程十分迅速，甚至一次暴雨就能冲刷成一条数百米长的侵蚀沟。黄河每年输送到下游的大量泥沙中，有90%以上来自黄土高原。基于此，陕甘宁边区的自然生态环境极具特色，地形十分复杂，从高空望去，群山连绵，千沟万壑。

陕甘宁边区气候特征也具有特殊性。首先是干旱少雨。平均年降水量为400—800毫米，甚至个别地区的降雨量只有十几毫米，因此，大部分地区的人畜饮水都需要依赖地下水。但由于土厚水深，凿井十分艰难并且耗资巨大，一般农户无法承担。由于干旱少雨，对农作物的生长是一个十分不利因素，仅靠种植性农业不足以养家糊口，人们只好靠山吃山，利用边沟牧草，放牧牛羊。因此，陕甘宁边区一直是一个农牧兼营的经济结构地区。

其次是水源匮乏。虽然流经陕甘宁边区的河流众多，但多为内流河，缺少常年径流，同时由于黄土高原的特殊地貌，不少河流经常变换流域或深浅不定。例如朔水，源于定边县东南长春梁东麓，穿过毛乌素沙地，在清涧河口入河，由于其深浅不定，因而被称为“无定河”；再如洛河，发源于白于山地，在历史时期，时而入黄河，时而入渭河，很不稳定。据文献记载，明成化以前，洛河入渭。成化年间因朝邑河岸崩溃，洛河由赵渡镇东流入黄河。明隆庆年间，因大庆关崩溃，复入渭，其后又入黄。1933年，因黄河突然东滚，洛河游移于黄河和渭水之间，入黄入渭不定。清代嘉庆年间，有人写《七笔勾》，对陕甘地区的生态环境有所描写，尽管有夸大之词，但基本上也还说得是实情：“万里遨游，百日山河无尽头，山秃穷而陡，水恶虎狼吼，四月柳絮抽，山花无锦绣，狂风骤起哪辨昏与昼，因此上把万紫千红一笔勾。”①

二、中共中央到达前陕甘宁边区的工农业生产发展水平

中共中央到达前，陕甘宁边区的社会经济状况，用毛泽东的经典概括来说就是：“旧社会给边区的遗产是贫穷愚昧与疾病”。②

陕甘宁边区因为其自然地理环境，全年降水少，并且昼夜温差大，自然灾害频发，加上生产技术低下，尤其是在苛重的封建地主地租剥削下，自古以来陕甘宁地区的农业发展就极为缓慢，基本是“广种薄收，靠天吃饭”型的农业耕作模式，农业生产的粮食，一般仅仅够维持农民自身的生活，有的连基本生活都难以维持。例如安定县“地皆黄土，风烈霜早，气候苦寒，所种二麦，只十分之一二，秋禾以菜谷为主，其余均为杂粮，丰收之

① 嘉庆《定边县志》，嘉庆13年刻本，卷4，第43页。

② 《毛泽东文集》第3卷，人民出版社1996年版，第180页。

岁，仅能糊口。”① 葭州：“农业勤苦，地多硗瘠，所产亩三斗辄称丰年。”② 米脂“峰崖委蛇，田难以顷亩计，农者但以牛力为率，自晨至午，名一垧，或从土作垧。数垧不能当川原一二亩之入”③。米脂的这种耕作制度与计亩单位在陕北地区具有普遍意义，肤施、延川、延长大抵如此。

陕甘宁边区在红军到达前，农业耕作制度也非常简单。府谷县“二月惊蛰后农事间有动者……春分后，农人耕种二麦、豌豆，无稻田……三月黑豆、豇豆、绿豆、麻子、瓜菜下种……四月菜秀、瓜生，谷、高粱下种……五月芒种后种菜及荞麦、燕麦。六月……小暑后获大麦。大暑后小麦、豌豆收。七月……豇豆、绿豆、小豆皆登，麻子收，瓜始熟……八月秋分时糜黍登，荞麦收。寒露后谷、高粱又雁麦、黑豆皆收。九月禾事毕。”④ 榆林是“榆塞极边，地通沙漠，寒早暑迟，三月而冰未浮，四月而花始发，九月地冻，而冬无种植，土工不兴。麦成在六月之候。”⑤ 这里的粮食种植为一年一熟制，耕作制度粗放，作物种植以秋粮为主，所种小麦为春小麦，春种秋收，年收获量十分有限。这是清代陕北地区的普遍现象。清前中期陕北粮食作物以杂粮为主。安定县“地皆沙土、风烈霜早，气候苦寒，所种二麦，只十分之一二，秋禾以菜谷为主，其余均系杂粮。”靖边县“地势则山多水少，民食以秋禾为主”。⑥ 甘泉县谷物品种有粟、包谷、糜、荞麦、高粱与豆类，小麦则因地气寒冷，不宜种植，居民食麦，皆由鄜州贩运。只有洛川、宜川、中部、鄜州等南部临

① 卢坤：《秦疆治略》，台中成文出版社 1970 年版，第 34 页。
② 民国《葭县志》，民国 23 年石印本影印，卷 2，《转运》。
③ 康熙《米脂县志》，康熙 21 年刻本，卷 4，《物产》。
④ 乾隆《府谷县志》，乾隆 48 年刻本，卷 4，《风俗》。
⑤ 乾隆《府谷县志》，乾隆 48 年刻本，卷 4，《风俗》。
⑥ 卢坤：《秦疆治略》，台中成文出版社 1970 年版，第 7 页。

近关中平原的州县小麦种植面积较大，耕种面积与收获量大于秋粮，然越往北越呈减少的趋势。

陕北的经济作物种植依然受到地理环境的制约。清中后期开始，虽然在陕北推广过棉花种植，但因为陕北自然环境对棉花种植不相适宜，所以棉花的产量十分低下，棉花消费主要依靠从外地输入。自鸦片战争后，陕北成为了罂粟的产区之一，在这块贫瘠的土地上，三分之一的农田种植着罂粟，三分之二的人口染有吸食鸦片的恶习。①

明清陕西手工业加工技术落后，大部分地区手工业不发达。仅有的一些手工加工工业大多为资源利用型与农副产品加工工业，以满足本地生产与生活需求，输出较少。陕北更是如此。当地仅有纺织业、陶瓷业、手工编织、酿酒及制铜业加工制造等民生技艺，但技术落后，多以手工粗糙制作，故产品质量不佳，仅供本地使用，而且行业有限。因此，大量民生日用品需要从外地输入。例如宜川："工匠拙于营造，制器粗劣，奇技淫巧不禁自绝。"② 清涧："工匠拙于制造，无论细巧均事不能为。"③

由于陕北是农牧二元化结构地区，因此，明清时期陕北皮毛加工业在各州县均有一定程度的发展，尤其羊毛制毡业在各州县十分普遍，一定程度上补充了本地对棉花的需求，为满足人民生活起到了重要作用。清代乾隆年间延长县皮毛加工业就有了一定基础。据记载："其羊于四、九月刮剪绒毛二次，大者可四两，小亦得二两……杆毡又合线织毯，为腰带、脚缠，再粗始作口袋，御寒称便"④。嘉庆年间，洛川县也自制毡，只是质量不佳，

① 钱自强：《陕甘宁边区禁烟运动中民众的作用》，《史料荟萃》2002 年第 5 期。

② 嘉庆《延安府志》，清嘉庆 7 年刻本，卷 39，《习俗》。

③ 道光《清涧县志》，清道光 8 年抄本，卷 2，《风俗》。

④ 乾隆《延长县志》，乾隆 27 年刻本，卷 4，《食货志》。

仅供本县使用。[1] 清末民初安塞县可制紫白两种成色的毡。“毡，以羊绒做成，有紫白二色，其以白羊毛做成者则曰绵毡，黑羊作成者则曰沙毡。”[2] 延川县其他手工业虽不发达，“银铁等匠皆自外来，木石等匠多系晋人”，但“土人仍有制毡者”[3]，制毡业是本县的一项重要手工业。宜川县手工业在陕北各县中发展水平算是较高的，“牧羊素盛”，盛产羊毛，毛毡成为本地市场重要的出产货品。宜川生产的羊毛口袋、毡毯、毡帽、毡鞋、毡袜等毛制品，成为重要的手工输出品，销往山西及关中同州府各州县。陕北制毡业最著名的要数榆林、神木、定边等沿边各县。这里天宽地阔，牛羊漫野，毛皮加工产品颇盛，皮货产品不仅行销本地，且远近闻名。神木县所产羊羔皮、狐皮、牛皮靴在陕北很有名，销路一向甚好。民国初年，仅榆林城内就有毡局十余处，织成毛毡、绒毡两类，“为陕省之冠”，一年之中仅运至西安即达“数千块”[4]。定边县畜牧业更发达，每年产黑羊绒4,000—5,000斤，黑羊毛三万余斤，白羊毛更多，“岁约出20万斤”，但由于本地手工业不发达，大多作为原料输出外地。总体来讲，陕北各州县羊毛加工业大多为满足本州县百姓生活之需，织毡毯均为手工织作，成色低劣，难以外销，织出数量也有限。以定边县为例，光绪三十三年定边县虽成立了“织毛公所”，但因资本不足，不能购置机器，仍以传统方式纺毛织毯。年产毛毡数量少，仅能满足本县使用，而羊绒、羊毛绝大多数仍是作为原料输出境外的。所以，在《七笔勾》中对陕甘人的衣着状况有一般性记述：“没面皮袭，四季常穿不肯丢，纱葛不需求，

① 嘉庆《洛川县志》，嘉庆11年刻本，卷13，《物产》。
② 民国《安塞县志》，民国4年铅印本，卷9，《物产志》。
③ 嘉庆《洛川县志》，嘉庆11年刻本，卷5，《实业》。
④ 民国《榆林县乡土志》，民国6年铅印本，卷2，《物产》。

褐衫耐久留，裤腿宽而厚，破烂亦将就，毡片遮体被褥全没有，因此上把绫罗绸缎一笔勾。”① 反映了明清时期陕甘地区经济生活的窘态。

三、中共中央到达前陕甘宁边区的社会经济结构

陕甘宁地区位于我国农牧交错地带，由于信息闭塞与经济落后，人们的思想观念也较为传统和保守，因此，商业贸易远远落后于其他地区。同时，陕北的农户大多兼营牧业，耕牧兼营是产业结构的主要特征，商品性生产亦围绕这两方面展开。

清代陕甘宁地区对外输出主要为良种牲畜或牲畜类加工产品，如毛皮、毡毯等，它们构成陕甘地区商品生产的主要部分。据清《保安县志》载：“清咸丰年间，境内城乡贸易以同州、朝邑、韩城及山西人居多，县人入伙生理者不过一、二。清光绪年间，城内有小商铺四家，乡外八、九家。”② 《延川县志》也记载：“境内人民不喜贸易，故商业皆不发达。所有商户晋人居多，杂货亦由晋运来，皮毛羊绒亦由晋商岁来收买，邑人除赴晋贩运猪羊而外，再尢经商者。”③ 地处中部的黄陵县“除皮毛、食盐、农用家具和南方来的少数日用品外，多为药材、果类、牲畜等土特产品，交易量少，种类不全。”且“长途贩运居多，坐地经营少，主要贩运当地土特产品南运关中，换回布匹、纸张、糖、茶、火柴等生活用品。”④ 延长县的县城、甘谷驿、交口、安沟各处小本经营之家，及不足 30 户，大都为山西，韩城客户，交易

① 嘉庆《定边县志》，嘉庆 13 年刻本，卷 4。

② 志丹县地方志编纂委员会编：《志丹县志》，陕西人民出版社 1996 年版，第 271 页。

③ 民国《宜川县志》，民国 33 年铅印本，卷 4。

④ 黄陵县地方志编纂委员会编：《黄陵县志》，西安地图出版社 1995 年版，第 131 页。

皆布匹、铁、瓷器等物。① 子长县“县内坐商大多为山西、韩城等地客籍商人，京广杂货、化妆品、颜料、铁器等行业为晋人独揽；棉花、调料、文具为韩城客商垄断，本地商人多做小本生意，亦商亦农，摊贩居多。”② 榆林地区“民勤耕牧，俗尚鬼神，眷恋故土，不肯远徙，安于故习，不善经商。”③ 榆林北部县畜牧经济占相当大比重，畜牧业素称发达，南部县虽受游牧文明的影响，但以农耕经济为主，群众住窑洞、食杂粮、穿布衣、热恋故土、不乐迁徙、以农为业、躬耕薄田、虽终日辛劳，仍不辞劳苦。

总体来说，陕甘宁地区受地域生产条件的限制，产业结构单一，农业生产中除粮食外，几无其他经济作物种植，满足人民日常保暖所需的棉花均需从外地输入，手工业生产更不发达，布匹、杂货也都全部依靠外地输入。以民国年间对陕北商业的考察记录来看可以充分得到反映，“再就陕省各县区商店种类比较观之，各县区商店，以布店为最多，占百分之十七强，与绸缎鞋帽等合计，约占百分之三十，即粮食类中主要之粟店，仅及百分之十二强，足证陕省服用品需要之广”。④ 那首《七笔勾》记述民众的吃住状态是“奶子熬茶敬一瓯，面饼葱汤醋，锅盔蒜盐韭，牛蹄与羊首，连毛吞入口，风卷残云，吃罢方撒手，因此上把山珍海味一笔勾。窑洞茅屋，省上砖木措上土，夏日晒难透，阴雨更肯露，土块砌墙头，灯油壁上流，掩藏臭气马粪与牛溲，因此上把雕梁画栋一笔勾。”⑤ 这些描写，尽管有夸大成分，但毕竟记

① 延长县地方志编纂委员会编：《延长县志》，陕西人民出版社 1991 年版，第 204 页。

② 子长县志编纂委员会编：《子长县志》，陕西人民出版社 1993 年版，第 107 页。

③ 榆林地区地方志指导小组编：《榆林地区志》，西北大学出版社 1994 年版，第 261 页。

④ 《陕省经济调查》，《农业月刊》1939 年刊，第 2 期。

⑤ 嘉庆《定边县志》，嘉庆 13 年刻本，卷 4。

录了当时陕甘地区贫穷的社会生活状态。

四、中共中央到达前陕甘的人口分布

从清末至民国，陕甘人口发展完全处于自然状态，具有两个特点：一个特点是从自然环境和经济状况来看，当地需要增加人口，但社会经济发展滞后又极大地限制和影响了人口的发展。明清以来陕北人口数量基本呈现着下降态势。根据弘治《延安府志》、嘉靖《陕西通志》、卢坤《秦疆治略》、民国《续修陕西通志稿》所整理的陕北地区从明嘉靖年间至清宣统时人口数据，可以看到人口发展的大致状况。虽然明初的大量移民使陕北地区人口大增，达到70万，但是到了嘉靖年间人口又不足60万，主要是因为明正统以后，蒙古各部逐渐侵占河套，不断南下侵掠造成的人口损失。明末清初没有人口统计数字，但从史料来看，明末农民战争爆发于陕北，再加上明崇祯年间连续数年的旱灾，人口饿死加上逃亡，陕北人口应有一个大的下降。

另据袁祖亮《中国古代人口专题研究》一书中引用《清代前期人口分布图说明》，嘉庆二十五年（1820年），延安府638,352人，榆林府515,264人，鄜州直隶州313,840人，绥德直隶州283,712人，加起来一共是1,751,168人，[①] 与《秦疆治略》所记道光年间1,764,500的人口数量相当。可以认为，清前期到道光时，陕北人口呈现缓慢增长趋势。这主要是清前期到道光时，社会相对安定，而且从康熙五十一年即规定“滋生人丁永不加赋”，雍正年间又实行“摊丁入亩”，隐匿人口减少，促进了人口的发展。但各县情况也有不同，有一些县人口增长很快，如米脂、绥德、清涧、洛川、安定等县，人口增长三至四倍，最高达五六倍，而甘泉、宜川等县三百多年人口却没有增长，有的县甚

① 袁祖亮：《中国古代人口史专题》，中州古籍出版社1994年版，第372页。

至还有减少，如中部县。换句话说，道光年间，陕北人口的大部分集中于中部、东部各县，而南部人口相对稀少。道光年间形成的陕北人口分布的这种格局一直延续到20世纪30年代陕甘宁边区建立以前。有学者认为，陕北文化以绥德、米脂、子长（安定）为中心形成原生风俗带，大概就源于这种人口分布的背景。①

道光年间，陕北人口达到176万人，是明清时期该地区的最高纪录。但是到了同治、光绪至民国初年，陕北人口反而下降。除了米脂、绥德个别县人口略有增长外，民国初年陕北各县人口都大幅度减少，总人数比道光年间减少了60万。②

战乱与灾荒是这一时期陕北人口下降的主要原因。同治年间，陕甘回民起义纵横陕北数县，当地人口遭受极大损失。神木县道光年间人口109,900人，经过同治年间的战争之后“县城及高家堡两处屠戮居民十之八九，存者十之一二，其幸存者亦仅十之五六，今生聚四十余载，元气亦未尽复，较之道咸年间之户口，尚远不逮焉。”③ 府谷县道光十九年（1839年）人口已达20万，但“此役去后，殆去其半”。战争对人口的破坏在相当长的时间里造成社会经济凋敝。“兵荒以来，户口廖落，荡析离居，至光绪庚子，大祲以后，烟户奇零，土旷人稀，难计修养之期。”④ 当地频繁的灾荒也对人口造成很大破坏。光绪三年和民国18年的大灾荒使陕北人口遭受重大损失。

陕北的人口流动频繁是陕北人口状况的又一个特点。陕北历史上一直地广人稀，从明清以来，经常有移民迁入，较大规模的有：明初到明中期，政府组织屯垦，大量人口进入陕北。清同治

① 龙云:《陕北文化研究导论》，载《陕北文化研究》1998年第1期。
② 参阅《秦疆治略》、《陕西省志·人口志》及各县志。
③ 光绪《神木乡土志》，光绪32年刊本，第3页。
④ 康熙《中部县志》，康熙32年刻本，卷4。

年间，清政府派军队镇压了陕甘回民起义后，将安抚的义军1.5万人安置在安定、保安、靖边等县。同治战乱之后，光绪三十余年，官府又招抚流民垦荒，“川、湘、鲁、豫之民承经垦荒，大道两旁渐成村落。”① 除了官方强制性移民以外，每逢灾荒年，晋、鲁、豫等邻省都有大量人口涌入陕北，由于地广人稀“贫苦而有力者，在此谋生易，移来户口无时无之。”清代乾嘉年间，洛川县客籍人口已占总人口的3.1%。② 甘泉等县本来人口就少，深沟老林之中荒地很多，外来移民多向这些地方流动，光绪时，甘泉县已是“客民杂处者甚多，土著仅十之一二。”民国时，又有河南、山东等地难民流入延长、延川县。这种人口流动极不稳定。一遇变乱即又开始流动。“延、榆、绥、鄜等地本瘠苦，土著本少，从前耕种多系山西、四川侨寓之民，兵荒马乱频，仍大半逃归祖籍，数百里有全无人烟之处。”③

清代至民国初年，大量外省籍商贾进入陕北，嘉庆年间，延安城镇有贸易，尽山西及韩城人为之。清末晋、陕之间商贩往来频繁，至民国初仍有不少外省商人客居陕北。1936年，肤施城内外籍商户（主要是山西籍）占商户总数52%以上。

近代陕北人口向外迁移主要是出外揽工、种地和灾荒年的逃难。陕北民歌《走西口》、《什么人留下走口外》反映了这种情况：“两绺绺麻绳捆铺盖，什么人留下个走口外?”“口外”指的是长城以外的内蒙或东北。“西口”指陕北走向甘肃和内蒙，“二月里来龙抬头，三哥哥走了一回西包头。”这几个方向都是陕北当地人口向外迁移的去处。

除了本地区向外的人口流动迁移，陕北地区内部各县之间也

---

① 民国《米脂县志》，1934年刊本，《辑余》。

② 民国《洛川县志》，民国33年刊本，卷6。

③ 杨虎城等编：《续修陕西通志稿》，陕西通志馆1934年铅印本，卷28。

经常有频繁的人口迁移，其中主要的是“走南路”。陕北南部在清末民初人口相对稀少，而中东部各县如米脂、安定、榆林人口较集中，一遇灾荒年，人口就自发地向南部诸县迁移。这种因灾荒而离乡的人口流动性很大，并不固定于某一个地方，一般流动到一地，春天打窑，夏天种玉米、谷子，到秋天即可收获。如果停留的地方水土好，能维持生活，就长久住下来，如果收成不好，来年会返回故乡继续流动。民国年间，横山、榆林、佳县、米脂一带因天灾人祸，不少人逃难到安塞落户。

陕北地区历史上经历了蒙人游牧、华夏杂处、汉人移民三个阶段，直到民国初年，长城沿线诸县畜牧业仍占着一定的比重，游牧民族逐水草而居，迁徙不定的生活方式给陕北当地民众生活打下了很深的印记。陕北地区这一时期虽然人口流动、迁徙频繁，但主要是就食避乱性质，具有近代特征的职业流动极少。

总体上来讲，陕北自然环境恶劣，人口发展迟缓，这两方面又互为因果，相互制约。自然环境太差，获取食物、养育后代十分艰难，必然限制人口的发展，反过来，地域人口密度太低，也没有足够的力量来改造环境，从而使陕甘地区一直是社会经济发展的凹槽地区，处于社会经济被边缘化的地步，民众生活在贫穷的社会状态之下。这种情况只有在中共中央带领中央红军到达后才有了根本性的改变。

第二节　中共中央到达延安初期的经济政策

一、中共中央到达延安初期的农业政策

1935 年 9 月 19 日，中共中央带领中央红军到达陕北，揭开了陕甘宁边区经济发展崭新的一页。在中央红军没有到达陕北

前，以刘志丹、谢子长为代表的共产党人，经过艰苦斗争，逐步创建了以南梁为中心的陕甘边革命根据地。1934 年 11 月 7 日，成立了陕甘边苏维埃政府，习仲勋任苏维埃政府主席，刘志丹任军事委员会主席。经过 1935 年取得反国民党对陕甘根据地第二次“围剿”的胜利，使陕甘边革命根据地①与陕北革命根据地②连成一片。正是这块根据地，为中国共产党和中央红军提供了在陕北的立足点。

1934 年陕甘边苏维埃政府成立后，在保卫和发展红色苏区的战争环境下，也开展了一定程度的根据地经济建设。在土地政策上，1934 年冬边区政府根据《土地决议案》制定了土地革命的原则和分配政策，在陕甘边苏维埃政府土地委员会的领导下，组织、发动贫苦农民打土豪、分田地，解决农民的土地问题，满足农民的土地要求。边区政府按照每个农户的主要生活资料来源及其剥削与被剥削的关系，在农民中划定阶级成分，没收地主的土地和财产，富农则只没收出租的土地，一部分充公，一部分分给

---

① 陕甘边革命根据地（1934 年 1 月—1935 年 2 月）是 20 世纪 30 年代刘志丹、谢子长、习仲勋、吴岱峰等在陕西省和甘肃省交界地区创建的红色根据地，先后经历了三个阶段：寺村塬游击革命根据地（1932 年 3 月底—8 月底）、陕甘边照金革命根据地（1933 年 4 月—10 月）和南梁革命根据地（1933 年 11 月—1935 年 2 月），这三个根据地一脉相承，其后随着渭北革命根据地的重建和加入，最终形成了以南梁为中心的陕甘边革命根据地。其中南梁是陕甘边苏维埃政府（即南梁政府）所在地，照金位于陕西省耀县（今耀州区）西北。南梁乡（今南梁镇）位于甘肃省庆阳市华池县东部 50 公里处。寺村塬位于甘肃省庆阳市新正县（今正宁县）以东。

② 陕北革命根据地是在中共陕北特委领导下逐步建立起来的，它的区域包括延长、延川、安定、安塞、清涧、米脂、横山、绥德、佳县、吴堡、神木、府谷、靖边等县大部或一部。陕北特委，1928 年 4 月于绥德成立，刘志丹、吉国祯、赵伯平、马明方、崔田夫等先后任书记或负责工作。陕北特委先后下辖府谷、神木、佳县、横山、米东、吴堡、绥德、绥靖、清涧、安定、赤源、秀延、延川 13 个县委。1935 年 1 月，陕北省苏维埃政府成立，先后领导了包括赤源、秀延、延安等在内的 16 个县苏维埃政府（革委会）。

贫农、雇农和缺乏土地、牲畜的中农。土地革命满足了根据地广大贫苦农民的土地要求，鼓舞了人民群众的革命热情，为扩大红军和革命根据地，巩固红色政权，奠定了基础。

中共中央到达延安后，面临着经济困难的严重形势。当时的延安，社会经济主要是小农经济和手工业经济占主要地位，工农业生产力发展水平十分落后，商业贸易也不活跃，交通闭塞，运输困难。中共中央在面临国民党政府发动大规模军事“围剿”的同时，被实行严密的经济封锁，限量销售生活和生产用品，造成军民的日常供给异常紧缺；另一方面延安地理位置偏僻，生产力低下，经济落后；外加刚刚经历过党内错误路线的干扰，特别是以王明为代表的“左”倾路线，推行过左的财政经济政策，造成严重的后果，更加剧了严峻的经济形势。为了发展革命根据地，支援长期的革命战争，中共中央和临时中央政府采取正确的革命路线，执行正确的经济政策，采取了一系列措施引导根据地开展经济建设。

在中共中央到达延安的初期，中央继续坚持进行土地革命，改变封建地主土地所有制为农民土地所有制，这是中国民主革命的中心内容。因为，在旧中国“农民是小私有者，保护私有是他们的天性”，“他们热烈地来参加土地革命，他们的目的，不仅要取得土地的使用权，主要还要取得土地的所有权”①，因此，为了使土地革命更加深入，必须使广大农民在革命中取得土地所有权。“中国没有单独代表农民的政党，民族资产阶级的政党没有坚决的土地纲领，因此，只有制订和执行了坚决的土地纲领、为农民利益而认真奋斗、因而获得最广大农民群众作为自己伟大同

① 舒龙、凌步机：《中华苏维埃共和国史》，江苏人民出版社 1999 年版，第 277 页。

盟军的中国共产党，成了农民和一切革命民主派的领导者。”[①] 尤其是在中共中央到达陕北后，陕北原本浇薄的幅员能力又增加了三万余人的负担压力，要维持边区的存在和发展，就必须首先解决粮食的供给问题。为此就要想方设法调动农民群众的生产积极性。而要调动农民群众的生产积极性，就必须深入土地革命。

明清时期陕北地广人稀，人口的密度远远低于东南地区，又采取自给自足的小农经济生产方式，土地占有还比较分散。如洛川县“地广人稀，虽极贫之家，亦有地数十百亩”，[②] 洛川县一地的情况，大体可以反映陕北的整体情况。直到 1928 年，据国民党行政院调查陕西土地的资料，陕北绥德每耕作人平均使用的土地数仍高于关中，其中绥德人均土地数 2.3 亩，而同期的渭南是 1.08 亩，凤翔是 0.92 亩。[③] 但是，到清朝末年，随着商品经济的发展，陕北亦开始出现土地高度集中的现象，到二三十年代这种现象更加严重。这一时期如榆林县，占人口极少数的地主、富农占有大部分土地，广大贫雇农无地或很少拥有土地。“民国 28 年（1939 年）5 月，榆林县第一区农会向县政府呈报的《为兴修水利报告》载：榆林城西门外现有河滩地、水地共 7 百余亩，属大户解振翔新坝地（筑河堤所造地）和旧有老水地 360 余亩，其余分属 63 家各花户，解属地亩占 51.4%。此外，解振翔在内蒙乌审旗忽惊兔一带还有上万亩土地和大批牛羊”。[④] 米脂县的土地集中更为惊人。米脂杨家沟“马光裕堂”地主集团更是闻名陕北的大地主。马氏地主至 20 世纪 40 年代就拥有“买地”13,977.5 垧，其中 1,000 垧以上的有 4 家，最多的达 1,400 垧，

① 《毛泽东选集》第 3 卷，人民出版社 1991 年版，第 1075 页。

② 杨虎城等编：《续修陕西省通志稿》，1934 陕西通志馆本，卷 196，风俗 2。

③ 《行政院农村复兴委员会陕西农村调查》上，商务印书馆 1934 年版，第 132 页。

④ 榆林市志编纂委员会编：《榆林市志》，三秦出版社 1996 年版，第 174 页。

土地遍布绥德、米脂、佳县。官家咀90户人家有80余户，崖马沟130户村民有90%以上是佃户。[①] 刘家峁占总户数2.2%的姜氏地主有地2,060亩，占土地总面积的59.9%，而占总户数66.7%的贫农只有18.6%的土地。高庙山占总户数2%的常氏地主有地3,774垧，约为土地总面积的63.7%，户均630垧，而占总户数75%的贫雇农只有9.9%的土地。[②] 这些说明，只有消除农村不合理的土地占有制度，平均地权，才能够从根本上解放边区的农业生产力，增加农产品的供给量。

中共中央到达陕北后，于1935年12月17日至25日在瓦窑堡召开政治局扩大会议，讨论军事战略、全国的政治形势和党的策略路线问题。毛泽东在会议上作了题为《论反对日本帝国主义的策略》的报告。瓦窑堡会议决议和毛泽东的报告，分析了日本侵略者打进中国之后社会各阶级之间相互关系的变化，明确提出党的基本策略任务是建立广泛的抗日民族统一战线。并由此而提出一系列新的土地革命政策策略。首先，是改变对富农的政策，将没收其土地改为只没收其出租土地，允许雇工经营；并规定富农的其他财产和商业不得没收，不得加以特别的捐款或征发。其次，是改变“地主不分田”的政策，决定一切抗日人士土地不在没收之列；同时把由自由职业者、工商业者、工人、无劳力者所构成的小土地出租者与地主区分开来；并进一步规定富农以及经营地主的土地财产完全不动。还提出了取消苛捐杂税、发放农业贷款、救济贫苦农民等政策措施，以期改善农民状况。[③]

毛泽东认为，在根据地的经济中，农业居主要地位。经过土

① 冯和发：《中国农村经济资料续编》，上海黎明书店1935年版，第480页。

② 岳廉后、张玮：《20世纪三四十年代的晋陕农村社会》，中国社会科学出版社2010年版，第220页。

③ 《毛泽东选集》第1卷，人民出版社1991年版，第145页。

地革命，农民得到了土地，并确定土地归农民私有，从而推翻了封建的生产关系，使得农业生产力获得解放，再加上我们提倡生产，农民的劳动热情增加了。

在农民分得土地后，如何把得到土地的农民革命热情组织起来，恢复和发展农业生产？在毛泽东的领导下，中共中央号召开展农业生产互助合作运动。当时农业中缺少劳动力，因此，毛泽东提出："有组织地调剂劳动力……是我们农业生产方面的最基本的任务。"[①] 调剂劳动力的主要方法是组织劳动互助社和耕田队，建立了类似于合作化时期的互助组的劳动互助组织。加入这种组织是自愿的，群众互助协作、共同劳动。由于耕田队和劳动互助社有组织地调剂农村中的劳动力，不但没有因劳力不足影响农业生产，而且促进了农业生产的发展。在中共中央正确的经济建设思想的指导下，延安根据地的农业生产得到了恢复和发展，既改善了农民生活，又为巩固革命根据地提供了重要的物质条件。

二、中共中央到达延安初期的工业和手工业政策

中共中央到达延安前，延安本身工业和手工业就十分落后。但毛泽东从根据地本身存在着广泛市场的着眼点出发，认为这种状态是可以改变的。他指出："应该首先为着自给，其次也为着出口，有计划地恢复和发展手工业和某些工业。"[②] 这就提出了以自力更生为主的发展工业和手工业的战略方针。在中共中央的倡导下，当时的延安根据地开始出现了大量的个体手工业，建立了不少手工业生产合作社，这些合作社由生产者自己集资，规模有大有小。在中共中央对集体经济性质的各类生产合作社给予的鼓励和支持下，使得各类生产合作社得到了迅速的发展。同时，中

① 《毛泽东选集》第1卷，人民出版社1991年版，第132页。
② 《毛泽东选集》第1卷，人民出版社1991年版，第132页。

共中央还鼓励私人经济的发展，1935 年 12 月 25 日，瓦窑堡会议通过的《中央关于目前政治形势与党的任务决议》，对私人经济作了更加明确具体的规定："苏维埃人民共和国用比较过去宽大的政策对待民族工商业资本家。在双方有利的条件下，欢迎他们到苏维埃人民共和国领土内投资，开设工厂与商店，保护他们生命财产之安全，尽可能的减低税租条件，以发展中国的经济。在红军占领的地方，保护一切对反日反卖国贼运动有利益的工商业。使得全国人民明白：苏维埃人民共和国不但是政治上的自由，而且是发展中国工商业的最好的地方。"[①] 在边区政府正确政策的鼓励下，边区的地主将大量资金转向工业、私营工业，乃逐渐恢复。在延安、安定等地有私人煤矿 20 多处。私营纺织工厂四家。私人盐池在定边、盐池有三四处，民营的纸厂有 30 多户。[②] 这些私营工业的建立和发展一定程度上满足了群众的生活所需，也活跃了当地的经济，并为边区政府军民的生产生活提供了物质保证。

三、中共中央到达延安初期的商业与对外贸易政策

在中共中央到达延安前，由于国民党的军事"围剿"和封锁，延安的农产品如稻谷、烤烟、柴火、牲畜等难以外销；同时，根据地急需的商品如食盐、布匹、西药及造枪炮的原料难以输入，并且价格昂贵，导致延安日用必需品紧缺。加之国民党的经济封锁造成"白区"和"红区"之间工业和农产品的价格差距加大，根据地农民在对外贸易中因谷贱伤农而损失严重。在这种情况下，中共中央充分认识到了发展商业与对外贸易是边区经

---

① 中央档案馆：《中共中央文件选集》第 10 册，中共中央党校出版社 1991 年版，第 612 页。

② 陕甘宁边区财政经济史编写组：《抗日战争时期陕甘宁边区财政经济史料摘编》第 3 编，陕西人民出版社 1981 年版，第 645 页。（以下简称《财政经济史料摘编》）

济建设的一项重要任务。

因此，在中共中央到达延安后，中央政府继续坚持在打破敌人经济封锁和反抗中间商人剥削的斗争中坚持发展商业与对外贸易。同时，毛泽东领导中共中央坚持反对以往过左的商业政策，在土地革命中保护中小商业者，保护商人贸易。并且坚持了1931年11月第一次全国苏维埃代表大会通过的《关于经济政策的决议案》的基本原则：如“竭力促进工业的发展，苏维埃特别注意保持供给红军的一切企业的发展”，“苏维埃应保证商业自由，……但必须严禁商人的投资和提高价格，应解散商会，禁止大小商人以商会名义垄断价格。”“与非苏维埃区域的贸易，绝不能实行对外贸易垄断；同时，苏维埃应实行监督这些贸易，以保障苏维埃区域必需商品的供给。”① 为着发展边区的商贸事业，毛泽东指出：“我们发展生产，应该首先为着自给，其次也为着出口”。我们生产品的出口，要“卖得适当的价钱，又从白区低价买得盐布进来，分配给人民群众，这样去打破敌人的封锁，抵制商人的剥削。”②

为了更好地落实中共中央关于发展边区商品贸易的指示，中央决定边区的对外贸易业务，由中央国民经济部对外贸易总局及其所辖的四个外贸分局承担。为搞好对外贸易，临时中央政府一方面采取“对外管理、对内自由”的政策，除对粮食、纸张、钨砂等的出口和食盐、布匹、药材等的进口由对外贸易局专营外，其他货物，一般实行进出口贸易自由。另一方面，实行优惠的减税政策，鼓励私人商业输出与输入各种必需的商品。由于制定了正确的政策，商人们的积极性得到调动，为了获取利润，大家广泛开

① 张启安：《共和国摇篮·中华苏维埃共和国》，陕西人民出版社2003年版，第353页。

② 《毛泽东选集》第1卷，人民出版社1991年版，第122页。

辟通商途径，把大批食盐、布匹、药材直到枪支弹药运到根据地。另外，由于根据地发行的纸币在白区不能流通，从白区购买根据地所需物资时必须支付现金，这样会造成现金外流，不利于根据地金融事业的顺利发展。因此各根据地都采取措施限制现金出口，在出口贸易中，鼓励以物易物，禁止私人收买外运首饰和银器。

四、中共中央到达延安初期财政和金融事业的初步发展

在中央红军没有到达陕北前，陕甘边区苏维埃政府根据中央指示成立了陕甘晋苏区银行，从事边区的金融和财政建设。苏维埃政府银行印发了自己的货币，群众称之为“苏票”，票面分一元、五角、二角、一角四种。

边区政府财政委员会在荔园堡设立“苏票”与银元兑换处，一元“苏票”兑换一元银元，使“苏票”获得了很高的信用。在财政建设上，陕甘边区苏维埃政府采取予民生息的方针，对农民不征粮不派款，苏维埃政府和红军的经费开支，主要向豪绅地主索取，依靠打土豪作为主要财政来源。政府在各地设立了收购站，按市价收购上市的粮食。没收豪绅地主的粮食、牛羊和财产，除分配一部分给贫苦农民外，还留一部分作为政府，红军和游击队的公粮、公畜。政府还办了一些小牧场，把留下来的牛羊集中牧养，以备军需。苏维埃政府机关工作人员及红军、游击队一律实行供给制，从领导干部到一般工作人员，从干部到战士，经济待遇一律平等，所有费用都由政府财政委员会筹措，统一安排，维系了边区根据地的巩固。

1935 年中央红军到达陕北后，财政和金融问题成为突出的问题。一方面中央财政困顿，中央红军到达陕北时携带的银元总共 2,000 多元，连迎接中央红军的徐海东同志都不敢相信中央红军经济竟如此困顿。而三万多中央红军的到来，使财政支出需求大增，陕甘苏区政府的财政储备难以为继。另一方面，陕北经济长

期发展滞后，一般民众生活困苦，经济富有的土豪、富绅为数不多，红军不可能像在江西、湖南那样一些经济比较富饶地区，打几个“土围子”就可以解决供给问题，这又使红军的财政供给发生困难。财政需求与供给的缺口很大，中央财政相形见绌，使财政金融问题成为空前的大问题。

毛泽东敏锐地看到了这一问题，他指示建立新型的财政金融以支援革命战争、保障革命军队和各级政府工作人员的供给，是根据地经济工作的一项重要任务。中华苏维埃共和国财政金融的目的是紧紧围绕革命战争这个中心，保证革命战争的供给和革命费用的支出。这不是偶然的。我们党在以往的革命征战中积累了丰富的财政金融经验。而毛泽东长期担任中央苏区苏维埃政府主席，又有着组织财政金融活动的丰富工作经验。

在大革命时期，我们党的活动经费主要来自共产国际的支持、少量的党费以及革命人士的捐助。进入土地革命后，情况有所变化：一方面，战争阻隔使共产国际和中央对地方的支援发生困难；另一方面，由于建立了革命军队和革命根据地，经费需要量大幅增加。在这种情况下，各地红军和革命根据地只能靠自己的力量去解决自己的给养。因为在革命根据地初创时期，根据地的财政主要是取之于敌人（包括战争缴获和没收地主豪绅的财产等），财政收入无固定来源，所以红军和各级苏维埃政府的财政并不统一，实行自筹自给、分散管理。因此，整个苏区的财政管理没有形成完整的系统。随着苏区的发展，这种做法的弊端愈益显露，难以适应革命形势的需要。

中华苏维埃政府成立后，临时中央政府把建立健全各级财政管理机构、统一财政制度作为一项重要工作来抓，并将财政收入的主要来源放在税收上面（主要有农业税、商业税、关税等税种），全面制定了各项税收制度和各项财政法规，并在中央实行统一的财政政策，从而使中央苏区的财政工作有了新发展。此外，还创办了苏维埃政府自己的经济事业（如中华钨砂公司），用来充实政府收入。这种一靠税收，二靠红军筹款，三靠发展苏区经济为主要来源的苏区财政政策，是符合苏区实际的。

中共中央领导的金融斗争是根据地经济建设的另一个重要方面，主要包括了货币的发行、流通和回笼、贷款的发放和收回、存款的存入和提取、汇兑的往来等一系列的经济活动，而其中要采取的政策主要包括：废除高利贷，摧毁旧的金融体系，同时组织信用合作社，创建工农银行，逐步建立新的金融制度，并通过货币斗争和信贷活动促进革命根据地的经济发展。①

1931 年 11 月中华苏维埃第一次全国代表大会通过《关于经济政策的决议案》和同月发布的《借贷条例》，规定了废除封建性债务，取消和禁止一切高利贷形式的借贷，过去高利贷的契约完全无效，并焚毁之。

1932 年 2 月 1 日，中共中央在江西瑞金创立了中华苏维埃共和国国家银行，隶属临时中央政府财政人民委员会，行长毛泽民。之后也在各个根据地相继设立了分行，从而建立起统一的金融系统。这时的银行由于其股东主要是广大的工农群众，同时又接受群众的监督，实行民主管理，并按股分红。因此，这一时期的银行应当是具有公私合营的性质。

1935 年中央红军到达陕甘宁边区后，根据以往金融财政斗争的经验，将在中央苏区的成功经验移植到陕北根据地，并根据变化的实际有所创新。1935 年 11 月下旬，在中共中央的指示下，中华苏维埃共和国国家银行与陕甘晋省苏维埃银行合并，改名为“中华苏维埃共和国国家银行西北分行”，银行行址在陕北瓦窑堡，先后担任行长的有毛泽民、林伯渠；副行长曹菊如等。1935

① 张启安：《共和国摇篮 · 中华苏维埃共和国》，陕西人民出版社 2003 年版，第 421 页。

年 12 月，中华苏维埃共和国国家银行西北分行发行银币券，银币券两组（均纸质，单面印刷），第一组是土纸黑字，壹元券两种；第二组是彩色版纸币，面值五种，流通于西北苏区。1937 年 10 月，该行更名为陕甘宁边区银行后，由陕甘宁边区银行发行货币收兑。

在陕甘宁边区工农业生产恢复发展的基础上，根据地银行的货币发行与流通，盘活了红军到达陕北初期的经济，加之中央临时政府财政委员会税收工作的逐步展开，使红军的财政困顿得到了一定程度的缓解，根据地的各项经济建设在中共中央的正确领导下有条不紊地进行，开始呈现出欣欣向荣的活泼局面。

第二章　中共中央领导下陕甘宁边区经济的恢复和发展

第一节　陕甘宁边区农业的恢复

1937年7月7日卢沟桥事变，揭开了中国人民全面抗战的序幕。为实现国共两党的第二次合作，我们党提出“陕甘宁革命根据地的政府改名为中华民国特区政府，红军改名为国民革命军。”[①] 8月22日，国民党政府在“八一三”上海抗战严重形势的逼迫下，被迫承认陕甘宁特区政府的组成。1937年9月6日，陕甘宁特区政府成立，选举林伯渠为边区政府主席，高自立为副主席，任命谢觉哉为秘书长。陕甘宁边区政府，共辖26个县。从此，中共中央领导下的陕甘宁边区经济建设进入了一个新的发展阶段。

一、陕甘宁边区农业的初步恢复

有了陕甘宁边区政府，就有了边区的国民经济。而农业是国民经济的基础。

陕甘宁边区的农业，在土地革命时期总体水平是下降的。那时的延安、安塞、保安、甘泉以及东三县等，均有许多荒地。华池、保安两县交界地方有个长约200里的二家川，只住有二三十

① 《毛泽东选集》第1卷，人民出版社1991年版，第258页。

户人家。保安的乌鸦寺、张家岔，在同治年间已无人烟。甘泉的傅村川、延安的金盆湾及马市川一大半，皆成荒地。边区棉花完全停止了种植。牲口破坏更大：羊只剩下四万至五万头，牛、驴剩下十余万头。[①] 纺织、驮盐等副业同样受到了重创，尤其是纺织业几乎完全停顿了。食盐的输出，到1938年才有七万驮。由此可见，边区的农业在当时是衰落的。只有中共中央到达陕北后，“左”倾经济政策[②]被纠正；休养生息税收政策的提出；以及党发展农业的号召，使农民的生产热情提高，才使陕甘宁边区农业恢复和发展起来。

（一）边区耕地面积的增加

为了“休养民力”，恢复农业经济，边区政府实行了新民主主义的土地政策和农业政策。

边区政府成立前，停止了没收地主土地，恢复地主、富农的公民权。陕甘宁边区政府成立后，为进一步调整农民与地主的关系，实行了一系列新的政策。

1935年12月，为了适应国内政治形势的变化，以及根据共

---

① 陕甘宁边区财政经济史编写组：《财政经济史料摘编》第2编，陕西人民出版社1981年版，第1页。

② “左”倾经济政策是指王明否定以毛泽东为代表制定的、被实践证明是正确的土地政策，推行的“地主不分田，富农分坏田”的过左政策。这一政策在执行中又愈搞愈“左”。对地主不仅不分田，而且不准买地、租地和开荒，不准以任何方式与土地发生关系，或将他们驱逐出境，或实行肉体消灭政策。对富农不仅分坏田，而且经富农力耕改造成好田后，又把好田没收重新分以坏田。还不断加重富农的劳役和粮款负担，甚至将其同地主一样没收，使不少富农“家况比雇农差”，从而在经济上消灭富农。由于斗争扩大化，又将不少中农打成富农甚至地主，使他们也遭到没收、“分坏田”甚至“不分田”的厄运。这使中农“人人怕上升为富农小地主，拼命吃穿，不想扩大生产。”土地经常打乱重分，也使贫农不能吃定心丸，降低生产兴趣。除了土地政策，还包含了打击和侵犯地富兼营的工商业的“左”倾经济政策，使工商业的发展也遭到打击。

产国际七大的精神，中共中央颁布了《关于改变对富农策略的决定》。《决定》改变了自1931年中共六届四中全会以来王明"左"倾教条主义所推行的"富农分坏田"的"左"倾政策，规定对富农只取消其封建剥削部分，即没收其出租土地，对富农所经营的（包括雇工经营的）土地，则不能没收，并允许富农有租用土地、开辟荒地等自由。《决定》还强调：对富农所经营的商业以及其他财产都不能没收；除统一的累进税外，苏维埃地方政府不向富农附加特别的捐款或进行征发。这些规定，有利于富农经济的存在，对于活跃根据地的经济，有重要的意义。

陕甘宁边区政府成立前的1936年，边区耕地面积只有843万亩。陕甘宁边区政府成立后，随着党内"左"倾错误的纠正和国内战争的停止，陕甘宁边区的人民获得了休养生息、发展生产的有利条件，调动了广大人民群众的生产积极性。为了增加农业生产，使地尽其力，边区政府在广大人民群众中开展垦荒运动，推动生产运动，取得了显著的成绩。1937年开垦荒地195,000亩，扩大了耕地面积，使耕地面积达到9,626,000亩，同时粮食产量达到112万石。在中共中央到达后，新增加耕地约900万亩1936年约为843万亩，通过一年的努力，1937年增加到863万亩，这一年的粮食产量也增加到了130万石。①

水利是农业的命脉。在开荒垦植扩大耕种面积的同时，边区政府还重视对土地资源的有效利用，加强农田水利建设，使边区的土地尽可能地实现旱涝保收。1937年延安枣园水利工程胜利建成放水，可灌溉1,000余亩土地。同年6月29日，"陕甘宁边区经济建设实施计划"（1937年7月至1938年12月）公布，要求发展水利，改良与扩大土地，增加粮食，发展畜牧业，培养农村

① 陕甘宁边区财政经济史编写组：《财政经济史料摘编》第2编，陕西人民出版社1981年版，第2页。

干部等。这些都为农业生产的恢复打下了基础。

中国共产党领导下的土地革命，并不是一般地消灭私有制，而是承认农民对土地的私有权。从革命实践的角度看，必须充分考虑到几千年来逐渐形成和积淀起来的小生产者的私有心理，过早和过急地实行土地国有、公有的制度，会极大地挫伤广大农民群众的革命积极性，不利于将斗争的矛头直接指向封建剥削制度，也不利于民主革命进程的顺利开展。1935 年 12 月瓦窑堡会议后，中共中央实现了政治路线和策略的重大转变，提出了建立抗日民族统一战线的策略。1936 年 1 月苏维埃中央政府西北办事处第九次会议决定，确定农民对所分到的土地的所有权，发给土地证，并准许出租买卖或雇工经营。这样，就正式确认了农民对土地的私有权，成功地实现了我们党的土地政策从土地公有到土地私有的转变。由于分配土地中的“左”倾错误开始得到纠正，承认个体农业存在并使之合法化，农民对土地私有的渴求得到了满足，过去因受政策影响而跑到白区的群众，甚至包括一些小地主和富农，纷纷回到边区。据不完全统计，一个半月以来，有几千跑到白区的群众回来了，延安县有 100 余人，绥德县仅 3、4 区就有 50 多人，[①] 其他地区也有不少群众回来，甚至连藏在土寨子里的富农也想出来了。这个事实表明，广大群众对党的新富农政策是欢迎和拥护的。土地政策的改变，并没有削弱广大农民革命和生产的热情，相反地，调动了他们的生产积极性和参加土地革命的积极性。这成为边区农业生产很快得到恢复的重要原因。

（二）边区粮食部的设立

在边区农业生产恢复的基础上，农业生产的管理机构也应运

---

① 陕西省档案馆：《陕甘宁革命根据地工商税收史料选编》第 1 册，陕西人民出版社 1986 年版，第 1 页。

而生。1935 年中华苏维埃共和国和中央临时政府驻西北办事处成立，下设粮食部。由邓发、凯丰（何克全）、宋裕和先后任部长，统一领导陕北苏区的粮食工作。当时陕北苏区党政工作人员和红军供给的粮源，主要是没收地主、豪绅的粮食和向小地主富农阶层劝募，不足部分由政府购买弥补，同时，为了积极筹备抗日作战所需物资，1936 年中央驻西北办事处发布了《关于收集新粮食的计划》通知，9 月在甘肃庆阳境内开始征收抗日公粮。陕甘宁边区政府成立后，粮食部依然是指导边区农业生产的领导机关和管理机构，在边区农业生产的恢复和发展中起到了重要作用。

（三）边区农业合作社组织的成立

要克服农业生产中小农经济的分散性和狭隘性，提高农业劳动生产率，就必须通过合理的组织形式，将千百年来一家一户为一个生产单位的个体农民组织起来，推动农业生产的社会化进程。这是边区政府为农业生产提供制度安排的重要措施。1936 年 3 月中央土地部颁布了《为组织劳动社》的决定。1937 年 2 月 19 日中央土地部发出了《关于春耕运动的决定》，决定提出：今年的春耕运动非常重要。在统一战线实现的现在，我们必须以最大的力量，动员全苏区人民进行春耕运动，把陕甘造成全国抗日的模范区，以推动全国人民都来参加抗日工作。《决定》还提出春耕运动的口号与要求是：一、不荒芜一块耕地。二、多种旱粮、瓜菜，防备今年的夏荒。三、增加收成，奖励生产。《决定》还宣布了中央决定抽出一部分款项，在苏区及白区购买生产农具（如牛犁、铧、种子，等等），卖给苏区中缺乏生产农具的群众，以解决部分农民农具缺乏的有效措施。

此后，边区政府根据我们党在江西的经验，在边区政府管辖的范围内，普遍推行和组织了“劳动互助社”、“耕牛合作社”、“农民生产小组”、“杂物队”（半劳动力作农业辅助劳动的组织)、“优红代耕队”、“妇女生产小组”等多种形式的劳动互助组织，提高农业生产的社会生产力。

在中国小农经济的家内劳动资源配置中，妇女具有重要的地位。为了解放妇女的劳动力，增加劳动人手，边区政府召开土地部、妇女部联席会议，帮助妇女掌握农业生产技术。提出春耕的三大任务：一、要让每个群众了解今年春耕的意义；二、帮助解决春耕中的具体困难问题；三、组织生产学习组，努力学习生产技术。会议还提出，要保证不荒一垧地，平川地要增加粮食收成二倍至三倍，并多种旱粮瓜菜三成，以增加边区的农产供应总量。

(四) 边区农业生产恢复初期带来的新变化

边区农业生产的恢复过程中，在中共中央正确领导下，将我们党在中央苏区的成功经验带入边区，边区农业生产恢复中出现了新变化。

首先，通过劳动改造了思想和变革了陈旧习俗。在边区农业生产恢复中，有二万人是在我们党感召下奔赴延安的热血青年和机关学校的员工，他们中青年知识分子占一万多人。这些青年同志绝大多数是从国民党统治区来延安学习参加革命的，他们一般都未参加过体力劳动。在边区政府的统一安排下，让他们适度参加开垦荒地，既增加了农业劳动力数量，又使这些青年同志在参加农业劳动中得到锻炼，增长了才干，他们在改造自然的同时，也改造了自己的世界观和培养了热爱劳动的劳动观点。

陕北由于长期地处荒僻，习俗简陋，妇女过去大都主要从事家务劳动，一般不参加田间作业；同时，在陈旧思想影响下，许多妇女认为参加劳动是“受苦”，是迫不得已的事情。边区政府号召破除陈旧习俗，在女干部的带动下，组织广大妇女参加生产劳动，还在劳动中实行互助协作，涌现出一批女劳动英雄，展现了劳动妇女的风采。人们在农业生产中形成劳动光荣的新风尚，也改造了旧的风俗习惯。

其次，增强了群众对党和政府的拥护与热爱。一方面，党和边区政府发动农民恢复农业生产，帮助移民、难民调剂土地，推进农民形成新型农业劳动组织，使农业生产力得到提高，增加了农民群众的粮食收成，使群众生活得到一定程度的改善。另一方面，号召部队、机关、学校参加生产，不但激励了群众的生产热情，而且减轻了群众的负担，具体体现了中共中央“休养民力”的政策，使群众更加热爱党、拥护边区政府。

最后，增强了民众抗战到底的决心。边区农业生产的恢复提高，提高了我们党在全国的声誉和影响力。它向全国人民表明，中国共产党不仅能在思想上政治上和军事上提出正确的路线和战略，而且在经济建设上能创造出奇迹，让贫瘠的黄土高原焕发出新的生机，不仅增加了民众抗战到底的决心，也为坚持长期抗战奠定了物质基础。

二、陕甘宁边区农业的初步发展

通过1935年、1936年两年的努力，陕甘宁边区的农业获得了发展。不仅耕地面积扩大、粮食生产增收，而且农业生产的组织形式有所创新，成立了许多正式的和民间的新型农业生产组织。这些使得在抗日战争前，陕甘宁边区的农业生产有了较大发展。

1. 发展表现为播种面积扩大，农业收成增加。1937年，陕北旱粮、瓜菜种植面积较1936年增加了一倍，其中耕地面积超过1936年的三分之一。陕甘宁边区仅分给无地群众的耕地就有6,770多垧。1937年全边区种植旱粮的耕地达到196,710垧，比上年增加了20%；使用肥料比上年增加20%以上，顺利完成了春耕三大任务。同时，开垦荒地方面，边区十余县共开荒地

45,000余垧，使边区农业的耕地面积进一步增加。

2. 发展表现为农业生产方式的创新。在中共中央和边区政府领导下，边区普遍建立了新型的劳动组织，改变了单家独户的小生产方式，这在贫瘠的陕北是前所未有的新鲜事物。边区子长、安塞、安定、子丹、延川、延长、延安、靖边、新城等十县及蟠龙区，共建立劳动互助社、妇女学习小组 7,000 余个，涵盖 57,000 万人；义务耕田队 600 余队，参加人数 16,000 余人。而且，在农业生产中开展了轰轰烈烈的合作社运动。中共中央到达陕北后，就着手恢复陕甘边区的合作社，经过努力，陕北合作社完全恢复并有了很大的发展，同时甘宁、关中、神府合作社也有了新的发展。在合作社建设上，创立了延安市群众消费合作社与妇女学习商店，刷新了中央机关人员合作社的内容，进行合作社的民主改革，一部分县的合作社召开社员大会，重新选出了负责人员，驱逐了一些贪污舞弊消极怠工的不良人员。截至 1937 年 8 月，边区共拥有县总社三个，省、市及机关合作社 16 个，区分社 160 个，乡支社 64 个，社员 70,568 名，股金 95,800 余元。在春耕运动中还创造了模范乡村 13 个，涌现出劳动模范 56 个，以及许多模范的红军家属与工作人员家属。同时，甘谷驿的边区模范农场正在筹备中。充分显示了新型劳动组织的强大生命力。

3. 发展表现在政府对农业生产投入的增加上。在边区政府的资助下，增添了农田水利设施，陕北子长、延长、延安等县共修水地 550 余垧。为了平衡各县的播种能力，边区政府加强对各区县间的粮食籽种调剂工作，陕北安定、子长两县及蟠龙区，调剂种子、食粮 105 余石，满足了贫困地区对籽种的需求。边区政府还帮助群众购买耕牛、农具，增添农业生产装备。边区政府拨发陕甘宁春耕补助费 1,000 元，陕北 6,400 元。边区贸易总局购买廉价农业生产工具，廉价卖给贫困的农民群众，犁铧有3,200余个，陕北省帮助群众共买进牛、驴 1,500 余头，陕甘宁在春耕中为群众购铧

2,000余页，各县还组织了犁牛站，调剂耕牛。

4. 发展表现在经济作物种植的扩大和植树造林上。红军达到延安前，陕北植棉并不普遍。为了解决边区军民的穿衣所需，边区政府推广棉花种植，其中，延长、红宜两县就种植了2,000余垧。同时，又推广植树造林，边区十余县共植树14万余株。①

三、边区政府的农业发展规划

在边区农业生产获得发展的条件下，中共中央和边区政府面对国民党的“围剿”和苏区人口逐渐增多的现实，着眼于边区农业生产的更大发展。为此，在中共中央指导下，边区政府进一步制定了边区农业发展规划。内容包括：1. 领导秋收运动，保证“及时收获，不损耗一颗粮食”口号的完成。2. 继续进行土地登记，四个月内将边区分配过的土地登记完成。3. 完成甘谷驿农场的下列准备：购集农作物种子及树种、畜种；修理房舍、制备农具、开垦场地。4. 陕甘宁省也要在年内筹备好一个农场。5. 各级经济部门提倡改良农具与发动群众利用肥料。6. 水利：在年内利用冬闲时间，动员群众力量，修建甘谷驿附近的康家坪、关中的马档川、陕甘宁的曲子、麻岭、悦乐、元城等水利。7. 发展牲畜：在定边筹办一个牲畜场；由国民经济部编印防病常识小册子，散发给农户；政府重申禁宰母羊命令；群众集股、政府代为购买优种羊只，实行交配改良羊种。8. 森林：调查原有林况及创办新林地址；由政府出示保护森林。9. 发展各项农村副业：特别注重剪售秋猫，改良酿蜜，并在冬季发动打鼠运动。10. 储藏粮食：为了保证抗战给养与防荒，在秋收后全边区应大规模的进行储量运动，宣传群众将多余粮食储藏起来，这一工作，各级经济部应协

① 以上资料均见陕西省档案馆：《陕甘宁革命根据地工商税收史料选编》第1册，陕西人民出版社1986年版，第125—129页。

同粮食局立即开展工作。[①] 边区农业发展规划的制定，为边区农业生产的下一步发展描绘了蓝图，指明了工作方向。并使边区农业生产的发展开始带有某些具有社会主义性质的计划经济因素。

第二节　陕甘宁边区工业建设的初创

边区的工业在中共中央到达陕北前几乎是一张白纸，只有少量的手工作坊，也主要集中在皮毛加工、烧碱和造纸少数几个行业，民众生活所需的大部分日常用品还主要依靠从山西和关中韩城等地输入。随着中共中央和中央红军到达陕北，根据地的人口骤然增加，对工业品的需求急剧增长。而国民党政府对边区的破坏和封锁，边区政府初创时期财政力量薄弱和政府采购能力低下，使边区工业品供应日趋紧张。在这种情况下，发展边区独立的工业事业，依靠自己的力量保证军队和民众的日用所需，就提到了议事日程上来。

一、边区公营工业和手工业的创建

陕甘宁边区政府成立后，为了保证根据地的工业品供应，边区政府利用政府资金开办了一批有一定规模的公营工业企业，使边区的公营工业迈开了发展的脚步。而红军中具有不少掌握一定生产技艺的工人和大批掌握知识的青年学子涌入陕甘宁边区，为边区的工业发展提供了技术力量。

（一）边区工业的初步发展

边区公营工业发展之初，主要集中在军需民用的几个主要工

① 陕西省档案馆：《陕甘宁革命根据地工商税收史料选编》第1册，陕西人民出版社1986年版，第132—135页。

业行业，取得了不菲的成绩。这些工业行业和企业主要是：

1. 纸厂。建立吴家坪纸厂，在四个月内共出纸约2,000刀，部分满足了机关办公用纸和发行苏维埃票币用纸的需要。又创办了甘谷驿纸厂，每天可出纸数十刀，为地方政府及小学校用纸的供给提供了帮助。甘谷驿纸厂系群众集股经营，共集资股金277元，自1937年3月10日起至8月底止，共产纸1,500刀，每刀值洋四角，共值600元，合计资本及经营收入共877元。神府县创办了印刷厂，产量是甘谷驿纸厂的二至三倍。①

2. 印刷厂。边区政府筹办了大型铅印厂一处，1937年4月由西安运来印刷机一台，开始印刷《解放日报》，由于生产能力低下，印刷数量有限，6月初由沪又购回大批印刷机器，才开始大量印刷，共印《解放日报》15期，书三种（《中国问题指南》、《列宁主义概论》、《选举须知》）。石印部（石印是根据石材吸墨及油水不相容的原理创制的一种平版印刷方法）还为教育部印制了不少课本，营业收入1,300余元。该厂共分排字、机器、铸字、装订、石印五个部门，工人及工作人员共70余名。②

3. 被服厂。边区政府建立织毛巾、制鞋工厂各一个。还建有缝衣工厂一处，工人五名。创办纺织学校一处，招收女学生60人，后又在安定举办了纺织学校，招收100多名女学生，培养了纺织事业发展所需要的干部。神府县创办纺织工厂一处；扩大与改良了原有工厂生产的技术。③

4. 制瓷厂。瓷厂在桥沟门，系群众集股经营，11人共集十

① 陕西省档案馆：《陕甘宁革命根据地工商税收史料选编》第1册，陕西人民出版社1986年版，第7页。

② 陕西省档案馆：《陕甘宁革命根据地工商税收史料选编》第1册，陕西人民出版社1986年版，第7页。

③ 陕西省档案馆：《陕甘宁革命根据地工商税收史料选编》第1册，陕西人民出版社1986年版，第7页。

股，每股 11 元，政府资助 40 元，共资本 150 元，已经烧了七窑瓷器，每窑产品约值洋 50 元。

5. 其他行业。建立硝皮厂、肥皂厂各一处，生产了不少的皮袄和肥皂。同时，在各县还恢复和发展了多种手工业，特别是制造农具的木铁工业，在春耕中发挥了很好的作用。

6. 工业中心。吴起镇是边区的“工业中心”，吴起镇有兵工厂数家、被服厂数家、鞋厂一家、袜厂一家、制药厂一家、药房一家。吴起的工厂，实行工薪制，每月 10—15 元，膳宿由国家供给，可免费医疗，工伤还可享受补贴，女工有四个月的产假，不扣工资，并有简陋托儿所。工人工作每周六天，每天八个小时。① 其他如延水、延川等县，也建立起了不少染房、炭厂、食品工厂等小型手工工场。

边区政府 1937 年 12 月制定了工业发展计划，其内容为几个月内至少建立硝皮厂三处，收买羊皮硝制，完成 3,000 件皮衣的生产任务，供给部队御寒。当年羊毛下来后，边区政府广泛发动群众建立毡房制毡，增加产品供应量。边区政府还指导延安附近各地烧木炭工作的展开，保证延安各部队、机关、群众烧木炭取暖的需求。这些边区公营工业的初创，虽然技术和设备还比较简陋，却是陕北工业从无到有的变化，代表了边区工业发展的崭新方向。

（二）边区矿业的恢复与发展

陕北地处黄土高原，这里干旱少雨，五谷难生，发展农业生产条件十分不利。但是，陕北有着丰富的矿产资源，尤其是石油和煤炭的储量极其丰富。早在清朝末年，清政府就在这里开设了中国历史上第一口近代油井——延长油矿，并初具规模。红军到

---

① 陕西省档案馆：《陕甘宁革命根据地工商税收史料选编》第 1 册，陕西人民出版社 1986 年版，第 7 页。

达陕北后，边区政府充分利用了这些矿产资源，建立了一批国营资源性工业，其产品除满足根据地自用外，还出口换回边区所需要的物资，对边区经济建设起了不小的作用。

1. 石油——边区政府首先恢复了永坪、延长石油厂的经营，添购机器，继续抽油，开工初三个月共计炼油六锅，出汽油 48 桶，甲油 600 桶，乙油 480 桶，擦枪油 12 桶，洋蜡 760 包，洋墨 150 斤，共计生产石油约七万斤，超过了民国时代的产量。1937 年 2 月 4 日中央国民经济部制定了 1937 年发展陕北石油石矿计划，其中安排基建投资十余万元，计划当年打新井十口，出原油 150 万斤，当年可收入 22 万余元。该年石油厂八个月内共炼油 24 锅，出汽油 192 桶，甲油 2,400 桶，乙油 1,920 桶，擦枪油 48 桶，洋烛 3,840 包，洋墨 720 斤，以上产品共价值洋 9,890. 8 元。加上永坪油厂，两油厂共支洋 14,627. 35 元。这些石油产品除供无线电台和机关部队点灯以及印刷之用之外，还出口获得盈利2,000 元。①

2. 煤矿——1936 年的前三个月，根据地政府就开发了安定和永坪煤矿，满足军民所需。1937 年边区政府成立后，大力开发煤炭生产，由中央国民经济部经营管理瓦市附近小豆池沟、长河峁子两处炭窑，保证了瓦市机关部队及红军家属的取暖燃料供应。而后又开发了延安府东川刘万家沟、朱家沟两处煤窑，经过了三个多月的努力，每天产煤一万余斤。② 此外再延长、延川等县也开发了不少的炭矿。

截至 1937 年年底，边区政府共办有以下煤矿：

刘万家沟煤矿（延安东）系政府经营，投入生产资本 1,085. 12元，工人 13 名，6 月 18 日开始产炭，初期每天只能出煤数百斤，后增至每日产煤 5,000 余斤，截至 1937 年 8 月，共出

① 雷云峰：《陕甘宁边区史》，西安地图出版社 1993 年版，第 173 页。

② 雷云峰：《陕甘宁边区史》，西安地图出版社 1993 年版，第 173 页。

大小炭103,680斤，出售了三万余斤，现存七万余斤。

朱家沟煤矿（延安东），资本系群众集资十股，每股30元，另外由政府资助83元，共资本383元，工人八名，每日产炭3,000余斤。

白家牙煤矿（延安东）系群众集股经营，政府帮助30元，工人十余名，每日产炭4,000余斤。

延长金沙区炭窑，系群众集股100元，供给部资助80元，政府帮助50元，共资本230元，工人14名，每日出炭5,000余斤。

延川徐家岔炭窑，系六家群众合出劳力经营，政府帮助200元，每日可产炭6,000斤，此炭厂可供给永坪油厂及延川县机关、团体与群众的需要。

此外，安定、延川、延长还有许多小炭窑。合计1937年八个月内生产开支18,600余元。①

1937年年底，边区政府制定了1938年的矿产生产计划：其中，石油厂增加原油产量，继续打成永坪第四口井，另在延长河南张家园子打一口新井；采油方面，除继续抽取永坪第一口油井的井油外，另在延长烟务沟用人工打井抽油，东厂门外油井用机器抽油，并改善炼油技术与工厂管理。煤矿方面，增加原有煤矿产量二至三倍；开采安定栾家坪炭矿。铁矿方面，调查、化验甘洛五区及关中衣食村两处的铁矿，并筹划准备开采。

（三）边区手工业生产合作社的发展

生产合作社是具有社会主义发展方向的合作劳动组织。在公营工业发展的同时，边区政府又在手工业领域发展各类形式的生产合作社，使边区的合作性生产组织在这一时期有一个较快的发展。在这个过程中边区政府及其贸易局发挥了重要的作用。

---

①　雷云峰：《陕甘宁边区史》，西安地图出版社1993年版，第173页。

首先，陕甘宁边区政府详细安排了合作社的工作计划：

1. 发展合作社的中心工作是整顿与巩固已有的合作社。要求按期召开社员大会，实行民主选举，从群众中选举好的负责人员。举行全边区合作社总登记，发给社员股票，并自年内发展社员十分之二。

2. 广泛发展生产合作社，利用现有消费合作社股金作为资本。

3. 收集土产品（盐、秋毛、药材等）出口换货，继续掉换完苏票股金，发展营业，保证社员冬衣布匹的供给。

4. 加强经济部及合作社人员教育，提高警觉性，对于货款妥为保管，务使不发生任何损失，各分区分别开办会计短期训练班，将合作社会计人员训练一次。

其次，为保证合作社的良性发展，使合作社的资金充足到位，投资者的实际利益不受损失，由边区政府组织合作社股金换票活动。以前股金都是苏票，自国民党实行法币制度后，为统一货币，边区政府决定将苏票转换为法币，已有61,000余元苏票转变成法币，余下的三万余元亦正在继续掉换。① 股金从苏票转变为法币以后，各类合作社资金真实充盈，开始了自己的独立营业。他们利用自己的合作资金，从贸易局购买大批货物，平价卖给社员。社员买到便宜货，非常满意，提高了对合作社的信任。

这些措施促进了合作社的巩固和发展，使手工生产合作社发展很快。定边盐场组织起了规模较大的打盐合作社，其他如延安中区、南区及延川县普遍建立了生产合作社。1937年的上半年，合作社在国家银行营业部及贸易局总共举办了28万余元的贷款。贸易局在1937年的七个月共计营业40万元，获得纯利1,400余元。②

① 雷云峰：《陕甘宁边区史》，西安地图出版社1993年版，第175页。
② 雷云峰：《陕甘宁边区史》，西安地图出版社1993年版，第175页。

二、边区私营工业和手工业的恢复

对私营工业和手工业政策的转变，是中共中央领导陕甘宁边区经济建设的一个突出的亮点。

在新民主主义革命时期，中国共产党不仅不反对私人资本主义，而且保护其发展。毛泽东说："在新民主主义的国家制度下，除了国家自己的经济、劳动人民的个体经济和合作社经济之外，一定要让私人资本主义经济在不能操纵国民生计的范围内获得发展的便利，才能有益于社会的向前发展。"① 在中共中央这一正确政策指引下，在陕甘宁边区，除了发展公营工业和合作社工业外，还鼓励发展私人资本主义工业，欢迎外地资本家到革命根据地开办实业，使私营企业成为边区经济的一个重要组成部分。

边区政府成立后，为吸引外地资本家到边区投资，发展工商业，繁荣边区经济，增强抗战力量，采取了一系列有力的措施。还在 1935 年 12 月 1 日发表在《红色中华》报上的《中央政府西北办事处颁布发展苏区②工商业的布告》中就规定：取消一切工商业的捐税，甚至连关税和营业税等均予以免收；除了粮食及军用品外，苏区的出产品均可自由输出；允许苏区内外正当的大、小资本家投资边区的各类工业生产。

在边区政府正确政策的鼓励下，边区拥有土地的地主纷纷将大量资金转向工业投资，使边区私营工业逐渐恢复和发展起来。1937 年的上半年，延川县就设有染房 15 处，粉房四处，各县共有油房十余处，其他如铁木手工业也有大量创立。在延安、安定等地有私人煤矿 20 多处，私营纺织工厂四家。定边、盐池的私

① 《毛泽东选集》第 3 卷，人民出版社 1991 年版，第 1060—1061 页。
② 指陕甘苏区。

人盐池有三至四处。民营的纸厂有30多户。[1] 以妇女纺土纱、织土布为主的个体手工纺织业，在各县也纷纷建立。边区私营工业的存在和发展，成为边区自给工业的重要组成部分。他们壮大了边区的经济实力，增加了边区的社会产品总量，一定程度上满足了边区群众的生活所需，而且增加了就业机会，活跃了边区的经济，帮助边区政府安排好生产和生活。对于保障抗战供给和人民需要发挥了重要的作用。

三、边区食盐的开发和交通运输业的发展

（一）食盐的开发

食盐、甘草和乌拉草是边区的“三宝”。尤其是定边和盐池的“花马池”盐池，是北部中国最大的盐池，从明清以来就担负着供应伊克昭盟、甘肃以及陕西凤翔府、汉中府等地食盐需要的任务。因此，食盐是边区的主要出产，它是边区平衡进出口，稳定金融，调节物价的骨干资源，无论在国民经济或是政府的财政收入中都占有非常重要的地位。

边区的盐池，主要分布在一是三边，即定边、靖边和安边三地。三边的池盐又以定边、盐池北部的“花马池”，也叫“烂池”或“老池”最为著名。二是绥德的三皇峁。

1937年4月份，边区政府即派得力干部前去定边、盐池领导打盐，发动群众及商人集股3,000余元，组织打盐合作社，各机关部队也派人前去打卤晒盐。在打盐的同时，还组织力量积极建修烂泥池里的新盐坝，为扩大生产打好基础。是年共打盐三万驮。每驮以200斤计，共600万斤，有力保障了边区军民对食盐的需求。边区政府还发动盐池附近的民众到盐池驮运食盐，民众组织

① 雷云峰：《陕甘宁边区史》，西安地图出版社1993年版，第175页。

的驮盐合作社，还把驮来的一部分食盐储藏起来，以备临时需用。

（二）交通运输业的恢复和发展

交通运输业是发展经济、保证供给的重要条件。抗战前，边区只有一条全长211公里的咸阳—榆林公路纵贯境内。由于国民政府的封锁，边区没有一辆现代化运输工具，运输几乎全靠牲畜、人力和简陋的大车。发展边区的交通运输事业对促进边区经济发展，保障边区安全和满足军事行动的需要有着十分重要的意义。

为此，边区政府成立了专门的管理交通运输事业的机构。1937年，政府专门拨出48,850元修路费，修筑了延安姚店子到延川王家屯的公路，计长40公里，使咸阳—榆林公路全线可通车。而且在冬闲时间，动员群众将永坪—延长—延安的汽车路修好。边区政府还发动群众开始修筑盐池到甘肃西峰镇的大路，路修好以后，首先利用大车运盐，加快了食盐的转输速度，也促进了边区商品贸易的发展。

第三节　陕甘宁边区商业的初创和发展

陕甘宁边区政府成立后，为了满足边区的军需民用，不能不下大力发展边区的商业贸易，以突破边区因区域经济结构偏颇和国民党经济封锁所造成的物质匮乏。所以，中共中央到达陕北后，边区的商业贸易有进一步的发展。它互通有无、调剂余缺，为打破敌人的经济封锁，满足边区人民的生活所需，增加政府收入立下了历史功勋。

一、促进陕甘宁边区商业的政策措施

在苏维埃时期，陕甘苏区政府在1935年2月建立了贸易局，

中共中央到达陕北后，1935 年 11 月下旬，在瓦窑堡成立贸易总局，由中共中央国民经济部领导，负担为党政军采购一切必需品的任务。当时从边区到各地的贸易路线，主要有两条：一是东出绥德、清涧；二是南出延安、交道（富县）、洛川。因此，在贸易总局下在绥德设有支局，另外在洛川亦设有分局，作为采购货物的转运站。当时边区的贸易组织已具相当规模，如绥德支局有工作人员 50 名，护卫队 40 名，运输业户牲口 30 头。1936 年 6 月，贸易总局由瓦窑堡迁至保安；苏区东面的清涧、绥德、延川等县被敌人所侵占，乃撤销绥德支局，在定边设贸易分局，南线仍出洛川。1936 年 12 月 19 日，贸易总局由保安迁至延安，对外称陕甘宁合作总社（县支局未改）。商业贸易的南线，1937 年夏出洛川到西安，并以汽车为运输工具。贸易总局还在西安设“远声西”商号，为采购货物的采购点。1937 年 9 月，中共中央国民经济部改组为陕甘宁边区建设厅。建设厅商业、合作事业，财政仍归财政厅管理。

为了发展边区的商贸事业，中共中央到达陕北后不久，中华苏维埃人民共和国中央政府西北办事处①就在 1936 年 4 月 9 日颁布了关于繁荣苏区经济的布告，主要内容有：一、在志丹市恢复以前逢五、逢十的市集，并由苏维埃政府帮助设立消费合作社，

① 中华苏维埃共和国，是土地革命时期中国共产党在中央革命根据地瑞金建立的中央政权机构。它是后来成立的中华人民共和国的雏形，首都为江西瑞金。1935 年 10 月中央红军转移至陕北，首都由瑞金迁至陕西延安。12 月瓦窑堡会议后改为“中华苏维埃人民共和国”。中华苏维埃共和国中央政府西北办事处成立于 1935 年 11 月，是临时中央政府的办事机构，为西北苏区最高苏维埃政权机关。西北办事处下辖陕甘、陕北两个省和关中、神府两个特区。1936 年 5 月，中共中央决定设立陕甘宁省。与此同时陕甘省苏维埃政府撤销，所辖各县苏维埃政府归陕北省苏维埃政府领导。同年 12 月，陕甘省苏维埃政府重新成立，1937 年 4 月第二次撤销，所辖关中特区划归中共陕西省委领导，所辖各县划归陕北省苏维埃政府领导。1937 年 7 月，陕北省苏维埃政府撤销，分别成立陕北东分区、西分区行政督察专员公署。1937 年 9 月，西北办事处更名改制为陕甘宁边区政府，撤销省的建制。1937 年 9 月 6 日，中华苏维埃人民共和国最后一个政府机关“中央政府西北办事处”变更为“中华民国陕甘宁边区政府”。

出卖食盐、布匹等群众生活必需品。二、责成国家银行西北分行设立营业部，批发食盐、布匹和大宗货物，以供给各个合作社。三、责成粮食局成立调剂局农业品收买处，凡工农群众要出卖的农产品，如粮食、豆、羊毛、羊皮等，都可随时拿到市面上出卖。四、凡买卖资物，都要使用国家银行发行的票币。这就以政府法令的形式承认商品流通的合理性，表明了中共中央支持和鼓励苏区发展商品交换的政策态度。1936 年7 月5 日，国家银行西北分行颁布《关于特设营业部》的布告，布告说：国家银行为供给群众需要，繁荣志丹市（即保安城）市场起见，特设营业部，采办大批布匹和其他日用必需品，将它批发给各县合作社，转售群众。在志丹市各区合作社尚未建立以前，所有各种货物，暂由营业部零售。1936 年7 月6 日，新成立的边区政府施政纲领中，明确提出了“保护商业、发展合作运动、推广货物运动”① 的主张。这一系列鲜明的政策制定，为边区商业的发展提供了政策供应，从而为保证边区商贸事业的恢复和发展在政策上扫清了道路。

为了扩大边区政府支持和发展商品流通的政策影响，中央国民经济部 1937 年 3 月作出扩大合作社营业的决定。指出：为了增加出口贸易，扩大合作社营业，改善社员生活，并调剂机关人员给养的需要，各级合作社应立即进行下列工作：一、收买绒毛、药材；二、收买给养的必需品，调剂机关人员的生活；三、发动群众到盐池驮盐，卖给贸易总局出口。同年 12 月苏维埃中央政府西北办事处发布关于鼓励商人进行贸易的布告，其中规定：苏区商人要外出到白区购买商品者，可用苏区发行的纸币到中华苏维埃共和国国家银行西北分行换取国民党的纸票。如果某些商人有特殊情形，需要携带现金出境的，当可照数兑换。为了解决苏区用布的困难，延长县苏维埃政府最近想到一个好办法，

① 《新中华报》1937 年7 月6 日。

就是向群众商议给群众棉花一斤，由他们织成布后向政府交布九尺。每斤棉花可织布一丈八尺，群众可以从中得到九尺的劳动报酬。而每斤棉花售价为四角五分（市价），九尺布售价为五角四分，政府方面亦可得到二角钱的收益，说明发展商业贸易是利国利民的好事情，因此，不到一个月，延长县苏维埃政府已向群众发放了7,000多斤棉花。①

二、陕甘宁边区公营商业的初创

公营商业是中共中央到达陕北后出现的新鲜事物，它代表了边区商业发展的新方向，并在边区的商业活动中占据着主导的作用。为了发展边区的公营商业，中共中央和边区政府做了大量的工作，包括：

1. 建立了西北贸易总局及各地分局和采办处，为边区公营商业的发展进行了组织构架。这一时期，贸易总局共筹办进口货物价值十余万元，其中大部分是布匹及军用器材，供给部队及机关人员冬衣、夏衣、日用品及作战需要。同时组织了边区物资的出口，特别是边区盛产的红枣、池盐、药材、皮毛等物品，换回边区不能生产的紧缺物资。由于正确执行了党所提出的支持和发展商业经济政策，也吸引了大批白区商人到边区来，恢复了边区许多集市，使边区商业活动逐步繁荣起来。这些到边区谋求发展的商人，还帮助军队购买了大批铜、铁、硝、磺等军需原料，为边区兵器制造提供了条件。

边区政府成立后，边区各地县商业贸易较瓦窑堡时期更为活跃，贸易局由于做生意货真价实，讲究诚信，不坑害民众，又以政府作为依托，在商人中的信用日益高涨，得到了民众的支持。

① 陕西省档案馆：《陕甘宁革命根据地工商税收史料选编》第1册，陕西人民出版社1986年版，第171页。

在这种情况下，贸易局采办物品的数量较前扩大了数倍，进口货物价值40万元左右，很好满足了部队、机关人员的冬衣和其他生活所需。在出口方面，由于正确商业政策指引，定边的经济进一步繁荣，成为了边区物资出口的重要口岸，边区生产的皮毛、药材烧碱等的出口进一步增加。

2. 整顿定边盐池取得了成效。定边花马池盐，是边区最具魅力的出口大宗商品，也是边区财政的主要支柱。边区政府成立后，便派得力干部到定边对定边盐场进行整顿，增加生产设备，捋顺生产流程，使定边盐池的生产走上了正常化发展的轨道。为了给定边盐场提供源源不断的技术支撑，边区政府还在定边创办了定边职业学校一处，加强对盐业技术人才的培养。

3. 在贸易方面。由于正确商业政策的指引，边区商人对政府扶持商业的政策没有后顾之忧，纷纷贩运商品到边区出售，延安、定边、曲子、蟠龙等中心县镇以及所有边区市镇，市面都呈现出繁荣的景象。而贸易局不断扩大对边区农产品的收购，提高了边区农产品的价格，如1937年春天，各县民众开剪绒毛，贸易局以较高的价格进行收购，对刺激农民牧养牲畜的热忱，增加边区商品生产总量，发挥了很好的作用。据西北办事处统计，1937年1—8月，贸易总局购入工业品价值191,110元，土特产品价值8,960元，出售工业和手工业产品价值192,956元，土产品价值4,670元。[①] 表现了公营商业欣欣向荣的发展局面。

三、边区公营商业合作社的发展

商业合作社是具有集体经济性质的商业运营组织。边区政府成立后，就动手建立了绥德、清涧、延水等县的纺织合作社，

---

① 陕西省档案馆：《陕甘宁革命根据地工商税收史料选编》第1册，陕西人民出版社1986年版，第172页。

县、区、乡共计纺织合作社50个，社员3,000余人，股金1,000余元，系由政府发棉花给社员织布，再交回政府，解决了广大妇女的就业问题。还在机关人员中建立了贩卖合作社，鼓励机关人员走上互助合作的经营道路，特别是瓦窑堡中央机关人员合作社营业规模最大，取得的成绩也最优。就是在陕北东部地区各县，虽因拉锯的缘故变成游击区域，合作社运动也仍然在志丹、赤安、华池、新城及陕甘宁各县区建立了起来。合作社新发展的社员有2,300人，股金约二万元。经营中除直接向区外采买不计外，仅在营业部办货的款项就达五万余元。这一时期，因为某些客观上的困难，苏维埃金融在一些地方流通发生阻滞，合作社对于流通苏票，供给群众布匹、日用品，以及收买农产品调剂部队及机关人员生活方面，都起好的作用。

这一时期还在边区普遍建立了消费合作社。陕北、陕甘两地近20多个县、区、乡都成立了消费合作社，共计成立县总社14个，区分社和乡支社共120个，社员共约15,000人，股金一万余元。据统计，1937年前半年，全边区发展消费合作社75个，机关合作社七个，社员57,518人，股金64,992元。[①] 1937年开始，在边区政府的领导下，全部恢复了陕北十余县合作社的组织和营业，建立了关中各县合作社。截至1937年底，共有社员76,000人，股金约七万元。[②] 1937年前五个月内，仅各合作社到营业部办货价值在20万元以上，连保安时期计算在内共有近30万元的货物销售给合作社员，确实对改善群众生活起了很大作用。公营商业和合作商业的发展，使之成为边区商业的主导经营力量。1937—1938年期间，陕甘宁边区除停止营业的老店重新开门营业外，新

① 陕西省档案馆：《陕甘宁革命根据地工商税收史料选编》第1册，陕西人民出版社1986年版，第172页。

② 雷云峰：《陕甘宁边区史》，西安地图出版社1993年版，第190页。

开店铺达 1,000 余家，充分显示了边区商业的发展局面。

陕甘宁边区政府成立后，延安南区合作社是边区商业在微观方面的一个典型和代表，它集中反映了延安时期合作商业的发展面貌。1936 年 12 月，在边区发展合作商业的浪潮中，在延安沟门成立了南区合作社，1938 年 5 月，搬到柳林村。柳林村至今还保留着南区合作社 16 孔窑洞和一座砖木结构的五开间两层小楼。石窑是办公用房，小楼为营业楼。小楼底层两面砖柱刻有："发展经济合必作"、"增进民主工与农"，正中木匾上书"延安县南区合作总社"。

南区合作社成立后，1937 年 3 月，刘建章被推选为主任，他不拘守成规，进行了大胆的改革，逐渐树立了合作社的威信。到 1939 年初，南区合作社扩大到四个分社、九个经营单位的规模，初步发展成为集生产、消费、运输、信用为一体的综合性商业合作社。

1942 年春，抗日根据地最困难时期，南区合作社积极开展了为群众服务的社会事业，比如代交公粮、包运公盐、代交人民各种负担、优军优抗、代政府发放农贷、征收牲口税、安置难民等。他们把政府、合作社及人民三者的利益密切结合起来，成为沟通政府与人民经济的桥梁。

毛泽东肯定了南区合作社式的道路，就是边区合作社事业的道路；发展南区合作社式的合作社运动，就是发展边区人民经济的重要工作之一。1943 年 1 月该社被西北局高干会授予"模范的合作社"称号，社主任刘建章被授予毛泽东题写的"合作社的模范"奖状。随后该社还开办了学校、业余剧团、教育合作社、医院合作社等，成为陕甘宁边区商业的一面旗帜。

四、陕甘宁边区私营商业的发展

（一）我们党有关发展私营商业政策的转变

对于要不要在新民主主义社会存在和发展私营商业，我们党经历了艰苦的摸索，也逐渐在经历曲折中明确了正确的认识。

1934 年 1 月，“二苏大”通过的《关于苏维埃经济建设的决议》亦明确规定：“一切苏维埃的商业机关必须尽量利用私人资本与合作社资本，同他们发生多方面的关系。苏维埃政府除以关税政策来调剂各种商品的输出入外，保证商业的自由，并鼓励各种群众的与私人的商业机关的自动性，去寻找新的商业关系与开辟通商道路。”但是，由于战争的紧迫和环境的险恶，中华苏维埃共和国的这些正确的私营经济政策，并未能得到很好的实施。

1935 年 1 月的遵义会议，标志着中国共产党在政治上开始走向成熟。此后，中华苏维埃共和国的私营经济政策有了进一步的调整。同年 11 月 15 日，中华苏维埃共和国中央政府西北办事处颁布《发展苏区工商业的布告》，主要内容有：“1. 一切工商业的捐税完全取消，关税、营业税等均一概免收；2. 苏区的大小商人有充分的营业自由，白区的大小商人也可以自由地到苏区来营业；3. 除了粮食及军用品外，苏区的出产品均可自由输出；4. 允许苏区内外正当的大小资本家投资各种工业。”① 布告还指出，苏维埃区域并不是像国民党和一切反动派所宣传的那样“禁止贸易”、“不许买卖”、“没收商人财产”，等等。相反，在目前苏维埃区域里面，商人和资本家不仅有极大的营业自由，甚至不收任何捐税。这表明：只有苏维埃政府才真正有决心发展中国的工商业，才是真正实行“实业救国”的政府。

中共中央到达延安后，1935 年 12 月 25 日，瓦窑堡会议通过的《中央关于目前政治形势与党的任务决议》，对私营经济更有了新的明确规定：“苏维埃人民共和国用比较过去宽大的政策对待民族工商业资本家。在双方有利的条件下，欢迎他们到苏维埃

① 赵增延、赵刚编：《中国革命根据地经济大事记》，中国社会科学出版社 1988 年版，第 119 页。

人民共和国领土内投资，开设工厂与商店，保护他们生命财产之安全，尽可能的减低税租条件，以发展中国的经济。在红军占领的地方，保护一切对反日反卖国贼运动有利益的工商业。使得全国人民明白：苏维埃人民共和国不但是政治上的自由，而且是发展中国工商业的最好的地方。”①

瓦窑堡会议结束后的第三天，毛泽东在党的活动分子会议上作了《论反对日本帝国主义的策略》的报告，初步总结了党在私营经济问题上的曲折认识与实践，提出了保护民族资本主义工商业的思想，并从理论的高度做了进一步阐明。毛泽东指出：“人民共和国在资产阶级民主革命的时代并不废除非帝国主义的、非封建主义的私有财产，并不没收民族资产阶级的工商业，而且还鼓励这些工商业的发展。任何民族资本家，只要他不赞助帝国主义和中国卖国贼，我们就要保护他。”② 瓦窑堡会议决议和毛泽东的报告，标志着我们党关于保护和发展民族资本主义工商业思想的基本确立，同时也代表着党在十年内战时期对私营经济的认识与政策的最高水平。

瓦窑堡会议后，中华苏维埃共和国中央政府西北办事处再次发布公告，为鼓励私营工商业的发展，苏维埃政府决定在现金管理和银行贷款方面给予支持。为此，中华苏维埃共和国国家银行西北分行“特设法办到白票，有要外出办货的，可拿苏票或现金到银行换取”。如果某些商人有特殊情形，需要携带现金出境的，“当可照数兑换”③ 而且规定：“为着发动商人输出苏区农产品，与运输食盐出口，银行可给予低利贷款。”④

① 中央档案馆编：《中共中央文件选集》第10册，中共中央党校出版社1991年版，第612页。

② 《毛泽东选集》第1卷，人民出版社1991年版，第159页。

③ 《中华苏维埃共和国中央政府西北办事处布告》，1935年12月1日。

④ 《关于陕北财经情况向中央军委的报告》，1936年7月15日。

另一方面，苏维埃政府改变过去将私营业主当作革命对象的政策，在政治上保障他们的基本权利。1936 年 1 月 16 日，中华苏维埃共和国中央政府西北办事处颁布《西北苏维埃选举法》，其中规定："雇佣劳动在十人以下，资本在五千元（边区币）以下之工商业主亦有选举权。"① 这就是说，在中华苏维埃共和国内，中小工商业者享有政治上的选举权，这是一个极其重要的改变。

中华苏维埃共和国以及后来的陕甘宁边区政府，在西北所采取的这些正确的私营经济政策，得到了私营工商业者的信赖和支持，调动了他们生产、经营的积极性，促进了私营经济的发展。例如，陕甘宁边区所属贸易局向定边县商人购买布匹，商人们不仅尽力设法从白区进货，价格比一般市价还低廉，而且允许成千上万元的暂时欠账。同时，定边商业的繁荣，又吸引了一些白区商人冲破重重封锁，冒着生命危险来红色区域做生意。

（二）陕甘宁边区私营商业的发展

延安是中共中央和陕甘宁边区政府所在地，是红色首都。延安私营商业的发展可以典型代表边区私营商业发展的一般面貌。

边区政府成立后，延安市场中私营商业的恢复发展，不仅表现在商店的大量增加，也表现在商业资本的逐步增加。

延安市私营商店历年户数及资本统计表

年度	商户数	资本总数（元）
1936	168	40,000
1937	204	70,000

其中在 1936 年资本五万元以上的有二户，1937 年增加至七户；资本一万元以上的 1936 年为五户，1937 年增加到 12 户；资本在 5,000 元以上的 1936 年为 161 户，1937 年增至 185 户。总计

① 蒋风波、徐占权编：《土地革命战争纪事》，解放军出版社 1989 年版，第 527 页。

1936年商户168家，1937年为204家。[①]

延安又是边区进出口货物的集散市场。因此，在各类私营商业中，京货商和过载行商的比重日益突出。京货商所经营的主要是从边区外输入的布匹、棉花、颜料、衣服、洋火、文具、纸张、烟酒、化妆品等。其中最著名的就是“德胜玉”商号，它是延安市最大的京货商行。过载行是一种半客栈性质的栈房。过往行商与脚户运货到延安时，常住在过载行栈，栈内有一定行市，每日挂牌；货物卖出时，栈主收取“佣钱”；客商住栈，另交伙食费用；蓄养牲口则只交草料钱。

第四节　陕甘宁边区财政和金融事业的发展

一、陕甘宁边区的财政政策与财政制度的建立

1935年，中共中央到达陕北后，为了统一和加强中国西北各省苏维埃运动[②]的领导，使西北各省的苏维埃运动在更加巩固的

① 雷云峰：《陕甘宁边区史》，西安地图出版社1993年版，第193页。

② 1927年大革命失败后，中国共产党逐渐认识到掌握革命武装和革命政权的重要性。共产国际、联共（布）中央也提出中国应开展苏维埃革命，建立苏维埃政权。八七会议后，中国共产党发动了一系列武装起义，开始探索建立苏维埃政权。1927年9月19日，中共中央通过了《关于左派国民党及苏维埃口号问题决议案》，并正式确定以组织苏维埃，作为自己的中心任务，标志着中国苏维埃运动的开始。到1929年初，全国各地党组织发动了100多次武装起义。这些起义虽然大多失败了，但起义武装相继转入农村开展土地革命，建立苏维埃政权，开辟了赣西南和闽西根据地、赣东北根据地、湘鄂赣根据地、广东东江根据地、广西左右江根据地、琼崖根据地、湘鄂边和湘鄂西根据地、鄂豫皖边根据地等十多块有影响的红色区域。1931年11月7日，中华苏维埃第一次全国代表大会在江西瑞金召开，宣告中华苏维埃共和国成立，标志着中国苏维埃运动进入了鼎盛发展时期。第五次反“围剿”失败后，中央苏区等红军主力被迫实行战略转移，红军长征胜利到达陕北后，中华苏维埃共和国中央政府即恢

基础上迅速发展，1935 年 11 月在陕甘晋苏区设立苏维埃中央政府驻西北办事处，主席为博古，财政部部长由林伯渠担任。并同时发布了西北办事处训令，规定了苏维埃的财政来源、收支原则；还制定了发行票币和税收政策。同年又发布了《没收暂行条例》和《财政部暂行会计出纳规则》。

1936 年 8 月 25 日，为了适应日益壮大红军队伍的后勤供应，苏维埃中央政府决定建立地方财政制度，划分了中央与地方的财政事权关系和财政征收清单。规定属于地方财政收入的有：省属地方武装部队之筹款；地方政府所没收豪绅地主反革命分子的财产；保卫局裁判部没收案犯的金钱物品及罚款；在地方所募之基金；农工商业的统一累进税的一部分；各机关经费余额的退还款，以及不属于上列各项的地方性杂项收入等。属于中央收入的是正式红军的筹款；对外的募捐；公债的发行；关税以及特种税收（如盐税等）。

属于地方财政支出的是：全省苏维埃政府的行政费；全省党团经费；全省政治保卫局经费；全省教育费；省属内务费；省属地方部队的经费；省属机关部队的粮食支出；群众团体（如工会）津贴费；不属于上列各项的有地方性的杂项支出等。而中央直属各机关和正规红军的一切经费及各级邮局经费则由中央支付。

1937 年陕甘宁边区政府成立后，财政收入成为边区政府的经济基础。为此，1937 年 10 月 18 日，边区政府举行第十次主席团会议，讨论边区经济建设问题。会议通过如下决议：（一）成立

（接上页）复活动，并成立西北办事处。1935 年 12 月，中华苏维埃共和国改为中华苏维埃人民共和国。随着全国抗战的爆发和抗日民族统一战线的建立，1937 年 9 月 6 日中华苏维埃人民共和国中央政府西北办事处正式改名为陕甘宁边区政府。至此，中国苏维埃运动和中华苏维埃共和国的历史光荣结束，中国革命亦随之由土地革命战争进入伟大的抗日民族战争。

财经委员会，由刘鼎、宋裕和、莫均涛、蔡子伟、伍修权五人组成，蔡子伟为主任。该委员会的任务是制定财经计划，决定投资方向。（二）成立边区合作总社，以推动边区合作事业的发展。（三）建设厅成立工程科，主要负责筑路工作。（四）边区实行企业经济独立。10月25日，边区政府召开第十二次主席团会议，讨论边区财政问题，会议决定：出于统一财政的考虑，以后财政预算由审计处批准；在陕甘宁、关中、神府分别设立分金库；组织工作团整顿税收工作。会议还确定从1938年1月起实行统一累进税。①

1937年11月9日，边区政府指定伍修权、莫均涛、曹菊如、艾楚等七人组成审查委员会，负责清理和审查过去的财政工作。1937年12月21日，特区政府发出《关于统一财政问题的通令》，再次强调各机关、部队、团体必须遵照“统一财政”的原则，建立起财政系统，绝对不允许自收自用。同时边区政府发出关于统一粮食征收的通令，规定各党政机关、群众团体、保安部队、学校等所需粮食开支，须每月编造预算，交边区粮食局核发支粮证，到仓库领粮。

同时建立边区各级财政管理机构，统一和健全财政制度。1937年10月，原中央财政部改组为边区政府财政厅，代厅长为张慕尧。同年秋，三边②建立税务局，任志远为局长。1937年9月，中华苏维埃共和国粮食部改为陕甘宁边区政府粮食局，局长张慕尧。

二、陕甘宁边区财政的收支状况

全国抗战以前，陕甘宁边区脱产人员约为30,000人。全国

---

① 陕西省档案馆：《陕甘宁革命根据地工商税收史料选编》第1册，陕西人民出版社1986年版，第241页。

② 原安边、定边和靖边三县的合称。抗日战争时期为陕甘宁边区的行政分区，简称三边。

抗战爆发后，八路军主力开赴抗战前线，边区仍有脱产人员14,000人左右。而后随着国统区的大批知识青年奔赴延安，边区的人员剧增。据统计，在1937年，财政收入是526,302.45元，支出是497,882.74元，年终结余28,419.71元。[①] 这一时期，边区实行“量入为出”的原则，所以财政收支平衡，并略有结余。

（一）边区的财政收入

陕甘宁苏区的财政收入在全国抗战前和抗战初期主要是通过外援获得的。有资料显示在1937年陕甘宁边区的财政收入77.2%都是外援所得。其中由国民政府为抗日军饷的拨款1,527,672.84元；争取到的国内外爱国人士的捐款36,254.2元；向爱国进步人士和人民群众借款、借粮，如1936年4月19日发表在《红色中华》社论上，号召农民“卖粮、借粮给红军”，同年5月24日，陕北省委、省政府《关于紧急动员收集粮食的决定》中强调除借粮之外，必须完成购买2,400石粮的任务，还有在这一年12月5日，毛泽东亲自写信向杨虎城将军借款，等等。[②]

凡是从白区入境的一切货物如直接售给国家贸易局就以外（国民党）币支付；必需品进口后如不直接卖给国家贸易局，而是通过合作社或私商出售者，必须先向国家贸易局登记，其所得收入可兑换白区货币，其他凡证明必要者也可以兑换。[③]

边区政府的税收是直接税，只对10%人口征收，即地主和高利贷者，对少数大商人也征很少一部分税，但是对小商人不征

① 陕甘宁边区财政经济史编写组：《财政经济史料摘编》第6编，陕西人民出版社1981年版，第129页。

② 陕甘宁边区财政经济史编写组：《财政经济史料摘编》第6编，陕西人民出版社1981年版，第129页。

③ 1936年保安《关于苏区货币政策》，载《党的工作》2009年第12期。

税。群众的税全部取消。边区每月开支32万元，其中40%—50%是没收所来，15%—20%是来自国内外的捐款，其余来自贸易、经济建设、红军的土地、银行给政府的贷款。

中共中央到达陕北后，基本上不征收工商税，以此扶持工商业的发展。仅于1937年开始在定边设税务局征收盐税和部分货物税。

国民党统治时期，三边池盐每百斤征收盐税四元。1936年红军西征解放了陕西的定边县和宁夏的盐池县，接收三边盐池，取消了国民政府的盐税，因而使边区盐价低廉而邻区盐价高昂，使得大批私盐被贩运出境。1936年9月，苏区政府为了整理原有盐池，提高产盐数量，开始征收低廉的盐税与部分的蒙盐过境税。

盐税征收办法如下：一是减低税率到五分之四以上（100斤盐收得一元税）。二是提高盐价，改善人民生活。三是按照牲口的驮盐数征收，驴一驮约重150斤，收税洋1.5元，骡马牛一驮重200余斤，收税洋2.2元，骆驼一驮约重300斤，收税洋三元。1936年4月份起盐税有所增加，每100斤增加30%以上，即驴一驮二元，骡马牛一驮三元，骆驼一驮四元。1937年共征收盐税1,868.5元。

同时，中央财政部积极拓展其他财源。如公营企业经营收入、罚款、没收、土地征收等，在1937年10月至1938年12月共征收了203,605.85元，占财政总收入的14.2%。①

（二）边区的财政支出

边区的财政支出，主要有军务费、行政费、教育费、经济建设投资、民政费等。

---

① 陕西省档案馆：《陕甘宁革命根据地工商税收史料选编》第1册，陕西人民出版社1986年版，第241页。

全国抗战初期，军务费由国民党军委支付。所以边区政府财政支出中行政费用占相当大的比重，1937年为72,811.23元，占年财政支出的14%。而教育费，主要由各县筹措。1937年为45,537.81元，占8.9%。经济建设投资，1937年投资于农业、工业、商业方面的资金为29,537.13元，占年财政总支出的5.2%。民政费用，1937年为152,623.08元，占28.2%。①

边区政府还通过宣传鼓励，以期达到节约开支，保证供给的效果。规定粮食一般工作人员为每人每日1.5斤，干部每人每日为1.2斤。

三、陕甘宁边区金融业的发展

陕甘宁边区银行于1937年10月1日成立，曹菊如担任行长。边区银行的前身是1935年8月建立的陕甘晋银行，中共中央到达陕北后，在瓦窑堡陕甘晋银行与中华苏维埃共和国国家银行合署办公。1935年11月，在中共中央的指示下，将陕甘晋银行并入中华苏维埃共和国国家银行，又于同月下旬改称为中华苏维埃国家银行西北分行。1935年11月16日，中华苏维埃国家银行西北分行发出第一号《训令》，指出："为着金融流通的便利发行，票币是需要的，但票币形式亟需统一，发行数量应不超过市场的需要，以免发生其它弊端"②。此后，西北分行逐渐收回陕甘边、陕北发行的各种苏币。这时，西北分行由西北办事处财政部部长林伯渠兼任行长，曹菊如为副行长。当时，银行内设出纳、会计、营业三科。主要任务是代理金库、印刷与发行钞票。贺子珍任发行科长。后为朱华民、黄秋胜继任。同时，也放了一些农贷

① 西北财经办事处：《抗战以来陕甘宁边区财政概况》，1948年2月18日。

② 陕甘宁边区财政经济史编写组：《财政经济史料摘编》第5编，陕西人民出版社1981年版，第7页。

与小额的短期商业贷款。

1936 年 5 月西北分行开始用石印机印制票币，币料有布、纸两种。6 月，银行随中央机关迁移至保安。东征时，缴获了石印机、道林纸，改善了钞票印刷条件，恢复了印刷厂。苏票是在苏区内流通的唯一货币，严禁白区票币在苏区流通。为了在苏区和白区之间进行必要的物资交换，西北分行特设一营业部，同时成立苏票白票兑换所，以便与白区进行商业交换，主要是组织运进苏区急需的布匹和日用品，向外批发食盐。

1937 年 1 月 13 日，中华苏维埃国家银行西北分行随中共中央迁驻延安。随着银行业务的开展，为了培养有银行专业知识的干部，西北分行还举办了两期短训班，培养专门人才。同时，为了加强与西安等外部的经济联系，1937 年上半年，西北分行在西安设立红军办事处，派曹根全到西安办事处担任会计，开始接受从上海邮寄来的国际友人捐助款。8 月，红军改编为八路军之后，便领取国民党政府拨给八路军的抗日军费。此项军款，除送回延安苏维埃国家银行西北分行之外，还采购部分物资，作为银行收回苏票之用。

1937 年 9 月陕甘宁边区政府成立后，中华苏维埃共和国国家银行西北分行遂改称陕甘宁边区银行，行址在延安市场沟。原国家银行西北分行经会计核算结束一切账目，所余十万元（合小米 3,846 石）移交给边区银行作为资金。其中黄金、白银占一半以上，流动资金只有四万多元。①

成立后的陕甘宁边区银行金融业务主要有：发行钞票、存款业务、汇兑业务和代理金库工作。其中 1937 年 1 月 15 日为了解决在友军（西北军与东北军）区域的货币流通问题，中华苏维埃人民共和国中央政府西北办事处颁布《关于统一战线区域的金融

① 雷云峰：《陕甘宁边区史》，西安地图出版社 1993 年版，第 196 页。

问题的布告》。《布告》规定：苏维埃机关或部队，进驻到友军区域，为保证商业自由，及尊重当地市场习惯，在苏票未能在当地流通以前，一般的须使用友军的白票、现洋。而后为了适应统一战线基本形成的形势，边区银行决定在陕甘宁地区统一币制，统一使用法币，停止了苏票的发行，并开始了苏票的回收工作。

中华苏维埃共和国国家银行西北分行和以后的陕甘宁边区银行成立后，也随之开展了银行的借贷款业务，为边区的工农业生产服务。1935 年 4 月 9 日《红色中华》报报道：西北国家银行自发放春耕贷款以来，各地农民大为称便。纷纷向该行各县办事处借贷。原来规定，借款人必须找人担保，结果有的农民因找不到担保人而借不到款子。西北国家银行为了进一步给农民提供方便，决定修改春耕借款办法，规定：凡农民因缺乏种子、农具需要向银行借款者，不必再找担保人，由乡政府审核盖章后，即可向银行办事处领款，方便了农民的贷款需求。

1936 年 2 月 16 日《红色中华》报报道：苏维埃西北国家银行拨出八万元，专门作为支援春耕生产的农业贷款。其贷款具体做法规定如下：一、凡雇农、贫农、中农，均得要求借款。二、借款利息每元每月三至五厘，对红军家属特别优待，减少一厘。三、借款手续只要先将借据填好，经区、乡苏维埃政府主席签字证明，即可向各县办事处去领取借款，不用任何抵押品。边区银行的这些便民措施，有力支持了边区工农业生产的恢复和发展，也提高了边区银行在民众中的信任度，民众支持政府的热情高涨。

中华苏维埃共和国西北办事处于 1935 年 12 月成立中央国库，归西北办事处国库局领导。1936 年春，陕北所属各县成立支库，关中也设有分库，均委托银行代管金库。凡党政军的经费开支，由国库局命令金库支付，国库局的支付命令可下达到县支库支款。1936 年 10 月，又成立陕甘宁省分库。中共中央领导机关从瓦窑堡迁到保安后，将中央财政与地方财政分开，对金库的领导体制也做了相应的调整，中央金库直属中央财政部领导，分库属各省领导。为此，又成立了陕北省金库，后又改组成陕甘省金库和陕甘宁省金库。在省分库领导下，县设支库。这时，中央财政部的支付命令只发至中央金库，省财政部的支付命令可下发至省分库或县支库支款。1937 年 9 月，边区政府成立，中央金库遂改为陕甘宁边区金库。由于当时基本上免征税款，不需要金库的下层机构，除将陕甘宁省分库改为庆环分库外，其他分库、支库随着省苏维埃政府的撤销而撤销。

第三章　抗日战争时期中共中央经济建设的指导思想和经济政策

第一节　抗日战争时期中共中央经济建设的指导思想

西安事变后，经过国共两党的多次谈判，工农民主政府正式实行改制，中国共产党领导的八路军、新四军深入敌后，先后开辟创建了陕甘宁、晋察冀、晋冀鲁豫、晋绥、山东以及华中、华南等抗日根据地，建立了抗日民主政府，这些政府名义上归国民政府管辖，行政区划和机构名称，基本上执行国民党政府的统一规定。但在政治、军事、经济和文化等制度性的实质问题上，实际上由共产党统一领导，由共产党独立自主决定并加以实施。[①] 到1940年底，中国共产党领导的抗日根据地已经拥有一亿人口，在全民族抗战中发挥着日益重大的作用。中共中央所在的陕甘宁边区，作为土地革命时期唯一保留下来的革命根据地，在全国抗日战争爆发、国共两党再次合作后，获得了合法地位，成为敌后抗战的首席根据地。它不仅领导着华北、华中各抗日根据地，同时又是“各抗日根据地的总后方”，[②] 党的政治、经济、军事和文化等方面的政策首先在陕甘宁

① 梁星亮、杨忠虎、宋炜：《中国共产党延安时期局部执政史论》，陕西人民出版社2005年版，第3页。

② 陕甘宁边区财政经济史编写组：《财政经济史料摘编》第1编，陕西人民出版社1981年版，第84页。

边区得到实施，然后为其他各个根据地所推行，不论在政治上还是经济上都起到了一种先导的模范作用，成为中国共产党实行新民主主义革命和建设的试验田。与国统区和敌占区不同，这里实行全新的新民主主义社会。没有帝国主义国家对市场、原料和投资的垄断，没有封建的半封建的生产关系，没有封建地主阶级把持的地方政权，党在根据地切实地实行新民主主义纲领和政策，使人民群众在政治上、经济上和思想文化上都获得了前所未有的解放，从而激发了极大的革命热情，明显地改变着执政地区的社会状况。

抗日战争时期，党的中心任务就是抗日救国和民主建国。因此，党在执政中制定各项政策的依据，“首先是根据于革命与战争两个基本的特点”,① 各抗日根据地的经济建设，也必然带有革命和战争的两个基本的特点。“因为中国革命的长期性，一方面为着革命与战争事业的物质供应上的需要，一方面为着人民的需要，都必须从事经济建设的工作”,② 因此，根据地的经济建设既是战胜日本侵略者和国民党反动派的一个决定性环节，又是夺取中国革命胜利具有决定意义的一环，围绕新民主主义革命和抗日战争的中心任务进行根据地经济建设，巩固抗日民主政权的物质基础，是处于局部执政地位的中国共产党的一项重要任务。革命战争的胜利是进行经济建设的前提；反过来，经济建设的开展，财政收入的充裕，又是争取战争胜利、巩固与发展根据地的物质保证，是支持长期战争的最重要的基础。正如毛泽东所指出的：革命战争是党的“中心任务”，经济建设事业必须“是环绕着它的，是服从于它的”。那种以为经济建设已经是当时的“中心”，

---

① 《毛泽东文集》第 3 卷，人民出版社 1996 年版，第 369 页。

② 毛泽东：《毛泽东文集》第 3 卷，人民出版社 1996 年版，第 125 页。

从而“忽视革命战争，离开革命战争去进行经济建设”[①] 的观点是错误的。

而如何在革命和战争状态下进行经济建设，是中国共产党探索的重要内容。当时的根据地所面临的是“建立在个体经济基础上的、被敌人分割的，因而又是游击战争的农村环境”。正是这种被分割的、自然经济的落后农村环境，加上日军频繁“扫荡”与破坏和国民党的封锁，物资更加缺乏，工业必需品的供给出现困难，所以根据地的经济建设要坚持独立自主、自力更生的原则。毛泽东指出：“由于是农村，由于是经常被敌人摧残的农村，由于是长期战争的农村，部队和机关就必须生产。由于是分散的游击战争，部队和机关也可能生产。在我们陕甘宁边区，则更由于部队和机关的人数和边区人口比较，所占比例太大，如果不自己生产，则势将饿饭。因此，我们决定开展大规模的生产运动。”[②] 而八路军、新四军这支军队“要当两支用，一方面打仗，一方面生产”。[③] 只有动员起一切可能的力量参与经济建设，才能坚持持久抗战，为争取抗战胜利奠定物质基础。

另一方面，经济建设在党的工作中处于十分重要的地位。抗日战争是一场艰苦卓绝的持久战争，必须经过长期的较量，才能赢得最终的胜利。而在这一过程中，经济力量对夺取抗战胜利有着举足轻重的作用。因为，经济实力的强弱往往制约着战争的胜负，没有一定的经济实力就谈不上在战争中取得主动权，更难于在战争中取胜，所以经济建设是进行战争的基础。1940 年，中共中央在《关于开展边区经济建设的决定》中指出：“广泛的开展边区经济建设，是边区当前刻不容缓的任务。这首先就是为了使

① 毛泽东：《毛泽东选集》第 1 卷，人民出版社 1991 年版，第 123 页。
② 毛泽东：《毛泽东选集》第 3 卷，人民出版社 1991 年版，第 1017 页。
③ 毛泽东：《毛泽东选集》第 3 卷，人民出版社 1991 年版，第 928 页。

边区由半自给自足迅速走向完全自给自足，更加有保障长期抗战军队的供给，更进一步地改善人民的生活，同时这也就是为了更高度发展边区新民主主义的政治文化所必不可少的基本条件。必须指出：没有有效的新民主主义的经济建设，边区的巩固和发展是不可能的。"[①] 这就要求党处理好经济建设和党的中心工作的关系，使经济建设既着眼于抗战，以满足战争需要为出发点；又着眼于人民利益，以人民生活需要为原则。因此，毛泽东特别强调经济工作的重要性，他指出："边区有政治、军事、财政、锄奸、文化各项重大工作，就现时状态即不发生大的突变来说，经济建设一项乃是其他各项的中心"。[②] 正是在这一思想的指导下，中共中央和毛泽东制定了一系列开展根据地经济建设的方针和政策。

一、抗日战争时期中共中央经济建设的总方针

抗日根据地经济建设是一种特殊形态下的经济建设。一方面，它必须承担这块土地上固有人民的衣食开支；另一方面，它还必须承担庞大的、必不可少的抗战经费供给，承担根据地政府、机关、部队的全部或绝大部分财政开支。特别是陕甘宁边区作为各抗日根据地的"总后方"，机关、学校、团体大量存在，这种负担就尤为沉重。为了根据地的巩固和发展，更需要雄厚坚实的经济基础。因此，根据地的特殊历史地位赋予它极其艰巨的经济建设任务。在这种情况下，党必须把增加生产，进行经济建设，以建立足够给养的经济力，作为支持长期抗战和建设巩固根据地的基本环节。正是基于这种认识，1942 年 12 月，毛泽东在《抗日时期的经济问题和财政问题》一文中，明确提出"发展经

① 陕甘宁边区财政经济史料编写组：《财政经经济史料摘编》总论，陕西人民出版社 1981 年版，第 134 页。

② 《毛泽东文集》第 2 卷，人民出版社 1993 年版，第 369—370 页。

济，保障供给，是我们的经济工作和财政工作的总方针。”①

根据这一方针，首先是要正确认识和处理财政与经济的关系。毛泽东深入分析了财政和经济的关系，他说：“财政政策的好坏固然足以影响经济，但是决定财政的却是经济。未有经济无基础而可以解决财政困难的，未有经济不发展而可以使财政充裕的。”“财政困难，只有从切切实实的有效的经济发展上才能解决。忘记发展经济，忘记开辟财源，而企图从收缩必不可少的财政开支去解决财政困难的保守观点，是不能解决任何问题的。”②发展经济就是要发展根据地中并存的多种成分经济，使根据地的生产要素得到优化配置，使根据地的各种生产力得到充分涌流，这是解决困难，改善军民生活，坚持抗战的唯一正确的道路。生产决定流通和分配。因而，“保障供给”就是保障“几万军队和工作人员的生活费和事业费的供给问题，也就是抗日经费的供给问题。”③ 它们之间存在着因果性的内在联系，只有经济得到了充分发展，抗日经费的供给才能得到保障。

而这一原则正是共产党在延安局部执政与国民党政权在解决财政问题上的根本区别。国民党是以剥夺人民群众的办法，解决财政问题；共产党则是以大力发展经济的办法解决财政问题。这是我们党始终能够得到人民群众支持，立于不败之地的主要原因。因此，“发展经济，保障供给”是我们党处理经济与财政关系始终必须坚持的一个基本方针。

同时，“发展经济，保障供给”还强调财政经济工作既要依靠人民群众，又要减轻人民群众负担，造福于人民群众的总目标。发展经济必须动员最广泛的人民群众投身于生产运动，没有

① 《毛泽东选集》第 3 卷，人民出版社 1991 年版，第 891 页。

② 《毛泽东选集》第 3 卷，人民出版社 1991 年版，第 891—892 页。

③ 《毛泽东选集》第 3 卷，人民出版社 1991 年版，第 891 页。

人民群众的生产运动，是无法解决财政困难的。党政军学人员参与生产，就会创造出更多的社会物质财富，尽可能满足根据地的军民所需，就会最大限度地减轻人民群众的负担。因此，发展经济，保障抗日经费的需要，与人民根本利益是一致的。在这一方针的指导下，根据地军民自力更生，艰苦奋斗，农业、工业、财政金融及科学卫生事业都得到了发展，创造了根据地经济繁荣的局面，既为抗战的胜利奠定了物质基础，也为中国共产党领导经济建设积累了宝贵的经验。

二、抗日战争时期中共中央经济建设的指导思想

在“发展经济，保障供给”经济建设总方针指引下，中共中央根据陕甘宁边区的实际，提出了一系列根据地经济建设的指导思想。

（一）以农业为主体，全面发展根据地经济的思想

在抗日战争时期，恢复和发展农村经济成为边区建设中最迫切的任务。在根据地经济建设上，中共中央始终强调把农业放在第一位，认为“农业生产是抗日根据地的主要的生产。”① 这一基本指导思想，是基于对当时形势和边区所处环境的科学分析提出来的。

其一，陕甘宁边区是农村抗日根据地，其经济主要是农业经济。在当时的条件下，抗日战争和人民生活所需要的粮食、布匹和其他物资，主要来源于农业生产。在边区经济建设中能否坚持以农业生产为主，能否使农村经济得到发展，在一定意义上说，它直接关系着根据地建设的成败，也关系到根据地的命运和前途。因此，中共中央在抗战初期颁布的《抗日救国十大纲领》中

① 赵凌云：《中国共产党经济工作史》，湖北人民出版社 2005 年版，第 123 页。

就明确提出要“整顿和扩大国防生产，发展农村经济，保证战时生产品的自给”。[①]

其二，在当时极其艰苦的战争环境下，粮食是战争所需要的最大供给。根据地在农村，有广大的土地可以耕种，而且可以动员广大农民群众以及党、政、军各机关、各部队、各学校、各群众团体参加农业生产，解决所面临的吃饭问题；轻工业和手工业所需的原材料也大多靠农业供给，商业贸易也多以农产品为交换对象，财政收入多半来自农业。因此，以农业经济为主，发展农业生产是壮大根据地经济的主要内容。

其三，要建设新民主主义的中国，也应优先发展农业。特别是随着抗日战争进入相持阶段，国民党对边区实行严密的经济封锁，为打破敌人的封锁，保证边区军民有饭吃、有衣穿，边区政府就必须愈加重视发展农业生产。

以发展农业生产为主，是中共中央在延安局部执政过程中根据地经济建设的一贯思想。1937 年 8 月 25 日，中共中央在《抗日救国十大纲领》中就提出把发展农业作为新经济政策的重点。到 1939 年边区开展了轰轰烈烈的以农业生产为主的大生产运动。中央在边区召开“开展生产运动”的动员大会，李富春代表中央在会上做了题为《加紧生产，坚持抗战》的动员报告，进一步阐明了党发展农业的思想，“发展农业是我们生产运动的中心一环”，“自给自足的经济的实现，长期抗战供给的保障，人民生活的提高，最基本的就是依靠于发展边区人民经济，而其中最主要的就是首先依靠发展农业生产。”[②] 1941 年以后，抗日战争形势愈加严峻，边区政府和人民面临着重重困难。持

① 中央档案馆：《中共中央文件选集》第 10 册，中共中央党校出版社 1985 年版，第 318 页。

② 《解放周刊》1939 年 2 月 28 日。

久战要求党全力贯彻农业第一的发展经济方针。1941 年，林伯渠在边区县长联席会议报告中进一步提出发展农业，应视为经济建设的中心一环的主张。中共西北局在《关于 1942 年边区经济建设的决定》中更明确指出："在经济建设上，必须用全力贯彻以农业第一的发展私人经济的方针，自给自足的经济是实现长期抗战供给的保障，人民生活的提高，最基本的就是依靠于发展边区人民经济，而其中最主要的就是依靠发展农业生产。"[①]这些发展农业的思想最终被毛泽东全面总结在 1942 年 12 月《抗日时期的经济问题和财政问题》的报告中。在这个报告中，毛泽东特别强调了农业发展和经济建设是全面赢得抗战胜利的关键所在。并具体提出了减租减息、增开荒地、推广植棉、不违农时、调剂劳动力、增加农贷、提高技术、实行累进税等发展农业的八项政策。

以发展农业为第一的指导思想确定后，中共中央所在的陕甘宁边区政府先后制定了一系列发展农业的政策，把发展农业摆在各项工作的首位，广泛开展生产动员，使边区军民充分认识发展农业在抗战中的重要作用。1939 年中共中央先后召开了干部动员大会、第二次边区党代表大会、第一次参议会以及第一次农展会。会议的中心内容就是号召人民发展农业生产，解决财政经济方面的困难，确保抗战的后方供给，改善和提高人民生活水平，用边区农业发展的事实粉碎"经济困难，抗战必亡"的亡国论调。通过一系列会议的宣传和鼓动，使边区民众树立了"抗战要胜利，关键在经济，农业是根本"的思想，把农民发家致富愿望与国家和民族存亡的爱国主义结合起来，调动了边区军民发展农业生产的积极性，人民的主人翁感油然而生，责任感和使命感推

① 陕甘宁边区财政经济史料编写组：《财政经济史料摘编》总论，陕西人民出版社 1981 年版，第 160 页。

动着他们全力以赴地投入生产。① 很快掀起了轰轰烈烈的大生产运动，使边区的农业生产取得了关键性的胜利，奠定了抗战胜利的物质基础。

以农业为第一，但并不排斥发展工业和商贸业，中共中央要求根据边区各地的特点，实行边区经济的"综合发展"，即在发展农业的同时，积极开展家庭纺织业和手工业、公营工业、运输业、商业和对外贸易事业。因为，流通反作用于生产。发展商业贸易是活跃边区商品交换，满足根据地人民生活需要，促进工农业生产发展的必要举措。所以，在整个根据地建设中，工业和商贸业也占有重要地位。到了 1943 年至 1945 年间，边区政府经济建设的中心有所调整。一方面仍然强调发展农业经济的重要性；另一方面根据形势的变化和农业发展的成就，调整了经济政策。1945 年 5 月，边区政府颁发了《西北局关于争取工业品全部自给的决定》，《决定》指出，鉴于边区农业生产已有很大发展，工业品极为缺乏的状况尚未改变，为了在经济上彻底摆脱受制和依靠外力的局面，发展工业逐渐成为经济政策的重点。1945 年，毛泽东要求今后两三年内边区和敌后各解放区的农业、工业和商业贸易更要再上一个台阶，以适应新形势变化的要求。

（二）发展多种所有制形式，调动各方面积极性的思想

为了满足边区革命和建设各个方面的需要，在根据地经济建设中，中共中央提出了"奖励私人企业、保护私有财产"，鼓励发展私人资本主义的新经济政策。根据地之所以执行保护、利用资本主义的经济政策，是因为在半殖民地半封建的中国，资本主义是一种进步的经济形态，没有私人资本主义经济一定程度的发

① 胡鸣焕：《抗日战争时期党在陕甘宁边区的农业政策》，《咸阳师专学报》1995 年第 4 期。

展，要想在半殖民地半封建的中国建立起社会主义是不可能的。

这一时期实行的保护、利用资本主义的经济政策，是从中国国情出发，以毛泽东新民主主义革命理论为依据的。毛泽东在民主革命时期反复阐述我们党对资本主义经济要采取调节政策，提出要大胆让资本主义发展的新民主主义经济理论。他在《中国革命和中国共产党》、《新民主主义论》、《论联合政府》等著作中，对新民主主义的经济纲领和政策做了全面的论述，指出："严肃地坚决地保持共产党员的共产主义的纯洁性，和保护社会经济中的有益的资本主义成分，并使其有一个适当的发展，是我们在抗日和建设民主共和国时期不可缺一的任务"。[①] 他还指出："在新民主主义的国家制度下，除了国家自己的经济、劳动人民的个体经济和合作社经济之外，一定要让私人资本主义经济在不能操纵国计民生的范围内获得发展的便利，才能有益于社会的向前发展"。[②] 1940 年 10 月 14 日，毛泽东在给刘少奇、陈毅、黄克诚的信中强调说，注意吸收民族资本家及其代表参加根据地建设。对苏北以外的江浙民族资本家及其代表，"请他们派人或介绍人参加苏北之地方政权工作，民意机关工作，及经济、文化、教育建设工作。"[③] 毛泽东有关新民主主义经济的论述，为我们党实行保护、利用资本主义的经济政策奠定了理论基础。

为着要让私人资本主义经济在不能操纵国计民生的范围内获得发展的便利，中共中央在经济政策方面做了一系列新的规定。在劳动政策方面，提出适当地改善工人生活和不妨碍资本主义经济正当发展的两重性政策。1940 年 12 月 3 日中共中央书记处发出《中央关于各抗日根据地劳动政策的初步指示》，提出根据地

---

① 《毛泽东选集》第 3 卷，人民出版社 1991 年版，第 793 页。
② 《毛泽东选集》第 3 卷，人民出版社 1991 年版，第 1060—1061 页。
③ 《毛泽东文集》第 2 卷，人民出版社 1993 年版，第 300 页。

的劳动政策，应当以支持长期抗战、争取抗战胜利为原则，不要对雇主提出过高要求，而应兼顾各阶级的利益。否则既不能保存工人已得利益更不能彻底解放工人阶级。因此工人阶级眼前利益必须服从永久的全部利益。所以劳动政策应根据下列原则：既要力求改善工人阶级在政治、经济、文化各方面的地位，以便动员工人阶级积极领导和参加抗战，又要协调各阶级关系，以便争取各阶级共同抗战。工会应当尊重政府法令及法律程序，劳动纠纷应尊重政府及劳资三方的仲裁。工人待遇的改善、工资的增加、工时的规定，必须以发展抗日根据地之工农商业，增加抗战生产，适合战时需要为原则。

在土地政策方面，中共中央提出了地主减租减息，又规定农民部分交租交息的两重性的政策；对农村带有资本主义性质的富农经济只削弱其封建剥削部分而奖励其资本主义部分，以奖励资本主义生产为主。①

在关税政策和货币政策方面，中共中央提出与发展农工商业的基本方针相适应，必须实行“从量纳税”的原则，即按收多少规定纳税多少，一切有收入的人民，除对最贫困者应该规定免税外，80%以上的居民，不论工人农民，均需按照财产等第或所得多寡，实施不同程度的累进税制，负担国家赋税，不应该将负担完全放在地主资本家身上。同时健全财政机构，调整金融关系，维护法币，巩固边币，以利经济之发展与财政之充裕。积极发展工业农业和商品流通，吸引外地资本家到抗日根据地开办实业。奖励民营企业，避免对任何有益企业的破坏。

抗日根据地的经济，从性质上可分为公营经济和民营经济两类。公营经济是政府、军队、机关、学校所经营的工商业，是解

① 陈廷煊：《抗日根据地经济史》，社会科学文献出版社 2007 年版，第 101—109 页。

决数万党政军的生活费与事业费的主要部分。民营经济是一切私人经营的农工商业，它们以租税形式支持政府与军队，支持抗战事业。对于这两种经济，毛泽东提出了正确处理两者关系的指导原则，他说："在公私关系上，就是'公私兼顾'，或叫'军民兼顾'。我们认为只有这样的口号，才是正确的口号。只有实事求是地发展公营和民营的经济，才能保障财政和供给。"① 因此，党充分认识到提倡和促进包括公营经济、个体经济、私人资本主义经济和合作经济在内的各种经济成分的发展，充分调动各方面的积极性，才能使根据地劳动、资本、土地、知识、管理的各种生产要素得到合理配置，使一切创造财富的力量得以涌流，才能推动整个抗日根据地经济的发展。

（三）关注民生，给人民看得见利益的思想

中共中央在延安局部执政时期根据地经济建设指导思想，还包括保障军政供给同时，更加注意改善人民生活的思想。因为，在根据地经济建设中，如果没有改善人民生活这一条，要想动员全民族的人力物力财力是不可能的，要建立新民主主义的经济，也是不可能的。特别是抗战以来，由于战争的破坏与消耗，人民对国家的负担加重了，人民的生活比战前降低了。因此，政府必须在适当的条件下满足人民的要求，着力改善人民的生活。革命的目的就是为着建设。党领导人民革命就是为着建设一个让人民能过上好日子的社会制度。虽然，发展生产、保障供给是根据地财政和经济工作的重心，可是在日军侵犯和国民党的包围战争环境下，边区政府的工作还不可能做到"以经济建设为中心"。但中共中央指导边区政府发展生产，壮大经济，改善人民生活的努力却是一贯的。

---

① 赵凌云：《中国共产党经济工作史》，湖北人民出版社 2005 年版，第 122 页。

中国共产党人始终强调党的宗旨就是："共产党人的一切言论行动，必须以合乎最广大人民群众的最大利益，为最广大人民群众所拥护为最高标准。"① 而且，在为人民群众长远的、根本的利益奋斗的同时，还应极大地关注群众的眼前的、现实的利益。针对当时党内存在一些人不顾人民困难，只顾政府和军队的需要，竭泽而渔、诛求无已的思想和做法，毛泽东强调说：必须给人民以看得见的物质福利，我们的第一个方面的工作并不是向人民要东西，而是给人民以东西。那么"我们一方面取之于民，一方面就要使人民经济有所增长，有所补充。这就是对人民的农业、畜牧业、手工业、盐业和商业，采取帮助其发展的适当步骤和办法，使人民有所失同时又有所得，并且所得大于所失，才能支持长期的抗日战争。"②

1943 年 11 月，毛泽东在中共中央招待陕甘宁边区劳动英雄大会上的讲话中进一步指出："如果我们做地方工作的同志脱离了群众，不了解群众的情绪，不能够帮助群众组织生产，改善生活，只知道向他们要救国公粮，不知道首先用百分之九十的精力去帮助群众解决他们'救民私粮'的问题，然后仅仅用百分之十的精力就可以解决救国公粮的问题，那末，这就是沾染了国民党的作风，沾染了官僚主义的灰尘。"③ 因此，就目前根据地的条件来说，党可以而且必须在革命根据地搞好经济建设，发展生产力，切切实实地去研究人民中间的生活问题，生产问题，并帮助人民具体地而不是讲空话地去解决这些问题，只有如此，才能为中共在局部执政的条件下获得生存和发展的物质基础，支持革命战争；才能改善人民群众的生活，给人民以看得见的物质福利；

① 《毛泽东选集》第 3 卷，人民出版社 1991 年版，第 1096 页。

② 《毛泽东选集》第 3 卷，人民出版社 1991 年版，第 893—894 页。

③ 《毛泽东选集》第 3 卷，人民出版社 1991 年版，第 933 页。

才能团结和教育人民，为争取抗日战争的胜利而奋斗。他还通俗地说，只有经济发展了才能使新的社会制度获得巩固的基础，才能“拿出建设的榜样”给全国人民看，得到人民的真正信服。为此，中共中央要求根据地经济建设既要依靠人民群众，又要减轻群众负担。在解决政府、军队、机关、学校和人民群众之间的关系上，中共中央提出要做到“公私兼顾”、“军民兼顾”的原则，也就是要解决好公营经济和民营经济的关系。一方面要大力发展公营经济，力争解决党政军学人员所需费用的主要部分，减轻人民的赋税负担；另一方面也要大力发展民营经济，交纳赋税，支援革命和战争。同时提醒边区政府在经济建设中，应注意克服两种偏向：一是被毛泽东称为“竭泽而渔，诛求无已”的不顾民众的承受力和负担，一切依赖于民众，一切取之于民众的掠夺性做法。二是不顾战争和革命的需要，单纯地强调政府应施“仁政”，不让民众承受任何负担的倾向。边区的经济建设对公营经济和私营经济应统筹兼顾，适当安排，共同发展。真正做到既能改善人民生活，又能长期支持革命和战争。在这些正确的思想和方针的指引下，根据地经济建设由于得到了人民的拥护和支持，取得了重大成就，在外援很少甚至断绝的情况下，做到了自给有余，奠定了赢得抗战胜利的物质基础。

第二节　抗日战争时期中共中央土地政策的调整和转变

一、抗日战争时期中共中央减租减息政策出台的历史背景

土地革命时期，由于代表大地主、大资产阶级的南京国民政

府和人民大众的矛盾是中国社会的主要矛盾。因此，中国共产党制定了依靠雇农、贫农，联合中农，限制富农，保护中小工商业者，消灭地主阶级，变封建半封建土地所有制为农民土地所有制的土地革命路线。这一政策的基本内容是用暴力的手段没收地主阶级的土地，分给无地或少地的农民。中共中央到达陕北后，随着根据地的扩大，继续执行这一土地政策。

抗日战争全面爆发后，中国共产党团结全国各族人民组成广泛的抗日统一战线，采取了一系列有利于国共合作、一致抗日的经济政策，改变了第二次国内革命战争时期的土地政策，实行了适应全国抗战的新形势的经济政策。因为抗日战争是一场全民族参与的反侵略战争，要打败日本侵略者，就必须联合一切抗日的人们，包括坚持抗日的大地主大资产阶级，结成广泛的抗日民族统一战线，实现全面的全民族的抗战。所以中国共产党在领导各抗日根据地搞经济建设时，为着同国民党建立抗日民族统一战线和争取团结一切抗战的人们，在政治上做出了重大的让步，表示愿意停止直接没收地主土地，进而把第二次国内革命战争时期没收地主土地分配给农民的政策改变为减租减息的政策。[①] 1937 年 8 月 25 日，中共中央召开的洛川会议上提出的抗日救国十大纲领中，第一次以纲领的形式明确把减租减息作为抗战时期中国共产党在农村地区的基本政策。

减租减息是中国共产党在抗日战争时期对农民土地问题的基本政策，是抗日民族统一战线的土地政策，也是在抗日民族统一战线内，调节农民与地主两个阶级之间相互利益和关系的最恰当的政策。[②] 中国共产党土地政策的这一转变是十分正确的，也是

① 陕西省档案馆：《陕甘宁边区政府文件选编》第 1 辑，档案出版社 1987 年版，第 59 页。

② 陈廷煊：《抗日根据地经济史》，社会科学文献出版社 2007 年版，第 5 页。

完全必要的。因为日本帝国主义侵略中国是要变中国为它的殖民地，所以民族矛盾上升为主要矛盾，这时，“中国土地属于日本人，还是属于中国人，这是首先待解决的问题。因此，围着团结全国人民抵抗日本的侵略，挽救亡国的危机，宣布停止没收地主土地的政策，这是完全必要的”。[①] 在抗日战争时期，这个政策是使农民的要求得到适当满足，又让地主生活也能过得去，以此来调整农村阶级关系，达到团结抗日的目的。同时，这一政策也体现了尽可能利用一切合法的斗争形式，求得群众生活改善的精神。一方面，它将在土地革命时期实行的“耕者有其田”的政策调整为地主减租减息的政策，以减轻农民经济压力，解决农民的民生问题，从而调动农民的抗日积极性；另一方面，它又要求农民交租交息，保障地主的地权和财权，在一定程度照顾到地主富农的利益，对于推动国民党抗日和根据地地主参与抗日起到积极作用，从而体现了民族斗争和阶级斗争的一致性，有利于社会各阶层参与到抗日战争中去。

“减税减息”是中国共产党在抗日根据地内普遍实行的土地政策。是党在民族敌人深入我国国土的特定历史条件下，以纲领的形式、作为战略目标（或战略口号）提出来的，它是抗日战争整个历史阶段实行的土地政策。同时，抗日战争时期实行的减租减息，又是抗日统一战线性质的政策。它一方面承认农民是抗日的基本力量，是抗日民族统一战线的基础，所以，为缓和地主阶级对农民的剥削，适当地改善农民的生活，以提高农民抗日和生产的积极性；另一方面，又承认中国地主的大多数是能够抗日的，尤其是其中一部分开明绅士还赞成民主改革，所以这时还不应消灭封建土地所有制，而是通过积极的、有原则的让步，借以

---

① 中国的革命编辑部等编：《中国土地改革史料选编》，国防大学出版社 1988 年版，第 6 页。

争取地主抗日。在抗日战争时期，“任何人只要没有勾结敌寇和汉奸的行为，没有破坏与反对抗日军队的行动，没有违犯政府法令的行为，不论他是属于何党何派，属于哪一阶级、阶层，政府一律保护。”① 联合地主抗日是党在抗日战争时期的战略方针，多数中小地主成为党在抗日历史阶段不应丧失的抗日同盟军，农民和地主，在抗日的前提下联合起来，二者之间复杂的土地关系，租佃矛盾，各自的阶级利益，只能靠调整的办法，兼顾的办法，加以保护、照顾，使双方都能得利，保证农民和地主阶级双方抗日的积极性。

二、中共中央在延安局部执政时期减租减息政策的贯彻实施

减租减息政策在抗日根据地的贯彻实施，经过了几个发展阶段。

（一）提出和宣传阶段（1937 年 8 月—1939 年 11 月）

抗日战争全面爆发后，中共中央于 1937 年 7 月 15 日发出了国共合作的宣言，表示只有中华民族内部的团结才能战胜日本帝国主义的侵略。为此，中国共产党向全国同胞宣布：国共合作时，中国共产党愿意停止暴力没收地主土地的政策。1937 年 8 月 25 日，中共中央政治局在洛川召集扩大会议，通过了著名的《抗日救国十大纲领》，作为党领导全国人民争取抗日战争胜利的指针。其中，在农民问题上，决定以减租减息作为党在抗日战争时期解决农民土地问题的基本政策。

洛川会议后，1938 年到 1939 年冬，敌后各抗日根据地相继建立，随即各根据地根据党提出的减租减息政策，公布了适应各

① 《刘少奇选集》上卷，人民出版社 1981 年版，第 175 页。

根据地具体情况的施政纲领及减租减息法令。颁布了在各根据地实行“二五减租”（指按原租额减去25%，亦即四分之一，所以叫二五减租或四一减租）或“分半减息”或“一分减息”（即年利不得超过15%或10%）的不同规定，得到了广大农民群众的拥护，并在晋察冀等华北根据地少数群众基础较好的县有了初步的开展。但是，直到1939年冬以前，由于全国抗战刚开始，战局不稳定，敌后抗日根据地处于初创时期，党和人民都忙于战争勤务，加之党的各级干部和群众也没有这方面的实践经验，所以各根据地减租减息运动多数仅限于颁布法令、宣传号召、酝酿执行。极少数执行了的地区，也是政府及群众团体的领导机关，利用行政方式，发动减租减息，农民群众没有充分发动起来，欲减而又顾虑重重，地主则抗拒破坏，有的阳奉阴违，向农民夺佃，有的被迫减了租之后又威胁农民。农民在减租减息之后，又偷偷地将减的租息送还给地主，明减而暗不减的现象相当普遍。[①] 1938年底，抗日战争进入相持阶段后，日本帝国主义已感到真正的对手不是国民党而是共产党，于是转而以其主力“扫荡”敌后抗日根据地，对国民党则加强诱降活动。国民党也在日本诱降和英美帝国主义的劝降活动下，把反共作为实行投降的准备步骤，从1939年初开始，加紧制造反共磨擦事件，并在1939年冬发动了第一次反共高潮。要克服时局危险，必须进一步深入发动群众，依靠群众。为此，中共中央在1939年11月1日，给各地党的领导机关发出了《关于深入群众工作的决定》，《决定》要求切实贯彻减租诚息政策，深入发动群众。各根据地已实行的，必须检查实行的程度，尚未实行的，必须毫不犹豫地立即实行。这样，根据地的减租减息运动进入了第二阶段。

---

① 何东：《中国新民主主义革命时期的农民土地问题》，中国人民大学出版社1983年版，第272页。

（二）初步贯彻阶段（1939 年 11 月—1941 年底）

中共中央 1939 年 11 月 1 日的决定，批评了只注重上层统一战线的工作，忽视了下层群众工作的右倾错误倾向，明确指出深入发动群众对于克服投降反共危险具有最后决定的意义。共产党只有进一步依靠群众，深入群众工作，才能克服当前时局的危机，争取抗战的胜利，并在可能发生的不利于党与抗战的突然事变中，不使党与抗战遭到意外的损失。因此，要求各级党政领导重视下层群众工作，指出在八路军、新四军活动的区域，必须实行激进的有利于广大抗日民众的经济改革与政治改革。在经济改革方面，必须实行减租减息、废止苛捐杂税与改良工人生活。凡已经实行的，必须检查实行程度。凡尚未实行的，必须毫不犹豫地立即执行。在政治改革方面，必须实行民选制度。因为在旧中国农村，封建势力在经济上和政治上都占据着支配地位，如果仅以减租减息政策去发动和组织农民基本群众，依靠各种群众组织和群众斗争去摧毁旧的封建统治，在农村实行民主改革和民主政治只能是一句空话。而没有群众自己当家做主的政权做支柱，彻底的减租减息和任何其他经济上的改革也就根本不可能实现。所以，1940 年 2 月 1 日，中共中央发布《中共中央关于目前时局与党的任务的决定》，再次强调减租减息对发动群众抗日积极性的极端重要性。决定指出："要认真实行减租、减息、减税与改良工人生活，给民众以经济上的援助，才能发动民众的抗日积极性。"①

根据中央指示，各个根据地从 1939 年底开始，陆续开展了以减租减息为内容的群众发动工作，减租减息运动首先在根据地

① 中央档案馆：《中共中央文件选集》第 12 册，中共中央党校出版社 1986 版，第 263 页。

的中心区域得到初步贯彻。群众发动起来后，斗争的主要矛头指向直接掌握乡村政权的地主豪绅、恶霸、地主阶级的当权派。1940 年，各根据地的中心区域在贯彻减租减息过程中，又开展了政治上的民主普选运动，经过村选、区选、县选，各级政权机构得到了整顿与改造，党和基本群众的优势树立起来了。经济上由于有了民主政权的保障，减租减息运动有了较好的开展，农民生活得到一定程度的改善。但是，纠正了右倾倾向，群众发动起来之后特别是群众对国民党第一次反共高潮中反动地主反攻倒算的报复情绪，又普遍出现了不交租交息，甚至乱打、乱杀、乱没收、乱罚款等打击地主过重的“左”倾做法，妨碍了减租减息政策的贯彻。从 1940 年起，中共中央抓紧对党员、干部进行统一战线政策和土地政策的教育。[①] 1940 年 12 月，毛泽东在为中共中央写的对党内的指示《论政策》中指出：“关于土地政策。必须向党员和农民说明，目前不是实行彻底的土地革命的时期，过去土地革命时期的一套办法不能适用于现在。现在的政策，一方面，应该规定地主实行减租减息，方能发动基本农民群众的抗日积极性，但也不要减得太多。地租，一般以实行二五减租为原则；到群众要求增高时，可以实行倒四六分，或倒三七分，但不要超过此限度。利息，不要减到超过社会经济借贷关系所许可的程度。另一方面，要规定农民交租交息，土地所有权和财产所有权仍属于地主。不要因减息而使农民借不到债，不要因清算老账而无偿收回典借的土地。”[②] 1941 年 4 月 19 日，毛泽东又在《农村调查》的跋中指出：“现在的政策，是综合‘联合’和‘斗争’的两重性的政策。……在土地政策方面，是要求地主减租减

① 何东：《中国新民主主义革命时期的农民土地问题》，中国人民大学出版社 1983 年版，第 274 页。

② 《毛泽东选集》第 2 卷，人民出版社 1991 年版，第 766—767 页。

息又规定农民部分地交租交息的两重性的政策。”[①]

中共中央的指示发出后，陕甘宁、晋绥、晋察冀、晋冀鲁豫等根据地根据中共中央的指示精神，先后颁布了适应本地区特点的减租减息条例、土地租佃条例、地权条例等，推动了各地减租减息运动的胜利开展。到1941年底，各根据地减租减息运动取得了较大的成绩。农民发动起来了，农村各阶级也团结起来了，这对坚持敌后抗日根据地的抗战起了重大作用。但是，出现了各根据地发展很不平衡的现象，有普遍实行了减租减息政策的，有刚开始贯彻的，也有仍然停留在宣传口号上的。[②] 同时，1941年开始，由于蒋、日、伪三个方面的夹击，加上自然灾害，根据地进入了极端困难的时期。这时，如何普遍实行减租减息，以进一步发动农民抗日和生产的积极性，团结一切抗日阶层扩大抗日民族统一战线，就成为巩固抗日根据地，坚持长期抗战的紧迫任务。

（三）全面贯彻阶段（1942年—1943年10月）

1942年1月28日，中共中央发出了《关于抗日根据地土地政策的决定》，要求各地克服减租减息运动中的右倾观点，普遍、认真、彻底地实行减租减息。

《决定》的基本原则是：

1. 承认农民是抗日与生产的基本力量，故党的政策是扶助农民，减轻地主的封建剥削，实行减租减息，保障农民的人权、地权、政权、财权，借以改善农民的生活，提高农民抗日与生产的积极性。

---

① 《毛泽东选集》第3卷，人民出版社1991年版，第792—793页。

② 何东：《中国新民主主义革命时期的农民土地问题》，中国人民大学出版社1983年版，第275页。

2. 承认中国地主的大多数是有抗日要求的，一部分开明绅士是赞成民主改革的。因此，党的政策仅是扶助农民减轻封建剥削，而不是消灭封建剥削，更不是打击赞成民主改革的开明绅士。故于实行减租减息之后，又须实行交租交息，于保障农民的人权、地权、政权、财权之后，又须保障地主的人权、政权、地权、财权，借以联合地主阶级一致抗日。只是对于绝对坚决不愿改悔的汉奸分子，才采取消灭其封建剥削的政策。

3. 承认资本主义生产方式是中国现时比较进步的生产方式，而资产阶级，特别是小资产阶级与民族资产阶级，是中国现时比较进步的社会成分与政治力量。富农的生产方式是带有资本主义性质的，富农是农村中的资产阶级，是抗日与生产的一个不可缺少的力量。小资产阶级，民族资产阶级与富农，不但有抗日的要求，而且有民主的要求。故党的政策，不是削弱资本主义与资产阶级，不是削弱富农经济与富农生产，而是在适当改善工人生活条件之下，同时奖励资本主义生产与联合资产阶级，奖励富农生产与联合富农。但是富农有其一部分封建性质的剥削，为中农、贫农所不满，所以对富农的租息也须照减，在对富农减租减息之后，同时须实行交租交息，并保障富农的人权、政权、地权、财权。一部分用资本主义经营方式经营土地的地主（所谓经营地主），其待遇与富农同。

上述三条基本原则，是中国共产党的抗日民族统一战线及其土地政策的出发点，坚持这三条原则，才能坚持抗日民族统一战线，才能正确处理农民土地问题，才能联合全民族各阶级支持抗日民族解放战争，战胜日本侵略者。①

为了能够更好地实施减租减息，并制止地主的破坏，《决定》

① 何东：《中国新民主主义革命时期的农民土地问题》，中国人民大学出版社1983年版，第278页。

还同时发布了三个附件，附件中规定了保留农民的永佃权，无永佃权者，奖励双方订立较长期的租佃契约。还对债权人不得因为减息而解除借贷关系、借贷契约等做出了规定。上述《决定》和附件于2月6日公布，与此同时，中共中央还于2月4日向党内发出了《关于执行土地政策决定的策略指示》，帮助各根据地党的干部理解党的政策与策略方针，并经过他们去贯彻执行。[①]《指示》公布之后，华北、华中等各个抗日根据地在民主政权的支持下，初步掀起了抗战以来减租减息运动的第一个高潮。

由于1941年和1942年是抗战以来抗日根据地最困难的时期，日军的野蛮进攻，国民党的反共高潮及其对根据地的包围封锁，加上连年严重的天灾，给根据地军民带来极大困难，根据地缩小了，人民群众、机关、学校、军队不得不用最大的力量投入生产自救，自己动手，解决吃穿用问题。加之干部缺乏领导减租减息运动的经验，这一切都影响到减租减息运动普遍彻底的实行。更为重要的是减租减息运动本身充满着农民与地主两个阶级的尖锐矛盾和斗争，广大未经过土地革命的地区，土地问题的中心是地主与农民之间的租佃关系问题，即地权与佃权、土地所有权与使用权之间的矛盾，是土地出产物的分配——交租与收租的矛盾。抗战时期虽然只减租减息而不彻底解决土地所有权的问题，其必然会遭到地主分子各方面的抵制、反抗和破坏，如采取夺佃、转佃、典卖、减租前先加2、5成租、把持政权、收买群众、明减暗不减、造谣破坏等种种手法。鉴于减租减息运动中的复杂情况和不彻底状况，中共中央又一次指示开展普遍的查减运动，使减租减息运动进入第四阶段。

① 何东：《中国新民主主义革命时期的农民土地问题》，中国人民大学出版社1983年版，第279页。

（四）深入查减阶段（1943 年 10 月—抗战胜利）

1943 年 10 月 1 日，中共中央在《开展根据地的减租、生产和拥政爱民运动》指示中，再一次指出减租减息运动的中心问题是发动群众，依靠群众自己解放自己。指出“减租是农民的群众斗争，党的指示和政府的法令是领导和帮助这个群众斗争，而不是给群众以恩赐。凡不发动群众积极性的恩赐减租，是不正确的，其结果是不巩固的”。指示还说：“现在根据地已经缩小，我党在根据地内细心地认真地彻底地争取群众、和群众同生死共存亡的任务，较之过去六年有更加迫切的意义。”中共中央还责成各根据地各级党政机关从秋后到年底以前实行一次彻底的、普遍的查减运动，要求“凡未认真实行减租的，必须于今年一律减租。减而不彻底的，必须于今年彻底减租”。[①] 1944 年和 1945 年间，各抗日根据地继续贯彻中央查减运动的指示，减租减息运动又形成一个新的高潮。

三、减租减息运动的历史意义

全国抗战八年的实践证明，党的减租减息政策贯彻到各根据他，使抗日根据地在极端困难的环境和毫无外援的情况下，胜利地坚持了敌后的抗战，对从经济上、政治上、军事上争取抗战的胜利有极其重要的意义。

第一，减租减息。使根据地农村阶级关系和土地占有关系发生了重大变化。土地占有由集中走向分散；农村阶级关系是大多数的雇农上升为贫农，而大多数的贫农、中农则上升为中农以及新富农，农村出现了中农化趋势，而地主和旧式富农却削弱了。

---

① 何东：《中国新民主主义革命时期的农民土地问题》，中国人民大学出版社 1983 年版，第 280 页。

正如毛泽东在《论持久战》中所说的："动员了全国的老百姓，就造成了陷敌于灭顶之灾的汪洋大海。而这一切，没有减租减息运动激发起群众的觉悟和政治热情是不可能的。"①

第二，减租减息，减轻了广大农民所受的封建剥削，改善了他们的生活，巩固了工农联盟。在旧中国，占农村人口不到百分之十的地主、富农，占有着百分之七十至百分之八十的土地，而占有百分之九十的贫农和下中农，却只占有百分之二十至百分之三十的土地，广大无地少地的农民只得租种地主富农的土地，承受着苛重地租的剥削。在地租和高利贷的盘剥下，广大农民终年劳动却得不到温饱，抗日及生产积极性受到了很大的限制。抗战期间，随着减租减息政策的贯彻实施，广大农民的生活水平逐步提高，尤其是在抗日根据地效果更为明显，经过减租减息平均地租率大大降低，使得封建剥削受到限制。据 1944 年晋绥边区对六个县的调查，战前平均地租率 28. 75%，减租后的平均地租率降到 16. 1%。实际减租率，最低为 26%，最高为 52. 3%。② 总之，通过减租减息政策的实施，封建剥削受到了不同程度的削弱，较普遍地提高了农民的生活水平，从而进一步巩固了工农联盟。

第三，减租减息，提高了农民的阶级觉悟，改善了农民的生活，激发了农民的抗日自觉性和积极性，各根据地掀起的踊跃参军参战热潮，为抗战胜利奠定了群众基础。党实行减租减息政策，削弱了地主的封建剥削，减轻了农民的负担，改善了农民的生活，激发了农民的生产热情。这样必将导致农村生产力的解放和生产效率的提高。正如毛泽东所指出的："土地制度获得改革，

① 何东：《中国新民主主义革命时期的农民土地问题》，中国人民大学出版社 1983 年版，第 322 页。

② 宿晨华：《试析抗日战争时期中国共产党减租减息土地政策》，《长春工业大学学报》（社会科学版）2005 年第 3 期。

甚至仅获得初步的改革，例如减租减息之后，农民的生产兴趣就增加了”。[①] 这主要表现在土地或开垦荒地的增加、提高农作物的产量和兴修水利等方面。如，晋察冀根据地北岳区，从全国抗战开始到1944年，共开垦荒地235,796亩，修滩地79,598亩，修渠46道，凿井4,292眼。根据对38个村庄的调查，1943年有大量农户粮食不够吃，1944年则减少了58.3%。在一些地区生产形式开始由个体向合作化方向发展，不仅在农业，而且在副业、运输贸易业，从短期到长期，从单人单畜到若干户间的家庭互助，再发展到一个村的劳动互助合作社。1944年北岳区六个专区有合作社3,819个，参加人数688,478人，劳动互助合作的推广和发展，使劳动生产率有了大幅度提高。[②] 正是各根据地农民纷纷开垦荒地，兴修水利，生产逐年增长，为夺取抗日战争的最后胜利奠定了坚实的物质基础。

减租减息，也进一步激发了广大农民的抗日热潮。减租减息使广大农民认识到自身的阶级利益与民族利益的一致性，纷纷拿起了武器，积极参军参战，保卫家乡，保卫根据地，保卫减租减息的斗争成果。农民还成立了农会和民兵等抗日群众组织，促进了抗日武装人员的发展，支持了长期抗战。全国抗日战争刚爆发时，中国共产党领导的人民军队不过几万人，到抗战胜利时八路军、新四军和华南抗日游击队已发展为120万人，另有220多万民兵。八年全国抗战中，抗日根据地军民抗击了日军侵华兵力的64%和伪军的95%以上。[③] 抗日战争的胜利，就是以农民群众为主的人民战争的胜利。

---

① 《毛泽东选集》第3卷，人民出版社1991年版，第1078页。

② 魏宏运：《晋察冀边区财政经济史资料选编》，南开大学出版社1983年版，第214页。

③ 宿晨华：《试析抗日战争时期中国共产党减租减息土地政策》，《长春工业大学学报》（社会科学版）2005年第3期。

总之，减租减息，是中共中央在延安局部执政时，针对抗日战争这一特殊环境提出的一项特殊政策，是在抗日民族统一战线框架下，解决农民土地问题，发展根据地生产的正确方针。这一政策的贯彻实施，不仅改善了广大农民的生活，提高了广大农民抗日民主与生产的积极性，同时也缓和调整了农村中的阶级关系，巩固和发展了抗日民族统一战线，它对争取抗日战争的最后胜利，为彻底消灭封建势力和以后的土地改革积累了经验，也创造了有利的条件和前提。

第三节　争取外援，休养民力的经济政策

一、中共中央“争取外援，休养民力”政策的历史背景和依据

抗日战争时期，中共中央领导人民先后创建了19块抗日根据地。从总体水平看，这些根据地贫困、落后，而且分割、分散。无论当时的陕甘宁边区，还是其他抗日根据地，都处在比较偏僻落后的农村和经济不发达的地区。所以，毛泽东1945年曾把根据地的基本情况概括为：“建立在个体经济基础上的、被敌人分割的、因而又是游击战争的农村根据地”。[①] 可见，根据地的农业经济水平十分低下。以陕甘宁边区为例，由于长期受地主、军阀、高利贷者剥削压迫，农业经济十分落后。连年的战乱，再加上频频发生的自然灾害，使农村经济凋敝不堪，大批农民破产。据当时的记录，“家中颇有田亩，可称小康者”，更有“不胜捐税指派之累，羁押捕打之苦，将其田契贴诸城隍庙或县政府

① 《毛泽东选集》第3卷，人民出版社1991年版，第1016页。

前，扶老携幼，离乡以去的”。就是那些不愿意离开家乡的农民，也不得不受高利贷和苛捐杂税的压迫和剥削。据调查，30 年代的安定（今子长）县玉家湾村，放高利贷者仅用 200 元左右的资金，按 3%—5% 的月利，年终便可换回高达 93.6 元至 156 元的年息。[①] 因为农村的金融被高利贷者所把握，致使土地兼并越来越严重。如延安裴庄，全村耕地 300 垧，其中地主冯友福一家就占了 250 垧，占全村耕地的 5/6，后来裴庄周围 3,000 垧地全部集中到了盐店子大地主李汉华手中。这样的例子不胜枚举。农民种地连耕牛、农具、种子都有困难，农村经济已处于崩溃的边缘。因此，何以恢复和发展农业生产及农村经济？如何保障农民的生活？一度成为能不能坚持抗战和影响根据地生死存亡的大问题。面对这一根据地的实际，毛泽东一再指出，抗战一定要有民生主义。由此，各根据地都把发展农业经济、减轻农民负担作为改善民生的重要举措。党的任何方针、政策的提出，都必须立足于这一现实。

因此，抗日战争初期，中共中央提出了“力争外援，休养民力，医治创伤，积蓄力量，支持长期抗战”[②] 的根据地经济建设政策。这项政策是中共中央基于对根据地贫穷落后的经济状况判断做出的正确决策。

抗战时期，一方面日本帝国主义不断加紧对中国的侵略，使日本帝国主义和中华民族的矛盾上升为中国社会的主要矛盾，推动了全国抗日高潮的兴起。在全国民众的推动下，国共两党捐弃前嫌，携手抗日。但在全国抗战初期的 1937 年至 1938 年，“日

① 陕甘宁边区财政经济史料编写组：《财政经济史料摘编》第 9 编，陕西人民出版社 1981 年版，第 6—12 页。

② 陕西省档案馆：《陕甘宁革命根据地工商税收史料选编》第 7 册，陕西人民出版社 1987 年版，第 58 页。

本军阀重视国民党，轻视共产党，故用其主要力量向国民党战线进攻，对它采取以军事打击为主、以政治诱降为辅的政策，而对共产党领导的抗日根据地则不重视，以为不过是少数共产党在那里打些游击仗罢了”。[①] 日本对国民党强硬的军事态度，迫使国民党积极应战。为了得到全国人民的支持和共同对付日本的军事侵略，国民党被迫承认了共产党武装力量的合法地位，并且向其提供军饷。[②] 同时，陕甘宁边区建立了民主政权，八路军、新四军在敌后英勇抗战，引起了海内外人士特别是广大爱国华侨的同情和支持，不断给予边区以财力、物力上的支援。正是在这样一个有利的氛围下，为中共中央制定“争取外援，休养民力”的财政政策提供了外部的可能条件。

所以，全国抗战初期，边区财政收入主要依靠外援。

	1937 年	1938 年	1939 年	1940 年	合　计
全部岁入%	100	100	100	100	100
外　　援%	77.2	51.69	85.79	70.50	82.84
其　　他%	22.8	48.31	14.21	29.50	17.58

资料来源：陕西省档案馆：《陕甘宁革命根据地工商税收史料选编》第 7 册，第 59 页

从上表中可以看出，这一时期外援占到边区财政收入的 51%—85%。陕甘宁边区财经办事处在 1944 年 2 月起草的《关于财政工作总结》中客观地承认：“这一时期边区财政支出，大部分是依靠外来的帮助，其中最大部分是国民政府应发的八路军经费，每月分给后方一部分作为财政收入。”[③]

① 《毛泽东选集》第 3 卷，人民出版社 1991 年版，第 941 页。

② 黄正林：《陕甘宁边区社会经济史》，人民出版社 2006 年版，第 77 页。

③ 陕甘宁边区财政经济史料编写组：《财政经济史料摘编》第 1 编，陕西人民出版社 1981 年版，第 74 页。

另一方面，这一经济政策也是结合抗日根据地当时经济落后的现实提出来的。以陕甘宁边区为例，在中共中央没有到达以前，由于边区地处偏僻的西北，自然环境恶劣，自然灾害频仍，加之经历了十年内战，边区的社会经济遭受了巨大破坏。当时军阀政府向人民征收的有地亩税、人丁税、牲畜税、棉衣捐、单衣捐等苛捐杂税名目 80 余种，甚至强迫农民种植鸦片，抽取“烟亩捐”，不种鸦片则抽取“白地捐”。官府衙门的搜刮也极为繁苛。1928 年，佳县共有 2,163 户，118,374 人口，而负担的“正粮”即达 17,450.84 斗，加上其他“屯粮”、“民地丁正银”等共合银元 169,430.17 元，大人小孩每人平均负担 1.5 元。[①] 再加上地土豪绅保甲长给农民派粮派款，派壮丁修堡寨、办民团等，使广大农民陷于贫困的境地，微薄的农业收获，还不够完粮纳税。农村经济畏缩不前，社会生产力水平极为低下。中共中央到达陕北后，虽然采取了积极措施恢复和发展经济。但是，由于内战不停，加上当时不准土地买卖、雇工和借贷的“左”倾错误的影响，[②] 边区的农业生产依然处于衰落、下降的趋势。以耕地为例，土地革命前边区范围内有可耕地 4,000 余万亩，实际耕种的为 900 余万亩，不到四分之一。到 1936 年，边区的耕地面积只有 843.1 万亩，减少了约 1/10，当时的延安、保安、甘泉、华池等地，均有许多荒地。[③] 其他根据地的状况也基本相同。根据地人民生活普遍极端困难，很多农民虽然分得了土地，摆脱了剥削，但是生活仍然贫困不堪。鉴于当时根据地经济的落后状况，中共中央认为：在全国抗战爆发时，内战才停止不久，急需休养民

① 星光：《抗日战争时期陕甘宁边区财政经济史稿》，中央民族大学出版社 1986 年版，第 15 页。

② 《毛泽东选集》，人民出版社 1966 年版（合订本），第 754 页。

③ 《毛泽东选集》，人民出版社 1966 年版（合订本），第 752 页。

力，发展生产，减轻人民负担，恢复农村经济。否则，人民的生活无法得到改善，抗战也难以长期坚持。这就成为当时中共中央提出和实施休养民力政策的基本出发点。而且，当时由于八路军主力开赴抗日前线，边区的财政负担大为减轻，这些因素都为党实行休养民力的政策提供了可能。

二、“争取外援，休养民力”经济政策的基本内容

首先，休养民力政策的主要内容是废除一切苛捐杂税，极力减轻人民负担。各根据地均废除了一切苛捐杂税，如陕甘宁边区为了使人民休养生息，边区政府在税粮征收方面实行合理负担，有钱出钱，有力出力，税收很轻，“取之有道”，使民有余力。还“取消过去四十二种苛捐杂税，实行统一税制，并减低税率”，[①] 因此边区人民的负担也就大大减轻了，人民的负担比之革命前是减少了一倍以上。1937 年 10 月，陕甘宁边区颁布了《征收救国公粮条例》，规定每人全年收入不足小米 300 斤者免征，收入 300 斤至 450 斤者，征收 1%；451 斤至 750 斤者，征收 2%；751 斤至 1,050 斤者，征收 3%；1,051 斤至 1,500 斤者，征收 4%；1,501斤以上者，征收 5%。1937 年，征募公粮 13，895 石，每人负担大约一升，占收获量的 1. 28%；1938 年，征募公粮 15,972 石，每人负担大约一升二合，占收获量的 1. 32%，1939 年 5. 2 万余石，占 2. 98%；1940 年 9. 7 万余石，占 6. 38%。1937—1940 年，陕甘宁边区以 130 万人计，每人公粮负担平均一升多，多时也不过七升多。[②] 农民除公粮外，无其他负担。边区政府的轻徭

① 星光：《抗日战争时期陕甘宁边区财政经济史稿》，中央民族大学出版社 1988 年版，第 41 页。

② 陕西省档案馆：《陕甘宁革命根据地工商税收史料选编》第 7 册，陕西人民出版社 1987 年版，第 59 页。

薄赋，减轻了农民赋税负担，舒缓了民力，使边区的农业生产力得到了休养生息。

其次，中共中央和各根据地政府还采取帮助群众发展生产和军队开展生产自给运动相结合的有力措施。这表现在，一方面，帮助人民发展农业、畜牧业、手工业和商业，尽量使农民增加产品总量。如陕甘宁边区筹集资金，加强对农业的投入，兴修水利，制造农具，帮助群众购买耕牛、籽种，刺激了农民生产的积极性。另一方面，军队开展生产自给运动，提出军队留守的边区部队要实现包括粮食、被服和其他一切物品的全部自给，根据地巩固区要实现 80% 的自给，根据地边沿区和游击区要实现 15% 到 25% 的自给。军队的生产自给运动既解决了自己的一部分需要，又可少向民众要钱要粮，使人民群众眼前利益与长远利益统一于党的经济政策之中。

最后，采取“保护私营工商业”和“自由贸易”的工商业政策。1935 年 11 月 25 日，中央政府西北办事处颁布了《中央政府西北办事处颁布发展苏区工商业的布告》，宣布：“把一切工商业的捐税都完全取消，甚至于连‘关税、营业税等均一概免收’”，“苏区的大小商人有充分的营业自由，白区的大小商人也可以自由的到苏区来营业”，“除了粮食及军用品外，苏区的出产品均可自由输出”。[①] 1937 年 7 月 6 日，陕甘宁边区政府成立前夕，边区党委就明确提出根据党的《抗日救国十大纲领》，在边区内实施“保护商业、发展合作社运动，推广货物的流通”[②] 的主张。陕甘宁边区政府成立后，又制定了鼓励私人经营商业，奖励边区外商人来边区经商的政策，以发展边区商业。1940 年 9 月 18 日，中共中央

① 中央档案馆：《陕甘宁边区抗日民主根据地》（文献卷·上），中共党史资料出版社 1990 年版，第 133 页。

② 《新中华报》1937 年 7 月 6 日。

发布了《中央关于统累税问题的指示》，明确指出："为着发展与调剂公私商业，因之对公私商业均征以一定的税额之税金，但如实行商业累进税，有时则又应例外，实行免税或减税。"①

三、"争取外援，休养民力"经济政策的成效

中共中央实行"争取外援，休养民力"的经济政策是富有成效的。在这一正确经济政策指引下，边区农村经济开始恢复并有了一定的发展。

在休养民力的政策下，轻征赋税，减轻了人民负担，极大地调动了农民耕种土地的积极性。1936 年陕甘宁边区有耕地 8,431,006亩，1938 年增加到 8,998,484 亩，净增加耕地 56 万余亩。② 随着农业经济的发展，农民生活亦有大的改善，农村富户增多，许多以前是贫雇农，现在转为中农或富农了，而中农成为了乡村经济的主要成分。边区农村、城镇商业也开始活跃起来。边区的私营商业获得空前的发展，搞活了市场贸易，吸引了大批边区以外的商人到边区来设市开店，为突破国民党封锁创造了条件。

1937 年至 1940 年，是党的"争取外援、休养民力"政策由依赖外援向半自给转变的时期。边区政府采取了一系列新政策，如奖励劳动致富，克服了农民中存在的怕"冒富"小农意识，允许雇工、安伙子，号召开荒；实行贸易自由政策，号召外商到边区投资，使得边区经济得到了显著的恢复和发展。到 1940 年，耕地面积比 1937 年增长了 36%，粮食产量增长了近 70%，牲畜头数也有了大幅度的增加。③ 与此同时，公营经济纺织、造纸、印刷、化

① 中央档案馆：《中共中央文件选集》第 12 册，中共中央党校出版社 1991 年版，第 494 页。

② 陕西省档案馆：《陕甘宁革命根据地工商税收史料选编》第 7 册，陕西人民出版社 1987 年版，第 60 页。

③ 孟英：《浅论中国抗日战争胜利的经济基础》，《唐都学刊》1996 年第 1 期。

学和机械等工厂从无到有，边区经济呈现出欣欣向荣的景象。

第四节　发展生产，自给自足的经济政策

一、发展生产，自给自足经济政策的提出

全国抗战初期中共中央制定了“争取外援，休养民力”的经济政策，但考虑到外援的不可靠，一旦国民党停发军费，边区财政经济必然陷入困境。因此，中共中央提出了要依靠自己的努力，依靠全体军民的创造力，自力更生，发展生产，以支持长期抗战的经济建设政策。但是由于全国抗战开始后，党内外普遍存在着重军事轻经济的思想，加上种种内外原因，导致当时推动生产运动的成效和影响并不大。

1938 年后，抗日战争进入相持阶段，国民党政府在正面战场的几次会战损失巨大，虽然迟滞了日军的大进攻态势，彻底打乱了日本侵略中国的军事部署，但是也因此导致中国社会各党派、各阶层中普遍存在着对抗日前景悲观失望的情绪，国民党积极抗日的政策也开始出现动摇，在日本军国主义诱降分化政策的影响下，于 1939 年 1 月，国民党五中全会制定了“溶共、防共、限共、反共”的政策。1939 年 11 月，国民党又召开五届六中全会，实行把“政治限共为主”改变为“军事限共为主”的政策，并发出进攻八路军、新四军的密令，蓄意制造反共磨擦。国民党顽固派的军事进攻，使边区的面积由 129,608 平方公里减少为 98,960平方公里，人口由 200 万减少为约 150 万。为了对边区实行经济封锁，国民党政府在进出边区的大小路口，设立哨卡，严密监控，切断了边区同外界的一切联系，并采取各种办法干扰和破坏边区的财政经济。

面对这种严峻的状况，1939 年 2 月，毛泽东在延安生产动员大会上号召，要解决陕甘宁边区 200 万军民、四万脱产工作人员的穿衣吃饭问题，就要进行生产运动。同年，毛泽东代表中共中央提出了“自己动手，生产自给”的方针，号召边区军民发展自给经济，支持长期抗战。1939 年 11 月，陕甘宁边区党委第二次代表大会做出了《关于继续发展边区经济改善人民生活的决议》，提出要使边区人民丰衣足食的目标。实践证明，中共中央的预见是正确的。不久，国民党反共活动开始猖獗，不仅停发了八路军军饷，而且对陕甘宁边区实行经济封锁，日本帝国主义也开始把主要兵力放在敌后战场，对抗日根据地进行大规模的军事进攻，使抗日根据地军民生活非常艰苦，加之华北地区连年发生旱、涝、虫灾，使 1941—1942 年间，各抗日根据地财政经济情况异常困难。毛泽东在谈到当时的情况时说：“我们曾经弄到几乎没有衣穿，没有油吃，没有纸，没有菜，战士没有鞋袜，工作人员在冬天没有被盖”① 的地步。为了克服极端严重的物资困难，坚持持久抗战，中共中央向抗日根据地军民发出了自己动手、克服困难的号召，得到了各抗日根据地军民的积极响应。

1940 年 11 月 12 日，陕甘宁边区中央局提出了由半自给自足转向完全自给自足的口号。强调“没有有效的新民主主义的经济建设，边区的巩固与发展是不可能的。”② 为了实现经济建设的任务，实现自力更生、自给自足，中共中央要求深刻认识陕甘宁边区的特点，即一方面有着全国最民主的政治及共产党的领导，实行了土地革命，基本上肃清了封建剥削，农民有发展生产的积极性和组织性；另一方面，边区的经济仍很落后，对财政经济有一

① 《毛泽东选集》第 3 卷，人民出版社 1991 年版，第 892 页。

② 星光：《抗日战争时期陕甘宁边区财政经济史稿》，中央民族大学出版社 1988 年版，第 148 页。

定的限制。从这种实际情况出发，中共中央号召要依靠全边区120万人民，发扬劳动热忱与生产积极性，还要依靠边区党、政、军、民、学全体在职人员，在不妨碍工作、战斗和学习的情况下，努力从事集体的有效的生产，发展公营企业，做群众的模范与指导，更要团结各阶层人民参加建设运动，确实掀起边区经济建设的新高潮。

为了更好地指导边区的经济建设，中共中央要求建立分散经营，集中领导的边区建设管理体系，包括制订各方面全盘方针与计划，使边区经济建设有一定的奋斗目标，避免无方向的盲目行动。① 要求各级党委必须以开展经济建设作为当前最迫切的实际中心工作之一，必须按照边区政府的经济计划结合本地的不同情况制订细致的经济建设具体计划。为了有效地开展经济建设，各级党委必须加强对经济工作的组织领导，协同政府、军队、群众团体抽调必要得力干部，配备到经济建设和有关部门中去，书记必须切实参加经济建设委员会的领导工作。各级经济建设委员会至少有一个以上最得力的领导人，并配备以适宜于经济事业的干部，以建立经济建设委员会的日常工作。② 为边区经济建设高潮的到来做了组织方面的准备。

二、发展生产，自给自足经济政策的实施

1941年以后，边区经济建设高潮主要表现在以下几个方面：

1. 军民齐动手，开展农业大生产运动。1939年中共中央和毛泽东发出“自己动手，生产自给”的号召，提出要发动大规模

---

① 星光：《抗日战争时期陕甘宁边区财政经济史稿》，中央民族大学出版社1988年版，第149页。

② 星光：《抗日战争时期陕甘宁边区财政经济史稿》，中央民族大学出版社1988年版，第148页。

的生产运动，克服面临的严重经济困难。而后，中央军委发出的《关于开展生产运动的指示》要求努力开展“部队中的生产运动。开辟财源，克服困难”。并要求这一运动还应“在前线部队中广泛开展起来”。[①] 要求部队可同时进行农业、商业、手工业的生产，发展喂猪、种菜等副业活动，达到改善生活、克服困难、节省开支的目的。这样从 1941 年起，从陕甘宁边区开始，接着在各抗日根据地，迅速掀起以农业生产为中心，以集体劳动为主的生产自给运动。军队、机关、学校的人员，组成庞大的生产大军，开垦荒地，种植粮食、棉花，解决军民的衣食问题。其中成绩最著名的是负责守卫陕甘宁边区的八路军三五九旅。三五九旅原在晋西北抗日前线，为了增强边区的防御力量，保卫中共中央，1939 年 10 月，中央军委把其调回陕北。适值边区军民大生产运动兴起之际，朱德总司令为给部队选择一个理想的“屯田”及防务区，两次专门赴南泥湾勘探考察，1940 年 6 月，朱德率领延安自然科学院的科研人员到南泥湾所在的固临镇“烂泥洼”进行调研。朱老总一行人来到了“烂泥洼”，对眼前的景象感到吃惊，他一边看一边高兴地对陪同人员说：“这片水草地，泥是烂了一些，要是开田种水稻，会变成田连阡陌江南水乡。我看可以给它起一个名字。”朱德一字一顿说：“叫它南泥湾。”从此这块“烂泥洼”就有了一个响亮的名字——“南泥湾”。1941 年，三五九旅进驻南泥湾，实行战斗、生产、学习三结合，共开垦荒地 26 万亩，不仅实现了粮食自给，还做到了“耕一余一”，上缴公粮 250 万斤。[②] 把荒无人烟、荆棘丛生的荒沟，开垦成了“到处

① 中央档案馆：《中共中央文件选集》第 11 卷，中共中央党校出版社 1991 年版，第 299 页。

② 星光：《抗日战争时期陕甘宁边区财政经济史稿》，中央民族大学出版社 1988 年版，第 283 页。

是庄稼，遍地是牛羊”的“陕北好江南”。

困难形势也迫使机关、学校不得不下决心自己动手，从发展农工商中求得财政供应的自给，生产劳动的任务极其艰巨。为了自己动手，共渡难关，中共中央和边区政府采取了一些特殊措施和重要步骤，比如整顿领导生产业务的组织，成立中央直属财务处、后勤经济处、边区财经处等，加强对生产自给的组织领导。同时，机关、学校的生产自给种类，从前一阶段的以农业为主，转到以工商业为主。虽然缺乏经验，经过艰难的探索历程，也取得了相当大的成绩。1941 年，后勤机关学校种菜地 1,801 亩，收获各种蔬菜 87.9 万斤，做到自给蔬菜四个月。中央直属机关种菜地 2,329 亩，收获各种蔬菜 71.5 万斤，自给五个月。边区中央局 140 人，种菜收获 2.8 万斤，自给达到九个月。1942 年，中直、军直和边区各机关学校的商业收入占自给总收入的 68%。边区政府秘书处与民政、财政、建设、教育四厅合办两个农场，派管理人员与二户移民伙种，共收入约 25 万元。中央各机关学校，配备种菜人员 40 名，在 388 亩川地、1,941 亩山地上种菜，收获各种蔬菜 74.5 万斤，平均自给蔬菜五个月。全边区各机关学校的蔬菜自给在 600 万元以上。此外，饲养家畜解决肉食也取得相当的成绩。“1941 年上半年后勤各机关喂猪得肉 56,814 斤，照当时市价值 170,440 元，平均每人每月多吃了 1 斤肉，全年约植 35 万元。”① “中央直属各机关学校，1942 年至 10 月止，平均每月养猪 265 头，10 个月共赚 23,330 余斤大秤的猪肉。合边钞 70 万元。”“全边区机关学校饲养牲畜一项生产，照此计算，总价值当在 400 万元以上”。② 总之，这一阶段边区机关学校的工商业经营是有成绩的，1941 年生

① 雷云峰：《陕甘宁边区史》，西安地图出版社 1993 年版，第 114 页。
② 雷云峰：《陕甘宁边区史》，西安地图出版社 1993 年版，第 115 页。

产自给1,500万元，1942年约达5,000万元。不仅供应了日常经费的大半，解决了迫在眉睫的财政困难，而且奠定了进一步发展自给经济的基础。

为发展生产，减轻财政负担，1941年12月17日，中共中央还发出普遍实行精兵简政的指示，核心是紧缩开支，发展生产。中央军委规定，主力军与地方军成1:1，直属部队与战斗部队成1:7，团直属队与战斗连队成1:5的比例。规定根据地内脱产的人员不能超过当地人民总数的百分之三。在脱产人员中，军队占三分之二，地方党、政府、民众团体工作人员占三分之一。

中共中央还进一步调整减租减息政策，极大地提高了农民的生产积极性，各级抗日民族政府积极帮助农民在自愿互利的基础上开展劳动互助，鼓励农民和移民开垦荒地，开展劳动竞赛，推广劳动模范的增产经验，改良生产技术。各抗日民主政府在财政许可的条件下给农民发放农业贷款，帮助农民解决农业生产中的困难，这些措施极大地推动了根据地大生产运动的展开。

大生产运动所以“大”，就是空间范围大。大生产运动不仅包括延安和陕甘宁边区，也包括晋绥、北岳、胶东、太行、太岳、皖中各个根据地，举凡共产党领导的抗日根据地都投入到轰轰烈烈的大生产运动中；“大”还是参与人员数量大。不仅是军队，而且是广大农民群众，党、政、军、民、学、商各界人士一齐动手，连毛泽东、朱德、周恩来等中央领导同志都亲自开荒种菜、纺线织布，真正做到了全党动员、全军动员、全民动员、老少动员，党群一心、上下合力，共同推动大生产运动走向高潮。[①]到1943年陕甘宁边区生产自给的总额占财政总支出的64%，而

① 操国胜：《从“生产自给”到“大生产运动”》，《铜陵学院学报》2007年第3期。

取之于民的仅占36%，[①] 充分表现了大生产运动“自己动手，丰衣足食”的显著绩效。

2．大力发展公营工业。1939年中共中央提出“自己动手”、“自力更生”的号召后，各抗日根据地开始重视工业建设，创办了一批公营工业，如新华光学厂、光华制药厂等，公营工业的职工增加到近千人。1941年，中央提出“由半自给过渡到全自给”的号召，各地更加注意工业投资。陕甘宁边区政府和银行对工业建设进行了大力投资和贷款；为解决企业原材料不足，中央号召尽量自己动手加以解决；为解决技术人才问题，中央发出《关于党员参加经济和技术工作的决定》，要求党员服从分配，到经济和技术部门中去工作。工业建设中还掀起学习赵占奎热潮，提倡学习英雄模范人物，激发工人们的生产热情，这都促进了根据地的工业建设。

3．大力发展手工业生产合作社，鼓励发展私人资本主义经济。为了满足边区军民的需要，党对发展手工业合作社高度重视。在边区政府建设厅和中国工合延安事业所的集体领导下，手工业生产合作社有了较快的发展。截至1941年6月底，全边区已有生产合作社30个，分布在边区各县，对工业的发展起了积极的辅助作用。[②] 1942年1月，边区政府建设厅根据南区合作社的经验，提出了克服包办代替、实行“民办官助”的方针，把合作社的业务和群众的生活联系起来，扩大了经营范围，使之成为包括供销、运输、生产、借贷等业务于一体的综合合作社。手工业合作社的发展，对于打破国民党的经济封锁，实现边区日用品

---

① 陕甘宁边区财政经济史料编写组：《财政经济史料摘编》第9编，陕西人民出版社1981年版，第29—30页。

② 陕甘宁边区财政经济史料编写组：《财政经济史料摘编》第3编，陕西人民出版社1981年版，第30页。

的完全自给起了重要作用。

在这一时期，党更加重视发展私人资本主义经济。边区政府根据毛泽东的指示，实施奖励和保护私人企业的政策：欢迎边区内外工商业者投资建厂，发展各种工业；帮助已有私人企业；政府对工业给予定期免税和低息贷款；欢迎海外华侨来边区兴办实业。这都对边区经济的发展，起到了推动作用。在处理劳资关系问题上，明确提出了抗日根据地的劳资政策要“不是仅仅照顾到工人狭隘的行会利益，而且要照顾到各阶级和整个抗战利益”。[①]这些举措使得陕甘宁边区的私营经济发展呈上升势头，私营企业的发展，也促进了公营工业的繁荣，使得抗日根据地工业建设蓬勃向上，为根据地渡过经济困难奠定了物质基础。

4. 实行让大多数人负担的税收政策。为了克服因国民党政府停发经费和实施经济封锁所造成的财政困难，边区政府通过调整税收政策达到渡过难关的目的。主要的原则是以累进的办法合理分配各阶层人民的负担。1940 年 11 月 23 日，边区中央局发出《中共陕甘宁边区中央局对财政经济政策的指示》，对税收政策做了明确的指示：“边区实行普遍的统一的累进的所得税制，不论阶层，不论公私营业毫无例外，照累进率征收所得税，这是为民族解放事业奋斗的全民义务”。[②] 这些税收政策与全国抗战初期相比，除肯定原来的“统一”、“累进”、“发展工商业” 等原则外，又进一步明确了纳税负担面积达到人民的 80% 以上，形成了公平合理的赋税负担，得到了广大人民的支持。由于最大程度上照顾了各抗日阶层的利益，贯彻了党的抗日民族统一战线的政策，广

---

① 孙安弟：《1840—1949 中国近代安全史》，上海书店出版社 2009 年版，第 74 页。

② 陕西省档案馆：《陕甘宁边区政府文件选编》第 3 辑，档案出版社 1987 年版，第 200 页。

大群众在极其困难的情况下努力完成救国公粮、公草的任务，有力支援了抗日斗争。

三、发展生产，自给自足经济政策的成效

中共中央发展生产，自给自足经济政策的实施，使根据地社会生产力得到进一步解放，农业和畜牧业获得了较快的发展，成绩显著。到 1943 年，仅晋绥、北岳、胶东、太行、太岳、皖中六个根据地就扩大耕地 600 万亩以上。陕甘宁边区机关和部队每年需细粮（小米）3,900 万公斤，自己生产达 1,500 万公斤。[①]边区许多部队粮食、经费达到全部自给。落后的边区工业经过政府的苦心经营，也收获发展，公私营工业发展成绩喜人，商业也获得大发展，贸易额不断增加，资本增加了十倍以上；合作社事业得到了发展，边区实现了由半自给自足迅速走向完全自给自足的发展道路。正如毛泽东总结的那样："这是中国历史上从来未有的奇迹，这是我们不可征服的物质基础。"[②] 并把它与 1942 年整风运动一起称为当时整个革命链条中起决定性作用的两个环子。

在根据地自力更生、艰苦奋斗进行经济建设过程中，不仅解决了根据地物资匮乏的问题，也减轻了人民负担，改善了人民的生活。大生产运动中，陕甘宁边区农业、工业等各行各业都有较大发展。经过努力，到 1942 年底，陕甘宁边区党政军民学各部门经费自给率已达到一半以上，资产积蓄达五亿元左右，取之于己的部分已超过取之于民的部分。1943 年，陕甘宁边区人民的负担不到总收入的百分之九，各根据地人民的负担，平均只占总收入的百分之十四左右。在财政供给的两大来源中，在 1942 年，

---

① http://news.xinhuanet.com/ziliao/2003-01/20/content_698111.htm.

② 《毛泽东选集》第 3 卷，人民出版社 1991 年版，第 894 页。

取之于己，即取之于公营经济部分的供给量，约占五分之三，已超过了取之于民，即人民以租税形式（包括公粮在内）缴纳给政府的供给量。①

与陕甘宁边区开展生产运动同时，晋察冀、晋冀鲁豫、晋绥、山东、华中等各抗日根据地，都根据不同情况开展了大生产运动，也取得了很大成绩。敌后各抗日根据地军民，以陕甘宁边区军民为榜样，根据毛泽东提出的“劳力与武力相结合”的方针，在频繁艰苦的反“扫荡”斗争中，一面战斗，一面生产。1943 年，仅晋绥、北岳、太行、太岳、胶东、皖中六个根据地，就扩大耕地 600 万亩以上，部队和机关生产的粮食一般能做到二至三个月的自给，蔬菜做到全年自给，达到了中共中央要求的“自己动手，克服困难”的目的。

大生产运动使陕甘宁边区和各抗日根据地的军民胜利地度过了抗日战争的最困难时期，为支持敌后长期战争，夺取抗日战争的胜利奠定了物质基础。毛泽东指出：“这是中国历史上从来未有的奇迹，这是我们不可征服的物质基础。”大生产运动的开展，不仅减轻了人民群众的负担，也带动了人民群众的生产，使解放区克服了严重的物质困难，粉碎了敌、伪、顽的封锁，为争取抗战胜利奠定了物质基础，密切了党政军民关系，树立了自力更生、艰苦奋斗的延安精神。在根据地经济建设过程中，党员和干部也积累了经济建设的经验，从而为党培养了一批懂经济的干部，不仅在当时对保证边区建设的顺利进行起到了积极作用，而且为后来新中国的经济建设工作培养了重要的人才。

① 乔宗寿、王琪：《毛泽东经济思想发展史》，上海人民出版社 1993 年版，第 215 页。

第四章　抗日战争时期中共中央领导下陕甘宁边区的经济建设（上）

第一节　陕甘宁边区农业生产的恢复和发展

土地革命前，陕甘宁边区在当时是中国生产力水平十分落后地区。土地、牲畜集中在地主手中，苛捐杂税达80多种，放债利息高达每元每月一角五分。军阀蹂躏，封建剥削，加上连年灾荒，使这里农村经济萎缩，人民生活贫困。据调查，革命前这里每亩耕地平均的粮食产量，固临县更乐区康家村为27斤（1934年），安塞县四区各乡为29斤（1935年前）[①]，绥西县景家沟村为37斤（1934年）[②]，清涧县解家沟村为40斤（1935年）[③]。广大农民终年劳动，收入的70%—80%落入封建地主、军阀官僚和高利贷者的手中。当时，陕北流行的谚语是："地富屯粮如山堆，穷人斗无三升粮"。另据绥西县景家沟村调查，1934年该村41户贫农，每人平均农业收入（折细粮）只有122.3斤；中农13户，每人平均农业收入也只有344.8斤；另据安定县玉家湾村调查，

① 陕甘宁边区财政经济史料编写组：《财政经济史料摘编》第9编，陕西人民出版社1981年版，第38页。

② 陕甘宁边区财政经济史料编写组：《财政经济史料摘编》第9编，陕西人民出版社1981年版，第96页。

③ 陕甘宁边区财政经济史料编写组：《财政经济史料摘编》第9编，陕西人民出版社1981年版，第105页。

1934 年该村 28 户贫雇农（全村共 47 户）平均每人收入为 179.4 斤（粗粮），其中十户雇农每人平均收入只有 88.7 斤粗粮。[①] “农民除了这点收入之外，别的东西几乎没有。一家人住在一个窑洞里，睡在一个土炕上，全家家具财产用两个毛驴就可以载完。”[②]

1934 年到 1935 年，在陕甘苏维埃领导下，占半数人口的区域进行了土地改革，比较彻底地平分了土地。土改以后，农民的生活得到了一定的改善。但是由于内战不停，土匪猖獗，加上当时在经济政策上存在“左”倾错误，农业生产并没有太大起色，相反继续下降。表现在：第一，荒地增多，耕地面积减少。土改前，这一区域有可耕地 4,000 万余亩，实际耕种面积为 900 余万亩，不及可耕种面积的 1/4。1936 年，全边区耕地面积只有 843.1 万亩，约减少 1/10，当时的延安、安塞、保安、甘泉、华池以及东三县等均有许多荒地。第二，粮食产量下降。原来边区粮食产量就很低，据调查亩平均产量估计为 1.3—1.4 斗（39 斤到 42 斤），总产量估算为 120 余万石。1936 年统计，全边区的粮食总产量只有 103.4 余万石。[③] 按 843.1 万亩耕地平均，每亩只有 1.2 斗（36 斤），下降了 10%；棉花则完全停止了种植。“劳动英雄吴满有的地，每垧仅收谷 6 斗，平均每亩可收小米一斗至一斗二升。”第三，畜牧业破坏严重。土地革命前全边区有牛 12.2 万头，羊 78.8 万只；到 1936 年，牛只有五万头，驴四万头，羊 40 万只。[④] 此外，纺织几乎完全停顿，驮盐等副业同样遭

① 陕甘宁边区财政经济史料编写组：《财政经济史料摘编》第 9 编，陕西人民出版社 1981 年版，第 6—10 页。

② 陈廷煊：《抗日根据地经济史》，社科文献出版社 2007 年版，第 20 页。

③ 陈廷煊：《抗日根据地经济史》，社科文献出版社 2007 年版，第 21 页。

④ 陕甘宁边区财政经济史料编写组：《财政经济史料摘编》第 8 编，陕西人民出版社 1981 年版，第 1 页。

受破坏。所以农民虽然分得了土地，摆脱了剥削，但生活仍然十分贫困。

1937 年，陕甘宁边区成立后，庞大军队和中央政府机构的存在，使得非农业人口在边区人口中所占比例在不断上升，加重了陕甘宁边区政府的财政和经济负担。“自 1941 年以来边区每百人至少养活四个脱离生产人员，1944 年最多时，每 100 人至少养活 9 个脱离生产人员。”① 解决边区的经济困难，关键就在于发展经济。中共中央到达延安后，着手指导陕甘宁边区进行重点发展农业的经济建设，率先在陕甘宁边区实行了一系列有利于农业生产恢复的政策措施，使陕甘宁边区的农业生产率先得到恢复。

一、“争取外援、休养生息”政策下陕甘宁边区农业生产的恢复

在抗战全面爆发时“国内已取得和平，对日战争只在黄河边沿有接触，我党在国内外影响大增，因此也获得了巨大的外援力量，环境容许我们休养民力，也必须使民力休养”，② 就是当时边区政府提出与民休息政策的基本出发点。

休养生息的第一步就是“力争外援，休养民力，医治创伤，积蓄力量，支持长期抗战”。争取外援的目的是减轻边区人民负担，使边区抗战初期的军、政机关开支，主要靠外援获得。其中 1939 年占到了 85.79%，这无疑对于减轻人民负担，苏缓民力起了积极作用。

休养生息的第二步是轻徭薄赋。抗日战争初期，边区政府不

---

① 陕甘宁边区财政经济史料编写组：《财政经济史料摘编》第 8 编，陕西人民出版社 1981 年版，第 2 页。

② 陕甘宁边区财政经济史料编写组：《财政经济史料摘编》第 8 编，陕西人民出版社 1981 年版，第 4 页。

仅废除了一切苛捐杂税，而且向农民征收很少。征收对象也主要是中农和地主、富农。对于贫农和雇农来说，除了为数不多的公粮外，几乎没有其他赋税负担。所以这项政策得到了广大农民的拥护。

1937—1940 年陕甘宁边区政府向农民征收公粮统计

项目	征募公粮	占收获量	每亩平均负担
1937 年	13,895 石	1.28%	0.16 升
1938 年	15,972 石	1.32%	0.18 升
1939 年	52,250 石	2.98%	0.52 升
1940 年	97,354 石	6.38%	0.83 升

资料来源：陕西省档案馆：《陕甘宁边区根据地工商税收史料选编》第 7 册，第 59 页

力争外援、轻徭薄赋，使农民生活得到了改善，发展了农业生产力。以耕地为例，1936 年，陕甘宁边区有耕地 8,431,006 亩，1938 年就增加到 8,998,483 亩，净增加耕地 56 万余亩。① 所以，全国抗战初期的两年，“农民生活有很大的改善，农村富户增多，形成成分的变化。许多以前是贫雇农的，现在转化为中农或富农了，而中农成为乡村经济的主要成分。”②

为了发展边区的农业生产，加强对农业生产的指导，抗战时期边区政府在建设厅下设农牧科，各县政府也设有建设委员会管理农业，乡政府组织农业生产的机构随着季节的不同而有不同的名称，如春季叫春耕委员会，夏季叫夏耕委员会，秋季叫秋收委员会。

全国抗战初期，边区政府指导农业生产的主要工作就是督促农业生产，进行农业生产的常规性管理。具体的做法如，抗战全

---

① 陕甘宁边区财政经济史编写组：《财政经济史料摘编》第 7 编，陕西人民出版社 1981 年版，第 70 页。

② 陕甘宁边区财政经济史编写组：《财政经济史料摘编》第 1 编，陕西人民出版社 1981 年版，第 74 页。

国爆发后的第一个秋季，边区政府就发布了《关于秋收问题》的通令，把秋收与抗战动员结合起来，指出秋收的中心任务是：第一是按时收成，负责保管，不糟蹋一粒粮食；第二是加紧秋耕，多种麦子，多耕熟地，不荒掉一垧耕地；第三是大量开荒。1938 年春耕前夕，边区政府又发布了《关于春耕运动工作的讨论提纲》，对边区春耕工作进行了全面部署。到 4 月边区政府建设厅发布了《春耕总结的检查提纲》，对春耕和夏种的准备情况进行检查。6 月中旬，建设厅发布《致各县夏耕工作的指示信》，9 月发布《秋收动员训令》，对秋收秋种的工作进行具体部署。还在农业常规性管理过程中，建立了农业管理工作的汇报制度。边区政府要求各县的工作报告中，都要把农业作为一项重要汇报内容，边区政府再根据各个县的具体情况给予指示。总之，边区政府对农业的常规管理已经形成了一套比较完整的机制，并设立了一系列保证这个机制正常运转的制度。从边区政府对农业生产管理机制完善，可以看出抗战初期中共中央和边区政府的争取外援、休养民力政策，是有名有实。

陕甘宁边区“争取外援，休养民力”的经济政策在执行过程中，也出现过一些偏差。

一是对外援稳定性认识不足。全国抗战初期，国民党积极抗战，令人鼓舞。但当中共领导的人民武装力量不断壮大时，他们必然要在政治上、军事上、经济上给予限制和扼杀。中共中央对外援的不可靠（特别是国民政府的拨款）有所察觉，毛泽东在 1939 年就预见到可能的变化，及时向全党发出了开展生产运动的号召。但党内有相当一部分同志有依赖外援的思想，没有做发展经济的长远打算。“没有把 1939 年的热潮坚持下去，普遍推广到农村中去，到 1940 年就有些消沉了。”①

---

① 陕西省档案馆：《陕甘宁根据地工商税收史料选编》（7），陕西人民出版社 1987 年版，第 61 页。

二是狭隘的“仁政”思想影响。在“休养生息”思想引导下，边区政府的出发点和落脚点总是在休养民力上，总怕加重群众的负担，而对战时的特殊环境则考虑较少。正如边区财政厅厅长南汉宸所说：“各级干部处理一些问题也没有将战争与革命的特点把握住，只是站在怎样减轻群众负担和改善人民生活这方面去看问题，而没有看到日寇和顽固分子有进攻边区的可能性，忽视了军事财政方面的准备。”正因为有这样的思想存在，当边区外援断绝后，边区的财政和经济就陷入非常困难的境地。1941 年出现严重的粮荒。有材料记述：“1940 年人粮马料，明知非 14—15 万石，不能渡过难关，由于幻想外援不会完全中断，和不正确的量入为出的财政观点和仁政观点的作祟，只征粮 97,053 石，采购了 18,751 石，共计 115,804 石，距实际需要尚差 34,000 石，即 22.75%，才形成 1941 年春季的粮慌。1943 年南汉宸回忆当年的饥荒日子说，因为库无存粮，机关也无隔日粮，他半夜睡觉时，也有人找他要粮，他说天明了再说。领粮人就骂：你吃了饭你睡觉，我们今天还没有吃饭呢。”县里的部队因缺粮，一日喝两次稀饭。①

三是，由于经验不足，在征收救国公粮中存在管理混乱。边区政府虽然规定了每年的救国公粮征收标准，但有的地方各自为政，自定征收标准。如 1939 年延安县自定条例规定：每人每年收获量在 350 斤以下者免征，351—400 斤收 1%。401—500 斤收 5%，500 斤以上每增加 100 斤加收 1%，直到 2,401—2,500 斤收 25% 为止。志丹县条例规定：每人每年收获量 350—400 斤收 5%，401—450 斤收 6%，451—500 斤收 7%，501—850 斤之间，每增加 50 斤，加收 1%，851—900 斤收 18%，901—950 斤收

① 陕西省档案馆：《陕甘宁根据地工商税收史料选编》（7），陕西人民出版社 1987 年版，第 130 页。

21%，951—1,000斤收25%，1,000斤以上收30%。[①] 但是无论边区政府或各县条例怎样规定，各地均存在很多问题，造成县与县、区与区、乡与乡、户与户之间的负担明显不均衡、不合理现象。粮食管理也比较混乱，有些地方存在徇私舞弊、贪污、盗窃、霉烂公粮等问题。

到了1939年，随着抗日战争相持阶段的到来，中共中央和陕甘宁边区政府实施和发动了大生产运动，“争取外援，休养民力”的政策就被大生产运动所取代。

二、减租减息、联合抗战

减租减息是对当时抗日革命根据地的生产关系和上层建筑的重要变革，顺应了经济社会发展的基本规律，对保证长期抗战起了重要作用。减租减息运动最早肇始于陕甘宁边区。

陕甘宁边区减租减息也分为以下几个阶段：

第一阶段：初步制定减租减息政策目标和宣传阶段。1937年洛川会议提出了减租减息政策，但当时陕甘宁边区存在着二重政权，因此除庆阳、合水、绥德等县的个别区乡开始实行减租减息外，其他地区只限于一般的宣传和号召。1938年4月1日，陕甘宁边区政府发布《关于处理地主土地问题》布告，再一次重申：“在已分配土地的地区，已没收的土地不应还原，分配了的房屋不得翻案，已取消的租债不许再索取。”[②] 还颁布了《陕甘宁边区土地所有权证条例》规定土地所有权问题：“土地所有权证为土地所有权惟一凭证，凡土地所有者必须向当地县政府领取土地

---

① 陕甘宁边区财政经济史编写组：《财政经济史料摘编》第6编，陕西人民出版社1981年版，第10页。

② 陕西省档案馆：《陕甘宁边区政府文件选编》（1），陕西人民出版社1985年版，第130页。

所有权证，从法律上保护农民所分得的土地。”[①] 1938 年 5 月 25 日，陕甘宁边区政府、八路军后方留守处、边区党委的联合训令中规定：“凡是已经没收和分配过之土地、房屋、财产、牲畜等等，豪绅、地主、富农无权用任何方式直接向分得土地之农民要求发还全部或一部分。其已经用各种方式强迫他们交还者，其交还部分应收回归原分得之农民。”[②] 训令也注意到了党的抗日民族统一战线政策，因此规定：“凡地主豪绅，其土地房屋已被没收者，如要求分得一份土地时，须事先呈请当地政府之批准，然后由当地政府设法分配其不超过当地农民平均所得之土地。”[③] 由于陕甘宁边区有一部分地区，土地问题与其他各根据地情况有所不同，在 1940 年以前，主要是处理地权问题，土地关系维持土地分配后的状况。减租减息运动从提出到普遍实行起来则是在 1940 年以后。

第二阶段：减租减息政策具体化和初步执行阶段。1940 年 2 月，陕甘宁边区的国民党政权被驱逐后，绥德、陇东、鄜县和关中的部分未经分配土地的区域，都先后举行了临时参议会，通过了减租减息的决议和办法。如：1940 年 7 月西北警备区临时参议会上，就提出并通过了减租减息案；绥德分区制定了《减租减息暂行条例》，条例规定了减租因肥瘠不同、丰欠收成不同的递减率及免租标准如下：“一、丰年按标准租额减 25%（即一石给七斗五升），二、平年按标准租额减 40%（即一石给六斗），三、欠年按标准租额减 55%（即一石给四斗五升）。欠年普通耕地收

① 陕甘宁边区财政经济史编写组：《财政经济史料摘编》第 6 编，陕西人民出版社 1981 年版，第 9—12 页。

② 陕甘宁边区财政经济史编写组：《财政经济史料摘编》第 6 编，陕西人民出版社 1981 年版，第 65—69 页。

③ 陕甘宁边区财政经济史编写组：《财政经济史料摘编》第 6 编，陕西人民出版社 1981 年版，第 65—69 页。

成在三斗以下免租。”[①] 关于减息，条例规定：“借贷金钱者，其利率不得超过月息一分五厘，借粮食者，年息不得超过十分之三。”定租的减息率随年成不同从25%—55%一直到全免，对农民十分有利。伙种的进行率为10%到20%。[②] 但在实际的执行中，由于地主不肯依法减租，农民也没有从地主的影响之下解脱出来，使得减租法令并没能彻底贯彻。造成这种现象一个重要原因，就是在当时根据地正根据“三三制”政策精神进行边区参议会选举，有些人忘记了减租减息这一中心工作。虽然部分地区开始实行减租减息，但没有发动群众，而是采取行政命令的办法，或者用恩赐的办法，同时，地主则采取了各种手段和方法进行抵抗，结果成效不大。[③]

1941年5月1日，边区中央局提出《陕甘宁边区施政纲领》中，重申了在土地已分配区域，保证一切取得土地的农民之私有土地制。在土地未经分配区域，例如绥德、鄜县、庆阳，保证地主的土地所有权及债主的债权，唯须减低佃农租额及债务利息，佃农则向地主缴纳一定的租额，债务人须向债主缴纳一定的利息。并制定了相应的条例在边区实行。但边区在1942年以前，由于农民顾虑减租后地主抽地，一些地主采取种种办法抵制，有些地区也没有发动群众斗争，只是依靠政府命令，因而大部分地区仍未减租或明减暗不减。

第三阶段：普遍执行阶段。1942年1月28日《关于抗日根据地土地政策的决定》公布后，边区的减租减息和交租交息才有

① 柴树藩：《绥德、米脂土地问题初步研究》，人民出版社1979年版，第55—63页。

② 柴树藩：《绥德、米脂土地问题初步研究》，人民出版社1979年版，第55—63页。

③ 中共重大事件纪实编委会：《中国共产党重大事件纪实》，内蒙古人民出版社2001年版，第530页。

了起色，并取得了一定成绩。但是，边区为分配土地的多数地区群众发动仍不彻底，多数只凭少数干部、党员和积极分子以恩赐的观点推行减租减息，农民群众害怕没有田种而不敢减租，不明大义的地主则借故撤田，刁难农民，有的地主假佃假卖，收回土地，或以减租抵欠债，明减暗不减，大斗收租，散布谣言，恐吓农民等等事件层出不穷。还有一部分地区领导对运动漠不关心，不查不问，少查少问，不发动群众，只由政府检查一下执行程度，所以连恩赐的减租都实现不了。10 月，中共中央西北局发出《关于彻底实行减租的指示》和《关于减租的设施办法》，特别要求减租运动必须发动群众斗争和保护农民佃权。12 月底陕甘宁边区政府又发布了《土地租佃条例草案》，规定出租人应该以该条例所规定的租额收租，一般减租率不得低于 25%；承租人应该以条例减租之租额交租，同时还规定 1939 年以前欠租一律免交。随着这些法令的颁布，边区的减租减息运动才进一步开展开来。

1943 年 10 月 1 日，中共中央发布了《开展根据地的减租、生产和拥政爱民运动》的指示，1943 年 10 月 10 日中共中央西北局发布了《关于进一步彻底实行减租斗争的决定》，特别强调在未实行减租或减租不彻底的地方，党应该发动、组织、领导群众的减租运动，协助领导，配合推动群众的斗争，而不是代替群众斗争，应当经过党组织和群众积极分子广泛发动农民，召开租户会议，成立群众组织如农会、减租会、租户会、减租保地会，等等，以此团结所有农民。自西北局的决定发出后，边区各地减租运动取得显著进步。主要表现在农民发动起来了，成立了各种群众组织，开展了减租斗争，使减租成为了群众性的运动，因而取得了减租胜利。在未经分配土地的绝大部分地区，比较彻底地实现了减租减息。在发动了群众、减租较彻底的地区，群众生产的积极性和热情极为高涨，他们纷纷自己组织起来，实行变工、札工、修畔（即整理田界）、多施肥、多除草，以增加生产。群众的政治觉悟大大提高，更加拥护中国共产党和八路军，更加拥护边区政府，积极参加边区保卫工作和经济建设。自 1940 年实行减租减息保证佃权后，农民生活开始改善，1941 年农民开始有买地的。如米脂县民权区三乡郝家墕全村 18 户，16 户租种 147 垧土地，常年交租 48 石，1940 年减租后，每年少交 20 石粮食，1941 年起农民开始有人买地，四年中全村共买地 133 垧，全村有七户贫雇农上升为中农，阶级关系发生了很大变化。① 尤其是在抗日战争的减租减息中，鼓励地主改变经营方式，允许地主典卖土地投资于工商业和合作事业，或转向自己收回部分土地自己劳动或雇人耕种，更促进了农村阶级关系的变化。

三、发展农业、巩固边区

抗日战争中，边区政府还实行了一系列旨在发展农业生产，巩固边区的好政策。

（一）开垦荒地，多种经营

种植粮食、棉花及发展畜牧业多种经营是农业的特点。边区北部的绥德、米脂、葭县、吴堡、清涧等县，人多地少，没有荒地，而南部的延安、安塞、保安、甘泉、华池及东三县等，人少地多，有许多荒地。为了开垦荒地、推广植棉，发展畜牧业，边区政府采取了许多措施。一是，制定奖励移民政策。规定移民三年提供安家费，不交公粮，减少负担，还帮助解决生产中口粮、种子、农具等问题。并规定生荒地谁种归谁，熟荒地采取调分子、安伙子、揽工等方法，进行垦殖。绥德分区曾动员八千多人到延安开荒。二是，鼓励农民开荒。边区党和政府规定：无论老

① 陕甘宁边区财政经济史编写组：《财政经济史料摘编》第 6 编，陕西人民出版社 1981 年版，第 348 页。

户或移民、难民开公荒者，其土地所有权为开垦者所有，三年免缴公粮和其他义务；凡开垦私荒者，依照地权条例，三年免交地租；开荒无耕牛、农具、种子或缺粮者，政府予以农贷帮助；植棉者三年不纳公粮，同时发放植棉贷款和优良棉种，奖励植棉劳动英雄；奖励畜牧繁殖，严禁宰杀母畜，不准母畜出口，改良畜种，推广种植牧草，改进饲养管理，防治瘟疫。三是，发动大生产运动。1939 年，毛泽东在中共中央召开的生产动员大会上提出“自己动手”的口号。6 月 10 日，毛泽东在党的高级干部会议上进一步指出：“吃饭是第一个问题，自力更生，克服困难”。陕甘宁边区率先展开了以生产自救为目标的生产运动，取得了很大成绩。1939 年，边区中央机关、八路军后方留守部队，边区一级机关、团体、学校、边区各县机关、团体、学校共开荒达 115,000 亩。那年春天，延安到处呈现出一派新生气象，天还没亮，干部、战士就扛着镢头、铁锹奔向荒山，钻进山沟，山谷田野到处是意气风发的劳动大军，到处荡漾着《开荒歌》、《生产大合唱》的歌声。这样，陕甘宁边区的耕地面积迅速扩大。1936 年全边区的耕地面积为 8,431,006 亩，1937 年为 8,626,006 亩，1938 年为 8,994,487 亩，1939 年为 10,040,319 亩。仅三年时间，耕地面积就增加近 20%，个别地区耕地增加更为迅速，如安定县的五个区三年内增加 44.6%。[①]

抗日战争进入相持阶段，国民政府对边区实行经济封锁，棉花和布匹运不进来，布匹和棉花的紧缺及价格暴涨对边区军民生活产生很大的影响。棉花种植得到边区政府的高度关注。1940 年 4 月 12 日，边区政府在《关于本年度经济建设计划的决定》中，提出了在适宜种植棉花的地区，动员农户种植棉花，并确立了最

① 陕甘宁边区财政经济史编写组：《财政经济史料摘编》第 6 编，陕西人民出版社 1981 年版，第 85—86 页。

基本的优惠政策，“政府发给农户棉种，秋收后由政府购置轧花机帮助农民合作轧花，保证农户因种棉受损失，政府弥补之。”①1940 年 12 月 11 日，边区政府颁布《关于推广植棉的训令》，进一步明确了植棉的优惠政策，如“在三年以内，棉田免收农业税或救国公粮”，还制定了棉麻种植的奖励制度，表明了政府对保护棉农利益的郑重承诺。1943 年在陕甘宁边区经济最困难的时期，毛泽东对植棉又做出了五点指示。为鼓励广大农民扩大棉花种植，边区政府银行专门设立了植棉贷款，不收利息，极大提高了农民植棉的积极性。1943 年边区政府颁布《陕甘宁边区奖励植棉贷款条例》，从政策上将植棉无息贷款以法令的形式确立下来。在推广植棉的过程中，边区政府十分重视科学植棉。边区农业技术人员唐川、奚抗敏编写了《怎样种棉花》的小册子，并将种植技术编成顺口溜。光华农场技术人员亲自走进棉区调查研究宣传指导棉花种植。在棉花种植政策的鼓励下，边区棉花的种植面积、产量和自给率不断提高。

1939—1945 年边区棉花种植数量和收获量统计表（单位：亩 \ 斤）

年份	1939 年	1940 年	1941 年	1942 年	1943 年	1944 年	1945 年
亩数	3,767	15,177	39,087	94,405	150,287	295,778	350,000
收获量	—	—	508,131	1,043,646	2,096,995	3,044,865	—
自给率	—	—	14.5%	29.8%	59.8%	85.9%	—

说明：自给率以边区棉花需求量 350 万斤为准计算；转引自：黄正林：《陕甘宁边区社会经济史》，人民出版社 2007 年版，第 356 页

全国抗战初期，陕甘宁边区政府就重视畜牧业的发展。但由于管理不善和药品缺乏，造成牲畜的大量死亡。1941 年，边区发生了牛瘟，耕牛大量死亡，1942 年和 1943 年边区就有 7,500 余

① 陕甘宁边区财政经济史编写组：《财政经济史料摘编》第 6 编，陕西人民出版社 1981 年版，第 105 页。

头耕牛得牛瘟死亡。[①] 在边区的家畜中，羊的死亡率最高，死亡原因主要是乏和病，也说明农民对羊的管理不善，但更重要的原因是群众在羊的饲养上积极性不是太高，而积极性不高是由于抗战以来羊毛、羊皮价格大跌，农民养羊会亏损。所以，提高农民从事畜牧业生产的关键就在于保护农民的经济利益。于是边区政府采取以下措施刺激畜牧业生产：第一，培育和引进优良畜牧品种，加强牲畜瘟疫的防治忽然蔓延。这个工作主要由光华农场[②]完成。光华农场成立时就建立了畜牧组。1942 年主要进行马、牛、驴、羊的育种，“选择利用体格较大、体型毛色较好、拉驮能力较强的绥米驴做种公驴，与延安一带的小型毛驴杂交。引进关中秦川种公牛，与陕北当地黄牛杂交，其后代都具有体格大、体质好、适应当地粗放饲养条件的特点……牛驴杂交改良，开始实行本交，1946 年后采用人工受精技术，扩大了杂交改良的规模。……于 1943 年全部淘汰（美利奴羊）。对滩羊则选育出一部分公羊，供与当地羊杂交之用，取得了一定的成就。”[③] 还引进和选育了河南奶羊。从 1943 年开始，光华农场畜牧组的重点工作转变为对家畜疾病的研究。1943 年 5 月研制成功牛瘟血清及疫苗，6 月投入生产，“扑灭了甘泉、鄜县、延安、延市、新宁及关中等地牛瘟。”[④] 还加大了对其他牲畜疾病的试验与治疗，取得了成就。第二，改善饲养条件和饲养方法，主要是动员群众加强对家畜的管理。要求改善家畜的蓄养环境，预防和减少疾病。改

① 陕甘宁边区财政经济史编写组：《财政经济史料摘编》第 2 编，陕西人民出版社 1981 年版，第 750 页。

② 光华农场是中国共产党创建的第一个国营农场，1939 年 10 月在陕西省延安南郊杜甫川的马家湾村宣布成立。

③ 西北五省区编纂领导小组：《陕甘宁边区抗日民主根据地》，中共党史资料出版社 1990 年版，第 227 页。

④ 陕甘宁边区财政经济史编写组：《财政经济史料摘编》第 2 编，陕西人民出版社 1981 年版，第 751 页。

善牲畜喂养方法，边区政府发动群众多种苜蓿、修草园、割秋草，确保过冬饲料的充足。发动群众在冬季精心饲养，特别给母畜耕牛上料，以防春季乏死。三是禁止牲畜出口和禁止宰杀母畜、耕牛。边区政府颁布的《战时管理进出口货物及过境物品暂行办法》把猪、母羊、牛、骡、驴、马、骆驼列为严禁出口货物，1942 年，边区政府废除了羊子税。这些促使边区畜牧业有了一定发展。

1941—1944 年边区畜牧统计表

年份	牛（头）	驴（头）	羊（只）	备注
1941 年	202,914	137,001	1,714,206	根据 1944 年调查，边区另有 11,780 头骆驼、12 万匹骡马，平均每 10 人有 1 头猪。
1942 年	209,684	169,966	1,873,120	
1943 年	214,683	169,404	1,923,163	
1944 年	223,058	180,862	1,954,756	

资料来源：南汉宸：《陕甘宁边区的财经工作》1947 年，见《财政经济史料摘编》第 2 编，第 98 页

（二）调济余缺，互助合作

边区传统的以个体家庭为主的小农经济造成了劳动力的分散和分布不均匀。特别是在陕甘宁边区，经过土地革命的地区，农民有自己的土地，但存在着劳动力不足的问题。但未经过土地革命的地区，却存在着劳动力剩余的问题。如绥德、米脂、神府等地区，人多地少，是典型的劳动力剩余的地区。按照当时的农业生产力，一个整劳力有畜力配合，平均耕种面积为 20 垧。三县 52,000 至 58,000 个整劳动力，耕种面积应为 104 万至 116 万垧，而实际上，绥、米二县耕种面积不过 50 万垧，人地比率相差一倍以上。[①] 而相

① 柴树藩、于光远、彭平：《绥德、米脂土地问题研究》，人民出版社 1979 年版，第 12 页。

反，在靖边、延川、延安、关中等经过土地革命的地区，则存在劳动力的严重不足。造成这些地区劳动力不足的主要原因有两个方面，一是由于大生产运动的开展，耕地面积增加的速度远远超过人口增长的速度，1936 年边区的耕地面积是 843 万亩，1939 年是 1,044 万亩，1943 年是 1,377 万亩，[①] 而边区人口基本保持在 135 万—140 万左右。二是人口流动过于频繁，即青壮年人口外流（主要是参军）和体力劳动者向脑力劳动者的流动（主要是参加当地新政权的行政工作）。所以要在边区发动大生产运动，开垦荒地，就必须对边区现有的劳动力进行整合。

组织劳动互助就是这种整合的产物。变工[②]、扎工[③]、唐将班子[④]、兑第、请牛会、锣鼓班子等劳动互助组织，抗战前就在边区农民中自发地存在过。这些传统的劳动组织形式，有利有弊。利在解决了农民在农业生产中特别是农忙季节劳动力不足、畜力不足、农具不足的问题。弊在这些组织只限于本族和至亲好友之间，范围狭隘，且组织松散，具有数量少、规模小、临时性和不固定性特点，是农忙时节一种临时性的自发劳动组织。全国抗战前期，边区政府的主要工作之一就是建立劳动互助组织，边区政府通过颁布相关法令的形式来规范劳动组织的运行。1939 年

① 陕甘宁边区财政经济史编写组：《财政经济史料摘编》第 2 编，陕西人民出版社 1981 年版，第 85 页。

② 农业劳动互助的简单形式，指农民互相以人力、畜力、农具等换工形式互助。

③ 中国农村旧有的一种劳动互助形式。一般是由若干土地不足的贫苦农民结合在一起，集体出雇，为别人耕种，取得工资。这种在农村中流动卖工的，有的地方称“走马工”。还有一种除卖工外，进行换工互助、耕种自己田地的称“朋工”。扎工一般比变工的人数多、劳力强，适于进行季节性强、费工较多的抢收、抢种、开荒等工作。

④ 变工互助组织的主要形式之一。是一种由十人以上短工组成的生产互助组织形式。组织者叫“包头”，二头叫“领头”，管账的叫“书班”。总收入的 5%—10% 的粮钱用作雨天吃饭、日常零用和“包头”的额外补贴外，其余部分按劳付酬。

颁布了《陕甘宁边区劳动互助社暂行组织规程》和《陕甘宁边区义务耕田队条例》，前者在于把边区的劳动力组织起来，引导农民走集体生产的道路，后者在于义务帮助抗属进行农业生产。反映了边区政府对劳动力资源的组织和利用是十分重视的。在陕甘宁边区，劳动互助从 1938 年开始，到 1939 年掀起高潮，一些变工互助搞得好的农户，生产量增加一倍以上。到 1939 年，边区的乡、村普遍地建立了各种劳动互助组织。1939 年，参加劳动互助组织的人达 249,163 人。如果以 1941 年边区人口（数量约为 135 万）计算，约有 18.5% 的人口被组织到各种劳动组织中来。其中，农业生产互助社是最主要的组织形式，占到 36.1%。[①] 但全国抗战初期这种以打破原来以亲戚、宗族关系为基础的旧的劳动互助组织的做法，农民并不欢迎。到 1942 年，边区用行政命令法组织起来的“劳动互助社”，就被农民“非正式的取消了”。但延安县的做法是对这种旧的劳动互助组织并没有限制，反而予以充分利用。在西北局高干会议上，毛泽东充分肯定“延安经验”，“最近几年中农村中的扎工（有工头，集体为人家做临时工）、变工（集体互助性质，也是集体做工）发展了，调剂了劳动力。又动员了‘二流子’参加生产，妇女参加生产的也多了。所有这些，就帮助了边区农业的发展。”[②] 根据毛泽东关于劳动互助意义的阐述，《解放日报》发表了《把劳动力组织起来》的社论，再次肯定了变工和扎工在农业生产中的作用，号召学习“延安的宝贵经验”。10 月 14 日，毛泽东在《切实执行十大政策》中又一次提出“应向延安县看齐”的号召，使“延安经验”在边区得到推广，边区各地以扎工、变工、唐将班子为主要形式的劳动互助得到了长足发展，劳动效率明显提高。

---

① 黄正林：《陕甘宁边区社会经济史》，人民出版社 2006 年版，第 113 页。
② 《毛泽东选集》第 3 卷，人民出版社 1991 年版，第 929—930 页。

劳动效率的提高，使边区农业生产有了大幅度增长，耕地从1937年的826万亩，增长到1945年的1,425万亩；粮食产量逐年提高，1937年是126万石，1944年达到175万石。[①] 特别是边区再次大规模重组劳动力的1943年，全年开荒976,224亩，耕地总面积达到1,338万亩，粮食总产量达到181万石，除了满足当年消费外，还有21万石余粮，棉花种植面积达到150,287亩，产棉173万斤，达到边区棉花需要量的一半以上，牛养殖到220,781头，驴蓄养到167,691头，羊发展到2,033,271只。[②] 1944年，基本实现了边区政府提出的“耕三余一”口号。毛泽东对此予以极高的评价，把边区的土地革命和减租减息称为第一次改革，把劳动互助称为第二次改革，“如果不进行从个体劳动转到集体劳动的第二个生产关系即生产方式的改革，则生产力还不能进一步发展，生产就不能大大提高……这种方法将来可推行到全国，在中国经济史上也要大书特书的。”[③]

调剂劳动力组合还表现在合理组织移民生产。针对绥德、米脂等县地少人多，存在剩余劳动力，靖边、延安、延川、关中等县地多人少，劳动力不足的问题，边区政府采取两种措施进行解决。一是发展乡村农副业生产，主要是家庭纺织业，转移一部分剩余劳动力。如绥德县1944年参加纺纱织布的妇女就有123,037人，占全分区人口的23.6%，这就转移了相当一部分剩余劳动力。二是“移民就宽乡”，将地少人多地区的剩余劳动力迁移到地多人少的地区。以前，边区人口流动是自发进行的，如少量农民为了谋生流动到边区南部地区开垦荒地。1941年，边区政府采

① 陕甘宁边区财政经济史编写组：《财政经济史料摘编》第2编，陕西人民出版社1981年版，第85—86页。

② 陕甘宁边区财政经济史编写组：《财政经济史料摘编》第2编，陕西人民出版社1981年版，第76—84页。

③ 《毛泽东文集》第3卷，人民出版社1996年版，第70页。

取优惠政策，实行有计划的移民。“绥德分区 1942 年就移出 471 户，计 1483 人；1943 年又移出 1836 户，4961 人。”① 解决了边区内农业劳动力分布不均衡的问题，缓解了绥德、米脂等县的人地矛盾。二是吸纳、安置流动到边区的难民，解决劳动力不足问题。为了有效安置移民、难民，边区政府划定移、难民开垦区，设立移、难民接待站，负责移、难民安置事宜。并制定移难民安置优惠政策，1943 年 3 月边区政府颁布了《陕甘宁边区优待移民垦荒条例》。这些政策吸引了大量的移、难民到劳动力不足地区从事开荒种地等农业生产。1941 年全边区安置移民、难民 7,855 户，20,740 人；1942 年安置 5,056 户，12,432 人，这些人中 1/3 是劳动力。全国抗战八年，边区移、难民达到 63,850 户，人口为 266,619 人，占当时人口的 18.7%。农业劳动力的合理整合和配置，对粮食产量的增加作用是明显的。1944 年边区粮食总产量比 1937 年多打了 70 万石，人均粮食产量由 1937 年的 1.25 石，提高到 1944 年的 1.86 石。

（三）改进技术、提高产量

为了贯彻农业第一的指导思想，边区政府在扩大耕地面积与提高劳动者积极性的同时，也采取了多种措施改进农业生产技术，提高农业产量。

当时陕甘宁边区传统的农业技术水平是十分低下的，主要表现在：第一，农业生产工具落后。边区农业生产所使用的仍然是传统的农具。主要是铁锨、铁镢、铁耙、犁、榔锤；中耕用的大锄、小锄；灌溉工具有辘轳、水棒、马拉水车；收获工具有镰刀、铁叉、木叉、连枷、碌、风车、簸箕、木桶；装载工具有毛

① 陕甘宁边区财政经济史编写组：《财政经济史料摘编》第 2 编，陕西人民出版社 1981 年版，第 644 页。

口袋、框子、担子，制作用的有碾子、石磨、石磙、椎臼等。边区的农具除了铁铧必须购买外，其余均系农民自己制造。就这样的传统生产工具，有些农户还没有，只能用人拉犁或用镢头挖地；收割没有镰刀，只能用手拔。落后的农业生产技术，决定了传统农业农业劳动生产率的低下。边区的主要畜力是牛和驴。耕牛主要为大户所使用，小户多饲养耕驴，是因为“土地少而驴之用途多，饲养费亦少”。尽管养驴对小生产者更实惠，但许多农民养不起。可见畜力不足是造成边区农业落后的另一个原因。第二，农业耕作技术落后。边区的农业是粗放经营，技术含量很低。边区农业生产中，地广人稀的地方，一般播种时，不施任何肥料，地力的恢复主要靠休耕，如三边分区和陇东分区的一些地方就没有施肥的习惯，只有土地不足的地方才施肥料，而当时边区只有天然肥，主要是人粪、猪牛羊粪、草木灰等。正因为耕作技术落后和粗放经营，使亩产量很低，据研究，边区当时几种主要农作物平均亩产量为：小麦45—90斤，谷子60—90斤，糜子60—105斤，玉米45—120斤，高粱35—75斤，荞麦60—75斤，洋芋350—600斤，豆类30—75斤，油籽30—75斤，棉花10—15斤。① 由于耕作技术落后，单位面积产量低下，因此，抗战时期边区粮食总产量的增加，主要是靠通过开垦荒地，增加耕地面积来实现。

为了提高农业劳动生产力，陕甘宁边区政府十分重视农业科学技术的应用和推广。全国抗战初期，许多爱国科学家、学者和进步青年奔赴延安和陕甘宁边区，中共中央和毛泽东及时起草了《关于吸收知识分子的决定》，中央军委发布了《关于军队中吸收和对待专门家的政策的指示》，指出：“一个军队没有大量的专门家（军事家、工程师、技师、医生等等）参加，是不可能成为一个有力量的组织的。”“对于上述各种人才一律以他们的专门学

① 黄正林：《陕甘宁边区社会经济史》，人民出版社2006年版，第99页。

识为标准，给以充分的负责工作。”“物质上给以特别优待”。[①] 边区的施政纲领中也规定了要尊重知识分子，提倡科学知识。中央书记处和边区政府分别制定了《文化技术干部待遇条例》和《技术人员待遇标准》。这些政策的实施，激发了边区科技人员的工作热情，吸引更多国统区和国外与海外的科技工作者纷纷到延安来。在农业方面，陕甘宁边区政府还进行了一些农业科学研究和农业技术改良工作，以提高农业产量。1939 年在延安杜甫川口建立了农业科学研究机构——延安自然科学院，徐特立为院长，陈康白为副院长。1940 年 2 月又成立了边区自然科学研究会，会长是吴玉章，会员有 320 人。毛泽东在会上发表讲话：“人们为着要在社会上得到自由，就要用社会科学来了解社会、改造社会，进行社会革命，人们为着要在自然界得到自由，就要用自然科学来了解自然，克服自然和改造自然，从自然中得到自由。”[②] 1941 年 1 月 8 日，陕甘宁边区自然科学研究会召开了首届年会，有 190 多位科学工作者和 200 多位来宾参加会议，不少人还做了专题报告。1941 年边区政府决定把边区农业学校实验场与 1939 年冬成立的光华农场合并，改为农业实验场，设农艺、畜牧兽医和园艺三个部分。全场科技人员在资金缺乏，仪器、设备简陋的条件下，克服困难，推广一些先进的农业生产技术。选育牲畜、果树、蔬菜等农作物的优良品种，先后引进和培育了狼尾巴谷、四川彭县黄皮洋芋、美国白皮洋芋、白秆黄硬糜、西班牙红皮花生、金皇后玉米、美国黄金烟、古巴雪茄烟、老黑豆、黑麦、缩面南瓜、苦瓜、丝瓜、线麻、西红柿、关中卷心白菜、甘露西瓜、法国菜豆等农作物优良品种。并引进种植了葡萄、苹果、胡

---

① 中央档案馆：《中共中央文件选集》第 11 册，中共中央党校出版社 1986 年版，第 637 页。

② 《毛泽东文集》第 2 卷，人民出版社 1993 年版，第 269 页。

桃、德国槐等树木果品。在推广植棉新技术，如选种、育种、因地制宜种植、棉田管理、病虫害防治以及棉花收获后的轧花新技术等方面也做了许多工作。从而使粮食和棉花种植面积和产量都有增长和提高。园艺组还改良栽培与饲养方法，建立了果树园，占地30多亩、园艺组还试种了70余种花卉，从中选出34种适合边区种植的花卉向各地推广。在畜牧兽医方面，驯化了滩羊、河南奶羊；研究出了高免疫血清和疫苗，扑灭了牛瘟，基本上控制了牛的多发病与传染病。光华农场先后引进和繁殖了美利诺羊、宁夏滩羊、黑紫羔羊、河南奶羊、荷兰乳牛等。到1944年，农场有奶牛25头、公牛一头、奶羊25只。当时的奶牛平均日产量为170磅，而1941年牛奶平均日产量仅100磅。1943年5月，试验成功牛瘟高免疫血清和疫苗，为扑灭延属分区、关中分区和延安市的牛瘟立下了功劳。农场还试验成功了治疗家畜疥癣的土法防治药物等常用药。光华农场还大力普及深耕细作、合理施肥、间作套种、混作、防治病虫害、预防霜冻的生产技术和办法，还推广了一些简单的农业机械。

（四）发展农贷、扶持生产

全国抗战开始后的一段时间内，边区银行对农业贷款不够开展。皖南事变前，边区银行仅得到中国农业银行20万元的农业贷款，这是边区政府得到国民政府唯一的一次农业贷款。即使在边钞作为本位货币的当年，边区在经济建设的投资中，农贷所占比例也很低，得到的农业贷款也只有23.5万元，仅占生产建设贷款的2.1%，而且这些贷款全部给了机关、部队和学校的自救性生产，没有给农民。① 这个问题引起了毛泽东的注意，在许多场合毛

① 陕西省档案馆：《财政经济史料摘编》第5编，陕西人民出版社1981年版，第391—392页。

泽东都给大家论述农贷的重要性，教导大家如何发放农业贷款。由于毛泽东对农贷的重视和边区农业经济发展的需要，边区政府和银行开始把农贷作为经济建设和银行工作的中心工作来抓。

首先，建立了各级农贷发放机构。1941 年 12 月 15 日，陕甘宁边区政府第三次政务会议决定成立农贷委员会，以李鼎铭、朱理治、高自立、南汉宸、刘景范、阎子祥和农业局长七人为委员，高自立为主任，朱理治为副主任。边区银行在各县成立了办事处，在各村成立了农贷小组，着力发展农贷。接着，边区政府确定了农贷的基本方针和发放办法。农贷按其用途主要包括发放耕牛贷款、青苗贷款和植棉贷款。耕牛贷款主要用于解决移民、难民、贫雇农无畜力耕种的问题。青苗贷款主要解决贫困农户在青黄不接时生产和生活上的困难。植棉贷款主要用于奖励自耕农扩大棉田，增收棉花。

1942 年 1 月，边区政府出台了《边区农贷的基本任务和目前实施办法》，制定了一系列符合边区实际情况的农贷政策，标志着边区银行投资开始向农业倾斜。1942 年为 800 万元，1943 年为 2,080 万元,[①] 1944 年为一亿元，1945 年为 5.99 亿元。[②]

1942 年农贷发放范围主要是延属分区的延安、甘泉、安塞、子长、志丹、鄜县、延安市七县市和南泥湾垦区以及裴庄水渠的 150 家农户，包括移民南泥湾的 21 户蒙民，共计发放农贷 158 万元，各县吸收农民自筹资金 103 万元，购买耕牛 2,672 头，农具 4,980 件，解决了 8,025 户农民的耕牛和农具不足的问题。[③] 但这

---

① 陕西省档案馆：《财政经济史料摘编》第 5 编，陕西人民出版社 1981 年版，第 391—392 页。

② 郝奇：《陕甘宁边区银行的农业贷款及其经验》，《延安大学学报》1997 年第 3 期。

③ 陕甘宁边区财政经济史编写组：《财政经济史料摘编》第 5 编，陕西人民出版社 1981 年版，第 415 页。

次享受农贷的范围还很小。所以，毛泽东在西北局高干会上，要求从1943年起把农贷扩大到绥德、陇东、三边、关中分区等更广大地区。1943年，边区政府决定发放2,080万元的农贷，其中耕牛农具贷款1,480万元，植棉贷款300万元，青苗贷款300万元。发放范围开始扩大到其他地区，如陇东获得250万元，三边获得150万元，绥德获得200万元。1944年，边区政府决定提前发放农贷一亿元，其中农具、耕牛贷款6,000万元，移民贷款2,000万元，改良耕作技术贷款2,000万元。①

抗战时期边区政府农贷有以下特点：第一，边区农贷以扶持农业发展为目的，所以农贷实施过程中非常强调发放贷款的主要对象是贫困的、勤于农业生产而又缺乏耕牛、农具和生活十分困难的移民，体现了农贷真正为发展农业生产和为贫困农民服务的原则。1941年12月，中共中央西北局就农贷的问题专门给各级党委发出指示，明确要求农贷的发放对象是第一贫农，第二是中农，第三是已由政府安插妥当解决了衣食，稍有基础的移民、难民。② 第二，在农贷的发放过程中，一切以方便群众为原则。在发放中尽量简化办理手续，尽量适合边区农民的借贷习惯，使农贷尽快发放到需要的农户手中。同时，充分照顾边远地区农民群众的需求，要求农贷员携款到乡村区放贷。第三，农贷发放具有银行金融借贷与农民自筹资金相结合的特点。边区经济落后，政府财力有限，不能拿出更多的资金投资农业生产。要使农贷发挥更大的作用，就必须大量吸收农民的自有资金，以配合农贷一并投入到农业生产中去。中共中央西北局提出“要鼓励有余钱的农民能够配合农贷的补助买牛卖工具”的农贷政策，为边区民众所

① 《边区政府提前放出明年农贷一万万元》，《解放日报》1943年11月20日。

② 中央档案馆：《中共中央西北局文件汇集》（1941年），中央档案馆出版社1994年版，第265页。

接受。如 1942 年，延属分区共组织农民自筹资金 1,036,921 元，占农业生产投入资金的 44.3%。其中各县的情况是：延安 43.8%，甘泉 38.3%，安塞 50.3%，子长 37.4%，志丹 25.7%，鄜县 69.9%，延安市 29.5%。[①] 说明农民对边区政府的农贷政策的反映是积极的。第四，利用实物贷款是边区农贷又一个重要特点。由于边区农民长期生活在封闭的社会经济环境中，习惯于传统的物物交换，再者边币不断贬值，加之农贷如采用货币形式，农民会直接到富有农民手中购买耕牛和农具，导致实际数量并不会增加。所以抗战时期农贷发放大部分是以实物的形式贷出，以实物归还。

在抗战最困难的时期，中共中央和边区政府重视发放农业贷款以刺激生产，得到了广大农民的积极响应。农贷的发放，促进了农业生产的增长，一些地方粮食生产达到了“耕三余一”，个别地方达到了“耕二余一”。农贷也增加了农民的家庭收入，改善了农民的生活水平。农贷还促进了边区农村经济结构和社会结构的变迁。传统单一的粮食种植在农业生产中所占的比重开始降低，棉花和其他经济作物种植面积开始扩大，在其影响下，边区以棉纺织业为主的家庭手工业发展起来，还牵引了相关产业的发展。边区农村社会的阶级结构也发生了变化，贫雇农逐渐减少，而富农中农逐渐成为边区主要的经济成分，地主阶级则逐渐削弱。

（五）模范带头、实行奖励

为了鼓励边区人民积极从事农业生产，1939 年 4 月 1 日，边区政府颁布了《陕甘宁边区人民生产奖励条例》和《陕甘宁边区督导民众生产运动奖励条例》。前者规定边区农户一年中耕地面积 12 亩以上，发展牛或驴两头以上，发展羊 15 只以上，开辟

① 阎子祥：《今年农贷工作》，《解放日报》1942 年 12 月 22 日。

水田十亩以上，在原有耕地上增加收成20%，植树60株以上，对其他副业发展有成绩，参加合作社股金至20元以上。凡取得上述成果之一的，就是在农业生产中取得了突出成绩，由边区政府予以奖励。奖励包括劳动奖章或奖状、农具或耕牛、日常用品或奖金。[①] 后者主要对“各级政府、民众团体和其他参加领导民众生产运动之机关及其负责人，对于督导民众生产运动获有成绩者”,[②] 由边区政府予以奖励。奖励包括奖状或奖旗、文化用品和现金。

在边区农业发展中，边区政府高度重视劳动模范的带头、示范作用。1942年4月至6月，《解放日报》连续报道了延安县柳林区第二乡吴家枣园模范农民吴满有的先进事迹。他勤于耕作，精于农业技术，辛勤劳动，开荒多，打粮多，缴纳公粮多，并带领全村成为模范村。边区政府表彰了他的先进事迹，号召边区农民向吴满有学习，向吴满有看齐。1943年3月3日，中共中央西北局又推广由安塞劳动英雄杨朝臣和吴满有带头倡导的生产竞赛运动，各地相继出现了大批劳动模范，他们在生产运动和各项工作中起了带头作用、骨干作用和桥梁作用。他们成为团结群众、教育群众、组织群众的核心力量。在他们的努力下，边区出现了一批模范村、模范乡，农业生产呈现出蒸蒸日上的好势头。

四、自力更生，开展大生产运动

在抗日战争最困难的时期，中共中央和毛泽东以大无畏的革命精神，号召和组织根据地军民，实行大生产运动，自己动手，

① 陕西省档案馆：《陕甘宁边区政府文件选编》（1），档案出版社1986年版，第162—163页。

② 陕西省档案馆：《陕甘宁边区政府文件选编》（1），档案出版社1986年版，第162—163页。

丰衣足食，创造了人类战争史上的奇迹。

1938 年 10 月，武汉会战后，国民党政府和国内外对陕甘宁边区的经济支援明显减少，日本帝国主义对抗日根据地进行大规模的军事进攻，并实行经济封锁，军民生活非常艰苦。1939 年国民党又发动反共高潮，不仅停发了八路军军饷，还对边区实行进一步的经济封锁，边区经济面临十分窘迫的境地。几乎到了没有衣穿，没有油吃，没有纸，没有菜，没有鞋袜，工作人员在冬天没有衣盖的境地。为了克服严重的物资困难，坚持抗战，中共中央向抗日根据地军民发出了自己动手、克服困难的伟大号召，“用军民两方面同时发动大规模生产运动这一种方法”，自力更生，艰苦奋斗，克服阻碍抗日斗争前进的严重经济困难。

1939 年 2 月 2 日，中共中央在延安召开生产动员大会，毛泽东、洛甫、陈云、李富春，以及各机关代表 700 多人出席了会议。毛泽东代表中共中央发出了“自己动手”、“自力更生”的号召。毛泽东说：要解决陕甘宁边区 200 万居民、四万脱产工作人员的穿衣吃饭问题，就要进行生产运动，“饿死呢？解散呢？还是自己动手呢？饿死是没有一个人赞成的，解散也是没有一个人赞成的，还是自己动手把！”① 在这个会议上，李富春代表总生产委员会做报告，指出 1939 年生产运动的具体目标是以发展农业生产为主，同时帮助人民发展手工业。生产动员大会后，机关、部队、学校的生产迅速开展起来。中共中央的领导同志毛泽东、洛甫、陈云、李富春等都参加了生产劳动。1939 年的生产运动以农业为主，到秋后，机关、部队、学校共收获粗粮 1.4 万石，细粮 9,572 石（每石以 350 斤计。尚有部分县为统计在内）②，解决了机关、部队、学

① 中国共产党重大事件纪实编委会：《中国共产党重大事件纪实》，内蒙古人民出版社 2001 年版，第 523 页。

② 李维汉：《回忆与研究》，中共中央党史出版社 1985 年版，第 500—501 页。

校两个月的粮食，改善了机关、部队、学校的生活。八路军留守处和保安部不仅实现了蔬菜自给、肉食自给，而且有能力为战士每人增发一套单衣，又发了毛衣、毛袜等用品。

1940 年 2 月，《中央、军委关于开展生产运动的指示》，进一步要求努力领导“部队中的生产运动，开辟财源、克服困难”。并要求这一运动还应“在前线部队中广泛开展起来”。[①] 1940 年 12 月 25 日，中共中央在党内指示中再次指出：要认真地、精细地“去组织各根据地上的经济，达到自给自足的目的，是长期支持根据地的基本环节。”[②]

在陕甘宁边区财政经济最困难的时期，为克服困难，边区政府号召由军队、机关、学校人员组成生产大军，开垦荒地，种植粮食、棉花，解决军民的衣食问题，其中八路军三五九旅成绩最为显著。1943 年 9 月毛泽东亲自到南泥湾三五九旅考察屯田情况，对其自力更生、艰苦奋斗的创业精神予以高度赞扬。从 1941 年起，党在抓部队、机关、学校的生产运动的同时，更加重视边区民众的生产运动，把重点转到群众生产上来，并且提出了边区经济自给自足的方针。在这一时期还采取了一些实实在在的指导措施：一、刷新领导生产业务的组织；二、进行思想教育；三、纠正轻视经济工作和技术工作的错误观点；四、提倡学习吴满有；五、实施优待移民、难民政策；六、实行军队屯田；七、提倡和推广植棉；八、实行减租减息。

在 1942 年西北局高干会议上，毛泽东作了《经济问题和财政问题》的著名报告，号召全党努力领导人民发展农业生产和其他生产事业，组织机关、学校、部队尽可能实现生产自给，同时

---

① 中央档案馆：《中共中央文件选集》第 11 卷，中共中央党校出版社 1991 年版，第 299 页。

② 《毛泽东选集》第 2 卷，人民出版社 1991 年版，第 768 页。

号召“精兵简政”。

1943 年 1 月 8 日，在中央、军委直属各机关学校生产负责同志的会上，李富春代表中央作了题为《丰衣足食，为改善物质生活而奋斗》的报告，传达了中共中央关于 1943 年达到“丰衣足食”的要求。会议要求各机关把生产作为中心任务之一。3 月 4 日，在生产总动员大会上，李富春作动员报告，阐明了 1943 年生产运动的目的、意义和方针，规定了 1943 年的任务。

边区大生产运动中的一个新鲜事物就是举行生产大竞赛，它是由安塞县劳动英雄杨朝臣和延安县劳动英雄吴满有共同发起的。1943 年 2 月 24 日，安塞县劳动英雄、模范退伍军人杨朝臣写信给延安县劳动英雄吴满有，倡议开展生产竞赛。吴满有在收到杨朝臣的挑战书后，积极赞同，并于 2 月 28 日复信表示应战，还提出开展庄与庄之间及更广泛的劳动竞赛。这引起了朱德的重视，他电令边区所有部队予以响应。于是劳动英雄之间、村庄之间、军队之间的生产竞赛和劳动互助运动在边区迅速掀起，涵盖了边区的各个角落，极大地促进了生产运动的发展。11 月 26 日—12 月 16 日，边区政府在延安进行了陕甘宁边区第三届生产展览会和第一届劳动英雄大会，整个展览会劳动硕果累累，成为“自力更生”的缩影，表现了边区人民已经初步实现了“丰衣足食”的目标。

第二节　陕甘宁边区工业的恢复和发展

一、陕甘宁边区工业的初创

（一）陕甘宁边区建立时传统手工业的衰落

陕甘宁边区位于黄土高原，沟壑纵横，交通不便，文化落后，信息闭塞。所以，近代以来，虽然中国经济社会结构发生了深刻的变化，自给自足的自然经济趋于解体，但这里仍然是自然经济，传统手工业在社会生活中还占有重要的地位，农民的日用品和生产工具主要靠当地的手工业来完成。加之这里的气候寒冷，农作物一年一熟，农民有一半或三分之一时间属于农闲时间，农民可以利用这些农闲时间从事手工业生产，他们或在小城镇设立店铺，或走乡串户，或从事家庭手工业生产。所以边区政府建立前，这里的手工业生产有一定的发展基础。据统计，红军到达陕北时，盐池县城的手工业作坊有：木匠铺八家，铁匠铺六家，银匠铺五家，锢镂匠二家，油漆匠三家，砖瓦窑二家，毡房六家，毛口袋坊四家，皮坊四家，挽具铺二家，麻绳铺四家，鞋匠铺八家，裁缝铺三家，油坊五家，磨坊 27 家，醋坊五家，豆腐坊五家，糖坊六家，挂面铺三家，糕点铺六家。[①] 其他地区如庆阳县、神木县等手工业生产也都有了一定的基础，且各有地方特色。20 世纪初期，一些地方政府还创办了以手工业生产为主的工厂，如 1907 年，定边的官绅商民集股开办织毛公所附艺徒学堂。1906 年，庆阳城内创办织毛局。1927 年，李志禄创办民生工厂。1931 年，靖边县政府创办纺织工厂。这些手工业工厂从当地农村招募学徒，传授编织技术。可以看出，边区政府建立前，这里的传统手工业部门有一定的发展，成为抗战时期边区手工业发展的基础。

但是，到了 20 世纪 30 年代，边区传统的手工业走向了衰落。究其原因，其一，经营不善或无人继承而停办；其二，30 年代传统手工业开始受到近代工业产品的冲击，特别是家庭手工纺织业因受外来纱布的冲击而解体；加之红军执行工商业政策上的失误，使一些手工作坊主离开本地区。这样，边区的一些传统手

① 黄正林：《陕甘宁边区社会经济史》，人民出版社 2007 年版，第 137 页。

工业衰落了，甚至到全国抗战前夕，边区出现了“除粮食、羊毛外，其他一切日用所需，从布匹到针线，甚至吃饭的碗，均靠外来”[①] 的困难局面。

（二）陕甘宁边区政府发展工业和手工业的方针

针对边区工业上几乎空白的状况，陕甘宁边区政府成立后，采取注重恢复和发展手工业和工业的积极政策。1937 年 5 月，边区政府主席林伯渠提出：“在工业上注意发展石油、盐、煤、铁等主要生产，保护手工业”的政策设想。1938 年，边区政府建设厅长刘景范更具体提出，边区工业建设首先是发展农村手工业和整理交通，在此基础上发展机器工业和矿业。他特别强调要组织农村家庭妇女组成生产合作小组，发展农村家庭纺织业。“普遍的发展手工业和半机器手工业，以现在的各种手工业为主，发展推广到边区农村中，建立私营公营合股合作等手工业与家庭手工业，广制土布，求得足够供给群众自用。在手工业发展的基础上，建立大规模的机器与矿业。”“在边区各县普遍的发展手工业，需要政府贷款五万元，群众集股五万元。”[②]

1939 年 1 月 15 日至 2 月 4 日，边区政府召开第一届参议会。在这次会议上，工业发展受到关注。林伯渠在政府工作报告中提到了边区工业建设：“发展手工业和近代工业，颁布奖励手工业生产条例，欢迎外边的企业家来边区投资，颁布投资保护条例。”“发展公营工业，川口的纺织工厂应加以扩大。”“改良造纸业的生产。发展农具、榨油、制革等手工业。加强对煤炭

① 陕甘宁边区财政经济史编写组：《财政经济史料摘编》第 3 编，陕西人民出版社 1981 年版，第 4 页。

② 陕甘宁边区财政经济史编写组：《财政经济史料摘编》第 3 编，陕西人民出版社 1981 年版，第 12 页。

石油的管理。”①

从边区政府发展工业的政策可以看出，第一，边区把工业建设当作经济建设的重要组成部分，对工业建设十分重视。第二，在边区的工业建设中，以发展轻工业为主，发展纺织业是边区工业的重中之重。但是也应该看出，当时由于过于重视外援，所以对边区发展工业的认识还不是十分明确和到位。随着抗战相持阶段的到来，才逐渐清晰了起来。

（三）陕甘宁边区公营工业的初步建立

1935 年中央红军到达延安时，陕北只有一个 40 多名工人的修械所。到全国抗战前夕，加上被服厂、印刷厂等，也不过 270 多名工人。② 从 1938 年起，中共中央指导边区政府注意在边区建设公营工业。

1. 边区兵器工业的建立和发展。全国抗战前，边区只有一个兵工厂，周建祥是厂长（他原来是中央苏区造币厂的厂长），只有几台机器，几十名工人，主要是为红军修复枪支和复装子弹，为地方游击队供应武器。

全国抗战初期，由于战争的需要，中共中央十分重视边区兵器工业的建立和发展。1937 年 10 月，毛泽东提出必须建立自己的军事工业。1938 年 7 月，八路军一二九师在平汉路夺取了三部新机器，毛泽东立即要求将新机器运抵延安，以装备军工生产。1938 年 10 月在《论新阶段》一文中，毛泽东指出：“每个游击战争根据地都必须尽量建立小的兵工厂，办到自制弹药、步枪、

① 陕西省档案馆：《陕甘宁边区政府文件选编》第 1 辑，档案出版社 1986 年版，第 150 页。

② 中共中央党史资料征集委员会：《中共中央党史资料》第 28 辑，中共中央党史资料出版社 1988 年版，第 30 页。

手榴弹等程度。”[①] 11 月中共中央六届六中全会决议案指出：“提高军事技术，建立必要的军火工厂，准备反攻实力”。

1938 年 3 月，中央军委成立了军事工业局，滕代远任局长，李强、王铮任副局长。后来，军工局归中央军委总后勤部管辖。到 1939 年 4 月前后，边区军工局下属的工厂有军工一厂（陕甘宁边区机器厂）、二厂（陕甘宁边区第二机器厂，以生产步枪为主）、三厂（制造手榴弹和子弹）、五厂（石油厂）、六厂（制鞋厂）、八厂（皮革厂）、玻璃厂、陶瓷厂、修械所、紫坊沟化学厂（火炸药厂）、制药厂和修理部等。边区的工业开始初具规模。当然由于技术、设备的落后，材料的短缺，“1938 年以前的军事生产基本上是小手工业式的。后来沈鸿带着 11 部机器到延安后，才逐步改变了军工生产的面貌。”[②] 1939 年，军工局制定了“先造设备，再造步枪”的方针。根据这一方针，沈鸿在军工一厂主持生产各种机床和复装子弹的设备，这些设备在边区兵器修理和生产上发挥了重要的作用。另外，边区工厂也开始生产各种枪炮。如 1938 年 1 月，边区举行了延安工人制造品竞赛展览会，兵工厂参展的产品有迫击炮、高射炮、机关枪、步枪、盒子枪、手榴弹等。1939 年 4 月 25 日，第一兵工厂制造出了边区军工史上第一支步枪——无名式马步枪，说明边区兵工厂已掌握了步枪的制造技术。

2. 其他工业的恢复和发展。1938 年边区政府开始注意建设公营自给工业。在中共中央的领导下，边区先后建立了纺织厂、造纸厂、被服厂、农具厂、制革厂、编织厂、制鞋厂、石油厂以及八路军制药厂。这些工厂在以后的发展重起到了骨干作用。如

① 中央档案馆：《中共中央文件选集》（11），中共中央党校出版社 1991 年版，第 557 页。

② 黄正林：《陕甘宁边区经济史》，人民出版社 2007 年版，第 153 页。

1938年以前，边区的布匹完全依靠从外部输入，纺织厂创办后，这种情况开始有所改变。纺织厂最初在安塞县二区高桥镇，以后迁到延安西川口，发展很快，由最初的只有八台机器十名工人，到1938年发展45名工人，四台织布机，二台毛巾机，五台织袜机和一台弹花机，已经成为比较系统的纺织工厂①。由于公营纺织厂发展需要向民间收购棉纱，也带动和促进了民间纺织业的发展。1939年中央提出"自己动手"、"自力更生"的号召，机关部队学校开始从事工业和手工业。边区政府于当年五一劳动节举行工农展览会，以鼓励工业发展。新华化学厂、后勤部制药厂在1939年创建。新华化学厂主要生产业务是生产肥皂。同年边区政府还在安塞、固临、延长等地组织纺织合作社，由建设厅帮助投放资本、供给织机、训练工人、调剂供销，开始实行公私结合（即军民结合）的政策。1939年底全部工人增至700人左右。各方面都比1938年有进展，纺织业已能生产大布1400匹，增加116%。②

（四）陕甘宁边区手工业合作社的起步

手工业合作社是在根据地新民主主义政权基础上，由边区人民大众联合起来带有集体性质的经济实体。它是以群众集股或做份子形成的，是在边区政府的领导下创新的一种合作制经济。

边区的生产合作社发轫于1937年秋天。由于国共合作，八路军经费由国民党政府供给，原红军供给部下属的被服、鞋厂等解散，少数工人流散。为了解决流散工人的生活问题和发展边区手工业，边区总工会建立了工人合作社，即后来的工业生产合作社。合作社有总工会直接领导，股金不仅直接来源于工人，还有

---

① 曹敏：《抗战时期陕甘宁边区的纺织工业》，《纺织学报》2006年第9期。

② 陈廷煊：《抗日根据地经济史》，社会科学文献出版社2007年版，第43页。

抗大、陕北公学、机关工作人员以及延安市民的投资，这是抗战时期陕甘宁边区组织的第一个生产合作社。1938 年，这个合作社有了很大的发展，有 13 个生产部门，股金增加到 1,500 元，还得到边区银行 1,400 元的投资，当年盈利 4,300 元，名称也改为"延安工人合作社联合社。"[①] 工人合作社月产值 9,720 元，营业部销售额每月 1,500 元。合作社有鞋厂、被服厂、木工厂、瓷窑等，生产和销售都达到了一定规模。

边区工业社的明显发展，也带动了其他生产合作社的发展。据统计 1939 年延长等县建立的纺织合作社就有 110 个，股金 6,178 元，社员 9,547 人。[②] 1939 年中国工业合作协会总顾问艾黎访问延安，建议边区政府在延安设立中国工业合作协会西北办事处延安事务所，得到了毛泽东的高度赞扬。中国工合延安事务所成立后，与边区建设厅合作科通力合作，举办各种合作事业，组织工农群众、家庭妇女和手工业者加入合作社，极大促进了边区生产合作社的发展。从 1939 年 4 月工合事务所成立到 1940 年 12 月，先后成立了 29 个合作社，社员 1,132 人，股金 135,000 元，贷款 120,000 元，产品 300 余种，月产值 20 万元，[③] 还组织了各种训练班，提升了边区合作事业的水平。

为了规范合作社的运行机制，1939 年边区政府颁布了《抗日根据地合作社暂行条例示范草案》，这是一个针对抗日根据地各种类型合作社制定的法律文件，规定了合作社的类型、合作社的设立程序、社员的权利与义务、社股及股票、盈余的分配以及

---

① 陕甘宁边区财政经济史编写组：《财政经济史料摘编》第 7 编，陕西人民出版社 1981 年版，第 188 页。

② 陕甘宁边区财政经济史编写组：《财政经济史料摘编》第 3 编，陕西人民出版社 1981 年版，第 489—490 页。

③ 陕甘宁边区财政经济史编写组：《财政经济史料摘编》第 7 编，陕西人民出版社 1981 年版，第 201 页。

合作社的组织与会议等管理机制。1940年，边区政府建设厅颁布了《生产合作社组织办法纲要》，规定了纺织和其他生产合作社的组织规范。从以上合作社的法规制度可以看出，第一，边区合作社是以发展经济为目的，生产合作社以发展边区的手工业为主要方向，以家庭纺织业为主要形式。第二，边区的合作社采取股份制的形式。合作社由社员大会、理事会、监事会等机构组成，凡是合作社的社员，以向合作社缴纳股金为必要条件。第三，体现了边区的新民主主义社会性质。参加合作社的社员均享有社员的平等权利，与合作社不是雇佣关系。边区政府只是利用合作社的形式，把分散的手工业者组织起来，使他们逐步走上共同生产的道路。

总之，从1937年边区第一个合作社建立到1940年底，已经形成了纺织业为主，包括被服、瓷器、榨油、磨粉、染织、制毡、木器、制鞋、皮革、毛织等行业在内的生产体系。边区生产合作社的发展，也有力推动了边区公营工业和个体手工业的发展。

（五）陕甘宁边区个体手工业的起步

全国抗战初期，边区政府就把发展农业、手工业和发展军事工业放在同样重要的地位。边区政府在《一九三八年建设工作报告提纲》中指出："不仅要大力发展农业、而且要把发展手工业生产和军事工业的生产放在第一等的地位。大量的鼓励个人或合作的投资，以发展手工业生产。对于已经建立起来的基础，应当有计划地去加以领导和帮助，以使之扩大。"①

边区发展手工业的重点是扶持家庭个体纺织业的发展，这是

① 陕甘宁边区财政经济史编写组：《财政经济史料摘编》第3编，陕西人民出版社1981年版，第530页。

解决边区穿衣问题的关键，“群众纺织业的开展，是达到全边区穿衣自给的最大保证，是做到余粮备荒的关键。”① 边区政府在发展家庭纺织业方面的政策力度最大，目的是动员边区全体民众参加到纺织运动中来，解决军民的穿衣问题。除了要求将从事家庭个体纺织的妇女以合作社的方式进行组织外，对家庭从事纺织业者还给予原料、工具、技术方面的协助。② 全国抗战初期，边区不同形式的个体手工业都得到了一定程度的发展，以延安主要手工业行业增长情况看，在延安除了钉秤、银匠和土匠没有增加外，其他手工业门类都有增加。

1938—1940 年延安市个体手工业统计表

种类 年份	铁匠	钉匠	锡匠	钉秤	木匠	银匠	土匠	缝纫	流动工人	店员	会计
1938 年	7 家	2 家	3 家	1 家	6 家	2 家	32 人	7 家	200	35 人	28 家
1939 年	19	3	5	1	8	2	32	9	500	75	47
1940 年	20	4	8	1	10	2	32	11	2,600	82	56

资料来源：高述先：《延安市三年工作报告》1942 年，《财政经济史料摘编·工业交通》，陕西人民出版社 1981 年版，第 599 页

到 1942 年，延安市个体手工业由 1938 年的 28 家增加到了 56 家，增长了二倍。主要原因是农业一定程度的发展对手工业需求的推动作用。其他地区的手工业也有增长，使边区不同地区形成了不同地域特色的手工业，如盐池县的制盐，绥德、延长、延川、固临等县的家庭纺织，葭县的手工造纸，三边、陇东地区的制革、毛纺织等均在不同程度上得到发展。

总之，到 1940 年，边区传统的手工业得到了恢复，一些行

① 《论自纺自织》（社论），《解放日报》1945 年 5 月 13 日。

② 陕甘宁边区财政经济史编写组：《财政经济史料摘编》第 3 编，陕西人民出版社 1981 年出版，第 542—544 页。

业还超过了抗战以前的水平。如家庭纺织业，在公营工厂和合作社的带动下，边区的家庭纺织业有了长足的发展，1940 年发动了五万名妇女纺纱 20 万斤，就连没有纺织基础的庆阳、曲子、镇原三县的统计已达到 1,042 人。[①] 这说明，经过全国抗战以来的四年建设，边区已经奠定了工业发展的基础。

二、抗日战争相持阶段陕甘宁边区工业的发展

第一，抗日战争相持阶段陕甘宁边区发展工业的政策。1938 年，抗日战争进入了相持阶段。毛泽东发表《论持久战》，进一步坚定了全国人民坚持持久抗战的决心。从这一抗日战争的总形势出发，陕甘宁边区政府确定了这一阶段工业建设的方针和任务是在生产上达到“半自给”，并确立以发展轻工业为主的发展思路。[②] 1941 年 1 月，边区政府颁布《陕甘宁边区三十年经济建设计划》，工业方面提出：“大量发展食盐产销，提高石油及纸张生产，广泛发展纺织为中心”的总任务，并制定了发展工业的具体计划。这是抗战以来边区政府颁布的第一个比较完整的工业建设计划。为了进一步发展工业，边区政府采取了奖励投资工业的政策。同年 10 月，边区政府又颁布了《关于边区经济建设之报告书》，提出：下决心自己动手，建立公营经济，奖励私营工业的发展，具体作法是：1. 奖励并保护内外实业家来边区投资，发展各种工业，并帮助发展家庭工业和生产合作。政府对于工业予以免税或低利贷款的奖励和帮助，并提高工人的劳动热忱，以提高生产使工业资本家有利可图并扩大其生产。2. 政府办理有供给和

---

① 陕甘宁边区财政经济史编写组：《财政经济史料摘编》第 3 编，陕西人民出版社 1981 年版，第 586 页。

② 毛泽东：《经济问题与财政问题》，《财政经济史料摘编》第 3 编，陕西人民出版社 1981 年版，第 19 页。

提倡作用的工业，造就便利私人工业发展的条件，以帮助发展私人工业，并帮助解决抗战民生的需要。3. 组织机关部队，利用业余时间帮助发展工业，并保证工业品自给。4. 奖励农民生产工业原料，便利工业的发展，组织工业品展览，实行工业奖励和竞赛，以鼓励发展。① 在“分散经营，统一领导”体制下，巩固发展公营经济，合理进行生产自给。② 1943 年西北局高干会上，毛泽东认为工业建设要从边区的实际出发，以“保障供给”为边区的经济建设的总方针。他不同意大军工发展计划，主张军工企业要向民用工业转化，为边区民用工业发展服务。3 月 2 日边区建设厅工厂厂长联席会议上，朱德指出工厂必须发展生产，提高质量，厉行节约，要做到这些，中心环节在于加强教育，使人人都有主人翁感觉。③ 以上边区政府发展工业的政策可以看出，进入了抗日战争相持阶段，边区工业建设的政策趋于完善，主要表现在：其一，明确了工业建设的重点是以发展自给性工业为主，特别是纺织业，解决边区穿衣问题。其二，改革工厂机关化的管理，使工厂管理企业化。其三，工厂在生产中要实行经济核算制度，计算成本和利润。其四，政府要加大对工厂的投入，使银行资本与工业经济相结合。这些政策的实施，对边区工业的发展起到了很好的推动作用。

第二，抗日战争相持阶段陕甘宁边区工业的发展。1940 年 1 月，边区政府举行第二次工业展览会。工艺实习工厂建立了分厂，军事工业部分调往前线，造纸厂用马兰草造纸试验成功，植

① 陕甘宁边区财政经济史编写组：《财政经济史料摘编》第 3 编，陕西人民出版社 1981 年版，第 22—23 页。

② 陕甘宁边区财政经济史编写组：《财政经济史料摘编》第 3 编，陕西人民出版社 1981 年版，第 23 页。

③ 中共中央文献研究室编：《朱德年谱》，东北财经大学出版社 1986 年版，第 255 页。

物染料的研制开始，并开始收集制造玻璃的原料。当年9月，朱德提倡纺毛运动，开始发展毛纺织业。工业发展与1939年比较又有所进步，厂、社发展到33个，职工越1,000人。[①]

1941年是边区经济出现严重困难的时期，面对国民党和日军对边区经济封锁所造成的工业品短缺局面，中共中央号召发动大生产运动，实行生产自给。边区政府拨款70万元，银行贷款300万元，作为工业生产资金，并举行了第三次工业展览会，以刺激自给工业的发展。机关部队学校纷纷筹设工厂。三五九旅抽调百余名勤务员做学徒，建立大光纺织厂、大光肥皂厂，这些工厂除自给外，尚有部分产品在市场上销售。另外开木厂二个、铁工厂三个、榨油厂一所、盐井一个，等等。同时，机关学校和中央系统、后勤系统，抽调勤务员、通信员到难民工厂学习纺织技术，兴办了十多个纺织工厂及被服、制鞋、煤炭、木工、造纸、磨坊、榨油、丝织等手工业工厂和手工作坊。在快速发展时期，曾拥有纺织厂（社）36个，职工2,400多人；造纸厂12个，职工越400人；石油厂一个，职工84人，化学厂11个（皮革五、制药二、酒精二、肥皂二），职工共约300人；机械修理、打铁厂共六个，陶窑四个，面粉、赶毡、麻绳等七个。以上厂社共计97个，职工7,000人。[②]

1942年建设厅提出：“巩固现有公营工厂，发展农村纺织业”的建设方针，除增设关中铁厂外，为了改变粗放式发展，边区工厂数量减少1/3，中央系统工厂由27个减少至19个，纺织厂总数由97个减少至62个，[③] 工厂经营质量得到提高。为了保

---

① 高自立：《为工业品的全面自给而奋斗》，《解放日报》1944年8月22日。

② 中共中央文献研究室：《朱德年谱》，中央文献出版社2006年出版，第6页。

③ ［美］马克·塞尔登：《革命的中国》，科学文献出版社2001年出版，第242页。

护纺织业的发展，边区政府降低棉花、棉纱进口税至1%，增加布匹的进口税至15%。银行投资200万元①，在绥德组织“永昌土布产销公司”发棉花，收棉布，以合作方式组织农村妇女进行纺织，提高了纺使纱质量。为了帮助私营工厂的发展，政府还采取投资和订货的办法，保证其20%的利润，使私人企业如米脂民生纸厂、万合毛纺厂等与公营企业同步发展。这时纺织、造纸工具已能全部自制自给，创造基本化学工业品所需的机器已开始装置，火柴制造已开始研究。1942年边区纺织品年生产能力达到22,000余匹，比1940年增加49%②。造纸已够书报印刷之用。肥皂自给有余。

1943年，边区政府贯彻执行毛泽东提出的“发展经济，保障供给”的经济建设总方针。边区公营工业有了新的发展，公营工厂总计达到82个，其中纺织厂21个，造纸厂12个，被服厂14个，炼铁厂三个，印刷厂四个，肥皂厂二个，火柴厂一个，陶瓷厂四个、皮革厂三个、纸烟厂一个，修理机械厂三个，机器工具厂四个，木工厂七个，石油厂一个。另外还有煤窑六个、油坊九个和其他小型作坊等，职工人数增加了6,300多人。这一年重工业和化学工业取得显著成绩。机器制造业为印刷、造纸、皮革、玻璃、肥皂及部分纺织业提供了机器设备；石油生产增加了三倍。边区第一铁厂和基本化学工业的创立，玻璃与陶瓷工业的初步成就，使边区工业的发展有了新突破。轻工业也取得了新的发展。纺织工业：产布，33,000匹，比1942年增长近50%；造纸工业，1940年833令，1941年2,174令，1942年4,983令，

① 陕甘宁边区财政经济史编写组：《财政经济史料摘编》第5编，陕西人民出版社1981年版，第467页。

② 陕甘宁边区财政经济史编写组：《财政经济史料摘编》第3编，陕西人民出版社1981年版，第119页。

1943 年达到 5,671 令；印刷工业，中央印刷厂生产量比 1942 年增长 8%；肥皂业，新华、大光二纺织厂共生产肥皂 566,855 条，其中新华肥皂厂生产 45,288 条比 1942 年增长 55%。[①] 学习赵占魁运动，使职工中涌现了一大批劳动英雄，劳动生产率明显提高，生产成本降低。如化学厂在减少职工后，产量提高了 55%；其中，熬碱组每人每天生产碱产量从原来 11 斤提高到 22 斤，还节约生碱 9,000 多斤，石灰 9,000 多斤，石炭 19,000 多斤。私营工业和合作社工业也得到了较快发展，私营工业中规模较大的有万合毛厂、民生纸厂、元华工厂，等等。手工业作坊以陇东分区、延川、固临、鄜县、吴堡、盐池、定边、靖边、延安等 13 县手工业统计，1942 年共有手工业作坊 399 个，工人 1,107 人；1943 年作坊 656 个，工人 2,047 人，分别增长了 64% 和 84%。在全部 433 个合作社中有 233 个工业生产合作社。[②] 总之，公营工业、私营工业、合作社工业三种工业形式，在边区政府的扶持和支持下共同发展，这是边区自给工业发展的一个重要标志。

三、抗日战争反攻阶段陕甘宁边区工业的发展

1945 年 8 月，抗日战争进入了反攻阶段，八年全国抗战，中国人民终于迎来了胜利的曙光。这一时期，陕甘宁边区的工业建设也呈现出新的变化。

第一，边区政府在抗日战争反攻阶段发展工业的指导思想。1944 年 4 月 4 日，《解放日报》发表社论，提出了“为达到经济上的完全自给自足而奋斗”的口号，提出：“必须努力发展自给工业”，“凡是边区军民需要的东西，大到棉、铁、火柴、染料，

---

① 陈廷煊：《抗日根据地经济史》，社科文献出版社 2007 年版，第 182 页。

② 高自立：《陕甘宁边区自给工业发展的特点》，陕西省档案馆：《陕甘宁边区政府文件选编》，档案出版社 1986 年版，第 272—280 页。

小到竹筷、梳子、缸缸盆盆，我们要一齐动手，来寻找原料，研究制造方法，或者找代用品。除了公营的工厂作坊和矿山外，要大大发展家庭手工业。要奖励各种大大小小的发明和发现。我们全边区九百多个合作社，都要转变以组织人民的生产为主要业务。要准备投资和奖励私人投资。要向广大人民灌输科学技术知识，大家来发展富源，利用富源。凡边区自己能够生产的物品，我们要宣传全体军民，尽先购买，这样就可以刺激生产。”① 拉开了这一阶段自给工业发展的序幕。

1944 年 5 月，边区政府建设厅召开了工厂代表大会，提出了“争取今后两年内达到主要必须品的全面自给。”厅长高自立对经济发展的具体任务做出了安排，他指出：“要广泛地大家动手，公营、私营、合作并进，工业部门与全体职工为质量而斗争，学习技术与提高技术，开展公营企业中赵占魁运动的新形式——劳动英雄运动，政府则实行奖励政策与保护政策，这就是今后两年内达到军民主要必需品全面自给所应该采取的方针与方法。”②

为达到经济上的完全自给自足，1944 年中共中央西北局做出了《关于争取工业品全部自给的决定》，其内容主要有：“要有计划地调剂原料，组织供销，禁止边区主要工业品原料出口，在贸易上保护边区工业发展。”“各级工业部门应责成机器制造工厂及化学工厂，帮助解决炼铁、火柴、造纸、纺织、印刷的某些机器设备，及技术改造，首先做到布匹、铁、火柴的全部自给。”“必须有计划地发展合作和民营纺织、造纸、煤矿、瓷器等工业。奖励边区内地主商人创立工业，并欢迎边区以外的工商业家来边区发展为解决民营工业资金的困难，同时来集合民资民力，首先应采取合作社形式，政府地借予工业资金，凡私人资本经营工业，

① 《为达到经济上的自给自足而奋斗》（社论），《解放日报》1944 年 4 月 4 日。
② 高自立：《为工业品的全面自给而奋斗》，《解放日报》1944 年 8 月 22 日。

只要他不违犯政府法令及劳动政策，政府应予以协助，并对其企业的发展予以法律上的保障。”① 等。

1944 年 5 月，毛泽东站在中国未来工业化更高的基础上，提出发展工业打倒日寇。“要打倒日本帝国主义，必须工业化；要中国的民族独立有巩固保障，就必须工业化。中国共产党是要努力于中国的工业化的。”②

这一时期党领导边区工业发展的政策可以看出：第一，边区政府对发展工业的重视是具有持续性、不断深化和具体化的特点；第二，边区政府对发展民营工业也很重视，采取了一切可行的措施帮助民营工业发展；第三，发展工业采用多种必要形式；第四，实行对内贸易和对外贸易的结合，第五，提出了如刺激消费，发展生产，重视科学技术的作用等有利于经济发展新的增长点。这些政策措施是党领导中国人民进行战时经济建设的宝贵历史经验，是中国共产党和中国人民宝贵的精神财富。并为新中国成立后经济建设提供了历史经验的支撑。

第二，边区政府发展公营工业的措施。

1. 增加对公营工业的投资。为实现经济上的完全自给，边区政府加大了对工业发展的资金支持。1944 年“对工业的投资大大增加，财政和银行总计 20 亿元。”“因为边区的布匹尚不能自给，43 年的自给率只达到 69%，不能全部自给。44 年大量植棉，估计可收 400 万斤……44 年可提出产铁 470 万斤，所有铁工业与棉工业都需要财政上给予资本。即妇纺投资就有 48,000 万元。”③

① 陕甘宁边区财政经济史编写组：《财政经济史料摘编》总论，陕西人民出版社 1981 年版，第 250—252 页。

② 《毛泽东号召发展工业打倒日寇》，《解放日报》，1944 年 5 月 26 日。

③ 陕甘宁边区财政经济史编写组：《财政经济史料摘编》第 3 编，陕西人民出版社 1981 年版，第 81 页。

2. 加强对公营工业的管理。边区政府对工业的管理实行“集中领导，分散经营”的体制。这一管理模式是特定历史条件下的产物。因为，新民主主义公营工业的重要特征之一，就是政治性与计划性。它与旧的资本主义工业无政府的盲目的生产是不同的，它计划性的具体形式，是“集中领导，分散经营”，必须在集中领导下去分散经营，又必须在分散经营基础上加强集中管理，将集中领导与分散经营合理地配合起来。它不能与社会主义国家的国营企业相比，因为那是高度生产力与处在全国废除私有制的环境中；而我们这儿，则是生产力水平低下，处在私有制环境中。所以片面强调集中，也必然招致最大的浪费，成了计划性的反面。因之，“集中领导与分散经营”是落后生产力条件下发展民主主义公营工业唯一正确的方针。[①] 它对于提高有限资源的利用效率，最大限度提高经济和社会效益，发挥集中力量办大事的优势，为克服抗战时期的经济困难起了重要的作用。

但随着抗日战争的节节胜利，边区工业“集中领导、分散经营”的工业组织管理形式有新的变化。这种变化表现：在对工厂经营管理要企业化，实行厂长负责制，克服工厂机关化与纪律松弛状态，不断改革工资制度；实行统一领导与群众路线相结合；加强经济核算等。这些可以看出，边区政府对经济的管理已经积累了十分丰富的经验。延安时期党对经济建设的领导已经孕育着未来新中国经济建设实践的种子，新中国的希望也只能在延安“星星之火可以燎原”。

3. 团结知识分子，发展科学技术。重视发展科学技术，尊重并团结知识分子是我们党的优良传统。边区政府号召一切工业技术人员回到工业生产战线上来。1944 年 5 月，交际处举行技术

① 陕甘宁边区财政经济史编写组：《财政经济史料摘编》第 3 编，陕西人民出版社 1981 年版，第 365—369 页。

人员座谈会。会议提出："第一，号召边区一切有工业技术和学习过工业的同志，回到工业部门中来，发起工业战线的回归运动"；"第二，在现有基础上，提高技术，增强效率，以保证两年边区工业品的全面自给"；"第三，规定机器化学等工业部门主管机关，与纺织、火柴等工业部门主管机关，在原料、技术的供给与配备上，要实行互助，尤其在原料上要互相提出保证，确定时间，准时交货。"①

4. 搞好厂际协作，发展副业生产。边区政府要求组织社会劳动力开展副业生产，解决了小农经济环境中生活资料和部分原材料供给的困难。同时，改善了工人生活，帮助工人建立家务，发展副业生产，包括：养猪、养羊、养鸡、烧炭、粉坊等。

第三，边区政府大力发展合作手工业和个体手工业。抗战时期，边区工业主要是供给边区部队和党政机关需要。私营工业和家庭手工业主要是满足人民生活需要。到 1944 年初，边区的生产合作社已经发展到 114 个。1945 年合作社增加到 882 个，社员达到 265,777 人。"私人小作坊只就三边、陇东、绥德三地统计，包括毡房、口袋、皮坊、油坊、油篓匠、铁木匠、银匠、铜匠、裁缝、鞋匠、绳匠、箩匠、染坊、粉匠、磨坊、酒坊、马掌铺、纸烟作坊、毛合子作坊等在内共有 1425 家，工徒 3000 上下，若将全边区公私手工业作坊加以估计，工人当在 5000 上下。"② 表现了边区公私手工业不俗的发展成绩。

这一时期，个体手工业的大量发展，主要集中在纺织业。"44 年和 45 年统计全边区有纺妇 20 万上下（包括织妇的纺妇），织妇 20 万人上下（包括纺妇的织妇），可纺纱 200 万斤上下，可

① 《号召一切技术人员回到工业战线上来》，《解放日报》1944 年 6 月 4 日。

② 贾拓夫：《关于边区工业问题研究》，《财政经济史料摘编》总论，陕西人民出版社 1981 年版，第 287 页。

织布50万小匹上下。”① 对于个体手工业在边区工业自给中的作用，贾拓夫有深刻的分析：“小手工业是旧有的经营方式，大部分为私营，一小部分为公营或合营。家族手工业也是旧有的，但在新形势下充分发展了的一种形式，完全为私营。三者比较（工厂、手工业作坊与家庭手工业），就其发展之广、与人民生活联系之深来说，虽然家庭手工业在生产技术上很落后，但由于它是一种副业，所以能把20上下这样广大的妇女力量组织起来从事纺纱织布，能生产20万上下的大布，其在国民经济中的地位仅次于农业生产。”② 此外，在机关学校也发动纺织运动。1944年2月边区建设厅公布机关学校纺织办法，边区生产自给委员会制定纺纱劳动规则，边区直属机关学校共有11个单位经营的工业包括17种行业，共44家工厂作坊，资本达3,747万元。③

由于实行公私兼顾的方针，这都促使边区棉纺织业得到较快发展。

1945年主要合作社生产概况统计

分类	合作社数	工人	职员	计划股金（元）	收到股金（元）	借款（元）	日产量
化学业	11	608	21	365,000,000	11,125,600,000	140,000,000	390,546,280
水泥木工匠	10	72	8	25,000,000	20,000,000	50,000,000	
食品业	48	308	46	500,000,000	58,750,000	15,000,000	45,638,925
矿业	2	492	4	22,000,000	25,000,000	10,000,000	435,000,000

① 陕甘宁边区财政经济史编写组：《财政经济史料摘编》总论，陕西人民出版社1981年版，第287—288页。

② 陕甘宁边区财政经济史编写组：《财政经济史料摘编》第3编，陕西人民出版社1981年版，第529—530页。

③ 陕甘宁边区财政经济史编写组：《财政经济史料摘编》第3编，陕西人民出版社1981年版，第626页。

续表

分类	合作社数	工人	职员	计划股金（元）	收到股金（元）	借款（元）	日产量
铁铺修理业	6	61		10,000,000	12,670,560	19,000,000	
缝衣业	68	859	90	15,000,000	32,000,000		15,650,715
纺织业	90	2926	111	435,000,000	450,000,000	135,000,000	4,375,000,000
运输业	317	1584	285	850,000,000	125,000,000	175,161,043	1,897,750,605
供销社	6	135	15	200,000,000	250,000,000		
农业	9	165		50,000,000	125,000,000	17,983,867	
医药卫生	591	144	41	40,000,000	50,000,000	37,584,734	
合计		7351	616	2,290,000,000	2,924,020,560	554,729,644	3,222,086,525

资料来源：《财政经济史料摘编·工业交通》，陕西人民出版社 1981 年版，第 486 页。说明：根据 1945 年 7 月之统计与全年数字有所不同；边币与法币为边币十元折法币一元。

第四，边区政府鼓励私营工业的发展。这一时期，边区政府加强对私营工业的支持，1944 年政府对私营工业投资计有：贷款 230 万元，投资 130 担小米，一万斤羊毛。边区政府还鼓励地主商人投资工业。如庆阳县商会副会长张守安，投资兴办纺织厂；庆阳县地主商人建立小型纺织厂——民生纺织厂及庆兴纺织厂。庆阳商人梁鸿桂，以前来往西安经营纱布，1944 年携带 300 多万元货物冲过国民党封锁线时，被胡宗南军队全部没收。他不气馁 1945 年春天找木匠制造工具，做成一架“七七式”纺织机及两架织布机，建立了民生纺织厂。庆阳县地主刘宪庭等五个私人股东和三个机关股东合资创办了庆兴纺织厂①。而且，私营的工厂作坊有了很大发展。1945 年，边区私营工厂统计：纺织厂 50 个，310 人；造纸 125 人，炭工 1,891 人，盐工 1,931 人。

① 夏阳：《陕甘宁革命根据地的私营工业》，《甘肃社会科学》1991 年第 5 期。

四、陕甘宁边区工业发展的成就和历史作用

抗日战争期间，在中共中央的正确指导和边区政府的努力下，陕甘宁边区的工业取得了骄人的成绩，充分显示了中共中央在延安局部执政期间领导工业发展的才能，并成为我们党领导抗日战争胜利不可或缺的物质条件。

首先，在极其艰苦的条件下，边区形成了一定的工业体系。到 1945 年，据统计，“全边区当时有公营工厂 101 家，职工 6354 人，计纺织厂 21 厂，1375 人；被服厂 17 厂，795 人；造纸厂 11 厂，394 人；印刷厂 4 厂，297 人；木工及大车业 10 厂，290 人；各种化学业 9 厂，594 人；石油业 1 厂，126 人；煤及炼铁 11 厂，1360 人；机械及军火 10 厂，973 人；纸烟 10 厂，150 人。私营的工厂，计纺织 50 厂，310 人，造纸 126 人，炭工 1891 人，盐工 1932 人。以上私营工业工人共计 4258 人……手工业合作社据 44 年合作社联席会议统计共 235 家，他们大多数是小工厂和作坊性质，工徒数约 500（估计）人。全边区的工业、手工业工人数目当在 1500 人左右（不包括农村中流动手工业工人和城镇建筑工人脚户雇工等）”。[①] 在这些工业工厂中，重工业和化学工业的发展成绩显著：机器制造业方面，为印刷、造纸、皮革、玻璃、肥皂及一部分纺织业制造或改造了工厂设备，石油产量增加了三倍。军火生产完成任务，通信器材有优良成绩。特别值得指出的是，边区第一铁厂的创立，基本化学工业的成功，玻璃与陶瓷工业的初步成就。这些成绩与成就，给边区工业的发展建立了自给的初步基础。

轻工业也有了新的进步。“对边区工业自给具有很重要作用的是家庭手工业，如全边区 44 年有家庭纺妇 15 万人，纺纱 166

① 夏阳：《陕甘宁革命根据地的私营工业》，《甘肃社会科学》1991 年第 5 期。

万余斤，织布的6万余人，织布11万余大匹……农村的家庭纺纱，不但供给了人民的需要，而且和公私营纺织厂相结合供给后者以原料。”① 此外还有造纸、火柴、肥皂、印刷，举凡军民生活日用品之毛巾、肥皂、火柴、袜子、纸张、陶瓷、纸烟、铣等，已能全部或部分自给。

其次，工业产品数量增加。边区工业产品增长情况，可于下列数字说明：“公营纺织厂43年产布23696大匹，44年估计为4万大匹，增长21%；家庭织布43年是4.4万匹，44年约产11万匹，增长150%；造纸业产品43年8000余令，44年15000令，增产87%；新的工业如炼铁44年方建立起来正式出品；总的说来边区的工业是在不断迅速增长着，许多工业经过多年努力，就可以达到完全自给。”

抗日战争期间，陕甘宁边区工业生产的发展，为边区的巩固和发展，为夺取抗日战争的胜利，奠定了物质基础。这表现在：

1. 发展了经济。“建设厅所属七个工厂，历年资金累计共为44988581万元，折合米42527.35石。净增加增产三倍之多，折米32583.16石”。“还在资金上、技术上、工具上辅助或建立了许多小工厂。如新华化学厂1943—1944年派技术工人去三边、陇东，建立肥皂与粉笔的生产”。1943—1944年公私产大布约240,000匹，合纱2,800,000斤，每斤纺纱工资420元计，农村纺妇收入共1,176,000,000元之多，这是农村中闲余劳动力变成财富的一种。再如马兰草原为野生，荒弃而无用，自采用造纸后，每年收割之数在50万斤左右，以1943—1945年计算农村收入（驮运在内）可达7,500,000元。②

---

① 黄正林：《陕甘宁边区社会经济史》，人民出版社2006年版，第432页。

② 陕甘宁边区财政经济史编写组：《财政经济史料摘编》第3编，陕西人民出版社1981年版，第135页。

2. 保障了供给。据统计，“1943 年公私产大布 104000 匹，纸 8139 令，1944 年大布约 140000 匹，纸 10766 令，全部供给了边区军民。另外肥皂生产自给有余，1939—1945 年共产 2111292 条，历年输出达 600000 条，火柴生产 1944—1945 共产 2003 箱，能自给边区。公用印刷纸已够用，1944 年交财政厅 5902 令，1945 年可交 7000 令，土纸产量逐年提高，印刷厂用外来纸逐年减少。中央印刷厂用外来纸 1941 年为 82.5%，1942 年降到 50%，1943 年为 18.5%，1944 年为 10.4%，1945 年更下降到 0.2%”①。

3. 增加了财政收入。“历年产布将近 40 万匹，减少近 40 万匹价值的外汇，同样历年产纸 4.4 万令，肥皂 200 余万条，火柴 2000 余箱，以及铁等也减少了外汇，加强了平衡金融的作用。”②

① 陕甘宁边区财政经济史编写组：《财政经济史料摘编》第 3 编，陕西人民出版社 1981 年版，第 133 页。

② 陕甘宁边区财政经济史编写组：《财政经济史料摘编》第 3 编，陕西人民出版社 1981 年版，第 133 页。

第五章　抗日战争时期中共中央领导下陕甘宁边区的经济建设（下）

第一节　陕甘宁边区商业的变化与发展

一、陕甘宁边区商业贸易政策及贸易格局的变化

（一）陕甘宁边区商业贸易发展的两个阶段

抗日战争时期，陕甘宁边区商业贸易的发展，以皖南事变为界经历了两个发展阶段。

皖南事变之前，为了恢复商业贸易，边区政府制定了“争取外援，休养民力”的财政政策。1940 年以前，由于国民政府承认边区的合法地位，边区的财政来源主要是依靠外援，这个特点，决定了在全国抗日战争初期，边区的对外贸易既无财政任务，也无金融任务，是“一种采购任务，公用物品供给的采办，无所谓贸易政策，完全是自由的”。[①]

同时，抗战初期边区政府经营商业又具有双重性质。一方面，继续为中央及边区的党政军部门采办商品；另一方面经营商业，获取利润，积累资本。而这一任务是由 1938 年 4 月成立的

① 陕甘宁边区财政经济史编写组：《财政经济史料摘编》第 4 编，陕西人民出版社 1981 年版，第 4—5 页。

光华商店承担的。光华商店是边区政府所属的唯一商业机构，也是边区银行直属的商业机构，更是新民主主义国营商店的雏形。其任务为：搜集与运销土产出口，换取必需品进口，满足生产与市场上的需要；稳定外汇与平抑物价；帮助公私营商业的发展。光华商店成立后，边区的贸易政策有了些微变化，即在对外贸易上仍然是采办性质的，但结合了盈利的商业内容。随着边区工业的起步，光华商店开始负担起供给工厂原料和推销其产品的任务。这个阶段，边区政治环境较为稳定，由于边区政府采取贸易自由政策，法币是边区流通的主要货币，物价相对稳定，边区的商业贸易开始恢复和发展起来。

皖南事变后，国共关系恶化，面对突如其来的外援断绝，边区经济陷入危机。加上当时边区脱产人员数目庞大，南京国民政府对边区经济军事封锁和严重的自然灾害更加剧了边区经济困难的情况，边区商业贸易进入了第二个发展阶段。1941年，国民党对陕甘宁边区实行经济封锁，国统区在对边区实行必需品禁运的同时，对非必需品，尤其是一些消耗品和奢侈品实行倾销。边区开始呈现出货物短缺，物价上涨，商业萧条的景象，陕甘宁边区进入了抗战以来最困难的时期。除此之外，国民党军队和特务还在封锁线上进行抢劫和没收进入边区的货物。皖南事变前活跃在边区的客商，也由于国民政府的经济封锁，面临着法币无法在边区使用和货物运输风险大而纷纷离开了边区市场。

为了渡过困难，满足需要，陕甘宁边区政府针对国民政府的经济封锁采取了“对外调节，对内自由”的贸易政策。边区政府在《关于贸易局工作的决议》中对边区新的贸易政策设想是，“即新民主主义的贸易政策……贸易政策服从于边区的自给自足的经济政策，以边区之有，易边区之无，以输出边区外所必需的物品，一方面达到输出平衡，一方面防止市场操纵，不妨碍自由，又非放纵自由。”[1] 这里所谓“对外调节”，就是“有计划的奖励边区内地剩余土产（如食盐，药材、皮毛、毛毡、毛口袋、军毯、毛线、猪鬃、马尾……）的搜集与运销出口；换回必需品或无替代品（如布匹、棉花、纸张、机器工具、原料、材料、钢、铜、铁、军用品、医药品……）运进边区内地……并且最好先以剩余土产运出口去，换回必需品进来，即先争取对外贸易之主动，打破法币买货观念，实行‘以货易货’以求得输入的调整与平衡。”所谓“对内自由”，就是“在不违犯政府法令之下，不问边区内地商人或老百姓，也不问边区外面的商人或老百姓，都有在边区内地做买卖的自由。政府不但不用国家资本或权力来统制和垄断，并且还要帮公、私商业及消费合作社的发展，特别是奖励和保护私营商业的发展。使它们有货买、有钱赚，这是不限制自由。反之，也不放任自流，任商民囤积居奇，抬高物价，破坏金融。如果发生这种现象，贸易局不仅用政府法令来严格纠正，并且也要健全壮大消费社与集中公营商业力量从中起调剂作用，以打破私人操纵居奇。”[2] 这是一种对外调剂，对内搞活的商业政策，对边区商业的发展提供了正确的政策供应，有力促进了边区商业的活跃。

在边区政府这一灵活的商业政策指导下，1941 年边区的商业贸易有了一定发展，全年输入商品总价值 10,800 万元（边币），进口货物的种类主要有洋纱、布匹、棉花、纸张、文具、五金、颜料等。输出商品总价值 9,300 万元（边币），货物种类主要有边区特产和工业品，如食盐、毛皮、毛织品、化学品（如肥皂）、

---

① 陕西省档案馆：《陕甘宁边区政府文件选编》第 3 辑，档案出版社 1986 年版，第 239 页。

② 陕甘宁边区财政经济史编写组：《财政经济史料摘编》第 4 编，陕西人民出版社 1981 年版，第 111 页。

土布、石碱、炭、木材、药材等。①

1942年10月，中共西北局召开了高级干部会议，这次会议对边区商业经济的发展发挥了极大作用。高干会议后，边区成立了物资局，主要管理对外贸易和特产食盐统销。采取行政手段与经济手段相结合、重点管制与自由贸易相结合的管理方法。在进出口物资的管理上，当边区贸易处于优势时，可以多一些自由；当边区的贸易处于劣势时，则多用行政手段加强统制，以取得对外贸易的主动。在边区内商业发展上，为了争取外贸主动，抵制法币交易，实行了以货易货。并对食盐、烟酒等商品实行“专卖”，以抵制剥削与倾销。

这些正确的政策和灵活的管理办法，有效保证了边区的生产、军需民用和市场稳定，同时争取了出入口平衡。如以1943年边区各项进口基数为100，1944年底统计，袜子进口减少了87%，火柴减少46%，肥皂和毛口袋均未进口，棉花减少27%，棉纱减少38%，毛减少82%，仅此就为边区节省了近300亿元支出。②

（二）陕甘宁边区商业贸易格局的变化

在战争的环境下，陕甘宁边区的市场格局随着边区政治经济形势的变化而不断发生变化，同样，边区的贸易通道和主要口岸也随着政治形势的变化反复发生改变和重新定位。但总的说来，抗日战争期间边区的贸易还是以绥德为贸易中心，并以定边、洛川、宜川为主要通商口岸。

1941年后，随着反封锁斗争的需要，边区贸易的通道进一步

① 陕甘宁边区财政经济史编写组：《财经史料摘编》第4编，陕西人民出版社1981年版，第44页。

② 赵棣生：《边区财政经济的新面貌》，《解放日报》1945年1月4日。

扩大和走向灵活，各分区想方设法冲破封锁，运输物资。如绥德地区输入物资线路就有：

南路：

1. 西安—三原—延安—绥德（布匹洋纱、颜料、日用品等）

2. 韩城—宜川—临镇—延长—延川—清涧（棉花）

西路：

安边—柠条梁—张家畔—刘家沛—青阳岔—瓦窑堡（布匹、洋纱、麻油、药材等）

北路：

1. 榆林、镇川—米脂—石岔、绥德、吉镇—煺镇（生熟碱、洋火、颜料、布匹、洋纱、少量水烟、大米等）

2. 榆林—旧塞—白家沟—通秦塞（碱、布匹、青油等）

3. 横山—石湾（子洲）—周家岘—三皇峁—双湖峪—绥德（大盐、麻油）

东路：

1. 太原—临县—自第八堡过河—大会坪（颜料、文具、纸张等日用品）

2. 离石柳林（山西敌区）—后河底过河—石岔（颜料、牙膏、毛巾等日用品）

绥德的输出物资路线为自石岔出口、或自螅镇出口运到山西，或转至固临、延长、关中出口。陇东地区以西华池为货物出入口最大的集散市场，其货物的吞吐量是很大的。“据 1942 年 4 月份贸易统计，西华池输出方面，每日有食盐平均 4 万余斤，牛 32 头，驴 30 头，羊 95 只，输入方面，每日有码子土布 60 匹，40 码青白洋布 20 匹，棉花 2200 斤，其次火柴、毛巾皆有输入”。[①] 其次是庆阳镇，出口以食盐特产为主，其他有皮毛、牲

① 黄正林：《论抗战时期陕甘宁边区的社会变迁》，《抗日战争研究》2001 年第 2 期。

畜、药材等，入口以布匹棉花为主，尚有杂货等。1940 年从陇东出口的食盐，居边区第二位，占 38%；特产占 26.9%；进口的商品主要是土布、棉花、东昌纸、颜料、火柴、水烟等，其中土布量最大，占边区的 50.1%。[①] 可见，陇东是边区对外贸易的主要窗口。

关中分区是陕甘宁边区的南大门，关中分区淳耀县的柳林镇和铁王镇等均是边区重要的贸易口岸，“边区出口货物以关中、陇东为主，关中这个口子进棉花、进布、出盐，陇东要服从关中，关中这个大口子要照顾到全边区的需要。”可见，关中是边区最重要的食盐出口口岸，其主要原因是“关中柳林的盐价比陇东高出 15%，盐公司主力放在关中，在关中设立盐公司办事处指挥盐价，曲子、庆阳、西华池都要受办事处指挥，卖盐放在柳林，囤盐放在陇东”[②]。

二、陕甘宁边区公营商业的恢复与发展

陕甘宁边区的商业有三种主要形式，即公营商业、合作商业和私营商业。其中公营商业承担了边区主要的经济任务，公营商业对于满足政府及军队机关事业单位的需要，改善财政状况贡献最大。抗日战争期间，无论政府还是机关经营的公营商业，在通过商业赢利而提供财政方面取得了不小成绩，公营商业对于边区物资和金融市场的稳定和繁荣起到了至关重要的作用。

（一）陕甘宁边区公营商业的构成

以经营主体来划分，陕甘宁边区公营商业有大公营商业和小

---

① 陕甘宁边区财政经济史编写组：《财政经济史料摘编》第 4 编，陕西人民出版社 1981 年版，第 554—557 页。

② 陈云：《陕甘宁边区的财政经济问题》，1944 年 12 月 1、2 日。

公营商业两类，前者由政府直接经营，后者由机关、学校、部队等事业单位经营。

1. 边区政府经营的公营商业。政府经营的公营商业由边区政府提供启动资金，并由边区政府设立专门机构（先后为贸易局、物资局等）进行领导和组织经营，主要任务是保证全边区党政军必需品的供给。边区的公营商业是在苏维埃时期公营商业的基础上建立起来的。苏维埃时期红军粮饷的来源除了打土豪没收得来的财物外，还有一小部分来自于商业贸易。中共中央到达陕北后，随着边区政府成立，中央贸易总局改称“陕甘宁边区合作总社”，归建设厅领导，1938 年初并入边区银行开办的光华商店。1941 年 2 月恢复贸易局建制仍归边区银行领导，1942 年转归边区财政厅领导。1943 年 2 月贸易局与禁烟督察局（建于 1941 年底）合并成立物资局，总部设在延安。到 1944 年物资局又改称总贸易公司，直到 1945 年撤销。贸易局、贸易公司虽然长期隶属于边区银行，但它既是公营商业的领导机关，又是政府经营的公营商业实体。边区政府经营的公营商业在抗战时期主要有光华商店、盐业公司、西北土产公司、南昌公司、永昌公司等[①]，这些公司和原有的公营商店一起构成了边区公营商业的网络体系。

光华商店是陕甘宁边区第一家公营商店，同时它也是边区银行的直属商业部门，1938 年 4 月 1 日，由贸易局主持改组而成立的合作总社和边区银行所属的光华书店合并而成。在由银行经营的五年中，光华商店是边区银行从事商业经营的重点单位，其经营成绩在公营商业中一直很突出。它以积累资金为其经营的主要目的，并负有“保证机关物品供应”的任务。后来，由于边区财

① 陕甘宁边区财政经济史编写组：《财政经济史料摘编》第 4 编，陕西人民出版社 1981 年版，第 186 页。

政经济部对边区经济实行统一领导，增加了光华商店保证机关需要物资的任务。到了 1941 年，边区物价金融极不稳定时，光华商店业务方针从赢利转为调剂市场、保证商业流通、刺激工商业发展，光华商店在大部分时间内实际成为政府贸易政策的执行机关，其地位在公营商业中无可替代。

盐业公司成立于 1942 年 9 月，归贸易局领导。成立此公司的主要动因是边区食盐的外销失去控制，造成大量盐民自由出售食盐。盐业公司成立的主要任务就是千方百计团结公私盐店、盐脚（产销盐个体户），对外实行盐业统销，同时稳定边区内盐价，最终做到通过盐业经营，换取边区所必需的物资。盐业公司成立后，业务开展顺利，分公司数量不断增多。至 1944 年，盐业公司拥有了七个分公司，公司下属各分公司设立业务和行政两个部门。①

土产公司是 1942 年由物资局领导下成立的股份有限公司。主要任务是“依据边区财经条件，推销边区土产，换取边区日用必需品，有计划地进行进出口业务，并掌握外汇；依据物资局所授的权利，对特定业务进行统购统销。”②

西北土产公司是对边区土特产如羊绒、土纱、土布、肥皂、毛皮、麻油、青油、油籽等进行统购统销的专门公司。总公司设在延安，其组织机构为三级制：在延安设立总公司，并设营业、会计、保管各科；在边区各地设分公司，在边区物资进出口岸设支公司。

南昌公司，是 1943 年 10 月 16 日物资局召集延安几个大过载

① 陕甘宁边区财政经济史编写组：《财政经济史料摘编》第 4 编，陕西人民出版社 1981 年版，第 206 页。

② 陕甘宁边区财政经济史编写组：《财政经济史料摘编》第 4 编，陕西人民出版社 1981 年版，第 207 页。

栈合股成立。它实际上是延安公营机关商业的主要业务领导机构。公司除了设有总经理、副总经理之外，还下设营业、会计、土产、运输四个科。南昌公司的业务方针是："大量推销土产，购入边区必需物资，沟通内地城乡商业及代客买卖，转运物资，团结外商为主要业务。"①

永昌公司，是1942年5月，政府在绥德警备区成立的永昌土布产销有限公司。该公司起初专门从事土布经营，有效地稳定了边区土布原料供给和产品销售。此后，根据边区经济及市场的变化，永昌公司也兼营部分其他商品。其内部组织主要为：股东大会、董事会、常务董事、经理、会计、出纳、营业各科。②

边区贸易局领导的光华商店、盐业公司、土产公司、永昌公司的规模在当时是很大的，足以控制边区的内外市场，是边区商业的命脉。盐业公司至1944年9月，有资本11万万元，人员397人，管辖123个骡马店；永昌公司有资本2.8万万元，人员248人，管辖12个分公司；土产公司至1945年有资本21万万元，从业人员300余人。③

2. 机关、学校、部队经营的公营商业。1939年，边区开始受到国民党军事和经济封锁，对边区的商业影响很大。另一方面，随着机构的扩大，进入边区人员的增多，政府已经没有能力包办各机关对日用品的需求。因此，边区的财政经济政策随之进行调整，在中共中央"自力更生，发展生产"的号召，要求党政军机关通过发展生产，完成"半自给"的任务。于是，机关商业

---

① 陕甘宁边区财政经济史编写组：《财政经济史料摘编》第4编，陕西人民出版社1981年版，第231页。

② 陕甘宁边区财政经济史编写组：《财政经济史料摘编》第4编，陕西人民出版社1981年版，第240页。

③ 陕甘宁边区财政经济史编写组：《财政经济史料摘编》第4编，陕西人民出版社1981年版，第23页。

作为生产自给的一种形式应运而生。

机关、部队、学校经营商业是从1939年创办消费合作社开始的，至1940年上半年，共有30个合作社和食堂，资金共六万余元。其中大的一万元，小的不过数百元，目的在于供给本机关学校的日用品，同时对外卖些商品赚取微利，借以改善生活。在这段时期内，机关商业主要是为了供给机关、学校、部队的一般日用品，营业活动也主要是从绥德、定边等县贩运百货，特别贩运机关、部队、学校急需的布匹、纸张、文具、火柴、棉花等物品。此后，由于遭到经济封锁，外援又断绝，边区财政状况十分困难，机关、学校甚至部队的供给处于半中断状态，机关商业如边区政府商业一样，其主要功能转变为力争财政的完全自给。机关、学校对原有本小利微的合作社、小商店和小货摊进行扩充，增加资金，补充人员，扩大经营范围，将大部资金用于可在短期内获取大利的生意。例如由扩大合作社改变而来的合作商店，1940年6月搬到新市场，资金由80元增到19,000元。后勤上的百货商店，开始不过是一个资金仅30元的小货摊，到1940年9月予以扩充，资金增至二万元，除做百货生意外，还附设了一个染坊。[①] 这一年机关商业的成绩非常显著，解决了相当一部分的供给问题。如，中央直属财经处及各机关学校，在1941年上半年的经营中，依靠113名员工、296,800元的资金、大小20个商店，共获利256,000元，供给量占到了各机关学校日常经费的48%。[②]

1942年春，边区政府实行精兵减政，决定将商业完全企业

① 陕甘宁边区财政经济史编写组：《财政经济史料摘编》第4编，陕西人民出版社1981年版，第243页。

② 陕甘宁边区财政经济史编写组：《财政经济史料摘编》第4编，陕西人民出版社1981年版，第244页。

化。一方面，整顿原有商店，组织公营商店联合会，对公营商店实行统一领导，严格贯彻政策法令组织经营；另一方面，扩大商业范围，进行多种经营，经营方式也有所改变，或几个商店合并经营，或向私人商店及合作社投资，或向政府的盐业公司、光华商店入股。到 1943 年，由于实行了对财经工作的一元化领导，对外贸易统一于物资局，使得公营商业的经营日趋合理规范。如中央管理局和后勤两个系统经过整顿后，原有商店 38 个，员工 196 人，到 1942 年 10 月，仅存商店 25 个，员工 105 人，十个月内，两系统投资 800 万元，获得 1,644 万元的利润，占全部生产收入的 68%。说明对公营商店的整顿是正确的和及时的。到 1943 年边区各机关部队学校经营的公营商业获得到了较快的发展。

（二）陕甘宁边区公营商业的经营方式

抗战期间，边区政府经营的公营商业，主要有两种经营形式：商店商业和流动走水生意。

商店商业：即运用商店的经营资金在边区内外购买有市场的货物，供给政府机关或销售给国统区及边区内的老百姓，获取部分营业利润。其经营地点与方向相对固定，公营商店从其经营方式上可以分为机关内部办供给商店或供销合作社、内外兼营的商店、对外营业为主的商店和门市部等诸种类型。

流动走水生意：即利用本机关的临时资本或与其他机关合作，到外地买货，然后跨地区销售，即长途贩运，当时称为“跑贸易”或“采办组”，总称“流动生产组”。它的经营方法主要是：从商店中抽调一些人下乡采购食油、盐、粮、布、农具及毛皮、中草药、红枣等土特产，然后贩运到外地出售，也有的运回当地出售。如三五九旅就组织了拥有 600 多个驮骡的运输队，在延安、绥德、三边分区沿途开设了十骡马店，从事长途运盐运货业务。[①] 这种商业经营活动曾扩大到边远地区，甚至深入到敌占区如山西、河南等地。流动走水生意一是为了供给当地需求，二是为了赚取买卖差价。做流动生意赚钱的机会比较高，边区保安处在 1943 年 5—8 月间，以 283 万元做过六次流动生意，贩卖各种土特产，获利多达 400 多匹布。[②] 边区法院也曾在 1943 年 2、6、7 月中，先后带 200 多万元到陇东华池等地做过三次流动生意，购买布匹、洋火、蓝锭、机针、洋钉等商品，运回延安销售，获得利润 260 多万元。[③] 因为经济效益明显，许多公营商业投入了大量人力、财力，使得流动走水生意在机关商业中十分活跃。据统计，仅 1943 年前九个月，各单位用于做流动生意的资本就不下 1,500 万元，按实物计算，各经营者全都获了利。[④]

同时，除了利用旧有集市、庙会等传统形式进行经营外，边区商业机关还多次主办物资交流会，延安成立了物品交易所，生产者预先登记产品种类、价格、出售数量，然后由交易所掌握行情，整批成交，活跃了商品流通。各公营商业单位一律实行企业化管理，自负盈亏。从事商业的人员实行分红制或工资制，生活待遇高于机关的供给标准，对外人员还可自制服装，如“西北商店”就允许售货员在营业时间穿长袍短衫。多数单位商业核算比较严格，配备有较高水平的财会人员，商业会计采用借贷记账方法，每月盘点货物、计算收支盈亏、编报资产负债表，每个季度将营业情况报主管单位审批。

---

① 齐心、张馨主编：《陕甘宁边区政府成立五十周年论文选编》，三秦出版社 1988 年版，第 68 页。

② 陕甘宁边区财政经济史编写组：《财政经济史料摘编》第 4 编，陕西人民出版社 1981 年版，第 258 页。

③ 陕甘宁边区财政经济史编写组：《财政经济史料摘编》第 4 编，陕西人民出版社 1981 年版，第 258 页。

④ 陕甘宁边区财政经济史编写组：《财政经济史料摘编》第 4 编，陕西人民出版社 1981 年版，第 259 页。

三、陕甘宁边区消费合作社的发展

抗战时期，在边区政府“对内自由贸易，奖励发展私人商业”政策指引下，边区的农村商业也繁荣了起来，主要表现为创办农村消费合作社。消费合作社是一种集体所有制的商业组织，社员群众是消费合作社的主人。社章规定，社员有选举、罢免、表决、提议等权利。

边区由于地广人稀，交通不便，商业不发达，买难卖难问题突出。建立消费合作社，就是由大家共同出股本让专门人员去买卖货物，以抵制商人的中间利润和降低自己的开支。其经营方式十分灵活，既有商店营业，也有流动走水生意，这样既节省了群众的路费，又使群众买到价廉物美的货物，并能及时卖出土产，改善大家的生活，有利于边区的经济建设。边区消费合作社创办于苏维埃时期，1935 年，中央红军到达陕北后，为了渡过难关，中共中央国民经济部号召党政军各机关工作人员入股创办机关工作人员合作社，有股金 2,000 余元（法币）。1936 年 1 月，国民经济部召开苏维埃根据地各省、县经济部长联席会议，讨论组织合作社的办法。很快，根据地各县、区、乡都建立了合作社[①]。但苏区时期的消费合作社是政府经济部门的附庸，主要任务是帮助政府和贸易机关采办货品，因此具有政府摊派的官办特点。

抗日战争全面爆发后，由于消费合作社存在“官办民不管，合而不作”的官办作风。因此，1938 年，边区政府对消费合作社进行整顿，决定取消乡支社，合并到区分社，基本上各县每区建立一个合作分社，对于资金太少，干部能力太弱而不能展开工作

① 陕甘宁边区财政经济史编写组：《财政经济史料摘编》第 7 编，陕西人民出版社 1981 年版，第 130—131 页。

的分社进行合并。[①] 整改后的消费合作社，社数减少了，从 1937 年的 142 个减少到 1938 年 10 月的 127 个，但社员数由 54,847 人增加到 66,706 人，股金数也增加了 2.8 万余元。[②] 由于合作社的股金由两部分构成，一是政府投资，一是向群众摊派，因此，这次整顿并没有解决消费合作社存在的根本问题。

1939 年 10 月，边区政府召开了边区合作社第一次代表大会，成立了边区合作联社，提出边区消费合作社的十大原则：调查民用；适时供给；集中资本；联合采办；廉价收获；抵制投机；优待抗属；禁绝假货；调剂民生；运销土产。要求各合作社按照以上要求，彻底整理消费合作社。[③] 这次大会提出了采办货物要以供给群众需求为原则，目的就是改变过去合作社专为政府服务的特性。

表 5-1　1937—1941 年陕甘宁边区合作社的发展状况

年别	社数	社员数（人）	已交股金数（元）
1937	142	57,847	55,255.83
1938	107	66,707	75,629.63
1939	115	82,885	114,533.52
1940	132	123,279	268,756.65
1941	138	135,269	373,110.04

资料来源：《财政经济史料摘编》第 7 编，陕西人民出版社 1981 年版，第 138 页

消费合作社官办的严重弊端“陷合作事业于危急之中”，已经到了非改革不可的地步。1941 年边区经济的空前困难更使这一

① 陕甘宁边区财政经济史编写组：《财政经济史料摘编》第 7 编，陕西人民出版社 1981 年版，第 283 页。

② 陕甘宁边区财政经济史编写组：《财政经济史料摘编》第 7 编，陕西人民出版社 1981 年版，第 138 页。

③ 陕甘宁边区财政经济史编写组：《财政经济史料摘编》第 7 编，陕西人民出版社 1981 年版，第 141—142 页。

改革刻不容缓。这时，延安南区合作社的经验犹如一盏明灯，给当时合作商业改革照亮了方向。延安南区合作社成立于1936年冬，最初的股金也是政府用强制性的办法向群众募集的，但是从第二年开始，该社在刘建章的带领下从实际出发，采取了许多办社的新措施。他们的做法主要是：一、不搞强迫摊派。该社全心全意为社员群众谋利益，规定群众入社、退社完全自由。他们取消对入股额的限制，并从便利群众出发，采取了多种多样的入股方式，现金、实物、公债、分红等都可入股。二、工作人员不由上级指派，从农村里拣选和群众有联系的人，从办合作社的实际工作中加以培养。三、经营业务面向群众，切实为群众谋利益。他们除了经营消费业务，还根据群众的需要陆续举办了生产、运输、信用等业务以及文化、卫生和社会公益事业，使合作社的业务发展到了南区人民生活的各个方面。同时做到定期结算，按股分红。四、实行民主办社。他们定期召开社员代表大会讨论和决定合作社事务，干部要向代表大会汇报工作，听取代表们的意见，改进工作。

延安南区合作社这些做法，是变“官办”为“民办”的大胆改革，使消费合作社走上了群众自己办社、合作社为群众服务的道路。结果，延安南区合作社无论是社员人数、股金数额、销货额和盈利，逐年都有较大幅度的增加，每次结算都分红给社员。到1942年，该社已由创办时仅有社员160人、股金159元，发展成为拥有社员1,100多人、股本200万元和16个分社的综合性大社,[①] 名副其实地成了南区的商贸中心。

1941年下半年，边区政府系统调查研究延安南区合作社的办社经验。1942年1月，边区政府在总结该社经验的基础上，提出了“克服包办代替，实行民办官助”的基本方针，开始了边区合

① 陕甘宁边区财政经济史编写组：《财政经济史料摘编》第7编，陕西人民出版社1981年版，第91—92页。

作商业的改革。尤其是1942年12月召开的边区高干会议上，毛泽东在作题为《经济问题与财政问题》的报告中指出："南区合作社式的道路，就是边区合作社事业的道路，发展南区合作社式的合作运动就是发展边区人民经济的重要工作之一"①，肯定了南区合作社的方向和边区政府的改革基本方针。高干会议后，改革之风很快吹遍了整个边区。改革的基本内容就是推行延安南区合作社群众办社的做法，有的合作社还结合自身的特点有所创新。结果在很短的时间里，原来的官办体制迅速解体，形成了包括入社退社完全自由，入股数量不加限制，社员或社员代表选举产生合作社主要干部并有权撤换不称职的干部，社员民主公议社务，社员不论股金大小都有选举权和表决权，按期结算、按股分红等内容的民办体制，恢复了合作商业的集体经济性质。改革后的边区合作商业面貌发生了很大变化。消费合作社架起了边区农村和外界商业往来的桥梁，它把农村的土产如皮毛、药材等收集起来，换回农村需要的必需品，在边区广大的农村建立了商业网点，繁荣了农村经济，成为边区商业的主要组成部分。

四、陕甘宁边区私营商业的发展

抗日战争时期，陕甘宁边区经济得以繁荣的一个重要原因，就是边区私人资本主义的发展和壮大，其中边区私营商业是私人资本主义经济最重要的组成部分，它的存在、发展和繁荣对于边区对内搞活经济、改善人民生活，对外打破敌对势力的封锁和保证抗日战争的胜利，都具有重要的意义。

早在1935年，中华苏维埃政府西北办事处在颁布的《关于发展苏区工商业的布告》中提出"自由贸易"和"保护私营工商

① 陕甘宁边区财政经济史编写组：《财政经济史料摘编》第7编，陕西人民出版社1981年版，第91—92页。

业”的政策,[①] 对推动苏区私营商业的发展起到了良好的作用。抗日战争全面爆发后，边区政府废除了国民党时期的各种税收，如营业税等，调动了私营商户的经营积极性。同时，边区政府继续奉行“自由贸易”政策，使边区的进出口贸易处于自流状态，边区内外商人出入自由，使边区的私营商业步入快速发展时期。形成了以延安为中心的商业网络，东经清涧、绥德可到山西，南经西安、河南可到武汉，西至庆阳、西峰、平凉，北出定边、盐池可到银川等地。延安还建立了新市场，1940 年新市场有公私商店 300 家，商业资本 110 万元。[②] 不仅延安的私营商业有了发展，其他地区的私营商业也有了发展，如庆阳市、西华池、富县等地，因为是边区食盐出口的主要口岸，促进了这些原来商业并不发达的地区私营商业也开始繁荣起来。同时，抗战全面爆发后边区政府采取的“休养生息”政策，提高了人民购买力，边区对商品的有效需求量大增，群众的消费结构日渐合理，市场上流通的商品品种也极大丰富。如延安的福星明杂货铺，在 1943 年开业时经营的商品就多达 27 种，其中仅布料就多达八种。小到火柴、纽扣，大到金表等，各类商品应有尽有。有一些个体户工商业者通过经营走上了致富的道路。例如延安姚店一佃农，除靠分得的 16 垧土地经营农业外，还兼营商业和旅店，资产由 1936 年的 1,000元很快增加到1942 年的2,000 万元以上，还有石窑、马棚、旅店、土地等大量的不动产，在一定程度上反映出边区私营商业繁荣的状况。[③]

---

① 师锐、李忠全主编:《延安时期统一战线问题研究》, 陕西人民出版社 2000 年版, 第 120 页。

② 陕甘宁边区财政经济史编写组:《财政经济史料摘编》第 4 编, 陕西人民出版社 1981 年版, 第 301 页。

③ 黄正林、文月琴:《抗战时期陕甘宁边区的农业税》,《抗日战争研究》2005 年第 2 期。

表 5-2　皖南事变前延安私营商业情况统计表

年别	商户数（户）	10 万元以上资本	5 万元以上资本	1 万元以上资本	5000 元以上资本
1936	168	—	2	5	161
1937	204	—	7	12	185
1938	233	—	10	18	205
1939	262	2	17	29	214
1940	297	7	25	38	225

资料来源：陕甘宁边区财政经济史编写组：《财政经济史料摘编》第 4 编，陕西人民出版社 1981 年版，第 20 页

皖南事变后，边区遭到封锁，产生货源缺乏，成本增加，运输风险加大，信誉降低，外汇困难的不利局面，导致私营商业大户纷纷离开边区，如延安拥有较大资本做批发生意的山西籍“十大家”搬到西安等地；米脂的大商户将资金转移到三原、榆林；庆阳的 20 余家较大商户也移到别处。[①] 这些私商的出走，使边区发展商业的资本总量减少了，却给中小商人的发展带来了机会。因此，皖南事变后，中小商业的迅速发展成为边区私营商业发展的一个亮点。而这一时期，边区政府对中小商人也采取了一系列扶助措施：(1)建立“押货借款”的政策，即允许商人用积压的货物作抵押向银行借款，帮助商人购进新货。该政策从 1942 年 3 月实施，到 11 月已帮助了 15 户商家，共贷款 220,500 元。(2)建立外汇许可制度，对于商人合法贸易申请外汇，经贸易局批准后视其需要而决定许可。为了方便商业贸易，贸易局和银行相配合，建立了 35 个货币交换所，以调剂市场需要。(3)为了方便商业流通，统一边区度量衡。把几种不同的尺，改为通用的正裁尺；把几种不同的斗，改为 30 斤斗；把几种不同的秤，改为

① 雷云峰：《陕甘宁边区史》，三秦出版社 1990 年版，第 120 页。

16两秤。(4)规定公营商业的各个商店团结10—15个小商人，给予帮助，廉价批发给货物，贷款销货，供给原料等。[①] 在边区政府扶持下中小商人的迅速崛起，才使边区找到了适应经济封锁下自给自足的商业发展模式。

总之，就陕甘宁边区而言，千沟万壑的黄土高原和闭塞的交通环境，本来极大限制了商业的发展。但由于中共中央的正确领导和陕甘宁边区特殊的政治优势，又深深地影响着边区的商业发展，使公营商业、合作商业和私营商业都表现出生机勃勃的发展景象，形成了以公营商业为统筹，合作商业为主要形式，私营商业为补充的多元化商业模式，为边区经济建设的发展作出了自己的贡献。

第二节　陕甘宁边区财政和金融事业的发展

一、中共中央在延安局部执政时期陕甘宁边区财政事业的发展

（一）陕甘宁边区财政事业所处的环境

抗战时期，陕甘宁边区居于特殊重要的地位。它是“缩毂华北与西北的战略支点”[②]，是抗日战争的坚强堡垒。“对于华北、华中各抗日根据地来说，它是处于一种领袖的地位”，同时它又是“各抗日根据地的总后方”[③]，是中共中央的首府，在中共中

① 陕甘宁边区财政经济史编写组：《财政经济史料摘编》第4编，陕西人民出版社1981年版，第96页。

② 林伯渠：《陕甘宁边区政府对第一届参议会的工作报告》，《解放周刊》第68期，1939年4月4日。

③ 任弼时：《关于几个问题的意见》，《解放日报》1943年1月31日。

央直接领导下成为全国民主抗日根据地的模范，肩负着全国人民的希望。陕甘宁边区能否巩固与发展，直接关系着抗日战争的胜败。由于这一特殊的地位，它不得不承担庞大而又必不可少的抗战经费供给，不得不承担起边区政府和中央机关的财政支出的绝大部分。然而，当时边区的实际财政状况，并没有为它承担如此重任准备足够的能量。

首先，边区长期以来经济落后，生产不发展，是财政出入不平衡的地区。即使在边区未被封锁以前，经济尚不能自给，每年入超很大。就是说生产所得不够换回必需品之用，如此恶性循环，财政赤字每年增加，亏空越来越大，造成边区财政的巨大压力。这是边区经济发展滞后给财政造成的不利条件。其次，边区沟壑纵横的地理环境，形成地广人稀，交通不便的现状。像甘泉县过去只有7,000人，后来发展了，也只有13,000多人，每平方里平均不到一人，[①] 劳动力的缺乏使经济发展有制约的瓶颈。加之边区的交通落后，交通运输工具主要是毛驴、骡马，这也限制了边区经济的发展。如三边产盐很多，但因交通不便，运力有限，不能大量输出，极大限制了边区食盐贸易的发展。最后，边区又处在日军和国民党严密的经济封锁之下。边区与日军隔河相峙，物资不容易进来；而国民党也对边区进行着严密的经济封锁和残酷复杂的斗争。这种恶劣的外部环境更加重了边区财政经济工作上的负担。在这种情况下，就要求边区政府和军民，在中共中央的正确领导下，发挥大无畏的创新精神，从边区的实际出发，充分发挥新民主主义制度的优越性，创造出一条通过发展生产、繁荣经济来解决边区财政经济困难的路径，有力促进边区财政的丰裕和经济的发展。

① 民国《甘泉县乡土志》，燕京大学图书馆藏本，“政绩录”。

（二）抗战时期边区财政的发展状况

抗日战争全面爆发后，国共重新合作，为恢复和发展边区经济提供了难得机遇。中共中央利用这一有利条件提出了“力争外援，休养民力”的财政经济政策。而当时陕甘宁边区的财政来源主要依靠外援，一部分是国民政府给八路军的军饷，一部分是海外华侨和后方进步人士的捐款。除此之外，其余的财政收入来源于少量的税收和行政性收费（包括没收款、罚款、土地登记手续费等）。据载，1937 年至 1939 年边区财政收入中外援所占的比重，分别为 77.2%、51.96%、85.97%；边区政府向人民所征收的救国公粮，分别为 24,000 石、15,000 石、52,000 石。1937 年和 1938 年，若以人口平均，每人所出公粮只有三斤多。当时边区脱产人员每人每年吃人民交纳的公粮只有 80 斤，其余部分都是用争取到的外援从外地购进的。①

中共中央“修养民力”政策的执行，使边区农村经济得到了显著发展。到 1940 年，边区的耕地面积比全国抗战前增加了 39.3%，粮食产量增加了 40% 以上，蓄养的牲畜也有大幅度的增加。与此同时，边区的公营经济也有了发展，纺织、造纸、印刷、化学和机械等公营工厂都从无到有开始建立起来，消费和手工业生产合作社也在新的条件下得到了蓬勃发展。这就为边区经济过渡到完全自给创造了条件。

1939 年初，国民党对中共和边区的态度发生逆转，对边区进行经济封锁，国民党政府按照协定应给八路军、新四军的军饷也拖延不发。这时，中共中央预感到外援之不可靠，提出“用发展边区的农业、工业各种生产和商业贸易，保证我们在财政经济物

① 陕西省档案馆编：《陕甘宁边区政府文件选编》第 2 辑，档案出版社 1987 年版，第 430—431 页。

质上的供给”的战略决策，毛泽东发出了“自己动手”发展生产的号召。从这一年开始，边区军民纷纷投入到开荒生产运动中去。同时，开始建立了税务局，征收货物税和商业税，以求逐渐克服财政的困难。到 1940 年边区政府财政收入中外援占 50%，各机关经费自给达 30%，[①] 说明边区财政已经朝着半自给方向转变。不过，这个时期，由于一些同志对国民党消极抗战、积极反共的本质认识不足，“当外援逐渐减少时，我们应付财政的主要办法是拖欠经费，停发经费（1940 年停发各机关经费五个月），这仍然是把希望寄托在‘外援来打救’上头”[②]。因而，未能积极执行中共中央自力更生的政策，结果，当外援完全断绝时，便出现了财政经济异常困难的局面。“全年总额只有 865 万元，且缓不济急”[③]。1941 年，边区财政出现了亏空 567.2 万余元。[④] 出现如此严峻财政困难的原因，除了国民政府的经济封锁外，边区的非生产人口迅速增加也是客观原因之一。1937 年，边区脱产的党政军人员最多不超过三万人。1938 年后，大批爱国青年奔赴延安，到 1939 年边区非生产人员增至四万人。1940 年至 1941 年局势最为吃紧时，从前线调部队保卫边区，使非生产人员更高达 7.2 万余人。非生产人员的增加，加重了边区财政的支出，就粮食一项来说，除征收救国公粮，缺额部分由财政拨款购粮。1938 年购粮款 6.8 万元，占年财政收入 8.3%，1939 年购粮款 52.4 万余元，占年财政收入 13%，1940 年购粮款大幅度增长，达到

① 陕甘宁边区财政经济史编写组：《财政经济史料摘编》第 6 编，陕西人民出版社 1981 年版，第 13 页。

② 陕甘宁边区财政经济史编写组：《财政经济史料摘编》第 6 编，陕西人民出版社 1981 年版，第 13 页。

③ 陕甘宁边区财政经济史编写组：《财政经济史料摘编》第 6 编，陕西人民出版社 1981 年版，第 13 页。

④ 陕甘宁边区财政经济史编写组：《财政经济史料摘编》第 6 编，陕西人民出版社 1981 年版，第 14 页。

183.5 万余元，占年财政收入 18.86%。分别比 1938 年增长了 26 倍和十个百分点，比 1939 年增长了三倍多和十个百分点。[①]

在巨大的财政困难面前，为了不散伙，坚持革命和抗日，边区财政只能走自力更生、艰苦奋斗的道路。

面对财政困难，中共中央和边区政府采取了一系列增加财政收入的措施。这些措施包括调整财政政策，大力发展边区经济，增加税收，发行公债等。其中调整过去的财政政策是解决财政困难的一项主要内容。皖南事变后，边区政府为解决燃眉之急，确定了独立自主、统一领导、分散经营的财政原则。具体做法是，给各机关部队一部分生产资金让其各自经营以解决经费困难；大力开发食盐贸易，发动群众驮运食盐出口，计划出口 60 万驮，其中六万驮为公盐，分配各县，由群众义务驮运。统一产销盐价，其收入归军委，作为军费和军委生产保证；发行建设救国公债 618 万元；征收救国公粮 20 万石，公草 2,600 万斤，解决人员和马匹粮草所需；禁止法币，发行边币 1,054 万元。[②] 这些应急财政措施，对解决 1941 年的财政困难有所帮助。但这只是应急之策，要彻底解决财政困难，必须有一个长远的方针政策。

1942 年，在中共西北局高干会议上，毛泽东提出了“发展经济，保障供给”的边区经济建设总方针。在这一总方针指导下，边区财政每年根据不同的实际情况不断丰富着新的内容。1943 年的财政政策是“统一领导，分区统筹”，1944 年的财政政策是“节约储蓄，克服浪费，积蓄力量，备战备荒”，1945 年的

---

① 陕甘宁边区财政经济史编写组：《财政经济史料摘编》第 6 编，陕西人民出版社 1981 年版，第 14 页。

② 陕甘宁边区财政经济史编写组：《财政经济史料摘编》第 6 编，陕西人民出版社 1981 年版，第 16 页。

财政政策是“生产节约，长期打算，积蓄物资，准备反攻”①。

从1941年到1945年边区财政政策的调整可以看出：(1)“发展经济，保障供给”的总方针是符合战时环境的，它体现了边区政府在财政问题上实事求是的工作态度。(2)比1940年的政策有了较大的灵活性，基本上是政府给政策，各地区、部门自己用政策解决自己的问题。(3)边区政府财政工作经验日益丰富，财政政策和财政管理日益成熟。

保证供给，才能满足需要。发展经济是解决边区财政困难的最根本途径。1940年11月，边区中央局发出《关于开展边区经济建设的决定》，指出：“没有有效的新民主主义经济建设，边区的巩固与发展是不可能的。”因此，从1941年开始，边区再次掀起了继1939年之后的经济建设高潮，政府加大了对经济建设的投入，使边区在农业、工业、商业等方面取得了巨大成绩，培育了边区财政的丰厚基础。

税收收入是1941年后边区政府财政的主要来源。此时，边区政府的税收种类有：

（一）农业税。农业税是边区政府要求农民交纳的救国公粮。1942年前是以摊派形式来完成，1943年开始实行农业统一累进税，以每户人口平均收获细粮之多寡为标准分级累进。1941年至1945年农业税收入情况如下：1941年，20.1万余石；1942年，16.5万余石；1943年，18.4万余石；1944年，16万石；1945年，12.4万石。②

（二）工商业税。随着边区工商业的发展，工商业税成为边

① 陕甘宁边区财政经济史编写组：《财政经济史料摘编》第6编，陕西人民出版社1981年版，第36页。

② 陕甘宁边区财政经济史编写组：《财政经济史料摘编》第6编，陕西人民出版社1981年版，第152页。

区财政收入的又一财源，而工商税主要是货物税和营业税。1941年至1945年工商业税收统计情况见表5－3（金额均以券币计算，单位：元）。①

表5－3　1941年至1945年工商业税收统计情况

项目 年度	货物税				营业税		合计
	入境税	出境税	过境税	产销税	营业税	临贸税	
1941	200,653	49,959	32,316	26,612	83,249		432,819
1942	1,687,354	199,705	653,323	53,885	435,702		3,329,979
1943	2,118,585	1,003,902	1,018,244	10,200,781	9,743,071		24,084,533
1944	65,663,489	3,330,126	8,763,909	4,920,555	18,762,816	9,890,768	115,942,794
1945	181,501,043	52,606,117	12,242,884	44,155,870	29,110,843	10,602,335	337,146,979

（三）盐税。边区盐税征收开始于1937年。抗战全面爆发后，随着边区盐务的发展，盐税成为边区财政的重要来源。1937年至1945年盐税收入统计如下（以券币为单位）：1937年近0.2万元；1938年4.9万余元；1939年2.9万余元；1940年4.4万余元；1941年37.2万余元，1942年48.9万余元；1943年447.1万余元；1944年2,457.8万余元；1945年17,828.7万余元。②

（四）公盐代金。严格说，公盐代金不是税，而是临时捐，是动员群众帮助政府运盐的劳役。其金额较大，在政府财政收入中有一定地位。公盐代金始征于1941年，各年统计见表5－4（1942年前为边币，1943年后为券币，单位：元）。③

① 陕甘宁边区财政经济史编写组：《财政经济史料摘编》第6编，陕西人民出版社1981年版，第20页。

② 陕甘宁边区财政经济史编写组：《财政经济史料摘编》第6编，陕西人民出版社1981年版，第236页。

③ 陕甘宁边区财政经济史编写组：《财政经济史料摘编》第6编，陕西人民出版社1981年版，第375页。

表 5-4　公盐代金各年统计

年代	1941	1942	1943	1944	1945
金额	7,009,000	35,557,000	4,521,796	45,793,291	84,637,878
占年财政收入比例	27.73%	10%	2.82%	9.07%	5.25%

（五）牲畜买卖税和斗佣。牲畜税是牲畜买卖的一种手续费，征收牲畜价格的5%。斗佣是代买卖粮食者过斗而征收的手续费，一般征收1%到2%。二者是地方财政收入的主要来源。历年收入数额是：1941年45万元；1942年190万元；1943年4,728万元；1944年8,000万至一亿万元。[①] 除以上五种税捐外，还有烟酒、羊税等。

特产贸易收入也是边区财政的一项重要的财源，可解决边区财政的26%至40%。特产贸易始于1942年，历年统计见表5-5。

表 5-5　特产贸易历年统计表

年代	收入	备注
1942	139,623,000（边币）	占岁入40%
1943	65,347,927（券币）	占岁入40.82%
1944	135,388,778（券币）	解决财政开支26.63%
1945	757,995,348（券币）	解决财政开支40.07%

资料来源：陕甘宁边区财政经济史编写组：《财政经济史料摘编》第6编，陕西人民出版社1981年版，第426—427页

除此以外，公营企业的发展，为边区政府提供了部分财源。据不完整统计，公营企业为政府提供的财政收入是（缺1941年、1943年资料）：1940年2.7万余元（法币）；1942年422万元（边币）；1944年18,385.4万余元（券币），1945年23,121.1万

① 陕甘宁边区财政经济史编写组：《财政经济史料摘编》第6编，陕西人民出版社1981年版，第390页。

余元（券币）。[①] 公营企业的收入在边区政府财政来源中占有重要地位，如 1944 年的收入已经占到当年财政收入的 36. 2%。[②] 反映了边区公营企业发展对边区财政的贡献。

二、中共中央在延安时期陕甘宁边区金融事业的发展

物资匮乏、贫困落后的陕甘宁边区，金融更是落后。突出表现在高利贷盛行和对小生产者的残酷剥削上。“在这里最可赚钱的事业，第一便是高利贷。这里借钱，最低是月利三分，最高五分，也有一年借一元还两元的，俗名为‘一年’。”[③] 实物借贷主要是借粮，有放麦还麦，放杂粮还麦，放钱还麦或杂粮等。土地革命取消高利贷，又使农民借贷无门。为使广大农民和小生产者从高利贷剥削下解放出来，解决边区党、政、军机关和学校的财政需要，为繁荣商业贸易，促进工农业生产的发展，中共中央和边区政府把金融开发列为边区经济建设的重要内容之一。在金融开发中，设立银行是首要工作。

（一）陕甘宁边区银行的历史沿革

在中央红军到达陕北以前，西北各苏区都建立有金融机构，发行了苏区的货币。以南梁为中心的陕甘边革命委员会成立于 1934 年。曾经先后以陕甘边革命委员会财政委员会、陕甘边农民合作银行、陕甘省苏维埃银行的名义发行货币，禁止国民党钞票在苏区的流通。

---

① 陕甘宁边区财政经济史编写组：《财政经济史料摘编》第 6 编，陕西人民出版社 1981 年版，第 426 页。

② 陕甘宁边区财政经济史编写组：《财政经济史料摘编》第 6 编，陕西人民出版社 1981 年版，第 426 页。

③ 陕甘宁边区财政经济史编写组：《财政经济史料摘编》第 5 编，陕西人民出版社 1981 年版，第 612 页。

陕甘宁边区银行成立于1937年10月1日，前身是1935年11月在瓦窑堡成立的中华苏维埃共和国国家银行西北分行。边区银行在原有人员和资金的基础上重新设立，首任行长曹菊如。银行成立之初，直接受边区政府领导。1938年底，中共中央成立了以李富春为部长的财政经济部，统管边区经济工作，边区银行遂由财政经济部领导。1940年冬，中共中央财政经济部将边区的财经工作交还边区政府管理，边区银行复归边区政府领导，业务上接受边区政府财政厅的管理和监督。1943年以后，由西北财经办事处监管，属双重领导。银行有关业务方针的拟定与监督，钞票发行数量的确定与检查，收益的分配与处理，须经西北财经办事处研究决定。

边区银行成立时只有营业科、会计科、出纳科。后来相继设立了业务处、总务处、稽核处以及券务科、管理科、收发科等机构。到1940年总行的内部组织机构发展为：

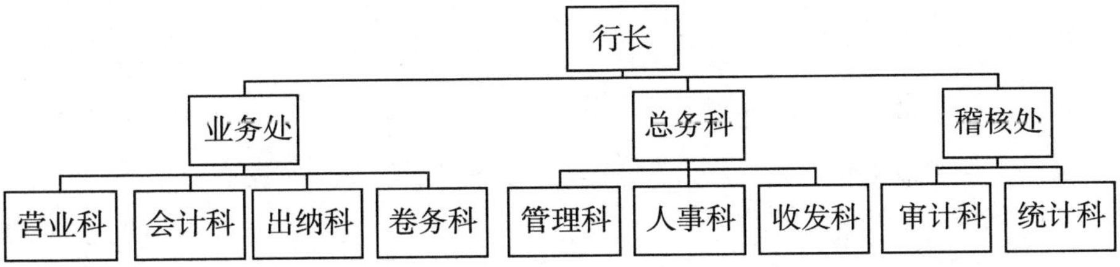

图1　1940年陕甘宁边区银行总行内部组织机构图

1942年10月26日，边区银行制定了成立以来第一个较为全面的《陕甘宁边区银行条例（草案）》，该条例对边区银行的性质、任务、业务规范、权限、组织结构等作了详尽的规定。由此，边区银行总行内部的组织结构扩大为八处一室。

在边区银行内部组织不断完善的同时，边区银行的分支机构也随着业务的开展而不断增加。从1938年开始，边区银行在各地设立了办事处或分行，到1940年底，边区银行陆续建立的分支机构有：

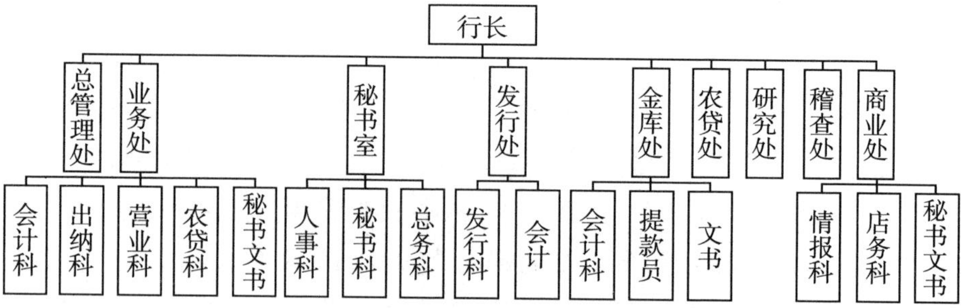

图 2　1940 年陕甘宁边区银行总行内部组织机构图

(1)西安办事处：1938 年 7 月成立，由八路军驻西安办事处会计科代理，主要办理西安到延安之间的汇兑业务。(2)定边分行：1939 年春成立办事处，冬改为分行，主要办理汇兑。三边是边区药材、盐、皮革等特产的出产地，和周边有很多贸易关系，故银行也办理商业上的业务。(3)绥德分行：1940 年春建立，当时是以光华商店名义出现的，1941 年 1 月正式改为分行。主要办理汇兑，并在山西碛口采办边区需要的货物。(4)陇东分行：1940 年 8 月成立，该地是三边食盐出口的最大孔道，又是陇东的商业中心，因此，主要业务是开展大眼点工作，经营商业。(5)重庆办事处：1940 年 3 月成立，由八路军重庆办事处为代理汇兑机关。

到 1942 年，经整编后，边区银行全辖机构已经多达 20 多家，包括各地的办事处、分行、货币交换所以及光华商店和光华印刷厂。边区银行随着陕甘宁边区经济大发展，自身也得到了快速发展。银行机构逐步完善，业务范围也随之扩大。边区银行成立之初，资本只有现款三万多元。次年 3 月，凑足资本十万元。开业资本状况：总资本十万元，其中金银折款六万元，现金四万元。到 1940 年 10 月，经营资本达 200 多万，增长了 49 倍。到 1942 年，边区银行的资本金、公积金、盈余滚存三项达到 500 万元，各种存款由1940年的208.3上升到1,046万元，工业和商业投资放款分别为387.5万元和1,143万元。①

（二）陕甘宁边区银行的业务活动

抗日战争时期，陕甘宁边区是有着独立的政治经济地位相对自治的地方特区政府。这也就决定了边区银行具有中央银行的性质。作为中央银行，边区银行具有执行中共及边区政府的金融政策，针对边区不同时期的政治、经济发展特点来确定自己的经营方向，服务于“发展经济，保障供给”的总方针。对于边区银行的任务，《陕甘宁边区银行条例（草案)》规定：“陕甘宁边区银行，为发展新民主主义经济之枢纽，担负如下任务：①维护法币，巩固边钞与敌伪货币斗争。②发展国民经济，特别是农村经济，以支持抗日战争。③稳定社会金融，平抑战时物价”。由于陕甘宁边区经济发展的特殊情况，边区银行的任务也在不同时期有所不同。如1941年的中心任务是“稳定边币，实现边区政府‘稳定金融，稳定物价，争取对敌斗争的主动权’的金融政策”；1942年的基本任务是“发展边币，巩固边币”；1943年的任务是：“①发展国有及国民经济；②支持财政预算；③发行并调剂货币”；1944年主要实现三个任务：“一是帮助发展公营经济与私营经济；二是周转财政；三是调剂货币。”从以上各年任务我们可以看出，边区银行的核心任务概括起来是：发展经济，支持财政，稳定金融。边区银行的业务是由其任务规定的。《陕甘宁边区银行条例（草案)》规定银行业务如下：“①经收各种存款和储蓄。②办理下列各种贷款：甲、农贷，如耕牛、农具、植棉、青苗等贷款；乙、合作事业，尤其是生产合作社；丙、公私

① 陕甘宁边区金融史编辑委员会：《陕甘宁边区金融史》，中国金融出版社1992年版，第29页。

工业，如长期投资放款，短期借款；丁、公私商业，如小本商人贷款，出入口抵押放款。③办理边区及其他有通汇条约之各种汇兑。④办理期票汇票等之买卖贴现。⑤办理票据交换及划汇”等。

陕甘宁边区银行的经营情况，可从以下六个方面来说明。

1. 吸收存款。边区银行成立之初，除经营光华商店外，其主要业务是吸收存款。按存款的性质分有六个类型：即定期存款、往来存款、特别往来存款、储蓄存款、暂时存款、票据存款。在各项存款中，往来存款所占比重最大，定期存款比重最小。如1941年6月底银行存款总额为1,334,000元，其中，定期存款2,000元，占0.15%；往来存款1,130,000元，占85.3%；特别往来存款160,000元，占12%；储蓄存款18,000元，占1.4%；暂时存款12,000元，占0.9%；票据存款12,000元，占0.9%。存款中大部分是机关公款，流动的多，而固定长期利用的不多。如1940年10月以前银行存入22,022,115.55元，取出21,303,904.54元，余额718,211.01元。银行存款利息一般的是一分二厘，有的较高。① 但政府规定最大存款利率不得超过一分五厘。

皖南事变后，随着金融波动，物价上涨，吸收定期存款很困难，银行存款业务主要是：①信托存款——存款以500元起码，以三个月或半年为一期，到期自由提取，保证红利起码每月10%，按月支付；②实物存款——以某种物价为标准，存时照价折成实物，到期仍照实物价格折成现款付还。但这两项存款业务都要在对银行有利的条件下才能举办。

吸收存款是商业银行的基本业务，具有中央银行性质的陕甘宁边区银行，其存款职能同商业银行一样，吸收零散的闲置资

---

① 陕甘宁边区财政经济史编写组：《财政经济史料摘编》第5编，陕西人民出版社1981年版，第372页。

金，用来支持边区的生产建设，使边区经济开发能够得到充分的资金供应。另一方面，通过这一职能，也汇聚了人民群众的闲散资金，发挥众人划桨开大船，好钢用在刀刃上的积极利用。

2. 开展汇兑。汇兑是银行的主要业务之一。边区银行的汇兑业务对于调剂边区各地筹码、平稳物价、促进物资交流发挥了重要的作用。边区银行的汇兑业务开始于1937年冬季。皖南事变前，西安与延安之间的汇款业务是边区银行的主要汇兑业务。1938年至1940年，共计汇出588笔，计330余万元，汇入有700笔左右，计270余万元；总计汇出汇入1,200多笔，计600余万元，占三年间全部汇款笔数的80%以上，款额占总数的90%以上。边区银行总行与下属各地银行也建立起汇兑关系。1938年秋，鉴于延安、三边之间商业关系密切，款项调拨极为困难，于是委托三边分库代理汇兑业务，开办三边与延安间公私款项的汇兑。1940年绥德、陇东成立分行，与延安的汇兑业务亦开办。至此，延安与边区各分行全部通汇。1942年，延安与晋西北农民银行建立了通汇关系。皖南事变后，延安与西安通汇关系断绝，边区内部汇兑成为主要业务。如1941年至1942年，延安汇出403笔，给西安只有五笔，仅占1.2%；汇出金额14,016,583.70元，到西安的只有9,800元，占0.07%；外地汇入529笔，均为边区境内汇入，金额24,828,727.62元。[①] 有关统计数字计算可以看出皖南事变后边区境内汇兑业务是十分频繁的。

边区银行通过汇兑业务，成功地解决了边区与外界、边区内部物资交流的困难。一方面，能够充分利用边区内丰富的自然资源，换取边区必需的生活生产物资；另一方面，平稳了边区的物价，提高了边区人民的生活水平。

---

① 陕甘宁边区财政经济史编写组：《财政经济史料摘编》第5编，陕西人民出版社1981年版，第495页。

3．代理金库。银行代理金库，执行政府财政上的统筹统支职能，是实现财政统一的关键。《陕甘宁边区财政厅金库条例》规定："金库概委托边区银行代理之"①。边区金库是由苏维埃中央金库发展而来的。1937 年秋至 1939 年 6 月是委托金库制，会计上单独成立系统；1939 年 7 月至 1941 年 6 月底为银行存款制，会计不独立，附属在银行会计内；1941 年 7 月又实行委托金库制。银行设金库处，单独成立会计制度，各金库的组织系统相继建立起来。1941 年 3 月 10 日边区财政厅颁布《关于各县建立金库组织的训令》之后，各基层金库相继建立起来。分库有陇东、关中、三边、靖边、绥德五处，支库有神府、志丹、安塞、安定、延川、延长、固临、甘泉、延安、延市、清涧、吴堡、米脂、曲子、盐池 15 个。②

银行代理金库，使财政上的税收、罚没款及其他一切政府收入，均交金库管理。《陕甘宁边区财政厅金库条例》规定："一切岁入岁出之款，概由金库收纳或支付，无论任何机关，均不得收款不缴或于未缴金库以前擅自动用，违者金库应加干涉，并报告同级政府、上级金库及边区财政厅处分之"。"一切支出非有财政厅长盖章之支付命令，总金库不得付款，下级金库非有上级金库之支票，不得拨款给任何机关……"③ 1941 年 10 月 29 日的《陕甘宁边区政府训令》要求：尊重金库制度……今后政府一切收款，均必须随时交到金库，不得擅自压下不交金库，在未得上级金库支付命令之前，一概不得动用金库存款。同时，各级政府，对当地银行、贸易机关，亦必须加强领导与帮助。

---

① 陕西省档案馆：《陕甘宁边区政府档案》卷 212，庆阳地区档案馆藏。

② 陕甘宁边区财政经济史编写组：《财政经济史料摘编》第 5 编，陕西人民出版社 1981 年版，第 507—508 页。

③ 陕西省档案馆：《陕甘宁边区政府档案》卷 348，庆阳地区档案馆藏。

金库制度是边区银行作为中央银行的一个特殊职能，是由边区政府设立的，专门用于对边区财政预算收支的出纳、保管和划拨等事项。抗战期间，在政府资金缺乏的情况下，金库制度保证了边区政府的财政支配，减少了自收自用现象。边区金库在资金的收付和调动方面发挥了重要作用，充分有效配置了有限的财政资源，使其得到了最有效的发挥。

4．管理“外汇”和金银。陕甘宁边区于1941年2月禁止法币在边区流通后，边币也不能直接到国统区购物，这样就出现了外汇问题。一方面，边区的一些必需品必须从国统区购来；另一方面，边区和国统区犬牙交错，两区民间也有贸易往来，这样，法币就被当作外汇来使用。为了贸易和对法币斗争的需要，边区在各贸易口岸设有货币交换所，以兑外汇。起初，边区对外汇管理并不严格，基本采取外汇自由兑换制。但随着边区内金融波动，物价上涨，1943年3月底，银行开始了严格的外汇管理制度。边区外汇管理的措施，一是颁布了《陕甘宁边区银行管理外汇办法》，共13条。规定：“凡携带法币在边区境内通行……满二千元及二千元以上者，必须向政府指定的检查机关登记，并领取通行证，违者以破坏金融论罪”。“凡拟向外地采购物资，规定物品之交换所及统购机关等，准按订购的实际需要，兑给法币或外币百分之四十至八十。但必须填具交换所规定之保单，保证于限定时期内将货运到”。“凡运售物资局规定之物品，请求兑换法币或外币之外商，须先呈验进口货物登记证，交易所成交证或存货单，经审查后，得按该外商所售货物额，兑给一部或全部”。“凡携带法币或外币出境者，必须将货币交换单随身携带，遇检查时呈单受验”①。二是建立了严格的审批制度。其原则是：对于

① 陕西省档案馆编：《陕甘宁边区政府文件选编》第7辑，档案出版社1986年版，第251—252页。

应得外汇的人，在普通情况下，应保证其如数得到外汇；对于不应得外汇的人，绝不能随便批给一元钱外汇；外汇的批审，必须与贸易政策、物价政策相配合。

在实行外汇管理的同时，边区银行还实行了对生金银统一收购的政策，防止生金银外流资敌。为此，1942 年 2 月，边区银行颁布了《禁止私人收售质押及私运现金出境惩罚条例（草案）》。规定："本条例所称现金包括金块、金条、元宝、银条以及一切金银器具，首饰和硬币"；各地货币交换所"收进之现金应按期交给边区银行"；"现金所有人，如不愿出售而又急需抵押者，可以到边区银行请求抵押贷款"；如违犯本条例，而"私运现金出境，沿途军警哨卡均可立即将其现金全部没收，并将私运人扭送当地政府"。[①]

总之，边区银行对外汇和金银的管理，是由自由兑换到严格管制，其主要目的是维护边币币值的稳定、平抑物价、防止物价剧烈波动，这是加强对敌经济斗争的重要措施。

5. 建立信用合作社。高利贷是农村传统的信用形式，也是剥削最残酷的方式之一。土地革命取消了高利贷，但农民告贷无门，高利贷又乘机发展。与此同时，"延安一带又盛行一种'请会'（亦名'钱会'）"变相高利贷形式。高利贷、"钱会"的流行说明边区农村需要一种借贷制度，来解决其迫切的需要。

1940 年关中赤水劳动英雄蒲金山创办了老户集粮借给新户的信用形式。1943 年米脂各区农会在防荒目的下，号召农民组成 17 个小型粮食信用社。边区第一个规模完备的信用社，是边区银行于 1943 年 3 月成立的延安南区沟门信用社，一年内股金由十万余元扩大至 360 万元，放款累计达 954 万元。[②] 1944 年 6 月，

① 陕西省档案馆编：《陕甘宁边区政府档案》卷 287，庆阳地区档案馆藏。

② 陕甘宁边区财政经济史编写组：《财政经济史料摘编》第 7 编，陕西人民出版社 1981 年版，第 327 页。

边区合作会议对信用合作社采取支持大量发展的方针，提出每区建立一个信用社的口号。9月，延属分区召开信用社联席会时，已普及各县，共有23处，至12月，全边区信用社又增至86处，资金五亿元。[①] 信用社是银行帮助建立起来的，因此帮助银行开展业务是信用社的经常工作，如帮助银行收回边币，兑换破旧票子，发放农贷。信用社在银行的指导下从事吸收存款、放款的业务。信用社的资金来源于吸收存款，存款月息通常是15%—20%。所以干部、职工以及妇孺的零用钱和养老等闲置资金都能吸收进来。“日本投降前，全边区信用合作社吸收存款共约十五万万元，其中大部分是干部和农民的存款。”信用社动员、集中这么多资金除了有力地打击高利贷外，对于辅助生产、发展农村经济起着重要作用。[②] 信用社放款的政策有二：一是生产放款，二是有借有还的临时借款。所放之款，亦能用于直接帮助生产，并以发挥最大的效能为目的，既不是放给富有者去买牛出租，赚取租子，也不是放给那些去做投机冒险生意的人，也不是放给无劳动力，不能生产而缺衣缺食的（这是救济机关的事）人。以沟门信用社为例，1943年3月正式放款，借户34户，金额87,205元，至1944年2月底一年中，累计放款14,270,525元，借户706户。其放款总额用于购买生产用的耕畜、农具、开付工资等占53.9%。[③]

6. 放款业务。放款是商业银行的基本业务，抗战时期的陕甘宁边区，由于战事和经济建设的需要，农业、工业和商业均处

① 陕甘宁边区财政经济史编写组：《财政经济史料摘编》第7编，陕西人民出版社1981年版，第327页。

② 任学岭：《论陕甘宁边区的边、法币斗争》，《延安大学学报社会科学版》1997年第2期。

③ 陕甘宁边区财政经济史编写组：《财政经济史料摘编》第5编，陕西人民出版社1981年版，第653页。

于发展的重要时期，也是大量资金的需求期。银行的放款业务为边区各项事业的发展提供了重要的资金来源，增加了生产建设的投资，促进了边区的经济发展。

边区银行全部资金的运作，主要分配在放款上，用以支持生产和财政开支。边区的放款可分为五类：①生产建设放款（包括农贷、工业、盐业、运输业、合作社、机关生产等放款）；②财政性放款（包括财政借款、机关借款）；③商业放款；④物资局投资；⑤其他放款（包括短期的暂欠与私人借款）。

抗战时期边区银行放款以1942年的西北局高干会议为界分为两个时期。1937年10月至1942年10月为第一个时期，第一个时期又可分两个阶段。第一阶段从1937年10月至1941年皖南事变前夕。在这个时期边区财政依赖于外援，银行处于发展阶段，放款业务开展得不够，放款的种类少，主要是财政机关放款，生产建设放款（主要针对公营工厂）和商业贸易放款。在各种放款中，生产建设所占比重较低。如1938年放款总额为50,524,346元，生产建设放款只有1,141,945元，仅占2.26%；1939年放款总额为108,278,101元，生产建设贷款只有13,514,472元，仅占12.48%；1940年放款总额为403,699,811元，生产建设贷款只有10,478,258元，仅占2.59%。第二阶段从1941年至1942年10月西北局高干会议前。这个阶段一方面财政困难，需要解决；另一方面发展生产以求自给自足，需要资金。银行放款总的方向是围绕着这两个问题进行的。由于边区财政由完全依赖外援走向自力更生，各机关、部队、学校经费由完全发放转为生产自给，这就决定了银行放款任务为投资机关、部队、学校的生产事业，调剂出入口贸易和弥补财政赤字等。1941年放款总额为26,814,316元，1942年放款总额为78,947,234元。其中，1941年财政机关放款12,394,347元，占总额的46.22%，生产建设放款10,896,752元，占40.63%，商业贸易放款3,523,217元，占13.15%；1942年财政机关放款27,752,515元，占35.15%，生产建设放款15,075,400元，占19.10%，商业贸易放款36,119,319元，占45.75%。在生产建设放款上由单一的公营工业贷款转向多方位贷款，如农业、纺织、合作社、运输业等。①

这一个时期放款的成绩在于：①在经济上促进了生产的发展，特别是为边区公营工业发展奠定了一定的基础。②帮助解决了政府的财政困难。③帮助了各机关完成自给自足生产计划。但也存在一些偏向，主要表现是扶持发展生产特别是农业生产和私人经济的观点不够明确，这方面的放款工作也做得不够。第二个时期，从1942年10月西北局高干会议至1945年抗日战争胜利。西北局高干会议确定了“发展经济，保障供给”的总方针，纠正了过去在财政经济问题上的保守观点，使银行放款方针得以彻底改变。因此，对农业及其他生产建设（如盐业、手工业、私营工商业等）放款力度加大，成为这一时期放款的最大特点。主要表现在：①建立机构，制定专门贷款办法。农业方面，边区政府委托银行在各县建立农贷办事处，实施贷款，1943年1月颁布了《陕甘宁边区三十二年度农贷实施办法》、《农贷小组暂时组织办法（草案）》等。工商业方面，颁布了《陕甘宁边区银行定期信用放款暂行章程》、《陕甘宁边区生产合作社贷款及投资暂行办法（草案）》等。②贷款形式多种多样，一种是现金贷款，一种是实物贷款，还有专门贷款，基本都是专款专用，由银行监督。③贷款对象主要是农民、手工业者和个体工商业者，机关、部队、学校的生产也得到贷款。④贷款面较广、规模较大，能及时到位。

---

① 根据边区银行《两年来放款工作初步总结》（1943年）有关数据计算，见陕甘宁边区财政经济史编写组：《财政经济史料摘编》第5编，陕西人民出版社1981年版，第392页。

总之，第二个时期把贷款重点转移到工农业生产上，为1943年的经济建设和1944年边区达到自给自足状态发挥了巨大作用。

银行放款利息因行业不同、资金周转期长短不一而有差异。农业的资金周转期长，一般为一年，利息最低为一分。工业资金周转期为三至六个月，利息一分二厘。商业资金周转速度最快，为一至三个月，利息最高，达一分五厘。因为吸收存款业务成效不大，因此，银行放款资金的唯一来源是货币发行，这是边区放款业务的一大特点。这一特点通过对1938年7月至1943年8月的放款与货币发行的分析就可以反映出来（表5－6）。

表5－6　1938年7月—1943年8月放款与发行对比

时期	1938 7—12	1939 1—12	1940 1—10	1940.11 —1941.3.15	1941.3.15 —1941.12	1942 1—9	1942.10 —1943.8
发行额（千元）	99	218	704	4,340	22,012	30,327	475,775
放款总额（千元）	120	209	653	5,777	17,668	2,512	489,418
放款占发行比（%）	11.2	95.9	92.8	133.1	80.3	8.3	102.9

资料来源：根据陕甘宁边区财政经济史编写组：《财政经济史料摘编》第5编，陕西人民出版社1981年版，第396页的统计表重新设计

通过对上述六个方面银行业务的分析可以看出，陕甘宁边区银行业务的展开始终坚持着发展经济、保障供给的总方针，在支持财政，发展经济，稳定金融，保持进出口平衡和反封锁斗争等方面都做出了成绩。

（三）边币的发行及边币与法币的斗争

1. 边币的发行。皖南事变后，面对国民党对边区军事包围、经济封锁，边区市场上流通的法币有出无入，边区市场流通出现严重迟滞的困难。边区政府决定把收回法币作为克服法币不足和弥补财政赤字的对策，并实行独立自主的货币政策，并以法币为基金，发行自己的货币，即边币。

1941 年 1 月 30 日，边区政府发布《关于停止法币行使的布告》，制定带法币出境必须经许可的制度。同年 3 月 18 日，边币正式发行。边币面额有：一角、二角、五元、十元、50 元、100 元、200 元、500 元、1000 元、5000 元共十种，另有本票 500 元、一万元、五万元三种。边币从 1941 年 3 月投放市场至 1943 年底，累计发行 4,307,215 元。它的发行打破了国民党的货币垄断，巩固了边区金融，保障了财政来源，为边区渡过难关，做出了重要贡献。

在边币发行之前，边区货币本币为法币，而为了找零需要，边区自行发行元以下辅币。在当时历史条件下，边区银行没有对外公开，不便以银行名义发行钞票，只能以光华商店名义发行代价券。1938 年发行的光华券票面有二分、五分、一角、二角、五角五种，后又增发七角五分券，共六种。光华券以光华商店资本作为保证，因而持券者可到光华商店换回如数法币。光华券的信用很好，它的流通范围甚至超出了边区。边币发行之后为了建立正规的边区金融制度，逐渐换回光华代价券，使边币成为唯一的边区通货本位。

2．边币与法币的斗争。法币与边币的直接较量，成为皖南事变后国共双方货币斗争的主要内容。陕甘宁边区发行边币以后，为了破坏和阻止边币的正常运作，国民党政府一面在边区大量抛出法币，抢购物资；一面加紧封锁边区，不许物资运入。边区政府为战胜顽敌，争取主动，于 1942 年 7 月 25 日发出密电，再次要求：①坚决禁止使用法币，并收集边区法币向沦陷区抢购物资；②利用法币比边币价值跌得快的时机，提高边币与法币比价（如表 5－7）。③迅速健全边区银行组织。除设边区总行外，还在绥德、三边、陇东设立分行，在富县、延长、曲子、延安的稳化沟设立办事处。后来米脂支行、安塞、志丹、子长、延川、固临、甘泉等办事处也相继成立。随着边区金融机构的完备，大大强化了与法币的斗争力量。

表 5－7 1941 年各月边法币比价统计表

1941	1 月	2 月	3 月	4 月	5 月	6 月	7 月	8 月	9 月	10 月	11 月	12 月
边法币比价	100	112	120	135	148	170	198	218	205	225	230	249
逐月增加百分率	—	12.5	6.6	12.5	10.2	14.6	16.5	10.1	-6.0	9.8	2.2	8.3

资料来源：陕甘宁边区财政经济史编写组：《财政经济史料摘编》第 5 编，陕西人民出版社 1981 年版，第 127、129 页

1944 年 7 月，为提高与法币的比价、缩小票面和增加储备信誉，发行陕甘宁边区贸易公司商业流通券，并于 1945 年 5 月起定其为边区本位币，以 1∶20 的比价回收边区银行币。

在边币与法币的斗争中，食盐起到了不可估量的作用。货币的发行要以一定的储备物为准备。通常情况下，发行货币的储备物以法币和金银为主。然而，抗战期间，国民党在陕甘宁边区大量的抛出法币，再加上国统区通货膨胀严重，法币贬值很厉害，无法作为新发货币的储备物；而边区金银的储备量也远远不够发行新货币的条件。在这种情况下，食盐是边区的重要而且储量巨大的资源，边区的税收中盐税所占的比重一直很高。

太平洋战争爆发后，西方构建加强了对日贸易限制，日本利用法币向大后方抢购物资，造成法币在大后方的流通成倍增长，法币币值一路狂跌。为了使人民免受损失，同时也是“为了建立正规的边区金融制度”，1941 年 2 月，边区政府决定“以盐税货物税作保证”，发行边币 1,000 万余元。几乎同时又以食盐税和货物税为担保，发行建设救国公债 500 万元边币（实际发行了 618 万元，岁入表只收 405 万元）。由于当时边区经济自给能力有限，财政压力加大，政府不得不增大货币发行量，“边币的发行是逐年逐月增加的，并且从未收缩过。1942 年平均增发率为 51.4%”，到年底边币发行量达 11,845 万元。因而边币发行不久便发生通货膨胀，边区物价急剧上涨（以延安物价为例，1943

年底物价指数是1941年2月发行边币时的315倍）。而国民党为了在经济上困死边区，又不断地采用鼓励走私、法币黑市等手法破坏边区经济和金融，边区政府虽多次严禁法币黑市，但收效不大（边区40%的县与国统区交错相处），致使边币与法币比价由原来约2∶1跌到10∶1，边币信誉大受威胁。边区政府为了稳定物价，维护边币，针对当时造成物价上涨的主要原因是贸易不畅和财政赤字，一方面加快发展经济，提高自给能力；另一方面，尽力掌握食盐贸易主动权，加大食盐运销，提高盐价。如在陇东1943年盐价五次上涨，平均涨价193%。1943年、1944年仅西华池三个销盐点，旺季日销20万斤，平季可销六万余斤。盐业贸易不仅换回大量物资，对平抑物价起到了很大作用，同时也换回了法币，增强了边区对外贸易的支付能力，促进了边区金融稳定。①

第三节　陕甘宁边区交通运输和邮政事业的发展

一、陕甘宁边区交通运输事业的发展

陕甘宁边区位于沟壑纵横的黄土高原，地理环境的复杂与生产力水平的落后，决定了边区经济的运输业形式是多样的。全国抗战初期，边区的广大山区多用畜力，只有川道和平缓地区用大车运输。民间个体运输多用畜力，边区机关军队多用大车运输，并出现了运输合作社的形式。民间个体运输是边区运输业的主要力量。交通方面，也十分落后，没有铁路，公路里

① 黄正林：《边钞与抗战时期陕甘宁边区的金融事业》，《近代史研究》1999年第2期。

程也很短。仅有的几条公路包括：1934 年筑成的三原至洛川段 224.8 公里，1935 年筑成的洛川至延安段 125.2 公里，1936 年以后筑成的绥德至清涧段 59.6 公里、绥德至榆林段 114.7 公里，清涧至延川段 30 公里、永坪至清涧段 66.7 公里[①]，以及正在修筑的咸榆公路。大道方面以榆林为中心，向四周辐射，其余的道路几乎全是小路，这些大道和小路都是土路，一遇雨天或滑坡、塌方时，道路便泥泞难行，不仅造成了行人的财产损失，甚至有生命危险。落后的交通运输条件，严重阻碍了边区内部以及与外地的经济往来。交通运输方式的落后，致使陕甘宁边区蕴藏的丰富资源，如石油、煤炭、池盐等没有能够发挥应有的作用。

（一）边区交通运输的管理机构

为了发展对外贸易和便利食盐、粮食、草料、药材物品的运输，边区政府设立了交通运输业的管理机构，从事边区交通运输的经营管理，改善边区交通运输的发展环境。1938 年 4 月，边区政府在建设厅下设运销处，专门负责交通运输。1941 年 12 月中旬，为了对加强运盐工作的领导，边区在建设厅下设立运输管理局。同时，还建立了三边、陇东、关中、绥德四处交通运输管理分局，及孙克崾岘、新儿湾、元城镇、西华池、孙家畔、瓦窑堡、延安市等八处转运栈，并抽调 39 名干部充实各局及转运栈。后来又成立了清靖路、定庆路、定延路管理局。各交通运输分局的职责是：汇总统计分区有关交通运输资料，制定发展交通运输计划及实施办法；分配督促各县运盐工作，调剂运输力量；组织公私运输工具，参加运输；建立并管理分区转运

① 陕甘宁边区财政经济史编写组：《财政经济史料摘编》第 3 编，陕西人民出版社 1981 年版，第 795 页。

栈、运输站及其他有关交通运输业务；帮助并管理有关公私木工厂，制造大车，鞍架及其他运输工具，组织外来脚户及对外运输业务，绘制分区交通运输地图，修筑、养护分区境内的公路、大车路及驮运道。①

（二）边区交通运输的方式

边区沟壑纵横，崎岖不平，道路简陋又复杂多样，决定了边区的交通运输必然呈现出多元化的特点。又由于边区的新民主主义社会性质，决定了边区的交通运输分为个体与公营运输两种方式，其中，民间个体运输又是边区运输业的主要力量。

1. 边区的民间运输。在边区交通运输不发达的情况下，民间的个体运输是主要的运输力量。因此，边区政府对民间运输十分常重视，1944 年 10 月，边区政府建设厅在《关于边区经济建设报告书》中指出："随着农工商业的繁荣，运输事业日趋重要，政府为使运输事业能适应并推动边区经济之发展，首先发展并组织民间运输力量"。② 而边区政府组织民间运输力量又以运盐为开端，促进了民间畜力运输的发展。如 1941 年运盐 29 万驮，1942 年为 24 万驮，就畜力动员而言，1942 年边区政府动员民间长脚牲口 17,631 头，1943 年动员长脚牲口 20,822 头，短脚牲口 279,000头，1944 年上半年动员长脚牲口 20,205 头，动员短脚牲口 34,022 头。③

---

① 庆阳公路交通史志编写委员会：《庆阳地区公路交通史》，兰州大学出版社 1989 年版，第 82 页。

② 陕甘宁边区财政经济史编写组：《财政经济史料摘编》第 7 编，陕西人民出版社 1981 年版，第 251 页。

③ 陕甘宁边区财政经济史编写组：《财政经济史料摘编》第 3 编，陕西人民出版社 1981 年版，第 686 页。

表 5-8 边区民间个体运输的组织形式表

形式	特点	主要分布范围
朋帮	独立脚户为了运输上的相互照顾，利用亲戚朋友关系，把牲口打在一起去运输，选帮头，有的按股分红，有的经济独立；朋帮牲口少则七八头，多则 七八十头乃至上百头，朋帮有长脚和长脚短脚和短脚农户和农户相朋。	三 边、陇 东、关中分区
合伙	二三家农户牲口合在一起，有多余的劳动力来赶，人算工钱，见利平分，赌本均摊。放青运盐，无帮头，经济各自独立。	多在定庆路、定延路沿途各县盛行
变工	放青运盐时，变工队抽人赶牲口，在家还工，或轮流去干，轮流还工。畜力人力互相变工，或还钱，或还工，或抽盐、依各地情形和变工情况而定。	边区各地都有
捎牲口	有牲口的人家依托牲口不足的人家把牲口捎去赶回，给一定报酬，盐本及运盐赔赚由主家负担，报酬方式或还钱、或还工、或抽盐。	边区各地
带头	有两种形式，一是赶脚无经验的人，找赶脚有经验的人带路：二是农忙时家里无劳动力，只有小孩，托邻居脚户带去喂牲口，适当给予报酬，目的是为了照顾。	靖边、吴旗一带分布较多

资料来源：根据陕甘宁边区财政经济史编写组：《财政经济史料摘编》第 3 编，陕西人民出版社 1981 年版，第 744—745 页有关文字资料编制

边区民间运输的运输方式主要有五种：朋帮、合伙、变工、捎牲口、带头。其中变工和捎牲口在整个边区广泛存在；朋帮方式普遍存在于三边、陇东和关中分区；合伙主要出现在运盐的定庆路、定延路以及沿途各县，是运盐而兴起的民间运输形式；带头运输方式在靖边、吴旗一带分布较多。灵活多样的民间运输在边区运输业的发展上发挥了极其重要的作用。

2. 边区的运输合作社。边区政府成立后，极力发展民间运输中的运输合作社，使其在边区经济建设中发展了很好的作用。1941 年 10 月，边区政府颁布了《陕甘宁边区人民运输合作社组

织办法大纲》，开始兴起运输合作事业。1942 年 12 月，毛泽东在西北局高干会上指出："运盐的组织要采取运输合作社及运输队的方式，宣传群众自愿入股……县区乡各级党与政府应积极指导这种运输队的合理、公平和健全的组织……"为边区的运输事业指明了发展的方向。据统计，1942 年 10 月，边区各县合作运输牲口队有九队，牲口 246 头；到 1943 年 9 月，参加运输合作的牲口达 3,703 头，增长了 15 倍。[①] 到 1944 年，运输合作社在数量上仅次于消费合作社，占边区合作社总数的 1/3 多。资金方面，占总合作社资金的 45.8% 左右。[②]

边区运输合作社得到迅速发展的主要原因有两个方面：首先，中共中央和边区政府因运盐和战争需要，极力倡导建立运输合作社，并颁布实施了有利于合作社发展的优惠政策，推动了运输合作社的发展。正如高自立所说："现有的运输合作，无论是公私合作或民间合作，均系各级党政领导组织起来的，也都是受党和政府的领导与支持的。"[③] 其次，各级政府和银行对运输合作社以贷款扶持，使合作社有了发展的资金。1941 年，边区政府颁布了《陕甘宁边区银行定期信用放款暂行章程》，就包括运输合作社贷款。根据《章程》边区银行加大了对运输合作社的投资力度，如 1941 年边区银行就给运输业贷款 27.1 万元。[④] 延安西区运输合作社成立时，"市政府实现诺言，贷款 5 万元……以后市政府又给了包括公盐的代金款 11 万元，作为流动资金"。庆阳民

① 陕甘宁边区财政经济史编写组：《财政经济史料摘编》第 7 编，陕西人民出版社 1981 年版，第 264 页。

② 陕甘宁边区财政经济史编写组：《财政经济史料摘编》第 7 编，陕西人民出版社 1981 年版，第 88 页。

③ 高自立：《运输合作检查》，《解放日报》1943 年 9 月 23 日。

④ 陕甘宁边区财政经济史编写组：《财政经济史料摘编》第 5 编，陕西人民出版社 1981 年版，第 455 页。

办运输合作社成立时，“它好像一个初生的婴孩一样，力量小，全部资金不到10万元”。后来，运输合作社在市民中“扩大了股金60万元，接着物资局投资22000元，土产公司投资168万元，盐业公司投资562000元。有了这些资本，遂买骡子56头，共组成三个运输大队，合计有骡子56头，毛驴26条，整个资本约4310248元。从此，庆市民办运输合作社便迅速发展起来了。”①这些都是政府和银行贷款支持的结果。

（三）边区政府发展运输业的措施

道路和交通运输是社会经济发展的先决条件。因此，边区政府重视对运输工作的领导和管理，出台了一系列政策、措施，鼓励和规范边区交通运输的良性大战。这些措施包括：

1. 颁布法律法规，规范和奖励边区运输业发展。1941年10月，边区政府颁布了《陕甘宁边区人民运输合作社组织办法大纲》，指出人民运输合作社的宗旨是：“为了保证政府按期收到公盐和公粮并便利人民运输，避免因无组织而浪费人力、畜力和过分妨害人民生产的损失，提高边区运输力量，保证抗战运输需要，便利发展边区经济为目的”。其性质是营业性的，“无论社员或非社员，凡委托合作社运输公盐和公粮，均应按照合作社规定出备运费，其运费多寡由合作社按照实际开支需要规定，既不得规定太高，也不得规定太低，而应略有盈余。以便利合作社不断扩大，并使社员有相当红利可分，以便于广泛吸收人民加入合作社”。关于社员，采取自愿加入的原则，《大纲》规定“不论是为了便利运输公盐和公粮的人民，或是为了从事运输事业，借以获取运输费的人民均得自愿加入。”加入运输合作社的社员，“至少须认缴社股一股，多则不加限制，但每股不得小于50元的价

① 黄正林：《陕甘宁边区经济史研究》，甘肃人民出版社2002年版，第135页。

值”。能运输的牲口；大车、鞍架、口袋等运输工具；粮食或草料等实物均可以入股，折合成货币为股份，“以便按股享受损益”。①

为了便利食盐运输与对外统销，保证运输合作社能够得到实际利益，1943年8月14日，边区政府颁布了《陕甘宁边区运输合作社奖惩办法》，规定：“一、以运盐为经常的主要业务；二、运盐不走私；三、运输路线受盐业公司的调动”的合作社“均可得到政府奖励”。已成立的运输队，如因流动资金缺乏，不能运盐，政府可给以短期借款。如因在边区内受军事差役损失，致不能维持业务，政府可予以津贴。遭受天灾及其他祸患非人力所能抵抗，导致不能维持存在，政府可贷款或酌予救济。得享受政府规定平价草料的优待。②

为了鼓励私人投资交通运输，以推动交通运输业的发展，1942年2月26日，边区交通运输局颁布了《发展私人交通运输企业投资暂行办法》，规定投资范围包括骡马店、大车、鞍架、毛口袋、制造厂、兽医院以及其他一切交通事业。各项投资的条件是：骡马店“（一）必须能容纳一定数量之人畜，并经常囤积一定数量之草料。（二）代脚户出卖货物，其所收佣钱不得多于二分。（三）草料及伙食价格，不得超过买价140%”。大车、鞍架、毛口袋厂“（一）必须在一定期限内完成一定数量之大车、鞍架、毛口袋等物品。（二）可与指定之合作社定（订）立合同，按月供给，其出品多少按市价九五折出售之。（三）其出产之卖价，不得高于一般市价。（四）在不妨害资金流通下，各制

① 陕西省档案馆：《陕甘宁边区政府文件选编》第4辑，档案出版社1988年版，第366页。

② 陕西省档案馆：《陕甘宁边区政府文件选编》第7辑，档案出版社1988年版，第297—298页。

造厂得将其出品之一部预先卖给运输合作社，定期还钱，以便于运输事业之发展。”开办兽医院“（一）必须有一定程度之兽医技术及一定数量之医药设备。（二）必须负责诊治经过该地区的运输队牲畜之病症，其医药手术费不得高于一般和私人经营医院的规定”。[①] 边区政府出台的政策法规，对推动交通运输事业的发展起了具体的指导作用。

2. 在各主要运输路段开设转运栈、骡马店和兽医院。1941年，边区建设厅派专人分赴三边、陇东、甘泉、志丹一带，“视察各县现有驮道及沿途客店情况，并决定在华池、志丹、定边等地建立运输站多次，扩大现有民营客店，以利运盐工作及商旅往来。”[②] 1942年，边区建设厅在孙克嵝岘、志丹县城、张家畔、瓦窑堡、元城子、杏儿湾、东华池、西华池和延安市等地开设39处转运栈。转运栈的中心工作是收盐、保管及发盐三项任务。1942年至1943年，边区物资局、盐业公司、粮食局、各驻边部队以及私人在各主要交通干线、支线上建立了数百处骡马店，如盐业公司有30处，物资局40处，兵站九处，三五九旅34处。[③] 由于政府的鼓励政策，私人纷纷投资建店，在主要大道的村庄里几乎村村建店。有的店常年开设；有的店旺季开，淡季关。如靖（边）延（安）路上有村庄69个，有店的村庄48个。[④] 设立在各大道干、支线上的骡马店大部分是私人开的。如1942—1943年，延定路、延靖路的私营骡马店所占比例均在80%以上。政府

① 陕甘宁边区财政经济史编写组：《财政经济史料摘编》第3编，陕西人民出版社1981年版，第710—712页。

② 《建设厅派员视察驮道》，《解放日报》1941年9月18日。

③ 陕甘宁边区财政经济史编写组：《财政经济史料摘编》第3编，陕西人民出版社1981年版，第741—742页。

④ 陕甘宁边区财政经济史编写组：《财政经济史料摘编》第3编，陕西人民出版社1981年版，第742页。

投资，群众自建骡马店既推动了边区交通运输业的发展，又增加了群众的收入。就规模和效益而言，公营骡马店规模大，效益好。如1943年8月调查统计，定（边）延（安）路、定边市各盐海子，以吴（旗）甘（泉）路上的骡马店最多，可住毛驴三四十条，骡子24—25匹。而保安处设立在定延路上的大同骡马店，有窑洞六孔，马坊14间，店佣九人，业务发展很快，1942年4月，资本仅1.7万元，年底盈利13万元，1943年初资本增至11万元，1—9月除开支外盈利40万元，上级抽用13万元，年底资本增至50万元。①

（四）抗战时期边区交通运输网络的建设

尽管有不利的自然条件、技术条件和资金条件的限制，边区的运输业在运盐需求的驱动作用下，边区的道路建设发展迅猛，初步形成了覆盖边区的运输网络系统。1938年开始注意修筑大车路，修通了延安至安塞的大车路，长32公里。1939年，又扩展至石头及茶房川。1940年修建了两条大道，一是延安至沟槽渠，长50公里，添设桥涵七个；一条是定（边）庆（阳）路及庆阳至西华池支线，共计330公里。1941年，完成定庆，庆临、延临、延靖和清涧等1,000公里的大车路。② 1941年，由于国民党的封锁，边区内外运输日益繁忙，道路的修建对边区经济的发展和反封锁斗争日显重要。因此，边区政府对道路的修建与管理十分重视。1941年2月7日，边区建设厅发出了《为完成广泛发展边区境内驮运的计划给各专员县长的指示信》，信中要求对“旧

---

① 陕甘宁边区财政经济史编写组：《财政经济史料摘编》第3编，陕西人民出版社1981年版，第743页。

② 陕甘宁边区财政经济史编写组：《财政经济史料摘编》第3编，陕西人民出版社1981年版，第713—715页。

有驮运道的加宽、削平及修理和加辟新线等，各县均应根据各地实际情形，切实讨论，拟定具体计划及工作进行步骤按期执行，并报告本厅，以便考察”。①

为了加强道路的管理和护养，1941 年 1 月，边区政府还颁布了《陕甘宁边区义务养路队暂行组织办法》，凡陕甘宁边区境内已筑成之汽车路、大车路、驮运道等，均组织义务养路队，负责各道路的养护维修，以保证交通运输的便利。义务养路队的职责是：“（一）清除崖边上的土；（二）填平路面的水坑、水渠和车轮压成的壕沟；（三）填平洪水冲坏的路面或桥面的填土；（四）挖除河边或坡道上洪水堆积的污泥；（五）补修被洪水冲坏的桥基；（六）工程损坏后或过河处建设便道、便桥；（七）保证驮运道路面之宽度经常有五华尺；（八）铲除路旁荆棘。”该办法还规定了养路队的组成、分工、管理和调度等。②《义务养路队组织办法》的颁布，不仅规范了边区道路的管理和养护制度，而且保障了边区交通网的畅通。

边区政府的一系列政策措施，极大地推动了边区的道路建设发展。使边区形成了以延安为中心的公路和大道交通运输网络。公路里程由 1937 年的 221 公里发展到 1943 年的 1,680 公里。③ 边区的驮运道路也有了较大发展，据 1944 年统计边区的驮运道路共计 2,730 华里。④

在道路修建中，边区人民发挥了重要作用。边区公路及大道

① 陕甘宁边区财政经济史编写组：《财政经济史料摘编》第 3 编，陕西人民出版社 1981 年版，第 720—721 页。

② 陕甘宁边区财政经济史编写组：《财政经济史料摘编》第 3 编，陕西人民出版社 1981 年版，第 735—737 页。

③ 陕甘宁边区财政经济史编写组：《财政经济史料摘编》第 3 编，陕西人民出版社 1981 年版，第 734—735 页。

④ 陕甘宁边区财政经济史编写组：《财政经济史料摘编》第 3 编，陕西人民出版社 1981 年版，第 735 页。

的修建大多是动员民工完成的，如1940年在修筑延安至沟槽渠的大车道时，动员民工4,200人；定庆路西华池支线也是民工完成的；1941年共动员民工102,360人，修建公路396公里，大车路880公里。[①] 1942年道路修建中，计划动员民工179,500人。[②]同时，边区政府在道路修建中合理使用民力（如不误农时），也给边区人民带来了极大的利益，深受人民的赞扬和拥护。在修建定延路时，乱石头川王沟门附近，志丹县五区二乡民工刻有“巩固边区，要经济发展；车路修通，开始运盐。”绥德米脂的民工刻有“民国已过三十一，延安坐着毛主席，以德感化风俗厚，个个人民得幸福。”[③] 这些通俗的标语和民谣说明，边区发展交通运输业给人民带来了利益，深得人民的赞扬。

陕甘宁边区交通运输事业的发展，说明：第一，通过边区政府和人民的共同努力，全国抗战八年中，边区的交通运输环境得到了很大的改善。第二，边区交通运输业的发展，为边区经济的发展和抗日战争的胜利准备了前提条件。第三，边区政府制定的一系列有利于交通运输业发展的政策，以及边区人民的大力支持，是边区交通运输业发展的根本原因。

二、陕甘宁边区邮政事业的发展

（一）陕甘宁边区邮政事业的发展概况

在中共中央和中央红军长征到达陕北之前，陕甘宁边区革命

---

① 陕甘宁边区财政经济史编写组：《财政经济史料摘编》第3编，陕西人民出版社1981年版，第723页。

② 黄正林、阎庆生：《抗日战争时期陕甘宁边区的交通运输业》，《甘肃高师学报》2001年第6期。

③ 黄正林、阎庆生：《抗日战争时期陕甘宁边区的交通运输业》，《甘肃高师学报》2001年第6期。

根据地的邮政通信，主要是通过各村贫农协会指派专人的“递步哨”和“传山哨”进行的。为加强各根据地、游击区和红军部队之间的通信联系，革命根据地在县区以上机关设有武装交通员，在广大乡村普遍设立递步哨。每有信件传递时，交通员一村传一村，一站传一站，直达目的地；若是急件或要件，便在信封上插上鸡毛或写上“飞送”二字，这就要求交通员风雨无阻、日夜兼程，群众把这种信件叫作“鸡毛信”。在粉碎敌人军事“围剿”的斗争中，为及时传送消息报告敌情，根据地内又普遍设立了传山哨。这种方式主要是以农村青年赤卫队员为骨干担任，每人都有一定的哨位，在交通要道两侧的山峁上，一边劳动一边放哨，发现敌情后就用暗号一个传一个，很快报告给邻近各村。如哨员喊：“噢……拦羊的！羊从东边跑过来了！”这就表示敌人从东边过来了。如果距离较远，或遇到逆风传音不便，就用一些简单动作作为暗号通知对方。如哨员用棵小树竖立在山头，东倒即表示敌人向东行进，西倒则表示敌人向西行进，反映了人民群众的丰富创造力。

但是，这种原始、简陋的信息传递方式，毕竟不能满足边区发展的需要。中共中央和红军到达陕北后，为了适应革命战争的开展，便利军事交通和工农群众通信，以及连接各区域和各战线的消息传递，中共中央高度重视通讯工作，成立了中华苏维埃西北邮政管理局，直属中华苏维埃政府西北办事处内务部领导，曹世华任局长。总局以下分设省邮局和县邮局，其业务归总局领导，行政由各省、县内务部领导。省局设局长，由县苏维埃政府秘书兼任。县以下基层通讯仍采用递步哨形式，按40里至80里设一邮站。当时开辟的邮路有五条：①瓦窑堡经安塞、延安、甘泉至关中特区；②瓦窑堡经赤源（今子长县西北部）至靖边；③瓦窑堡经秀延（今子长县东北部）、米西（今米脂县西北部）至神府特区；④瓦窑堡经永坪、清涧、赤绥（今绥德县东北部）至吴堡；⑤永坪至延长。这五条邮路一般情况下只承担特别快递业务。1936 年，西北邮政局又开辟了通往盐池、环县、定边、预旺、固北、庆阳、固原、静宁、镇原等新苏区的邮路。

1937 年，边区政府成立后，西北邮政总局改名为陕甘宁边区邮政管理局，并发行一套印有“中华邮政”字样的边区邮票，图案为演讲图、耕作图和红军战士持枪图。1938 年春，边区政府允许国民政府在边区各县恢复中华邮政机构，从事邮政通信业务，从而使延安和西安得以首先通邮，并通过这条邮路把延安和全国各地连接起来。后来，国民党撤销边区邮政局，由中华邮政统一办理邮递业务，陕甘宁边区政府从统一战线大局出发，下令边区邮政局从 1938 年 3 月 22 日起停止对外营业，重要公文信件改由边区党委发行科办理，其他邮件由中华邮政负责投递。但混入中华邮政机构的一些反动分子，却乘机进行破坏活动，致使陕甘宁边区的通讯事业受到很大损失。鉴于工作需要，边区政府恢复邮政机构，定名为陕甘宁边区通讯站，这样在陕甘宁边区就同时并存着边区通讯站和中华邮政两套邮政机构。

1937—1940 年，边区邮电通讯网站开始独立发展。1938 年 5 月 30 日，陕甘宁边区通讯站正式成立，总站设在延安，隶属边区政府民政厅领导，任务是传递各级党政军民、民众团体、抗战家属等的各种报刊、文件、信件和书籍等，私人信件也收寄，但数量很少，主要是抗日军人及其家属的信件。其范围主要在陕甘宁边区境内，并衔接晋西北边区。这一时期的主要任务是抽调职工，建立组织和制度，开辟通讯线路；共建设分站 15 个，联络站 13 个，逐步建立了一套通信收发制度，形成了边区通讯网络的基本骨架。

1940 年至 1942 年，边区邮电通讯网站加强建设。1940 年 4 月，边区民政厅颁布了《关于加强边区通讯站工作的决定》，指出：一要增改通讯线路，健全组织；二要加强干部、通讯员的教育；三要改善通讯员的待遇。这些决定有利促进边区邮电通讯事业的发展。据1941年9月底统计，通讯站在成立后的三年中，共收递平信557,703件，文件178,820卷，书报10,925包，挂号信件46,297封，文件4,950卷，书报1,275包，邮件共计80万件，共用经费71,000元。① 总站还增设一个特别班，专送各分区之报纸、书籍等，并增设县站和33个宿站、20个食站，干部增至52人，通讯员增至129人。② 这一时期，边区邮电通讯第一个重大举措，就是维护边区和国统区的正常通邮。1942年1月14日，边区政府签发了《关于邮务问题通令》，通令重申了中国共产党保护中华邮政的政策，指出："邮务系有关抗日战争，并带有国际性质之国家企业，各地军政当局，应尊重邮政规章及其行政与工作系统，并给以充分之业务便利与妥善之保护"，通令公布后，陕甘宁边区和国统区的正常通邮有了一定的进展。以肤施（延安）邮局为例，1942年1月"外来邮件包裹颇多，以信件言，挂号信比去年同月多十余倍；平信、包裹亦多至十倍：汇兑数额月达四五万元，向外汇者亦较前增多"③，这一时期的通讯网络建设得到强化，加密了网点，提高了功能。

1943年至1946年，边区邮电通讯网站在调整中发展。1943年，边区通讯站划归边府保安处直接管理，并于1943年7月2日发布命令，决定：绥德、关中、陇东、三边各分区专署所在地各设分站，直接归当地专员公署领导，延属分区设富县、延长、志丹三个分站，直接归当地县政府领导，原有各地县站一律取消，未设分站的县份，各设代办员。边区在1943年还发布了《陕甘

① 袁武振：《论陕甘宁革命根据地邮政事业的发展及其经验》，《西安邮电学院学报》1998年第4期。

② 齐心、张馨主编：《陕甘宁边区政府成立五十周年论文选编》，三秦出版社1988年版，第156—158页。

③ 袁武振：《论陕甘宁革命根据地邮政事业的发展及其经验》，《西安邮电学院学报》1998年第4期。

宁边区通讯站通讯工人待遇办法》、《陕甘宁边区通讯站通讯工人奖惩办法》两个办法，极大地调动了职工的积极性，推动了边区通讯事业的发展。1946 年 4 月 25 日，边区通讯站正式改名为“陕甘宁边区邮政管理局”，属边区民政厅领导，内设业务、庶务、会计等科，下设二等邮局（专署所在地）、三等邮局（位于交通干线的县政府所在地）、代办所（其他县城及重要集镇）等机构。为解决边区境内边区邮政和中华邮政两套邮政机构并存，对群众通信带来的不便。同年 5 月 1 日，边区政府签发了《合并邮政通知》，规定双方以不妨碍对方的通信业务为条件合并办公，凡属送达边区境内和各解放区的邮件，按边区邮政手续办理，贴边区邮票，盖“延安”邮戳，由边区邮政递送；凡属送达国统区的邮件，均按中华邮政手续办理，贴中华邮政邮票，盖“肤施”邮戳，由中华邮局递送。此后，边区邮政管理局陆续接收了中华邮政在边区境内的 11 个邮局、30 处代办所和 16 处信柜，中华邮政人员也大部分留用。边区邮局还发行了《宝塔山图》邮票，图案均为延安宝塔山。①

陕甘宁边区邮政管理局成立后，其业务范围逐渐扩大，与全国各地寄递通畅。仅以根据地而论，其通邮范围已包括晋绥、晋察冀、山东、晋冀鲁豫、苏皖冀热辽及东北各地。在陕甘宁边区境内还设有 12 个内地局，即富县、子长、清涧、绥德、宋家川、米脂、安边、靖边、定边、柠条梁、庆阳、马栏以及 32 个代办所，包括了全边区各市镇。

（二）陕甘宁边区邮政网络的建立与发展

邮路是连接各级邮政通信中心，担负输送邮件任务的线路。

---

① 袁武振：《论陕甘宁革命根据地邮政事业的发展及其经验》，《西安邮电学院学报》1998 年第 4 期。

陕甘宁边区的邮路按时间划分有日线邮路、隔日线邮路和日夜兼程线邮路。为了更快地送达信息和保证通讯线路的畅通，1940 年边区通讯站根据需要和传送信息量的数量多寡，制定了日线邮路（富县—庆阳；延安—延长—固临—临镇；延安—靖边；庆阳—新正、吴堡—晋西北）、隔日线邮路（绥德—神府；靖边—横山、庆阳—镇原、新正—淳耀）和日夜兼程线邮路（延安—绥德；延安—志丹—盐池；延安—富县—庆阳；富县—新正）。按邮路交通方式划分，边区邮路有大车线邮路、自行车线邮路和步行线邮路。由于通讯站的工作条件十分艰苦，除延安总站有一辆自行车、陇东分站有两辆自行车外，全站通信工人全凭着两条腿和一条扁担，翻山越岭，顶风冒雪，日夜奔走在交通线上，完成了边区邮政通信的重任。① 按邮路功能划分，边区邮路可以分为干线邮路、支线邮路和乡村邮路。1940 年边区通讯站开辟的邮路有延安到绥德、延安至定边、延安至庆阳、延安至关中马栏四条干线和延安至子长、延长等支线，干支线共长 3,447.5 公里。②

边区地处偏僻，交通运输业落后，经济发展水平低，邮政通信的流量较小。但是，边区政府成立后，由于革命形势、经济发展、政治宣传的需要，邮政通信量剧增，边区通讯站 90% 的邮件内容是各级党政军民、民众团体、抗工属等的各种报刊、文件、信件和书籍等，私人信件的数量很少，约占总邮件的 10%，③ 这是边区邮政通讯发展的特殊性，其发展布局与边区政治经济的发展有关。

抗日战争时期，边区邮电通讯网的布局建设有如下特征：第

---

① 袁武振：《论陕甘宁革命根据地邮政事业的发展及其经验》，《西安邮电学院学报》1998 年第 4 期。

② 袁武振：《论陕甘宁革命根据地邮政事业的发展及其经验》，《西安邮电学院学报》1998 年第 4 期。

③ 袁武振：《论陕甘宁革命根据地邮政事业的发展及其经验》，《西安邮电学院学报》1998 年第 4 期。

一，邮政通讯中心随政治形势的变化而变化，土地革命时期，西北邮政总局首先设在瓦窑堡，后移至保安（今志丹），再移至延安，设陕北、陕甘、陕甘宁三个分站。抗日战争时期，边区通讯站的总站始终设在边区政治中心首府延安市，1937 年至 1940 年，除了延安所在的延属分区外，在其他四个分区各设分站，在一些县份设县站，在所设的各县站中，延属分区布局了十个，占绝对比例。1940 年至 1942 年，增设了一些县站，新增设的县站主要布局在延属分区和绥德分区。1942 年至 1946 年，增设了延属分区的富县、延长、志丹三个分站，共形成七个分站（二等邮局），意味着邮网密度越来越大，高级邮政中心不断增多。邮政中心的建设和布局变化与时局密切相关。

第二，邮路建设由疏到密，邮政范围由小到大，有明显的发展阶段性。1937 年前，西北邮政总局设五条邮路干线，这五条邮路干线的总特征是以瓦窑堡为中心辐射四周。1937 年至 1940 年，边区邮路有较大的发展，形成了以延安为中心的邮网。1940 年至 1943 年，边区邮路大增，最重要的变化是以五个分区的专署所在地为中心形成了新的邮路网，呈现出明显的行政中心指向性的特征，邮政范围也由边区为主走向全国范围，与国统区的邮件来往也大为增加。

第三，边区邮政网络布局的地域类型由集中性邮政网向蔓延型邮政网转化。一般来讲，邮政通信网布局有集中性、蔓延性和内聚化型三种地域类型。[①] 1940 年以前，边区的邮路是以延安为邮政中心与众多终端信息员组成的集中型邮政通信网，全部邮路由延安为中心向外辐射，1940 年后，边区的邮政建设以分区政府驻地为中心大力建设邮路网，形成了由延安、绥德、庆阳、马栏、定边为邮政中心与众多终端信息员组成的蔓延性邮政通信网，提高了边区邮网的功能。

---

① 杨万钟：《经济地理学导论》，华东师大出版社 1999 年版，第 187 页。

第六章　抗日战争时期中共中央领导下华北抗日根据地的经济建设（上）

抗日战争时期我们党领导的八路军、新四军先后创建了19块抗日根据地。主要有：陕甘宁、晋察冀、晋绥、晋冀豫、冀鲁豫以及山东、华中、华南、东北抗日联军、苏北、苏中、苏浙皖、淮北、淮南、皖江、浙东、河南、鄂豫皖、湘鄂、东江和琼崖抗日根据地。在这些抗日根据地中，以延安为首府的陕甘宁边区，作为中共中央所在地，是中国人民抗日战争的政治指导中心，是八路军、新四军和其他人民抗日武装的战略总后方。

尽管在抗日民族统一战线框架下，陕甘宁边区和各抗日根据地的政权组织，都是国民政府下的特区政府，由参议会和政府两部分组成，都具有合法政权的性质。但它又继承了苏维埃政权体制统一性与灵活性的优点。1942年9月1日，中共中央政治局作出《关于统一抗日根据地党的领导及调整各组织间关系的决定》。《决定》指出："根据地领导的统一与一元化，应当表现在每个根据地有一个统一的领导一切的党的委员会。"规定"各级党委严格执行民主集中制，下级服从上级，全党服从中央"的组织领导原则。因此，党中央在陕甘宁边区领导经济建设的路线、方针和政策也必然要在各个抗日根据地贯彻执行，从而形成各个抗日根据地的经济建设过程。

第一节　晋察冀边区经济建设

晋察冀边区，是我们党领导在华北敌后创建最早的抗日根据地，它包括山西、察哈尔、河北三省各一部。1938 年 1 月 10 日，晋察冀边区军政民代表大会在阜平县召开，这是在敌后建立的第一个由中国共产党领导的、统一战线性质的抗日民主政权。边区政府成立后，随着敌后抗日游击战争的开展，晋察冀抗日根据地由最初的晋东北、察南、冀西，进一步扩大到冀中、平西、平北和冀东地区，使晋察冀边区成为敌后对敌斗争的一个重要的战略区域，曾被中共中央誉为“敌后模范的抗日根据地及统一战线的模范区”。

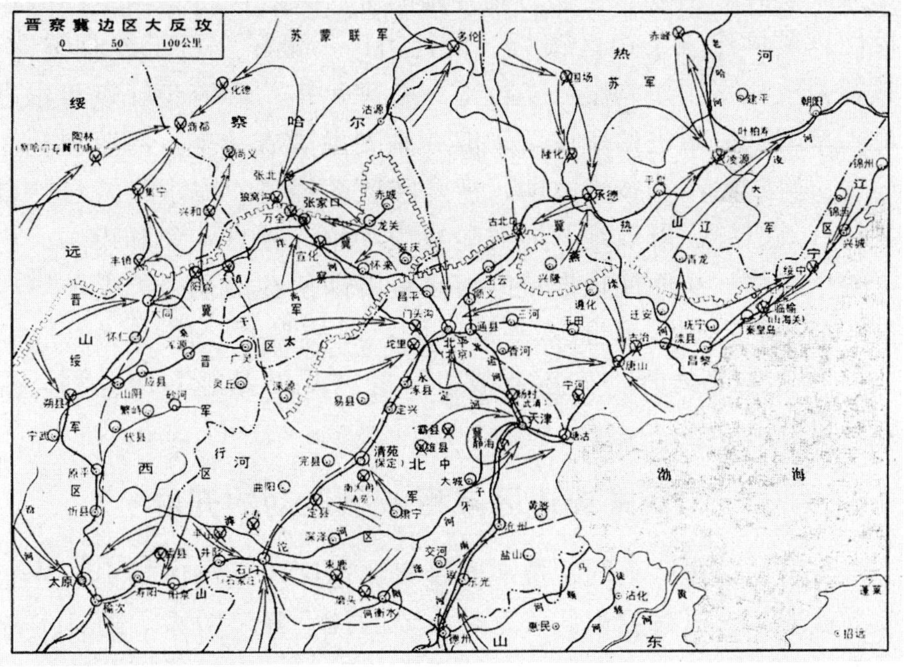

作为党在华北最早建立的抗日根据地。晋察冀边区面临着严酷的斗争形势，七七事变后，日军为达到其“以战养战”的罪恶目的，对晋察冀边区采取了惨绝人寰的“三光”政策，所到之处一片“鸡犬不宁，草木俱毁”的荒凉景象。加之1940年初国民党对抗日根据地不断实行严密军事包围和经济封锁，在根据地及其周围遍设碉堡、据点、封锁沟墙，造成纵横交错、密如蛛网的封锁线，对根据地实行严密的经济封锁，禁止根据地必需的物品进入根据地，使根据地处于与外界隔绝的状态。此外，频繁的水旱虫灾，特别是1939年华北地区遭受60年来未有过的大水灾和绝后空前的旱灾，使边区农村生产力受到严重摧残，经济困难更是“雪上加霜”。在敌祸、天灾威胁下，边区政府面临着深重的经济危机和严峻考验。为了摆脱战时经济窘境，边区在创建初期就注重休养生息。全国抗战爆发后，晋察冀边区在敌后最早开展了大规模的减租减息运动，充分调动了广大农民抗日与生产的积极性；最早建立了边区银行，发行边币；最早实行了统收统支、救国公粮和军用票制度，实行了“合理负担”和有免征点与累进最高率的统一累进税制度。采取一系列发展农、工、商业和合作运动，奖励生产和技术发明，恢复和繁荣经济，力求经济自给自足的有效措施；有效地开展对敌货币斗争，粮食斗争和市场、物资的争夺战。从而使根据地的财政经济即使在敌祸、天灾破坏严重的最艰苦时期，也能够坚持不懈；并使日本侵略者“以战养战”和变华北为其“大东亚战争”的“兵站基地”的计划，受到沉重打击。

一、晋察冀边区减租减息运动的开展

与陕甘宁边区不同，抗战前晋察冀边区土地高度集中，分配极不合理，农村封建租佃关系是主要的社会经济关系。随日本帝国主义对晋察冀地区的经济掠夺进一步加紧，农村经济开始日益向殖民地化的道路下滑，广大农民忍受着封建剥削和帝国主义压迫的双重痛苦，生活异常贫困，经常处于半饥饿状态。不改善边区的物质生活，从经济上给予边区农民以援助，他们便没有精力与心情参加抗日战争。1937 年 10 月，八路军一一五师一部，在晋东北以五台山为中心，创建了晋察冀抗日根据地，根据中共中央《抗日救国十大纲领》的有关规定，提出了“二五减租”、“一分减息”及“合理负担”等口号。但是，由于当时战事紧张，根据地不稳定，干部缺乏，各县的原政权机关基本瘫痪，因此“减租减息”主要还是一个带有战地政治动员性质的口号，实际执行面并不广泛。①

1938 年 1 月，晋察冀边区军政民代表大会在河北省阜平县召开，成立了边区最高政权机关——行政委员会（简称边委会）。为了推进减租减息工作，边委会于同年 2 月公布了《晋察冀边区减租减息单行条例》（简称《单行条例》），制定了一套初步落实的政策。1938 年至 1940 年上半年，《单行条例》的贯彻取得一些成绩，但各区进展不均衡，晋察冀区比较普遍，冀中区次之，冀热察区的大部分地方仅开始宣传。各地在实践中提出了许多《单行条例》中没有规定或规定不合理的具体问题。1940 年 2 月，边委会又公布了《修正晋察冀边区减租减息单行条例》（简称《修正条例》）。除了重申“二五减租”、“一分减息”和取消一切额外附加及高利贷三个基本原则外，着重就《单行条例》实施中出现的一些问题进行补充修正。《修正条例》实行以后，实际中又出现了许多纠纷，最严重的是典地回赎，不交租交息，扩大索要副产物等。为解决这些问题，边委会更于 1941 年 3 月，第二次公布《修正晋察冀边区减租减息单行条例》（简称第二次《修正

① 达凤云、边质洁：《抗战时期晋察冀边区的土地政策初探》，《河北省社会主义学院学报》2007 年第 4 期。

条例》），并制定了《实施细则》。1943 年 1 月，晋察冀边区第一届参议会召开，标志着边区民主建设进入了新的阶段。会议对五年来边区减租减息政策与实践进行了讨论总结，通过了《晋察冀边区租佃债息条例》，基本精神是，照顾出租人与承租人、债权人与债务人的双方利益，保障人民的土地所有权和使用权，以更好地发展农业生产和活跃社会金融。它是晋察冀边区政府对土地政策的一个总结，也是一套比较全面和完整的土地政策体系。因而，它的提出标志着晋察冀边区土地政策的正式形成。

1943 年 10 月 1 日，中共中央下达《关于减租生产拥政爱民及宣传十大政策的指示》后，中共晋察冀分局于 10 月 18 日发出《关于彻底实行减租减息政策的指示》，要求各地在实行减租和彻底减租时，领导干部要亲手检查几个乡村，并创造出新的经验。10 月 28 日，晋察冀边区政府做出《关于贯彻减租政策的指示》。指出：各级干部“必须深入研究与熟悉租佃债息条例及有关土地政策的法令”；“必须紧紧掌握保障地权佃权、照顾双方、团结抗战，增加生产的基本精神，具体分析不同地区，不同基础，不同地主（有大小中贫富开明顽固等）与佃户（贫富进步与落后等），作各种不同的处理，克服粗枝大叶，一般地、形式地看问题与官僚主义作风”；强调反对执行减租政策的右倾，同时注意防止农民报复造成地主恐慌不安等过左现象发生，使减租成为农民群众的自觉运动。[①] 在边区政府的政策和法令的指导下，各地农救会组织发动农民群众，在全边区迅速展开了“查减”和深入、普遍地贯彻减租的群众运动。

晋察冀边区实行的减租减息，消除了封建的超额地租和高利贷剥削，减轻了边区农民的租息负担，促进了农村经济的休养生

① 河北省档案馆：《河北减租减息档案史料选编》，河北人民出版社 1989 年版，第 84—88 页。

息和逐渐发展。从1939年到1940年6月，仅晋察冀区两个专区的减租额即达614.5万吨，四个专区的减息额达32.6万多元。[①]同时，有的地主为了减少负担，当地、卖地，也使农民得到一部分土地，提高了他们的生产积极性，生活也得到了明显改善。还动员了广大农民自觉开展对敌斗争的积极性，为晋察冀边区抗日战争的胜利做出了贡献。

二、晋察冀边区农业生产的发展

同其他根据地一样，晋察冀根据地也是完全处于农村的环境中，根据地的经济本质上是以农业为主体的经济。因此，发展农业生产，改善农民生活，调整农村各阶层的经济关系，是根据地整个经济建设的基本任务。因此，调整农村的社会关系，组织农民发展生产，是晋察冀边区政府经济建设中面临的首要问题。边区党和政府认识到，农业的发展是"根据地经济之中心关键"，只有抓好"根据地经济支柱的农业"，[②]才能"振兴农村经济，而后才能促进其他生产事业的活跃"。[③]于是，边区党和政府把扶植农业生产作为经济工作的头等大事来抓，采取一切可行的办法改善农业生产条件。主要包括如下几个方面：

第一，大力开垦荒地。在抗日战争时期，日军在晋察冀地区大量修筑碉堡、据点、公路、封锁沟、封锁墙等，使边区的耕地面积锐减，出现大量荒地，而且沟壑纵横，交通不便，严重束缚了农业生产的发展。边区党和政府十分注重开荒扩田，并在政策

---

① 达凤云、边质洁：《抗战时期晋察冀边区的土地政策初探》，《河北省社会主义学院学报》2007年第4期。

② 彭真：《关于晋察冀边区党的工作和具体政策报告》，中共中央党校出版社1981年版，第81页。

③ 魏宏运主编：《抗日战争时期晋察冀边区财政经济史资料选编》第一编（总论），南开大学出版社1984年版，第242页。

上提供了许多鼓励措施。1938 年颁布了《垦荒单行条例》，规定："凡本边区的未恳之地及已垦而连续两年未经耕种者，不论公有私有，一律以荒地论，准许人民无租垦种"，还规定农民垦荒，免征土地税三年；新开垦的土地归垦殖者所有；对人多地少的地方，政府根据自愿的原则，帮助贫苦农民进行移民垦荒。1939 年又颁布了《晋察冀边区修滩荒地办法》，明确规定了鼓励修复滩地的各项政策，边区还设立滩地整理委员会，负责制定修滩计划，核估滩地使用年限，监督垦修。通过大力垦荒，鼓励修滩，大量荒田荒地得以重新利用，耕地面积增加，农业生产有了不同程度的恢复和发展，如晋察冀边区北岳区 1944 年总计扩大耕地面积 58 万余亩，其中开生荒 23 万余亩（包括部队开生荒 39,334.5 亩），消灭熟荒 20 万余亩，平毁沟路堡垒两万余亩，修滩七万余亩（包括部队修滩 1893 亩）。[①] 据统计，全国抗战八年，边区共扩大耕地面积 182 万余亩。[②] 耕地面积的扩大，为农业产量的提高奠定了基础。

第二，积极兴修水利。晋察冀边区政府非常重视水利建设，1938 年 2 月颁布了《晋察冀边区奖励兴办农田水利暂行办法》，规定："边区内旧有水利事业，无论公营私营，须由负责机关积极整理，以增进其灌溉量。"[③] 1945 年又规定："凡因兴修水利扩大的生产，九年内不纳统累税。"[④] 在冀中区，成立冀中河务局，负责统一治理冀中各河水害，下设子牙河办事处和十一专属河务

---

① 魏宏运主编：《抗日战争时期晋察冀边区财政经济史资料选编》第二编（农业），南开大学出版社 1984 年版，第 412 页。

② 郑庆平、岳琛：《中国近代农业经济史概论》，中国人民大学出版社 1987 年版，第 346 页。

③ 魏宏运主编：《抗日战争时期晋察冀边区财政经济史资料选编》第二编（农业），南开大学出版社 1984 年版，第 247 页。

④ 《冀晋四区修滩开渠》，《解放日报》1945 年 7 月 22 日。

委员会。1939年大水之后，为迅速治理水害，将冀中河务局改为行署领导，各级政府添设水利技术员，负责计划工程，检查水利状况。水利工程有关各县均建立河务委员会，由县政府直接负责，并聘请当地熟悉堤工、热心公益的人士为委员。这种政民结合的水利管理形式，是分散的、地方性和半群众性的，较为适合战时的敌后环境。它既可以发挥群众治河修渠的积极性，又可以减少敌人破坏所造成的损失。这些措施，为农田水利建设开辟了新的道路。

晋察冀边区水利建设成效显著。如晋察冀边区的北岳区旱地多水地少，水地只占全部耕地的15%。边区政府提出“整理旧渠，开凿新渠”，“变旱田为水田”的号召，开展了变旱地为水田运动。全北岳区总计开渠460道，修滩地46,930.6亩。1944年全边区变旱地为水田117,065.7亩（包括部队1893亩）。1944年风调雨顺，北岳区的农业生产取得了十年来未有的大丰收。据42个英雄模范村的统计，比1943年增加43%，群众生活得到了初步改善。到1945年，全边区共整理旧渠2,798道，开新渠3,961道，新成水田和受益的田地达214万余亩，估计每年增产粮食百万石以上。①

第三，改良农业生产技术。虽处在频繁的战争环境中，晋察冀边区政府设法改进农业生产技术，提高粮食产量。做法是：首先，推广优良品种。在艰苦的环境中，坚持优良品种实验。通过植物杂交，使小麦增产10%，玉米增产10%—20%，茄子增产400%。在育种方面，培育的优良品种有燕京811号、巧号、边区一号谷种，均能增收10%—25%；白马牙、黄牙齿、大金黄玉蜀黍，均能增收10%—25%；燕京72号、1817号及曲阳二号小麦，能增收10%—20%，并且已经在边区得到推广。其次，领导

① 水生：《八年来晋察冀怎样战胜了敌祸天灾》，《北方文化》1946年7月1日。

农民制造肥料、防治病虫害、改良土壤、改进农具。在制造肥料上，边区倡导发动“四大运动”、“三光加一垫”等群众增肥运动；同时，还组织人员研究出绿肥种植、改良农家肥等方法。在防治病虫害方面，按照蝗虫的生活规律，摸索出挖卵、露捕、火烧、围歼、毒杀等一系列行之有效的治蝗方法；边区防治作物病害主要采取选择抗病良种、换茬种植、药剂拌种或浸种等方式，如边区农场实验的拌蓖麻油、拌石灰粉、拌酒、温汤浸种，防治小麦黑疸病，可减少病害45%—90%。在改良土壤方面，研究出客土法、深耕法、冬耕、休耕、酸性土壤改良方法等。在农具改进方面，制造出新式“五一”水车、滑轮犁、三角耙等。[①] 在定南，还研究出自动饮水机、人力抽水机、玉米脱粒机、单籽播种机等。农业生产技术的改良，使边区粮食的亩产量有了提高，给边区带来了可喜的新气象。

第四，开展劳动互助合作，解决劳动力缺乏的问题。边区党和政府大力开展劳动互助合作。到 1943 年，北岳区 17 个县，“群众已组织拨工、包工 2.7 万组、4.6 万户，参加劳力 20 余万人，占全部劳力的 20%，有的地方已占 95%。”[②] 1945 年，冀东组织起来的劳力占总数的 30%，冀晋区、冀察区占 50%，有的占 100%。开展劳动互助，大大提高了劳动效率。据阜平县五区农民部长调查，一个劳动力如果不变工，只能种地 12.8 亩，收粮 100 斗；如果变工，就能种地 19.8 亩，收粮 165.2 斗。这样，变工比不变工，种地增加了 46.875%，收粮增加了 65.2%。[③] 开展劳动互助，还解决了劳动力缺乏问题。例如在灵寿县王巨村，

---

① 郑立柱：《晋察冀边区农民负担问题研究》，《抗日战争研究》2005 年第 2 期。

② 李金铮：《抗日战争时期晋察冀边区的农业》，《中共党史研究》1992 年第 4 期。

③ 魏宏运主编：《抗日战争时期晋察冀边区财政经济史资料选编》第二编（农业），南开大学出版社 1984 年版，第 617 页。

全村共有273口人，整、半劳动力共177个，1943年全村共种地710亩，雇外村短工150个。1944年全村有88%的劳动力参加了互助组织，除耕种土地710亩外，还开荒150多亩，修滩地134亩，压青50亩，种萝卜13亩。总计，比1943年多种地347亩，并节省了短工150个。① 除了组织群众的劳动互助外，边区政府还发动部队机关援助农业生产，对农业实行优惠贷款，增强农业生产力。首先，部队机关从人力上帮助农民。每年从春耕到秋收，部队机关派人为农民助耕、助收或“抢耕”、“抢收”。北岳区部队1940年帮助农民修滩11万亩，耕地183余亩，开渠150道，掘井160眼。1941年帮助秋收五万余亩。1942年助耕助收13万余亩。1943年出工四万个、帮助农民收麦2.42万余亩，另有35%的人力帮助群众运麦、打麦、收藏，帮助运肥料、播种耕田，帮助修渠、灌溉及除草等。其次，边区政府在财力、物力上支持农业生产。边区政府规定：“生产事业资金不足时，得向政府或银行请求贷款。”抗战期间，“边区政府贷款总计7.4亿元，其中牲畜贷款166万元，农业贷款23503万元，水利贷款1206万元，合作社贷款382万余元，修滩贷款88.5万元，商业贷款1676万元。”② 这些贷款利息都很低，年利息最多不超过七厘，实际贷款中比这还低，对赤贫者的贷款还予以免利。大量的低息贷款，对解决农业生产的资金匮乏起了很好的帮助作用。

三、晋察冀边区工业和商业的发展

抗战时期晋察冀边区的经济情况是，“根据地是在农村个体

---

① 魏宏运主编：《晋察冀抗日根据地财政经济史稿》，档案出版社1990年版，第341页。

② 河北省档案馆编：《晋察冀抗日根据地史料选编》（上册），河北人民出版社1983年版，第126页。

农业经济的基础上建立起来的，生产力水平低下，基本上没有什么工业。许多军民必需的工业品自己不能制造，连最普通的墨水、铅笔、火柴也必须靠外地进口。”① 为保障军事供应，争取工业品的自给，根据地在极端困难的条件下，建立和发展了一些工业。除了少量的军事工业外，民用工业实际上是手工业，以合作经营的手工作坊和个体手工业及家庭副业为主。在商业贸易方面，主要是用根据地的农副产品来交换必需的工业品。

（一）晋察冀边区公营工业的发展

1940 年后，日军加紧对边区的经济封锁，严禁日用品和军用品输入根据地。晋察冀边区政府就于 1940 年秋季提出了“争取边区工业品的自给自足”的口号，鼓励技术发明创造，充分利用边区的土产原料，生产各种日用必需品。边区政府还为此于 1940 年 9 月 24 日成立了工矿管理局，根据需要增添了设备，扩大了生产。首先设立了工具厂，制造和修理工具，以满足群众生产和生活的紧急需要。利用边区出产的棉花、羊毛和牛羊皮等工业原料，建立纺织业。除工矿管理局所经营的公营厂矿外，边区政府贸易局、晋察冀日报社也都经营了一些工厂企业，有毛纺厂、被服厂、印刷厂、造纸厂等。比较巩固的专区和县还投资兴办了一些小手工作坊。同时，又增设了一批新厂和工具厂、窑业厂、酒精厂、第二造纸厂、皮件厂、纺织厂、化工厂以及唐县迷城煤矿等。边区公营工业有了较大的发展。②

边区公营厂矿，大多采取分散经营、集中管理的原则，并注意发挥那些学有专长技术人员的作用。边区政府集中了原来实业

① 郭今吾：《抗日战争时期晋冀鲁豫边区的公营商业》，见商业部商业经济研究所：《革命根据地商业回忆录》，中国商业出版社 1984 年版，第 247 页。

② 陈廷煊：《抗日根据地经济史》，社会科学文献出版社 2007 年版，第 184 页。

处的技术力量并设法招徕各地的知识分子，成立了工矿管理技术研究室，专门进行各项技术研究和生产试验。研究室成员还下派到各厂，负责工厂的筹建和管理，使生产和科学实验都取得了进步。

1942 年 1 月 17 日，晋察冀边区政府召开了工矿、农牧、贸易三局联席会议，对公营工业做出了以下决定：（1）整理公营工业的经营，克服公营工业机关化、部队化、头大脚轻，指挥员多，战斗员少，不适合小商品生产的经营方式。厂矿的指挥员要直接参加生产。（2）各厂要分散经营，小规模的经营。（3）工农商密切结合，把原料、制造和消费联系起来。（4）工矿局所属各厂已解决民用为主。根据上述决定，公营工厂于 1942 年初进行了调整，主要内容是：确定工厂的性质；工厂尽可能让私人办，必需公营的仍由工矿局领导，属于军事工业的厂矿，交军区经营。工矿管理所属的皮革、酒精、皮件及第二造纸厂也移交军区经营。

随着游击战争的深入发展，八路军的枪支弹药严重缺乏。军区司令部决定成立军事工业部，扩大设备，自己制造枪支弹药。1939 年 4 月，晋察冀军区军事工业部成立，并组建了技术研究室，负责军工产品的研制工作，用边区的原材料和土设备，生产各种弹药的材料和成品。军工部先后建成了 11 个军工生产连，后又建立了三个化学厂和两个矿工队，根据军区司令部关于“集中领导，分散生产，小型配套，就地取材”的方针，这些兵工厂分散在易县、完县、唐县、阜平等敌人“扫荡”不易到达的偏僻山村或小山沟，工厂规模小，遇敌来犯，能够及时掩藏或转移设备。边区各军工厂在艰苦的环境下，自力更生，就地取材，解决军工原料，边区政府也采取多种措施，供给军工生产所需要的其他原料，如火硝、棉花等。在军区成立三周年纪念总结大会上，总结当时军工生产情况是：“一般的工厂都完成了生产计划，超过计划的占 34.3%，按时完成的占 53.7%；没有完成的计划占 12%。”① 抗日战争进入反攻阶段后，为适应战争需要，晋察冀军区于 1944 年 9 月组成了冀晋、冀中、晋察和冀热辽四个二级军区，每个军区都设立了生产管理处，军工生产产量大增，全军区军工人员达到 5,000 余人，由只会锻造刺刀、修理枪支和制造黑火药，发展到能成批的制造各类枪支和各种弹药，以及各种近代化武器，不仅供应了前线部队装备的需要，而且满足了参战民兵武装的需要。

（二）晋察冀边区私营工业的发展

发展私营经济是建设新民主主义经济的重要环节。晋察冀边区政府深刻认识到，在“犬牙交错”的战时环境中，单纯发展公营经济是偏颇的，而鼓励和促进私营经济的发展有着紧迫性和现实意义。边区实业处处长张苏在 1941 年 8 月边区第一次高干会议上指出：“除军需工业外，一般我们不主张公营，对于私资经营的工业，我们愿意竭力帮助。”② 可见，要解决军需民用的匮乏，就必须“启发小生产者和私人企业家的生产积极性和主动性，使他们在有利于民生军需的原则下，自由自主地去从事他的生产和贸易”。③ 在“集中领导，分散经营”和“节制资本”的前提下，“对于私人企业家的经营，即带有资本主义性质的生产，应该让其发展而不是削弱或加以阻挠。”④ 1941 年 6 月《晋察冀日报》社论

---

① 魏宏运主编：《抗日战争时期晋察冀边区财政经济史资料选编》第三编（工商合作），南开大学出版社 1984 年版，第 29 页。

② 魏宏运主编：《抗日战争时期晋察冀边区财政经济史资料选编》第三编（工商合作），南开大学出版社 1984 年版，第 261—262 页。

③ 彭真：《关于晋察冀边区党的工作和具体政策的报告》，中共中央党校出版社 1981 年版，第 248 页。

④ 彭真：《关于晋察冀边区党的工作和具体政策的报告》，中共中央党校出版社 1981 年版，第 85 页。

发出了“积极发展与鼓励私营工业与家庭手工业”，“欢迎和吸收私人的投资，活跃边区内的工业，逐步争取边区工业品的完全自给自足”[①] 的号召，表明了边区政府发展私营经济的政策态度。

边区政府对私营工业采取扶植与奖励的政策和措施。表现在：一是在资金方面提供贷款，给予优惠。如 1940 年 1 月，边区政府在关于普遍设立纸厂的指示中规定：“不论私营、公营，凡资本不足或有其他需要时，均可依据本会公布之合作贷款办法，向银行贷款”。次年颁布的《晋察冀边区银行生产贷款办法》更明确指出：凡燃料、工具、纺织等工业需款巨大，私资无力筹措者，可由银行用生产贷款来扶植。据 1942 年统计，边区银行对工业放款达 2,214,339 元。[②] 这在资金上有力促进了边区私营工业的创建与发展。二是在税收政策上适当倾斜，予以照顾。1942 年 5 月《晋察冀边区统一累进税税则》规定：免征私人工商业资产税，免征家庭副业、私人畜养和合股集资的合作事业的资产税与所得税。同时在边境上建立出入口税制度，其原则是：凡出入口货物，对我利大，对敌利小，仅征轻微的税或免税；对敌利大，对我利小，则课以重税或禁止入口。所有这些不仅促进和保护了边区私人工商业发展，而且刺激着地主、富农把游资转移到发展工商业与家庭副业上来，活跃了边区经济。三是在技术上大力扶植。为了促进边区公私企业生产技术创新，1941 年 7 月，边区政府制定了《奖励生产技术条例》和《优待生产技术人员暂行办法》，同时，对私营工业予以技术上的扶助，“无论公私各厂，发生技术上困难问题，本会（边区行政委员会）均愿给予充分协助，……除协助研究，以求成功外，更依照本会颁布之奖

① 魏宏运主编：《抗日战争时期晋察冀边区财政经济史资料选编》第三编（工商合作），南开大学出版社 1984 年版，第 2 页。

② 魏宏运：《晋察冀边区财政经济史稿》，档案出版社 1990 年版，第 312 页。

励生产事业条例奖励之”。[1] 这些政策的实施，使边区私营工业发展得到了政策上的保障。

（三）晋察冀边区手工业的发展

晋察冀边区经济基础十分薄弱，工业落后，近代工业几乎是空白，家庭手工业是其主要工商业形式。抗战期间，由于战争环境的影响，一些较大的民族资本纷纷破产或逃亡，而且日军为达到其“以战养战”的目的，对晋察冀边区实行了严密的封锁政策和残酷的掠夺政策，对军火弹药、电讯器材、粮食、棉花、羊毛、麻纱、油墨、盐、糖、铝、铜、铁、各种医疗器材以及药品、火柴、煤油、机器零件等50多种重要物资实行封锁和禁运，企图在经济战线困死边区。为发展经济，保证抗战供给，边区政府采取了一系列保护和支持中小工商业发展的政策措施，把发展工业、手工业和家庭副业放在十分重要的地位，引导手工业和中小商人的经济活动日益活跃起来。1938年1月，边区军政民代表大会做出发展农村手工业，促进农家副业，提倡较大规模的手工业经营，发展国防工业的决议。决议的中心思想是发展手工业和副业，为手工业、家庭副业积极创造条件。在政府的倡导和扶植下，边区具有传统优势的棉纺织业首先发展起来。1942年春季边区商店各项货物营业额比重统计，粮食、布棉、食盐、日用品、文具、军用品、山货各项，布棉所占百分比最大。1945年，据冀中高阳、无极、定县、宁晋、束鹿等18县统计，共有各类织机89,010张，年产土布9,075,750匹，[2] 不仅满足了边区军民自用，

---

① 霍新宾：《抗战时期晋察冀边区工业私营经济实践探析》，《徐州师范大学学报》2001年第3期。

② 魏宏运主编：《抗日战争时期晋察冀边区财政经济史资料选编》第三编（工商合作），南开大学出版社1984年版，第211页。

还销往冀鲁豫、晋绥和山东等其他根据地。棉纺织业的恢复发展，带动了其他手工业的发展。边区的榨油业也获得了发展，1942年底，据北岳区灵寿、平山、阜平、行唐、唐县、易县、五台七个县统计，共有油坊195家，公营油坊12家，私营油坊183家。[①] 此外，农民个体经营的油坊数量更多，“榨油业已达饱和状态”。还有造纸业的发展改变了“用纸多依赖于从敌占区输入”的局面，基本上满足了边区军政机关办公用纸，以及各地文化教育用纸。手工业和家庭副业生产的发展，不仅打破了日伪的经济封锁，节省了大量的开支，对稳定金融、平衡汇价和平抑物价起到了促进作用，而且改善了根据地军民的生活。

当时边区广大的个体小农显然无法应对在经济上面临的困难，只有抱起团来，才能战胜敌人。因此，合作社便成为边区开展对敌经济斗争的一支重要力量。晋察冀边区合作社随着边区抗战形势的变化而不断发展。平山县农会于1938年春创办了第一个农民合作社，是为边区合作事业的发端。平山县创办的合作社属于消费社性质，主要是通过平粜方式解决群众吃粮问题，使“人民得到了购粮的便利和利益”，在边区产生了重要影响。为鼓励合作事业的开展，边区政府于1939年2月编发了《晋察冀边区合作社暂行规程》，规定了合作社的种类、社股、社员、盈余分配等基本问题。之后，又相继颁发了《晋察冀边区奖励合作社暂行条例》、《晋察冀边区行政委员会关于推广合作事业的通知》等文件，进一步调动了广大群众创办合作社的积极性，推动了边区合作事业的迅速发展。到1940年底，仅北岳区已有各类合作社4,120个，社员49,800余人，股金100余万元。冀中区到1942年“五一大扫荡”前，合作社发展到4,037个，社员205万余

① 魏宏运主编：《抗日战争时期晋察冀边区财政经济史资料选编》第三编（工商合作），南开大学出版社1984年版，第289页。

人，股金702万余元。[①] 合作社的迅猛发展，对边区手工业和家庭副业的发展，起了巨大的带动作用。如阜平县皂火峪村，原是一个只有94户人家、人多地少的穷村，全村人均土地不足二亩，以枣子为主要产物，占村民全年收入的2/3。1942年大旱加虫灾，枣欠收，全村有57户近2/3的人难以维持生活。这时，他们根据本村特点，以枣酿酒，办起了烧酒合作社。赚了钱后，又根据出产的特点，办起了造纸、毛织、卷烟和粉房合作社，把全村劳力有效地组织起来。到1943年以后，该村不仅全部解决了赤贫户和抗属的困难，还使广大群众的收入大大增加。再如北岳区的纺织业，过去基础较差，1942年冀中平原被敌封锁后，北岳区军民的穿衣问题一度十分艰难。北岳区合作社大力开展纺织业务，到1943年4月，全区纺纱者达到三万余人，织布者500余人，不仅很快解决了全区军民穿衣问题，还使全区数万灾民的生活避免了冻馁之苦。[②] 尽管1942年至1943年北岳区敌祸、天灾十分严重，在那些纺织业开展的区、县，却无人外出逃荒，甚至吸引了许多游击区灾民移居这里参加生产和抗战。

（四）晋察冀边区商业的发展

全国抗战初期，由于日军的破坏，边区原有的各种商业活动基本陷于停顿，加之一些不法商贩趁机操纵物价，扰乱金融，使边区的军需民用受到很大影响。边区党和政府从根据地的经济状况实际出发，大力发展公营商业、合作社商业，恢复和发展私营商业，发挥多种商业在调剂市场、平抑物价中的作用。

---

① 张永刚：《抗战时期晋察冀边区的合作社商业》《山东师范大学学报》2008年第2期。

② 魏宏运主编：《抗日战争时期晋察冀边区财政经济史资料选编》第三编（工商合作），南开大学出版社1984年版，第200页。

第一，有计划地兴办公营商业。公营商店由边区政府投资兴办，经营宗旨是“执行贸易政策，团结扶助商人，发展边区商业，供给战时军需、调剂人民日用、提倡推销土货、抵制外货、扶植土著工业的生产，粉碎敌人经济进攻”。公营商店的主要业务是对外办理出入口，对内联系农村基层商业网点合作社、私人商号、作坊、摊贩、货郎担等，发展边区的商品流通，满足军民需要。

在对内方面，为了平衡供需、平抑物价，边区政府还组织了以公营商店为主包括私商、机关、部队等参加的大运销活动，进行“东布西粮”的交换。针对冀晋四个专区和冀中区，是传统的棉布产区，土布价格低粮价高；雁北区和晋东北区为产粮区，粮价低布价高的实际情况，由晋察冀四专区公营商店把东线土布发运雁北二、三专区的公营商店，二、三专区公营商店接收布后，给四专区公营商店发运回粮食。公营商店还组织群众性贸易小组把土布卖给小商贩或赊给灾民（按当地市价计算），组织其去雁北推销土布换回粮食，形成广泛的布与粮大运销。通过布、粮的交换，疏通了冀中、冀西、雁北、晋东南的贸易路线，开展了与晋绥边区的贸易，保证了军需用布，调剂民用对布、粮、棉的需求，在活跃经济的同时也稳定了物价。

对外贸易方面，则通过公营商业购贮与民生关系重大物资，建立专卖制度，争取对外贸易的主动权。全国抗战之初，因怕粮、棉输出“资敌”，机械地强调对敌封锁，采取了严禁出口的政策，造成对外贸易出超，走私严重，物价高涨和贴色增加；边区内部市场粮食过剩，粮价较输入品价格增长缓慢，出现谷贱伤农的趋势。为了争取对外贸易平衡，边区政府把粮食绝对禁止出口，改为专卖与缉私相结合。1942 年 11 月晋察冀边区政府颁布《关于掌握重要物资实行专卖出口的指示》，明确专卖是“以热货换热货”、“敌我贸易上争取等价交换甚至高价交换”的重要手段。1943 年 2 月，边区第三次经济会议提出，要主动地大批量地组织专卖出口，以改变边区进出口贸易逆差的被动局面，同时配合管理外汇、平抑物价等工作。[①] 自此，边区的商业贸易工作取得了大发展，打通了东、西两线的销路，从边区西线晋东北、雁北大量吸收粮食运到冀西，向平汉路沿线敌占区、游击区专卖出口，换回必需品。再由东线冀西大量吸收敌占区棉花、土布、盐等物资运到晋东北、雁北，向晋西北、绥远和察南等地出口。使东、西两线货物在经过边区交流过程中，组织加工制造和运输，以扩大边区贸易和市场，促进边区经济发展，活跃边区金融。据统计，实行粮食专卖政策后，仅北岳区二专区半年时间内，即从晋西北、绥远等地吸收粮食 5,837 石，全部运往冀西向敌占区专卖出口；又从东线冀西等地吸收土布 30,522 匹，全部销往绥远、晋西北等敌占区和晋绥边区，使晋察冀边区成为商业贸易最活跃的地区。[②] 充分显示了对外贸易发展，对繁荣边区经济，活跃市场，稳定物价的重要作用，也表现了晋察冀边区政府的创新性思维和突出的工作业绩。

第二，积极发展合作社商业。全国抗战初期，晋察冀边区的情况是，“边区经济主要是小农经济，小的生产，小的消费。大部分人家经济力量很弱，一点余粮不能跑到远的市场去卖，小的消费品不能跑到远的市场上购买；特别在抗战环境中，布、盐、油等日用品经常感到购买困难，所收山货经常感到卖不上价去”。而合作社商业是适应农村环境的商品集散和流通形式，因而作为边区政府组织农村市场、扩大农村商品流通、稳定物价的“一个

① 魏宏运主编：《抗日战争时期晋察冀边区财政经济史资料选编》第三编（商业合作），南开大学出版社 1984 年版，第 544 页。

② 魏宏运主编：《抗日战争时期晋察冀边区财政经济史资料选编》第三编（商业合作），南开大学出版社 1984 年版，第 545 页。

最好的办法”。[①] 1939 年 2 月边区行政委员会先后出台《晋察冀边区合作社暂行规程》、《各县合作事业促进会组织办法》和《晋察冀边区奖励合作社暂行条例》等法律法规，大力提倡合作事业，还发放了 300 万元的合作贷款，从资金上给予扶植，并且十分注意克服合作社发展过程中存在的偏向，提高合作社的质量。

合作商业的大发展，对晋察冀边区稳定经济形势起了重要作用。首先，阻挡了奸商操纵。合作社货物充足、物美价廉，不单纯以盈利为目的，而是满足社员的彼此需要。如平山县合作社 1942 年下半年的营业额达 2,781,038 元，得利不超过 36,169 元，仅占营业额的 1.3%。有利阻挡了奸商操纵。其次，调剂了粮价。1938 年，日军“扫荡”使边区流通中断，平山县洪子店与回舍两处相距不过 40 里，而粮价高低悬殊。新成立的平山县农民合作社，拿 100 余元的股款，只半月的工夫赶了三个集，就把附近每斗相差八九角甚至一元的粮价平衡下去。最后，满足了灾年供给。1939 年大水灾后，冀中供销合作总社和各村、县社，调剂粮食十万多石，售价低于市价五分之一，使 250 万灾民受益，[②] 也使灾后市场粮价的上涨得到遏止。此外，合作社还经营着边区一半以上的必需品输入和山货土特产的输出业务，起到调剂供需、平衡外贸的作用。

第三，大力发展私营商业。私营商业是新民主主义经济的重要组成部分，中国共产党对待私营商业的方针是：“奖励”、“扶助”、“承认”、“保护私人商业的自由营业”。晋察冀边区的私营

① 中央档案馆编：《晋察冀抗日根据地》第一册，中共党史资料出版社 1989 年版，第 781 页。

② 魏宏运主编：《晋察冀边区财政经济史稿》，档案出版社 1990 年版，第 253 页。

商业政策也包括两个方面：一是保护商人合法权利，团结组织商人。1941 年 8 月，在边区第二次经济会议上，实业处处长张苏作了题为《边区经济发展的现状与我们的经济政策》的报告，报告特别强调要“彻底执行内部贸易自由政策”，“团结商人，教育商人，组织商人，加强商人统一战线”。[①] 二是扶植私营商业发展。1942 年 5 月边区贸易管理局第二次支局长经理联席会议决定：商业资产税免征；提高免征点；私商资金不足，可由政府及贸易局投资。[②] 边区政府发展商业，重视团结商贩产生了积极的效果。1943 年北岳区仅八个商店，就组织了 651 人为边区工作。其中往来巩固区者有 119 人，往来游击区者 321 人，往来敌占区者 61 人，往来雁北者共 150 人。[③] 据曲阳两个区一个月的统计，商人们用各种方法从敌占区贩来边区的粮食和货物，有粮食 700 余石，食盐 5,800 余斤，棉花 1,500 余斤，土布 7,800 余匹，火硝 4,200 余斤。[④] 私营商业的恢复发展对于搞活流通、打破敌人的经济封锁起了重要作用。

四、晋察冀边区财政和金融业的发展

（一）晋察冀边区财政和税收制度的建立与发展

晋察冀边区初创时期，由于处于敌后，被日军四面包围封锁，又与陕甘宁边区隔绝，在经济上得不到外援。国民党政府虽然表面上承认边区政府的合法性，实际上不给任何经济援助。面

---

① 魏宏运主编：《抗日战争时期晋察冀边区财政经济史资料选编》第一编（总论），南开大学出版社 1984 年版，第 425—426 页。

② 魏宏运主编：《抗日战争时期晋察冀边区财政经济史资料选编》第三编（工商合作），南开大学出版社 1984 年版，第 544 页。

③ 魏宏运：《晋察冀边区财政经济史稿》，档案出版社 1990 年版，第 252 页。

④ 魏宏运：《晋察冀边区财政经济史稿》，档案出版社 1990 年版，第 251 页。

对这种情况，抗战时期晋察冀边区政府通过制定正确的经济和财政政策，调动起边区人民的抗日积极性，支持了长期抗战。

晋察冀边区原有经济落后，财政收入主要来源于农村。晋察冀边区政府一开始就规定了人民负担不超过收入30%的规定，制定了“量入为出”与“量出为入”结合的财政方针。[①] 但是在战局动荡、在人民负担能力极大下降的情况下，财政收入的缺口十分明显。边区政府的征税计划无法全部完成，如 1938 年完成 68%，1939 年完成 65.8%，1940 年完成 85.5%。[②] 因此，收支不平衡是造成边区财政困难的根本原因，财政短拙始终成为困扰边区政府的现实问题。当时，既不能无限制地增加人民负担，也不能无限制地增加财政发行，来解决日益增加的财政支出。唯一的方法只有节省开支，扩大财政收入来源。因此，边区政府从现实经济状况出发，一方面抓开源，开展大生产运动，增加财政收入；另一方面，抓节流，初步建立一套财政制度，包括统筹统支制度、预决算制度、会计和金库制度、概算制度、战勤制度和税收制度等，用制度规范开支，保证了边区财政的收支平衡。

1938 年初边区军政民代表大会通过的《财政问题决议案》，将“统一财政收支”作为建立健全战时财政制度的重要内容。1939 年边区政府对财政的统筹统支原则规定为：①统一财政政策。有关政策法令和征收办法，由边区行政委员会统一制定；②收入由边区统一筹划。凡边区之一切税收、公产收入、公营企业收入、罚没款及战争缴获等收入均为边区收入，各级财政部门负责组织征收，保证及时入库，县政府、区公所以及其他任何机关不准以任何名义向群众摊派捐款；③支出由边区统一掌握。党政

① 魏宏运、左志远：《华北抗日根据地史》，档案出版社 1990 年版，第 153 页。

② 财政部财政科学研究所：《农民负担史》第 2 卷，中国财政经济出版社 1990 年版，第 295 页。

军所有机关学校之经常事业费和临时费用等一切开支，由边区财经办事处统一供给，即一切经费的批准支付权集中在边区；④统一会计制度。一切收入，均须经过会计手续和正式凭证才能生效；一切支出，必须有正式会计凭证，才能向仓库、金库支取；统一会计账簿和会计科目；保管现金、票据，防止损失和舞弊。⑤建立边区金库。由边区银行代行金库职能，负责保管和办理公款之收付，分行、办事处、营业所为公款之收付转汇机关；库款的支付权属于边区行政委员会。建立金库后，各机关经收的款项如数逐月上解，避免了坐支抵扣或挪借现象。[①] 1940 年 4 月，边区政府颁布了《预算暂行章程》和《决算暂行章程》,[②] 建立起比较完善的预决算制度，明确了预决算制度的基本内容。做到了有计划的收入与支出，使边区财政活动纳入正轨，有了可靠保证。

在税收制度方面，整顿税收是边区财政经济工作的一项重要任务。边区政府成立后，于 1938 年 5 月建立了税局，经过整顿税收，废除了过去的牲畜附加税、契约附加税、头发税、骡马尾税、行牙税、秤行牙税、船捐、大车捐、小车捐、小猪捐等十多种苛捐杂税。恢复建立的新税种有人口税、屠宰税、烟酒税、印花税、烟酒牌照税和棉花出境税等，后来又征收了田房契税（1939 年 1 月开征）。以人口税为主要税种，当时人口税代替关税，控制对边区以外贸易，扶植边区生产，防止沦陷区货物大量倾销边区市场，吸纳边区货币。从而保证边区政府的财政收入。[③] 1941 年 3 月 20 日，边区政府公布了《晋察冀边区统一累进税暂行办法》，开始实行统一累进税的新税制。所谓统一包括两个意

---

① 财政部财政科学研究所：《革命根据地财政经济》，中国财政经济出版社 1985 年版，第 113—114 页。

② 魏宏运主编：《抗日战争时期晋察冀边区财政经济史资料选编》第四编（财政金融），南开大学出版社 1984 年版，第 637—644 页。

③ 任庚喜、许锡良：《晋察冀边区印花税票初探》，《集邮博览》2006 年第 8 期。

思：一是把所有按资产或收入征收的税，都统一于这一种税。把以往征收的田赋、营业税、所得税、印花税、烟酒税等税合并，只征收一种统一累进税；二是把边区各级政府征收税的权利，完全统一于边区政府。所谓累进，是指直接向财产所有人和收入的所得人征收，收入越多，税率越高，不得转嫁于他人。这一税收制度是公平的税收制度，既保证了边区政府的收入，又考虑到人民群众的承受能力，体现了合理负担的原则。在这些政策的引导下，边区党政军民立足于自力更生，开源节流，发展生产，有计划地解决了边区的军需民用，逐步达到收支平衡。在此基础上，为了广开财源，晋察冀边区政府采取了一系列措施：废除乱摊派，实行合理负担；恢复田赋征收，整顿税收，开征部分旧税，扶植边区生产，增加财政收入；成立边区银行，发行边区货币；排斥打击敌伪钞票，活跃边区经济贸易的发展，稳定金融；征收救国公粮与发行救国公债，以保证军粮供应，集聚财力；统筹统支，保证了抗日部队的需要和政府的各项开支，有力地支持了敌后抗日战争的进行。

（二）晋察冀边区金融业的发展

1938 年，晋察冀边区军政民第一次代表大会通过了《边区为统制与建设经济设立银行发行钞票》决议案。于 1938 年 3 月 20 日，正式成立了晋察冀边区银行，总行设在五台山区的石咀村。边区所辖各专区、县、区、村镇设分行、办事处、代办所等机构，代表边区银行办理业务。晋察冀边区银行成立后，以法币作为准备金开始发行货币，面值分为五元、二元、一元、五角、一角等。边币开始发行时，法币、伪钞、杂钞及土票仍在流通。敌伪奸商操纵，任意压低或抬高某种纸币价格，使金融异常混乱。敌伪又大量吸收法币，套买外汇。边币尚未成为独占边区流通领域的地方法币，而是信用纸币。刚开始发行额不过几万元，发出即兑回，在流通领域很难立稳，加以敌伪有计划地破坏，遂使根据地在金融方面完全陷于被动。

为了确立边币的法定地位，晋察冀边区银行通过执行边区的货币金融政策，来扭转这一被动局面。边区货币金融政策的主要内容包括："第一，确立边钞为边区本位币，以边币为衡量一切通货的尺度；第二，边区发行的中心任务是沟通与扶植三省（边区）经济，加强边区经济力量，以与敌人进行经济斗争，造成统一的金融局面，而不是解决财政问题；第三，使边币成为广大人民的货币，在广大人民的拥护下，与贸易、合作、税收各种财政经济相联系，以与敌作战；第四，采取主动，抓住每一个机会打击敌人，打击伪钞，在边区以内根绝伪钞的流通；第五，缩小敌人的市场，扩大我们的市场，在市场的扩大中，增加边钞的流通额与发行额以及巩固边币"。[①]

为了确定边币在根据地独占发行，晋察冀根据地实行以下政策：1. 确定边币为市面唯一交换媒介，禁止法币和杂钞等在市面流通。持有法币杂钞者，必须在交易局先兑成边币方得使用，以杜绝奸商投机操纵。2. 人民有正当理由，需要法币或杂钞出境者，随时可持边币至银行换取法币或杂钞，使民众自动保护边币。人民愿储藏法币者听之，但不得投入流通领域，以防被敌人吸收，并向民众说明我们的目的不是吸收法币，而是防止敌人吸收法币，套买外汇，以避免法币逃亡。3. 为了逐渐巩固边币信用，需要联合比杂钞的势力更大的法币，以打击杂钞。因此，规定边币以法币作基础，边币与法币兑换率为一比一。与以前各钞兑换，则依照规定的市价。4. 严禁奸商私运法币和现银出境。[②]

---

① 韦明：《晋察冀边区的货币金融建设》，《新中华报》1940 年 12 月 29 日。

② 彭真：《关于晋察冀边区党的工作和具体政策报告》，中共中央党校出版社 1981 年版，第 81 页。

这些正确的政策措置，保证了边区金融的正常展开，确立了边币作为边区本位币的主体地位，取得了对敌货币斗争的胜利；也表现了晋察冀边区政府和共产党人娴熟的经济工作才能。

第二节　晋冀鲁豫边区的经济建设

晋冀鲁豫根据地，又称晋冀鲁豫边区，是华北敌后具有战略意义的三大抗日民主根据地之一，也是抗战时期党在华北创建的一块最大的根据地。1937 年 10 月，八路军一二九师挺进敌后，迅速开拓了以太行山为中心的晋冀鲁豫抗日民主根据地。1941 年，经民主选举正式成立了晋冀鲁豫边区政府。晋冀鲁豫边区分为两个战略区，即晋冀豫区（包括太行、太岳两区）和冀鲁豫区（包括冀南区和原冀鲁豫区）。

晋冀鲁豫抗日根据地形势图（1945年8月）

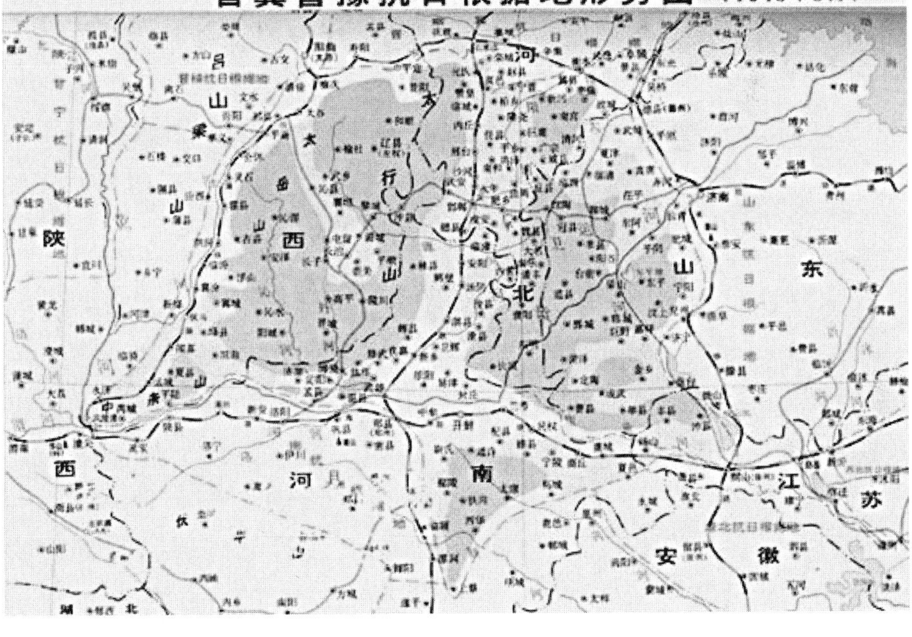

抗日战争全面爆发后，敌人实行一面封锁、一面掠夺的政策，封锁根据地军民的必需物资，掠夺和破坏一切财产，并不断地进行“蚕食”和“扫荡”，其目的在于“毁灭抗战生存力”，使晋冀鲁豫边区生产遭到严重破坏，人民生活极度贫困，市场萧条，金融混乱。在这种条件下，组织群众发展生产，搞活商业金融市场，保证军需民食，成为支持长期抗战的一项基本任务。1940年，边区建立了统一政权——冀南太行太岳行政联合办事处（一年后经人民选举改组为晋冀鲁豫边区政府）。北方局决定要在全区开展以建党、建军、建政为内容的全面建设。经济建设是建政的主要任务之一，边区党和政府采取减租减息、发行农业贷款、兴修农田水利、鼓励开荒、提高农业生产技术、组织劳动互助和开展劳动竞赛等一系列措施来发展农业生产，积极引导和扶持农村手工业、商业的发展，还采取精兵简政，部队开展生产，整理各级财政减轻农民的赋税和力役负担等措施来减轻农民负担，获得广大农民的拥护和支持，为边区在遭受敌人严重破坏和遭受前所未闻的自然灾害侵袭下，仍能在困境中壮大发展，打下坚实的物质基础。

一、晋冀鲁豫边区减租减息运动的开展

抗战全面爆发前，晋冀鲁豫边区各地的农村经济凋敝，小农经济处于崩溃的边缘。这里地处平原，土地集中程度比较高，广大农民忍受着高额地租和高利贷的双重盘剥。如漳河下游地区的安阳东部、临漳、内黄等县，有60%—70%的土地集中在5%—7%的地主手里，地主利用土地剥削农民，地租大部分都占到收获物的50%以上。在晋东、晋西、冀西、漳北等地，战前租率最高达收获物的72%，最低的达40%，平均为54%。除正租外，农民还要忍受“背租”、“杂租”、“小租”等额外剥削。沉重的地租迫使农民破产，高利贷就成为压在农民身的一块巨石。由于

农业破产，农民贫困，农民维持基本生活尚有困难，遇到生、老、病、死等不测时，就不得不借债。所以，在晋冀鲁豫地区借贷关系是非常普遍的。如武安沙洛村负债户数为95%，林县为80%—90%，磁县索井乡是80%，涉县四个村统计60%。[①] 也就是说，大多数地区，平均2/3以上的户数负债。借贷利率很高，战前利率据晋、冀、鲁三省统计，二分至四分的占到了73.5%。所以为了调动广大农民生产和抗日的积极性，就必须搬掉压在农民身上的高额地租和高利贷这两座大山。

1937年8月25日，中共中央在洛川会议上制定的《抗日救国十大纲领》中首次明确提出了以减租减息作为抗战时期解决农民问题的基本政策。据此规定，创建伊始的晋冀鲁豫根据地制定和颁布了适合本地区特点的施政纲领和减租减息条例，提出了“二五减租”和“分半减息”的口号，边区政府在工作基础较好的辽县、和顺、沁县、邢台、赞皇等地初步开展了减租减息和借粮反霸斗争。

1939年11月1日，针对抗日战争进入相持阶段后时局的危机，中共中央给各地党的领导机关发出了《关于深入群众工作的决定》，明确指示：在八路军、新四军活动区城，必须实行激进的有利于广大抗日民众的经济改革与政治改革。在经济改革方面，必经实行减租减息、废止苛捐杂税与改良工人生活。凡已经实行的，必须检查实行程度。凡尚未实行的，必须毫不犹豫地立即实行。1940年4月，中共中央北方局黎城会议又向边区党委提出了减租减息、组织群众的任务。会议在《对晋冀鲁豫边区目前建设的主张》第九条中规定：“甲、切实实行减租减息，减租一般以二五为原则，减息减至一分半为标准。乙、减租减息后，佃

① 魏宏运主编：《抗日战争时期晋冀鲁豫边区财政经济史资料选编》第二编，中国财经出版社1990年版，第359页。

户应按期如数交租，债户应按期如数交息，不得再行拖延和减免。丙、政府应实行低利借贷，救济贫苦人民，并应以没收之汉奸土地，分配或租给贫苦抗属及贫苦人民耕种。”[①] 在当年 8 月间成立的冀太联合办事处根据黎城会议的决定，颁布了减租减息的法令，确定“五一减租”（减五分之一）和最高租额不超过千分之三七五，禁止上打利、日得利、利加利、驴打滚等高利贷剥削。根据上述指示，冀南、太行等地，从 1939 年冬到 1940 年春，开展了减租减息和借粮、增加工资的斗争，并取得了一定的成绩。太行区榆社、辽县、襄垣、平南等九个县 7,750 户佃户，共减去租子 17,739 余石，平均每户减去二石以上。黎城一县在 1940 年中不到一个月的时间，就减去了 104,990 元利息，共收回押地 7,590 亩。[②] 但是，由于当时领导群众运动的一些党政干部未能深入实际，认真检查群众工作中存在的问题，没有把群众运动提高到应有的位置，以及程度不同地存在着主观主义作风和右的错误思想，加之客观上的日军“扫荡”、天灾袭击，所以这一阶段边区的减租减息运动开展缓慢，成效不大。冀南实行减租减息的还不到三分之一，鲁西（包括冀鲁豫）8,000 个村庄中 1941 年减租的只有 662 个村，实行减息的只有 280 个村。[③]

在敌人进攻和自然灾害的侵袭下，各根据地处于严重的困难中，农业产量普遍下降，面临着恢复和发展农业生产的严峻问题，为了调动广大农民的生产积极性，必须把减租减息运动深入开展下去。1942 年 1 月，中共中央发布《关于抗日根据地土地政策的决定》，对减租减息的方针、政策及实行的策略作了明确的

---

① 魏宏运主编：《抗日战争时期晋冀鲁豫抗日根据地财经史料选编》第一编（河南部分），南开大学出版社 1985 年版，第 20 页。

② 《解放日报》1942 年 2 月 11 日。

③ 《解放日报》1942 年 2 月 11 日。

规定，使减租减息政策进一步完善。根据中央指示，1942 年 2 月，晋冀鲁豫边区政府正式公布了《晋冀鲁豫边区土地使用暂行条例》，统一了政策，大大推动了边区减租减息运动的开展。如太行区的减租减息运动，从 1942 年 6 月逐渐开展起来后，武乡县有一半以上的行政村（50 多个）采用说理斗争的办法，在三个月内解决了 12,000 多个问题，典地订年限 2,000 顷，租地订租约 160 顷，清债 226,000 个，铜钱 82,000 多吊，粮食 81,000 斤，退地文书 13,400 多张；武安县从 1942 年 5 月到 1943 年 1 月这段时间，农民抽回文约 8,474 张，清出押地 4,642 亩，清出房间 1,691间，清债 351,430 多元，减租 196,950 斤，退租 136,050 斤，雇工增加工资 178,200 斤。① 1942 年 10 月 4 日，边区政府为了把中央政策落实于整个边区，并且根据边区历年群众运动的经验，颁发了《修正晋冀鲁豫边区土地使用暂行条例》，对减租减息作了详尽的规定。自此以后，减租减息高潮就在边区全面展开。

由于敌我占领区的互相交叉，边区不同地区开辟又有早晚之分，所以各个地区斗争的方式、开展的程度等都不尽相同。在基本区，主要是坚决实行减租减息政策，切实贯彻合理负担；在边沿区或游击根据地，主要是帮助农民减轻对敌负担，通过组织群众性的对敌斗争，如反维持、反掠夺等，寻找机会适当减轻封建剥削；在新收复区，主要是先从清算敌寇、汉奸、恶霸进行残酷统治的历史仇恨入手，然后转入减租减息。由于边区各地在减租减息斗争中，根据本地区的特点采取了较为灵活的斗争方式，所以这一时期边区的减租减息开展普遍、迅速，成果显著。例如太岳中条区，1942 年 11 月进入减租减息，在中心地区的 15 个编村中，共减去谷子 1,400 石，退回押租 26 万元，收回押地 1,503 亩，抽

① 《解放日报》1945 年 7 月 30 日。

回典地507亩，抽回混合地4,000多亩，抽回房子229间。[①]

晋冀鲁豫边区减租减息政策的实施，也是几经波折。一开始，不法地主就顽固地反抗，有的地主拖延不减或明减暗不减；有的减租而不订约，用夺佃威吓农民；有的变更租佃形式，将"死租"变"活租"，企图随时从农民手中将土地收回；还有的分散土地，逃避负担。由于当时一些领导干部存在着由上而下替农民包打天下，向农"恩赐"的思想，依照政府法令一减了事，未从思想上提高农民的政治觉悟，减租后有的农民反倒觉得"亏心"，害怕"变天"，甚至白天减了租，晚上又送回去，这就助长了不法地主夺佃气焰。此外，1942年和1943年两年边区连续遭到大灾荒，许多地区需要集中力量救灾渡荒，这也影响了减租减息的深入开展。到1943年底，边区减租减息运动虽开展得较为普遍，并取得了很大成绩，但遗留的租佃问题仍然很多，明减暗不减的现象普遍存在。针对这种情况，1943年10月，边区政府修正公布了《土地使用暂行条例》后，减租减息运动在各地普遍深入开展起来。各地普遍开展了查租减租运动，太行区采取深入群众访贫问苦、倒苦水、找穷根等办法，解放群众思想，启发农民自觉投入运动。特别是冀鲁豫区，运动规模更大。在纵横几百里的地区，几乎无村不在减租，无人不卷入减息。通过查减，提高了农民群众的思想觉悟，打击了不法地主的夺佃气焰，确保了减租减息的胜利成果。据黎城、平定、临城、和东、偏成、壶关、黎北、太谷、武安九个县的不完全统计，到1945年夏，共解决土地问题13,000多件；收回佃权土地4,435亩；新订租约土地7,413亩；新减租土地2,266亩；退租4,454石；典当地延期与复典地4,464亩；清债退粮98石，退洋52,321元；抽地505亩；退租换约1,359亩，退银元17,591元；其他包赔损失等共计

① 齐武：《一个革命根据地的成长》，人民出版社1957年版，第183页。

得地（租地抽地）20,422 亩，粮 390.8 石，银元 44,369 元。[①]

从 1944 年 11 月以后，以减租订约、保佃为中心的减租运动深入开展，如平顺县 1945 年 4 月统计，全县 167 个行政村，实行了彻底减租的有 142 村，占到 85%。减租减息以后，租佃关系便发生了深刻变化，租率降低，租佃期限也多改为五年以上，保障了农民的佃权。1944 年，据黎城一、四两个区的 30 个村与和顺一区 40 个村的统计，前者平均租率由 35.7% 减至 16.52%，后者由 57.69% 减至 25.24%，降低 1/4 以上。[②] 同时，由于查租清算运动的开展，地主用以土地折价等方式来顶替退租，使相当一部分土地转移到农民手里。

减租减息政策的实施，削弱了封建剥削和封建土地所有制，减轻了农民的负担，使农村生产力从封建压迫中解放出来，调动了农民的生产积极性，促进了晋冀鲁豫边区生产事业的发展。如榆社县，在减租减息后生产发展，1941 年增产粮食 1,096.4 石；兴修水利变旱田为水田 2,020 亩，增产粮食 1,520 石。[③] 它所产生的影响是深远的，正如邓小平所言："减租减息给发展生产开辟了一条广阔的道路。凡是减了息的地方，广大劳动人民的抗战热情和生产积极性都大大增强了。"[④]

二、晋冀鲁豫边区农业生产的发展

抗战时期，晋冀鲁豫边区处于敌人层层包围、封锁之中，日本侵略军不断地对边区进行疯狂"扫荡"，实行惨无人道的"三

---

① 齐武：《一个革命根据地的成长》，人民出版社 1957 年版，第 185 页。

② 魏宏运主编：《抗日战争时期晋冀鲁豫边区财政经济史资料选编》第二编，中国财政经济出版社 1990 年版，第 251 页。

③ 魏宏运主编：《抗日战争时期晋冀鲁豫边区财政经济史资料选编》第二编，中国财政经济出版社 1990 年版，第 251 页。

④ 邓小平：《太行区的经济建设》，《解放日报》1943 年 7 月 2 日。

光”政策，屠杀人民，烧毁房屋，抢夺牲口、粮食，破坏农具，边区的农业生产力遭到严重破坏。在严峻的战争环境下，党领导的八路军和地方武装不仅担负着粉碎敌人的“扫荡”和军事进攻，为了长期抗战，还必须组织群众恢复和发展农业生产。邓小平在总结太行山抗日根据地经济建设经验时说过：“我们确立了发展生产是经济建设的基础，也是打破敌人封锁，建设自给自足经济的基础，而发展农业和手工业，则是生产的重心。经验告诉我们：谁有了粮食，谁就有了一切。”他又说：“只有农业的生产，才能给手工业以原料，使手工业发展有了基础。”① 基于这种认识，晋冀鲁豫边区党和政府根据中央的指示精神，从自身实际情况出发，进行了卓有成效的农业生产建设。

（一）大力垦荒，兴修水利，开展大生产运动，增加农业生产

抗战时期，由于战争的破坏和消耗，晋冀鲁豫边区的农业生产资料和劳动力都减少了很多，其结果就是导致部分耕地抛荒和弃耕。要在没有外援的情况下坚持长期抗战，必须增加农业生产，而开垦荒地是恢复和扩大农业生产外延的基本方式，也是增加农业收入的较为有效的方法。另外，根据地减租减息政策的实施，不仅调动了农民的生产积极性，也增加了他们的收入，使得他们有可能增加对农业生产的投入和开垦荒地。

为了鼓励农民垦荒，边区政府采取了积极的鼓励措施，如五年不定粮，不送租，保持永佃权，保障租粮不过一定百分数等。政府还提倡和奖励农业副产——猪、羊、牛、鸡、蔬菜、棉、麻、造林，按照具体情形，定出具体要求和增加的数目，引导和组织群众生产。如在太行和太岳区，提出增加粮食百分之十的目标，种棉花50万斤到60万斤，军队种十万斤。平均要做到一人

① 邓小平：《太行区的经济建设》，《解放日报》1943年7月2日。

养一鸡，三人至五人养一猪。奖励牧畜（午、羊）和养蚕，对家庭副业取消任何税收。在开展垦荒运动以后，太岳区九个县，1943 年扩大耕地面积 123,492.87 亩，增加产量 49,397.148 石。[①] 晋东南地区 1941 年共计消灭熟荒 43,700 余亩，开了 33,700 余亩荒地，修滩 1,300 余亩（19 县统计），包括其他估计的数目在内，扩大面积共十万亩以上。另变旱地为水地 26,000 多亩，施肥增加五分之一（个别县），比 1940 年增加农产十分之一左右。1941 年秋后，太岳全区共垦荒地（包括熟荒在内）75,000 亩，变旱田为水田 1,000 顷，每亩平均增收粮食三斗，共增收三万石。在环境最劣的冀南，据 28 个县统计，连破坏敌人的公路、护路沟算在一起，也扩大了耕地面积 89,000 余亩……总数在五万亩以上。每亩地增产三升粮食，在许多地方已成为农民的行动目标。[②] 从而极大减轻了日军“大扫荡”所造成的损失。

1941 年，晋冀鲁豫边区成立了冀南水利委员会，专门治理猪龙河系各河和漳河的水患。截至 1943 年，整修河岸渠系 14 万丈，有效地减轻了敌人利用河水决堤淹没冀南造成的危害，增加了水田三万顷。[③] 太行太岳区在整修水利的过程中，改变浑浊漳河废地为水田 3,500 亩，有效地扩大了耕地面积，增加了粮食产量。

在组织群众垦荒生产的同时，晋冀鲁豫边区政府也积极组织军队开展大生产运动，取得了很大成绩。如一二九师从发轫太行起，就坚定地继承和发扬红军的光荣传统，艰苦奋斗，自力更生，在紧张的战斗中参加生产运动。最初，无偿地帮助人民群众

① 魏宏远主编：《抗日战争时期晋冀鲁豫边区财政经济史资料选编》第二编，中国财经出版社 1990 年版，第 131 页。

② 河南省财政厅：《晋冀鲁豫抗日根据地财经史料选编》（河南部分一），档案出版社 1985 年版，第 640 页。

③ 齐武：《一个革命根据地的成长》，人民出版社 1957 年版，第 169 页。

搞生产。后来，进一步发展成在助民生产的同时因地制宜，自己种地种菜解决粮食蔬菜的供给。军区增设了生产部，专门负责组织、领导部队的生产。生产部，在南泉委办了一个试验农场，在太行山区推广良种，开始试种“金皇后”玉米、西红柿，还繁殖了产蛋多的来亨鸡。为了推动全区的农业生产，部队还举办了一次生产成绩展览会，各部队把精心培育的优良品种送来展览，相互交流经验。大生产运动成绩显著，仅1941年就开荒达十万多亩，产粮512万斤，菜蔬1,266万斤，做到自给粮食三月和全年的菜蔬。[①] 部队还依靠自己生产来贴补油盐，减轻人民十万石公粮的负担。仅把办公杂文和节约统计算起来，减轻人民负担达20万石公粮。冀南部队在灾荒中，每个指战员种地五亩，做到粮食蔬菜半年自给，及自给一套棉衣，有些地区（如临清）做到了全部自给。在不能生产粮食的地区，则进行熬盐、喂猪、牧羊等生产活动。群众团体、政府机关、学校、工厂，亦须作出同样计划。邓小平在谈到部队开展大生产运动时说道：“部队生产，一年比一年好。假如机关部队没有生产，靠一毛二分钱的菜金来改善生活和维持体力，是不可能的。我们能够过得去、改善了生活、维持了体力、没有影响部队的战斗力，不能说不是努力生产的结果。”[②]

（二）积极抗敌、抗灾，保护群众劳动成果

抗战时期，由于根据地军民的顽强抵抗，敌人对抗日根据地进行了更加严酷的摧残，实施了疯狂的经济掠夺，对敌斗争越来

---

① 魏宏远主编：《晋冀鲁豫抗日根据地财政经济史料选编》（河南部分一），档案出版社1985年版，第648页。

② 魏宏远主编：《晋冀鲁豫抗日根据地财政经济史料选编》（河南部分一），档案出版社1985年版，第652页。

越尖锐复杂，尤其在粮食方面，公开进行抢粮，强行勒索，低价强行收买。每年到秋收后，敌人便挨家挨户挖墙挖洞，四处抢掠粮食。在敌占区内，抢粮的另一办法是强行征派，在每一个“维持村”，敌人到处征粮，勒令群众交出一定数量的粮食，而许多贫苦农民，连麦谷、麦秆算上也不够。敌人还以伪钞低价强迫收买粮食，并分配各村的数目，从事搜刮。为了保卫人民的生命线，打击敌人掠夺的计划，边区政府一方面组织民兵协力合作，攻击抢粮的敌寇，粉碎敌人的抢夺计划。如1942年，日军在西部白晋线一带布置了抢粮计划，利用伪组织向农民征派粮食，用低价强买，组织清乡队阻止边区从敌区购粮。太行区针锋相对地组织了大批力量到西线同敌人争夺粮食，并取得了十分明显的成绩。另一方面，制定出了保护粮食对敌斗争的办法，动员群众储藏粮食，每家在收粮之前即选好地点，一经收获迅速把粮食储藏起来。并且组织秋收队，在最易被敌人抢劫的村庄，发动村与村、户与户的互助。提倡早耕早种，缩短各种劳作的时间，大大增加了应付“扫荡”的力量。必要时发动根据地人民帮助抢收，帮助抗属及缺乏人力的农户组织代收队代收，采取迅速的行动，在最短的时间内收割粮食，使敌人没有可乘之机。[①]

根据地除了严酷的对敌斗争，还时常发生水灾、旱灾和虫灾等多种自然灾害，也对农业生产造成很大破坏。边区党和政府积极应对，发动广大抗日根据地军民进行了灭蝗、治水、抗旱等抗灾保守斗争。如在太行区的蝗灾中，“参加打蝗的人，达到百余万，费工近万个，从挖卵十万斤到创造打蝗千八百万斤的空前纪录。”[②] 由于

---

① 魏宏远主编：《晋冀鲁豫抗日根据地财经史料选编》（河南部分一），档案出版社1985年版，第672页。

② 史敬棠：《中国农业合作化运动史料》上册，生活·读书·新知三联书店1957年版，第480页。

“灭蝗、治水、救灾的伟大群众运动，收到了史无前例的效果，使抗日战争能够长期坚持下去”。[①]

（三）发放农贷，大力支持农业生产

晋冀鲁豫边区，由于生产破坏，农民普遍存在着资金困难。冀南银行成立后，边区人民政府确定冀南银行发放贷款的政策是：及时发放农民生产贷款，扶助农民、市民发展农副业生产，增加群众财富，恢复城乡经济。贷款的主要对象是贫苦农民，其次是中农。老解放区主要贷给组织起来的农民，重点放在农具、牲口、种子和肥料上。为了发展城乡手工业和运输业，冀南银行还发放了手工业贷款和运输业贷款。1943 年年初，根据地政府开始发放春耕贷款，解决农民生产中的资金困难。如太行区 1943 年发放农业贷款 900 万元，贷麦种 2,000 石，水利贷款 300 万元。据统计，仅偏城、左权两县由政府贷款所购置的大小农具，就达 10,976 种。政府还动员人民用春耕贷款买牲口，组织边沿地区的骡马大会，吸收敌占区的牲口，以补救畜力的缺乏。同年 7 月，太行区发动大生产运动，确定银行业务以贷款工作为第一位，信贷工作的重点以生产为主，扶助刺激农业生产发展，同时配合救灾发展手工业和农村副业。此时，确定把 70%—80% 的资金用于农业贷款。1940 年到 1945 年，太行区的农业放款占全部放款的 67.4%，可以看出，边区政府对生产贷款非常重视。[②]

而银行信贷不但扶持了生产，在救灾工作中也起了很大的作用。冀南银行通过发放各种形式的贷款，给根据地经济注入了新

---

① 河南省财政厅：《晋冀鲁豫抗日根据地财经史料选编》（河南部分一），档案出版社 1985 年版，第 635 页。

② 河南省财政厅：《晋冀鲁豫抗日根据地财经史料选编》（河南部分一），档案出版社 1985 年版，第 675 页。

的活力。农贷在一定程度上促进了农业生产力的提高，促进了一些地区家庭手工业、副业的发展。贷款的意义在于能够根据群众的需要，脚踏实地为群众生产服务。这对贫苦农民来说是雪中送炭，对于饱受战火摧残的生产力起到部分恢复和发展的作用，保证了群众最基本的生活需求，使大多数人生计有着，不致冻馁而死。①

（四）鼓励劳动互助，改进农业生产技术，提高生产效率

为提高劳动生产效率，在艰苦的环境中组织生产，晋冀鲁豫边区政府重视农村中的互助劳动，提倡流传已久的变工形式，如“工队”、“工合”、“成工组”、“打拼工”等，有效地组织群众进行互助合作生产，大大节省了劳力，提高了劳动生产效率。互助组中最进步的一种是干部参加以劳动英雄或积极的劳动者为中心、以户为单位的互助组。此外，个别地方动员了妇女儿童及懒汉参加劳动，对于培养新劳动观念，密切干部与群众关系，提高妇女的地位等，收到好的效果。为提高农业生产和耕作技术，边区政府还成立了农业指导所，建立实验区，提出增加农业生产量的办法，如解决肥料、改良种子、深耕、多锄、增加水田等办法。实验区的主要任务则为改进农业技术，发放农业贷款，训练村级生产干部，组织农业竞赛会，进行农村统计调查。太行区武北、涉县、黎城、赞皇、武乡等县之农业指导所先后成立，实验区也纷纷组建。边区政府还特约农家，建立模范农场。特约农家之组织，按其不同的性质，分为：①专为改良品种，新法栽培，改良农具，合则施肥，防除病前害虫等方面，起到各种示范作用。②专为造林妆亩，进行各种

① 张常勇、王向英：《抗战时期冀钞的发行及其历史作用》，《山西师范大学学报》2005年第4期。

优良品种之繁殖工作。③做各种比较简单的技术试验，至于各农业指导所直辖的示范农场，则用科学方法栽活各种重要作物，使农民随时观察，以资推动。[①] 1941 年 10 月 15 日，边区政府颁布了《晋冀鲁豫边区奖励生产技术办法》，对生产中的技术改进进行奖励。边区农业技术试验和改进的结果，使农作物的收获较从前增加了产量，改善了品质，提高了劳动生产效率，满足了军民的粮食所需。

三、晋冀鲁豫边区工业生产和商业的发展

（一）晋冀鲁豫边区民用工业的发展

晋冀鲁豫边区政府在重视发展农业的同时，也很重视工业生产的发展。因为，面对根据地的形势，边区政府认识到敌后抗日根据地内必须有工业品生产，如果工业生产得不到迅速发展，不能做到进出口的平衡，就不能最终打破敌人的封锁，打断城市统治乡村的旧链子。1941 年 8 月 16 日，边区政府提出了“发展工业生产，走向自力更生”的方针和“三年实业建设计划”。在工业建设上，以自给自足为主要目的，有计划地集中领导，分散建设，在敌后艰苦斗争的环境中发展工业。并明确了边区工业生产建设的具体目标，包括：（1）棉织品完全做到自给自足，主要在冀南发展小规模的及家庭的纺纱、织布、纺毛巾、织袜工业。在太行山区建设一模范纱厂，每日出纱 500 斤，并建设一个模范织布厂。（2）实现食盐自给，加紧路东、西两处熬盐生产，提高硝价，引进化学人才改良硝盐。（3）路东供给百万斤以上的铁、物、食盐到路西来。（4）在太行山区建设大规模的制药厂，1941

① 河南省财政厅：《晋冀鲁豫抗日根据地财经史料选编》（河南部分一），档案出版社 1985 年版，第 641 页。

年要有100万元的生产。（5）大量发展制肥皂、制革皮，满足自己的需要，在现有基础上增加百分之四十。（6）加强造纸工业，提高造纸技术，提倡私人造纸，做到自给自足。（7）设法创办火柴厂，开办硫酸厂、酒精广、硫磺厂等。[①]

要实现工业发展的目标，就必须注重技术工人的培养。1941年11月颁布了《晋冀鲁豫边区优待专门技术干部办法》，对专业技术人员进行优待和奖励。为进一步发展根据地工业生产，边区政府还于1941年10月15日制定了《晋冀鲁豫边区工业奖励办法》，规定：凡投于本边区各种工业生产之资本，均免其资产负担。凡合于下列条件之一者，得依本办法获得奖励：大量制造或开采军用品及原料者；制造输出品货物者；使用土货原料制造代替旧货及舶来品者；从事制造经政府特别指定之日用必需品者；应用机器或改良手工业制造各种工具及日用品者；其他开办各种工厂作坊及各种流动手工业者等。奖励办法包括：享受政府提供的低利贷款、减免其原料进口税与成品出口税、公营贸易机关帮助运销成品及采购原料以及给与奖励金或补助金等。[②]

为促进工业的发展，晋冀鲁豫工商总局颁布了《关于工厂管理规程的决定》，对工厂的组织领导，实行统一领导的经理负责制；对职工工资、技术干部保健及分红制度都做出了相应的规定。边区政府还颁布《太行区采矿暂行条例》，对采矿权、采矿用地、矿山保护、矿工保护做了规定。太岳经济总局颁布了《关于公营工厂吸收群众资本办法》，为发展私人资本，扩大根据地生产建设事业做出了具体规定。边区政府还注意根据新民主主义

① 河南省财政厅：《晋冀鲁豫抗日根据地财经史料选编》（河南部分一），档案出版社1985年版，第15页。

② 河南省财政厅：《晋冀鲁豫抗日根据地财经史料选编》（河南部分一），档案出版社1985年版，第129页。

的经济政策，调节劳资双方利益，提出应适当增加工人工资，减少工作时间，改善工人生活。工资应以实际能养活一个至一个半人为标准；工作时间，除公营企业已实行八小时外，其他一股应保持在九小时至十小时。在劳资合同有效期间，劳资双方均应遵守，不得随意破坏。职工工会除保护劳工利益外，应从政治上提高工人生产热忱，保障劳动纪律。保护青工、女工、童工，不得令其担负足以妨碍其健康与发育之工作，并实行同工同酬。①

在这些正确的工业政策引导下，晋冀鲁豫边区工业生产虽然设备简陋，规模不大，但其产品已能供给本区军民之用，解决封锁区中物资缺乏的问题。在晋东南产煤铁丰富的华龙、大有、洪水三县，建立了小规模的炼铁钢厂，已能自己炼铁。黎城及冀南各地的纺织厂，东阳关一带设立的印刷厂，虽在敌人的“扫荡”中屡遭破坏，但经政府竭力帮助，仍能在废墟中复兴起来。②

在大力发展公营工业的同时，边区政府从边区处在敌人包围封锁之中，经常受到敌人威胁以及交通不便，工业原料匮乏，发展大规模工业比较困难的现实出发，依靠根据地的有利地形，主要以小工业和家庭工业为工业的发展方向。对此，邓小平提出了自己独到的见解，他说：“手工业的发展，正可以推动农业的生产，正可以抵制敌货的大量倾销，实现自给自足的经济。”③ 在边区军民的共同努力下，边区的手工业生产得到了蓬勃发展。出现了大批铁工、木工、弹花、弹毛工、粱匠和皮匠等，他们修理农具、纺车，开设各种作坊，如纸坊、皮坊、毛巾场等，增加了边区的物品供应。据统计，当时整个太行山区从事手工业生产的有

① 河南省财政厅：《晋冀鲁豫抗日根据地财经史料选编》（河南部分一），档案出版社 1985 年版，第 20 页。

② 河南省财政厅：《晋冀鲁豫抗日根据地财经史料选编》（河南部分一），档案出版社 1985 年版，第 642 页。

③ 邓小平：《太行区的经济建设》，《解放日报》1943 年 7 月 2 日。

108 个单位，其中搞毛织的 62 个单位，共 1,521 人，收入 187,294元，编织业（编草帽、席、筐）11 个单位，98 人，收入 9,396 元。① 当时的太行根据地因地制宜地大力发展纺织业。仅在太行区东线，政府通过发放纺织贷款本币 180 万元，支持其发展。1943 年 6 月，据太行全区 21 个县的统计，共有纺妇 55,970 人，每县平均 2,625 人；1944 年 12 月，六个区 33 个县共有纺妇 186,948 人，每县平均 5,665 人。② 这种纺织运动，一方面解决了数十万灾民的口粮收入——两年中赚工资米三万石；另一方面解决了边区军民的衣着问题，支持了边区的长期抗战。

（二）晋冀鲁豫边区军事工业的发展

抗日战争全面爆发后，八路军东渡黄河，开赴抗日前线。随着队伍的迅速扩大，战斗日益频繁，急需补充武器弹药。国民政府答应提供的军火补给，却经常扣发乃至断绝供应。鉴于此，中共中央、中央军委、八路军总部都决定自力更生，建立自己的军事工业。1937 年 10 月 21 日，毛泽东致电周恩来、朱德："我们必须在一年内增加步枪一万支；主要方法自己造枪。"11 月，八路军总部要求各旅、各团、每个游击支队以及地方政府和自卫队，都要招募技术工人，开办修械所和炸弹厂。1938 年 10 月，在中共中央六届六中全会上，毛泽东明确提出：游击战争的军火接济问题是一个极重要的问题，一方面，大后方尽可能的接济他们；又一方面，每个游击战争根据地都必须尽量设法建立小的兵工厂，办到自制弹药、步枪、手榴弹等的程度；使游击战争无军

① 河南省财政厅：《晋冀鲁豫抗日根据地财经史料选编》（河南部分一），档案出版社 1985 年版，第 119 页。

② 河南省财政厅：《晋冀鲁豫抗日根据地财经史料选编》（河南部分一），档案出版社 1985 年版，第 115 页。

火缺乏之虞。[①] 根据中央的指示，晋冀豫根据地以八路军总部军工部及所辖厂、所为主体开始，发展边区的军事工业，使晋冀鲁豫边区成为当时华北地区军队的一个最重要军火补给基地。

1938 年 9 月，八路军总部将几个重要的修械所集中到山西榆社县韩庄村，成立了总部修械所，标志着边区军事工业的正式诞生。1939 年 7 月，中共中央军事工业局从陕甘宁边区抽调 300 余名技术人员和工人，组成“工兵营”开赴到军工部。到 1940 年底，在收编、整顿各修械所的基础上，边区先后兴建了四所（一、二、三、四）、一厂（柳沟铁厂），一个复装子弹厂，一个试验所，共有职工 2,566 人。仅一二九师就建立了六个修械所，加上一一五师三四四旅修械所、安邑修械所等，共有职工 600 多人，月修枪支可达 1,700 支以上。[②] 这批工厂的建立，为百团大战的胜利提供了武器装备的支持。

百团大战震撼了敌人，日军集中在华兵力，加紧了对华北根据地的“围剿”和“扫荡”。加之这一时期遭受严重旱灾，人民生活十分困苦，军工生产面临重重困难。在严峻的局势下，中央军委适时发布了《关于兵工建设的指示》、《关于军队中吸收和对待专门家的政策指示》、《关于抗日根据地军事建设的指示》等一系列指导各根据地军工生产的文件，如要求“山地抗日根据地，应设立中等后方（在内战时只应有小后方，修理枪械，反对大后方主义），即是说因为弹药无来源，必须自行翻造，但过大的后方，对我根据地之坚持是不利的，在平原上只能建立很小的、分散的、秘密的后方”，“在目前条件下，兵工生产的基本方针应当是修理枪械、翻造子弹、特别是大量生产手榴弹、地雷

① 毛泽东：《论新阶段》，1938 年 10 月 12—14 日。

② 中国近代兵器工业档案史料编委会：《中国近代兵器工业档案史料》第 4 辑，兵器工业出版社 1993 年版，第 5 页。

等，大量发给军队、民兵及居民，以便到处与敌斗争，以量取胜。”① 这为军事工业进一步发展提供了具体的思路。军工部按照中央指示，在人民的大力支持下，采取多种措施，使军工生产在战火中继续发展。晋冀鲁豫边区，1941 年，兵工厂由六个发展到 14 个，职工发展到 3,200 多人；产品由三种扩展到十种，开创了五〇炮和炮弹的批量生产；新建立了太行工业学校。1942 年至 1943 年，日军接连在山西发起了“总进攻”，一些目标大的兵工厂遭到严重破坏，各兵工厂共毁坏房屋 250 多间，牺牲职工 30 人，损失动力机器 108 匹马力，损失工作日 18 万多个，粮食、服装、现款损失达 150 万元。在这种情况下，军工部又遵照精兵简政的原则，把原来几个规模较大的兵工厂以产品分类化大为小，分散设厂；在 1942 年对职工进行了三次精简，从 3,043 人减少到 1,368 人，减少 55%；生产管理上，实行部、所、厂三级管理和工务制度，加强了生产过程管理，并大力开展生产竞赛运动。② 为了保证正常生产和最大限度地发挥军工生产潜力，军工生产实行垂直管理体制。从 1939 年底至 1941 年底，根据地军工企业实行军工部各职能部门（处）、所（厂）两级管理体制，即军工部下设政治处、工程处、总务处和器材处。其中工程处负责制定各所、厂的生产计划、管理生产、并负责新产品的试验；总务处负责供给、卫生等后勤工作；器材处主要负责器材的保管、分配和使用。下属各厂（所）则根据自身情况设立相应的机构。通过广大军工人员艰苦奋斗，生产效率逐年提高，1942 年比 1941 年提高了 89.4%，1943 年比

---

① 中国近代兵器工业档案史料编委会：《中国近代兵器工业档案史料》第 4 辑，兵器工业出版社 1993 年版，第 758 页。

② 中国近代兵器工业档案史料编委会：《中国近代兵器工业档案史料》第 4 辑，兵器工业出版社 1993 年版，第 12 页。

1942 年提高了 14.7%。[①] 1944 年，抗日战争由相持阶段转向战略反攻阶段，对武器供应提出了更高要求。为适应新的形势，组织管理上作了重新调整，将分散的兵工厂集中组合为五个较大的兵工厂，后又新建了三个工厂，使军工生产发展到一个新水平。到 1945 年上半年，军工产品品种发展到 17 种，平均月产火炮 60 多门，炮弹近 9,000 发，无烟火药 1,000 多公斤，枪弹六万多发。[②] 8 月，为夺取抗战胜利，广大军工人员加紧生产，为此《解放日报》专门作出了《太行各兵工厂军火工人日夜加班，赶造更多的武器，去消灭拒绝投降的敌人》的特别报道。

抗战期间，晋冀鲁豫根据地的军工生产不断向前发展，为抗战的胜利作出了巨大贡献。以八路军总部军工部及所辖厂、所为主体的晋冀豫根据地军事工业，从简单的修理制造枪械起步，到抗战胜利时，已拥有铁厂、机械厂、化工厂、制枪厂、枪弹厂、炮弹厂等十多个生产单位，3,000 多名员工的兵工队伍，形成了能成批生产步枪、迫击炮、掷弹筒、全新子弹、手榴弹、地雷和各种炮弹以及兵工生产设备等 20 多种产品的生产能力。[③] 全国抗战八年之中，生产了大量的枪炮等武器弹药，还修枪数万支，修炮约千门，协助地方生产手榴弹、地雷千万枚以上。不仅供给本地区抗日军民对敌作战的武器弹药，而且将部分产品支援陕甘宁边区、晋察冀根据地、晋绥根据地和山东根据地。作为华北抗日根据地兵工企业的主要聚集地，晋冀鲁豫根据地不仅建立了一批配套齐全的军事工业工厂，并且其数量始终在各抗日根据地中名列前茅，在生产规模、生产能力与生产技术等方面，较之其他抗

① 中国近代兵器工业档案史料编委会：《中国近代兵器工业档案史料》第 4 辑，兵器工业出版社 1993 年版，第 12 页。

② 中国近代兵器工业档案史料编委会：《中国近代兵器工业档案史料》第 4 辑，兵器工业出版社 1993 年版，第 12 页。

③ 《解放日报》1945 年 8 月 21 日。

日根据地占有突出的地位和较为明显的优势。同时以晋冀豫根据地军事工业为代表的敌后军事工业的崛起，一定程度上改变了抗战全面爆发以来中国军事工业集中于大西南的格局。在抗战时期，晋冀豫根据地军事工业在整个中国军事工业体系中都占有重要地位。[①]

（三）晋冀鲁豫边区商业和对外贸易的发展

晋冀鲁豫根据地建立后，各抗日民主政府，如太行山区和冀南的一些专区和县，都组建了商贸机构，组织农副产品的收购和运销。1940 年初太行贸易总局建立，1941 年改称边区生产贸易管理总局，以后又改建成晋冀鲁豫工商管理总局，边区的公营商业开始走上正轨。晋冀鲁豫边区的公营商业包括两部分，一是原先的军需物资采购商店和军人商店，二是工商行政部门直接经营的公营商业。这两部分合二为一，构成边区公营商业的主体，在边区商贸领域发挥着主导作用。1942 年是各根据地极度困难时期，晋冀鲁豫各银行和贸易总局发挥了重要的经济调剂能力，及时调集了一批盐、布、粮等必需品供应边区军民所需，缓解了供需矛盾。银行的工商业贷款以及银行直接投资办公营商店、货栈以及各种作坊、小型工厂，供应群众生活必需品，减少了对外依赖。[②] 为保证军民生活与生产物资的供应，促进物资流通，平抑物价，发展工农业生产，建立了巨大的功绩。

在重视发展公营商业的同时，边区政府也认识到私人经济是一支巨大的社会力量，应将其纳入根据地经济建设的轨道。各根

---

① 冯杰、王东亮：《抗战时期晋冀豫根据地的军工生产》，《内蒙古大学学报》2007 年第 6 期。

② 张常勇、王向英：《抗战时期冀钞的发行及其历史作用》，《山西师范大学学报》2005 年第 4 期。

据地均采取了奖励私人贸易，大量吸收必需品输入，取消根据地内的税卡，不重复收税的政策。对内实行保护贸易政策，吸收私人资本，鼓励私人商业，以调剂根据地内的市场。除此之外，还制定出各种奖励办法，如保障商人一切应享权利，减轻人民负担，确保商人在根据地内有自由收售山货、土货，自由运销之权；奖励商人投资工厂、合作社及与政府合资开发实业等；发动旧存货者复业，发动集股复业；函告客籍商人恢复旧业，使小摊贩逐渐变成商铺；对立即复业之各商户，由政府分别发给奖章奖状，以资奖励；大商户设立政治指导员，建立经常的会议制度，加强商人团结，提高商人对巩固抗日根据地经济建设的认识，在政府统一经济政策下，繁荣根据地的市场。[①] 边区还大力发展各种合作社，增加生产，活跃市场，平抑物价，改善人民生活。1941 年 10 月 15 日边区颁布了《晋冀鲁豫边区合作社条例》规定边区合作社的形式有生产合作、远销合作、消费合作和信用合作，政府对合作社采取优待措施，广泛吸收各阶级的资本参加合作事业，在引导合作事业的发展中，反对命令主义的方式及“左”的偏向。[②]

在发展公私商业的同时，边区政府还加强了与敌占区的对外贸易。根据地与敌占区犬牙交错，经济来往不可避免。日军从 1939 年开始，对抗日根据地在经济上采取两种对策，一是加强经济封锁，企图困死根据地军民；一是成立国策公司，华北开发会社和合作社等组织，并大肆套购和抢掠根据地的物资，主要是粮食、棉花、煤炭、生铁等。边区政府领导人民针锋相对，在边区开展了反封锁的对敌贸易斗争。在对敌贸易斗争中边区执行了

---

① 刘录开：《中国革命根据地商业史》，中国商业出版社 1997 年版，第 218 页。

② 河南省财政厅：《晋冀鲁豫抗日根据地财经史料选编》（河南部分一），档案出版社 1985 年版，第 15 页。

“对外管理对内自由”，“争取出入口平衡”的税收贸易政策。其具体做法是：(1) 把税收和贸易两个部门，置于工商管理局的单一领导之下，用严格的税制来保护根据地的经济，并使对敌斗争容易得到胜利。(2) 对敌占区贸易不采取政府统制一切的办法，而是管理的办法；对内不搞垄断，而是采取贸易自由的办法。(3) 组织商人参加对敌经济斗争，对他们的投机行为，则利用公营商店及合作社的力量，加以压抑。(4) 凡边区不需要的奢侈品绝对禁止入境；凡敌人短缺的战略物资绝对禁止出境；对非必需品和多余物品则组织出境；凡我急需的物资和不能制造的物资，实行奖励入境。还组织群众性的缉私队伍，保证根据地内外贸易政策的贯彻执行和对敌贸易斗争的顺利进行。实行这种做法的结果，加强了对敌斗争的力量，增加了税收，繁荣了市场，保障了人民的需要。

边区政府还有效利用贸易专卖制度，实行粮食专卖，掌握了粮食斗争主动权。粮食是军队和人民赖以生存的基本物资，能否安定军心民心，能否把抗日战争打下去直至胜利取决于是否掌握粮食的主动权。从 1941 年开始，日伪政权在敌占区实施物资统制配给制，把粮食作为控制和掠夺的主要对象，他们一方面严格限制群众消费，一方面向产粮区横征暴敛。针对这种情况，晋冀鲁豫边区政府实行了粮食专卖制度。目的是破坏敌人征粮、抢粮计划，制止粮食走私资敌，保护根据地的粮食资源，解决军民吃饭问题。并在此基础上，有计划地组织部分粮食输出，打破敌人的封锁，换回我们必需的物品。1941 年 12 月，边区政府发出指示，禁止粮食出口，实行粮食专卖。边区工商总局根据边区政府指示，决定首先在太行一、六分区及五分区部分地区试行。边区工商总局强调指出：粮食是敌寇掠夺的主要物资，它在根据地内是带有半货币性质的一种商品。粮食价格的升降，往往成为物价变动的主要因素之一，对货币的巩固，也起着杠杆作用。因此，粮食必须掌握在抗日政府手中。实行粮食专卖，有效地防止了敌人的掠夺和根据地粮食的盲目流出，并有计划地进行部分粮食出口，换回边区需要的必需品，便于做到粮食出口与必需品入口达到平衡，成为动员边区人民粉碎敌寇封锁的重要武器。①

四、晋冀鲁豫边区财政和金融业的发展

（一）晋冀鲁豫边区的财政政策

1. 废除苛捐杂税，实行合理负担，实现收支平衡。1939 年 9 月日本帝国主义实施所谓“囚笼政策”，在晋冀鲁豫边区周围增兵至十万以上，边区战争形势严峻，财粮供给非常紧张。1939 年 12 月晋西事变以后，阎锡山停发了国民政府的军饷。由于严酷的斗争形势，党在冀南、晋东南政权分散，没有建立起完善的财政税收制度，“财政来源很困难，开支也很浪费”。晋冀鲁豫边区各地抗日民主政权建立以后，开始整顿财政，对以前的种种苛捐杂税和陋规均宣布取消，并实行了公平负担（平原）及合理负担（山地）的分类征收原则。如从 1937 年冬季到 1938 年 6 月，太行区的苛捐杂税已先后废除，存在的只有田赋、契税、烟酒营业税、牲畜税等几种。冀南取消的苛捐杂税计有 17 种。这些苛捐杂税的废除，减轻了农民的负担。在宣布取消苛捐杂税的同时，各抗日政权机构根据战争供给的需要，相应规定了一些筹款的办法。但是由于各地政权不统一，环境条件不同，部队就地供给，打到哪吃到哪，因此征收任务和办法都是各自为政，曾出现各地负担苦乐不均的情况。而且全国抗战初期由于采取面向大户捐粮捐款的办法，负担面太窄，使地主、富农负担过重，虽然对削弱封建剥削、减轻群众负担有利，也确实调动了部分群众的积

① 刘录开：《中国革命根据地商业史》，中国商业出版社 1997 年版，第 219 页。

极性，但过重的负担也使地主和富农难以维持正常的生活，对统一战线的巩固和发展产生消极影响。

为解决战争供给问题，1940 年 4 月，中共中央北方局在山西黎城召开了太行、太岳、冀南等抗日根据地领导参加的高级干部会议（统称黎城会议），提出了自力更生的财政经济方针。边区政府在解决战争供给的问题上，实行了以下三个措施："为保证军政人员吃粮的紧急需要，突击囤积公粮；整理、利用旧的田赋，增加财政收入；适应屯粮任务增加的需要，改进负担办法，使负担逐渐合理"。针对当时财政上各地各自为政，互不统属，县、区、村乱向人民筹款、筹粮的问题，黎城会议上确定了统筹统支、量入为出、收支平衡的财政政策。提出根据边区敌后的特殊环境，首先需在每一个战略根据地内，绝对做到财政上的统筹统支，量入为出，有计划地增加收入，节省开支，使军、政、救、建各费得到适当外支的比例，不致偏重偏废。但实际的财政状况并没有根本改观，财政收入有所增加，但仍入不敷出。如当年，冀南区实际收入 722.5 万元，实际支出则达 777.6 万元，而当年财政对军队的供给并没有达到原定的三分之二的比例，"实支不及三分之一"。①

1940 年到 1942 年，突击囤积公粮成为边区财经工作的中心任务，在突击屯粮的同时，又进一步加强了田赋的征收，使田赋成为边区财政收入重要的来源。田赋在边区持续征收了二至三年，冀南于 1942 年取消，晋东南于 1943 年并入统一累进税。1941 年 7 月 1 日，边区政府在总结经验的基础上，制定和颁布了新的合理负担试行草案，新草案比过去的老办法更为合理："（1）资产与收入分开，征税范围更明确，资产仍按比例征收，

① 晋冀鲁豫边区财政经济史编辑组：《抗日战争时期晋冀鲁豫边区财政经济史资料选编》（河南部分一），中国财经出版社 1990 年版，第 369 页。

相对收入税有所减轻，征税项目也有所缩小。1942 年将资产免征点由 50 元提高到 100 元。（2）家庭副业负担一律免除。（3）脱离生产的抗日工作人员所得的生活费免除负担，并得在其家庭内计算人口，雇工工人、一般劳动者的工资免除负担。（4）宣布了负担面以 80% 为标准，但可低至 70%，高至 90%。（5）降低了累进率，累进率按各阶层负担能力规定。”① 其后，冀南区在同年重新修正了公平负担办法，冀鲁豫区也于 1942 年 7 月 13 日颁布了《新合理负担暂行办法》，结合各地的实际进一步完善了合理负担。同时，边区政府还通过对各级财政的整理，财政的征收、管理形成一套比较健全的制度，基本上克服了各种贪污、浪费现象，减轻了人民负担，取得了比较好的效果。如太行区到 1943 年就克服了支出大于收入的问题，达到了收支平衡。

2. 精兵简政，开展大生产，共渡财政困难。从 1942 年到 1943 年，边区实行了三次精兵简政，减少脱离生产的人员，规定政府和群众机关脱离生产的工作人员不得超过全区人民的 1%。1942 年冀南区减少军政人员二分之一。政府系统三次简政，减少人员 51%。由原来的 548 人的编制，减到只有 100 人。② 在精简人员的同时，各地也加强了支出管理。太行、太岳、冀南各地都建立了财政上的领导机构，制定了一系列的规章制度，形成一套比较完整的财政体制，使各项开支标准、预算的审批程序及各项开支的具体规定等完全制度化，加强了对财政支出的监督，杜绝浪费。如据太行区二办事处的统计，1940 年 8 月各种制度未建立前，每月开支假定为 100%，则 1940 年 8 月制度比较健全后，月开支则减为 50%；漳北磁县，1939 年 10 月至 1940 年 2 月这五个

① 晋冀鲁豫边区财政经济史编辑组：《抗日战争时期晋冀鲁豫边区财政经济史资料选编》（河南部分一），中国财经出版社 1990 年版，第 369 页。

② 齐武：《一个革命根据地的成长》，人民出版社 1957 年版，第 98 页。

月内的开支假定为100%，则1940年3月至7月的五个月内的开支减为42%，1940年8月到12月的开支更减为11%；[①] 太南区在1940年一年内，除了在秋季征收了联办所分配的合理负担及后半年村款经费以外，专署和各县区未向人民筹过款。[②] 资料显示，通过精兵简政，加强支出管理，冀南、太行、太岳各根据地的开支比以前平均减少2/3。[③] 边区财政支出的减少，减轻人民的负担，社会积蓄增加。

在精兵简政的同时，部队和机关团体，开展了大生产运动，开荒、种地以及各种手工业生产，收到了圆满的效果。1943年，边区的许多部队已经做到全年蔬菜和三个月的粮食可以自给。食用油盐、肉类、日常的办公、杂支等费用，大部分由生产所得来解决。冀鲁豫的部队也完成了自己供给两个月的粮食任务。军民齐心，共同渡过了战争环境中严重的经济困难。

3. 实行统一累计税，促进经济恢复和发展。1943年4月25日，晋冀鲁豫边区政府公布了《统一累进税暂行税则》，按照新的税则，开始在边区征收“统一累进税”。即把对农村同时征收的几种资产税与收入税统一于一种税中，税率按纳税富力分等累进，根据各阶层不同的负担能力与保证抗战财粮供给的需要，确定各阶层的负担比例。特别是与其他根据地相比，晋冀鲁豫边区的统一累进税征税范围较窄，免税面较宽，存粮存款不征税，家庭副业和羊群不征税，按平常年景评定产量征收，开荒地定期免税，工业收入从轻征税等政策规定的执行，调动了农民的生产积

① 晋冀鲁豫边区财政经济史编辑组：《抗日战争时期晋冀鲁豫边区财政经济史资料选编》（河南部分一），中国财经出版社1990年版，第263页。

② 晋冀鲁豫边区财政经济史编辑组：《抗日战争时期晋冀鲁豫边区财政经济史资料选编》（河南部分一），中国财经出版社1990年版，第255页。

③ 晋冀鲁豫边区财政经济史编辑组：《抗日战争时期晋冀鲁豫边区财政经济史资料选编》（河南部分一），中国财经出版社1990年版，第263页。

极性。征收的粮食除满足军需以外，还可以拿出一部分作为“资本”，到敌占区去做生意，换取边区缺乏的物资。1945年边区政府对统一累进税税则又做了修订，根据现实土地政策的执行情况，规定土地不再征收资产税，又从财政需要方面考虑，适当增加了公粮征收任务，适当降低了免征点，相应提高了税率。恢复了部队因灾荒一度压到最低的供给标准。

边区实行这种税制规定，取得了良好的效果，它既保证了财政收入任务的完成，又配合减租减息政策，削弱了封建地主经济，促进了土地的进一步分散，确实照顾了各阶层的利益，调动了农民的抗日积极性，促进了农村经济的恢复，人民积蓄增加和生活的改善，边区的生产面貌大为改观。

为了保护抗日根据地的物质资源，保证工农业的发展，打击敌之“以战养战”的经济掠夺，除了累进所得税外，边区政府在边境口岸建立关税制度，按照下列原则确定税率：（1）出入口货物对我利大，对敌利小者，征轻微之税或免税。（2）对敌我均有利者，斟酌需要之轻重之缓急，课以较轻之税。（3）对敌利大，对我利小者，课以重税——百分之五十至百分之百，直到禁止入口。①

晋冀鲁豫边区财政制度建设在边区财政工作中起了很大的作用，既依照实际情况，照顾了人民的承受能力，又满足了战争需要，避免了浪费、贪污现象，减轻了人民负担；再加上理顺了财政与经济的关系，发展了农业和手工业生产，使边区能够在自然灾害和经济封锁的双重压力下，从根本上解决了战时财政困难，实现了“生财有方，聚财有限，用财有度”的发展目标。

---

① 河南省财政厅：《晋冀鲁豫抗日根据地财经史料选编》（河南部分一），档案出版社1985年版，第10页。

（二）晋冀鲁豫边区金融事业的发展

抗日战争中，经济战线斗争的尖锐程度并不亚于军事战线，货币战则是经济战的前哨战。晋冀鲁豫根据地发行冀钞，建立独立自主的货币金融体系，结束了根据地内金融混乱的局面，使根据地经济尽可能少受敌占区、国统区经济波动的影响。同时，根据地政府以冀钞为武器，同敌人展开激烈的货币战，抵制了敌人的金融侵略，支援了其他经济战线的斗争。

1．发行本位币，清理土杂钞。抗战时期，作为敌后根据地的晋冀鲁豫根据地处于非常复杂的环境之中，日军、国民党以及各种性质的地方势力犬牙交错，市场上的货币紊乱，极不统一。七七事变后，随着军事上的全面进攻，日本侵略者加强了对华金融侵略。如伪造原河北省银行钞票、发行军用票、吸收法币套取外汇掠夺物资，等等，手段多种多样。1938 年 3 月，日本侵略者操纵伪临时政府成立所谓“中国联合准备银行”，发行“联银券”，试图以此控制华北金融，实现其“以战养战”的侵略计划。1939 年 6 月，“联银券”的发行额已达 2.64 亿元。[①] 为防止伪联银券占领市场，避免法币资敌，各抗日根据地相继建立了金融机构，发行抗日货币。而当时的晋冀鲁豫根据地位于敌后，与大后方不能经常取得联系，法币不易流入，致使市场因筹码缺乏、破烂，形成金融死滞、交易呆板。在这种情况下，没有根据地内抗日货币的发行，就很难维持经济秩序。因此，确立单一抗日货币是根据地金融建设的一大举措。这是与敌人展开货币斗争，肃清敌伪货币，扶持生产，发展贸易，繁荣市场，增强抗战力量，巩固抗日实力的必要手段。

---

① 魏宏运主编：《抗日战争时期晋冀鲁豫边区财政经济史资料选编》第一编，中国财政经济出版社 1990 年版，第 188 页。

为了稳定根据地金融秩序，使货币发行和流通逐步走上正轨，1939 年 4 月，晋冀鲁豫边区成立冀南经济委员会，颁布了《经济建设计划大纲》，提出：1. 限制法币流通范围，以免为敌伪吸收，绝对禁止伪币假钞的行使；2. 有计划有步骤地收回土杂票币；3. 成立冀南银行；4. 发行冀南本位币。经过充分的准备，1939 年 10 月 15 日，根据中共北方局和八路军总部的决策，由冀南行署和一二九师共同筹建的冀南银行在太行区黎城县小寨村正式成立，在太行、冀南两区同时宣布正式对外营业，成为晋冀鲁豫边区的主力银行。

1940 年 8 月，冀太军政民各界召开金融座谈会。这次会议上，确定冀南钞为单一抗日货币，上党银号停止营业，财产归入冀南银行。冀南银行分设两个机构，在冀南区的机构设于河北省垂杨，称路东行，由冀南行政主任公署领导；在太行区的机构设于山西省黎城县西井村，称路西行，由十八集团军总后勤部领导，此为冀南银行总行。随着太行、太岳、冀南、冀鲁豫等分散的抗日政权走向统一，冀钞的发行肩负起结束晋冀鲁豫根据地金融混乱局面，实现货币一元化的使命。1940 年 11 月，晋察冀银行、山东北海银行、冀南银行、晋西北的西北农民银行、陕甘宁边区银行五行实行通汇，加强了各抗日根据地之间的经济联系，提高了冀钞在全华北的地位。冀南银行自成立之日起，发行冀南银行钞票作为根据地本位货币，并开始回收各种地方杂钞，排挤和肃清敌伪币；同时注意扶植生产，发展贸易，繁荣市场。两个月后，由于阎锡山超量发行地方钞票，其山西票垮台，冀钞在太行区逐渐受到广大群众的信赖。1941 年，土杂钞在太行区全部被肃清以后，尽管敌人不断“扫荡”，破坏根据地集市，有的地方缩小冀钞的流通，个别地区银洋、法币仍在暗中行使，但冀钞对市场的占领是不可逆转的。经过努力，混合的货币市场逐渐变成单一的冀钞市场，冀钞深得人民拥护。货币管理趋于规范，巩固和加强了统一战线，壮大了抗战力量。

在确定冀钞为单一抗日货币的同时，根据地金融界采取了十项措施，以巩固冀钞地位。（1）节流。倡导节约运动，反对贪污浪费，减少政民开支，缩小编制预算。（2）整理地方财政，彻底实行“三一制”。（3）实行五行汇兑。冀南、北海、冀察晋、晋西北农民、陕甘宁边区光华五个银行通汇。（4）保护法币，不使流入敌区及汉奸手中。打击奸商操纵金融，杜绝伪制法币的流通。为达此目的，甚至由政府布告群众，法币不再进入市面流通，如有旅客外出，或购买必需货物需用法币时，可到冀南银行以冀钞兑换。用法币购买必需品，须经商业联合会及贸易局证明，买回货物还得接受检查。（5）奖励存款，提高存款利息至八厘，贷款一分。（6）组织商业联合会，由商人合作社贸易局组织，其作用是活泼金融，繁荣市场，保护法币，打击伪钞，执行贸易政策，巩固根据地。联合会先在大城镇及重要交通线开始组织，通过商业联盟形式，来结成经济战线。（7）加强贸易合作，打通各个根据地的经济壁垒，调剂供需，平衡物价，稳定金融。太行根据地主要用山货出口，换回棉花、布匹、食盐、药材等生活必需品。（8）冀南银行设立代办所，由金库代办转变为委托商号代办，兑换破币，辨别真伪，兑换法币。（9）有计划地、严格地统一货币，整理杂钞。在接近敌区的区域内，百姓有时被强迫使用伪钞。则采用折价回收的方法，使百姓不受经济损失。上党银行票以七折收，主要依靠田赋和合理负担，并向冀南银行借一部分款兑换破钞，公私各款亦以七折行使，公营事业收到上党票可向冀行以七折兑换。五区合作社票主要以工厂基金回收。私商杂钞由政府负责督促收回。晋钞（俗称“大花脸票”）无代价地收回。（10）政府保证投资，如有私将贷款投资移向他用，或有其他妨害投资利益发生，准许投资贷款人向法院起诉。①

---

①　李小玲：《晋冀鲁豫根据地金融斗争史略》，《山西档案》1993 年第 3 期。

2. 发动群众，灵活同法币作斗争。抗日战争全面爆发之初，法币作为全国统一货币，实行的是“金汇兑本位”。《保护与兑换法币暂行办法》，1940年11月20日公布，1941年7月5日修正。有外汇基金作保证，币值稳定，并在根据地和敌占区自由流通。此时，边币尚未普遍行使，市场交易要以法币作为媒介。因此，在1940年以前，为法币利用的维持时期，如上党银号即曾以法币作为准备金。为避免边区法币流入敌手，根据地曾颁布保护法币暂行条例，控制法币流通出境。1940年11月20日，冀太联办公布《保护与兑换法币暂行办法》，具体规定：凡本区内一切交易一律以冀南银行钞票为本位币，如携有法币者须向冀南银行或其分行办事处或委托之代办机关换成冀钞行使之；私人收藏之法币或向政府交纳税款非用以交易者，不受前条之限制并不得干涉；凡商民购买本区必需品，或因公必须行使法币时，须具呈请书及保证书（机关团体部队不用保证书），经指定机关核准先与英镑后与美元联系。后方得兑换。12月中旬，在冀太联办召开的第一次专员、县长会议上，就法币问题再次强调，敌后抗日区内市场交易绝对禁止行使法币，并规定了边区金融机关对掌握和在根据地以外使用法币的办法。在贯彻执行上述规定的同时，根据国内经济形势的变化及边区实际状况，调整了过去以法币为冀钞基金的方针，转以边区生产品与全区总收入及硬币与生金银为冀钞基金。法币和冀南币的兑换按各自在同一地区同一时期的实际购买力，采取浮动比价。由于广大军民的积极行动，很快制止了法币流向敌占区，也在根据地市面上消除了法币流通。

1941年12月，太平洋战争爆发后，日本没收了上海、香港等地英、美等国在华的银行；中国海岸被封锁，至淇缅路被切断后，法币国际外汇不通。日伪强化驱逐法币政策，将几十亿法币送至大后方和根据地，以夺取大量物资，致使法币迅速跌价。为此，根据地及时采取相应对策：1. 严防敌伪奸商倾销法币入境以吸收根据地物资，肃清法币市场，将法币推销排挤出境；2. 各地分行一般的停止无原则的大量兑收；3. 兑收法币应以新法币为标准，票面破损的应少收或不收；4. 法币折扣应陆续分期渐次压低；5. 兑收的法币须积极寻找其出路用途，由工商总局运销出去。[①] 1942 年 8 月，冀南总行指示各地银行：要创造条件将法币推销排挤出境。到 1945 年 8 月，法币与冀钞的比值，从 1940 年的 1∶1 跌到 3. 2∶1。在处理与法币的关系中，根据不同情况采取了不同的策略，因而在其币值下跌时，冀钞没有遭受大的损失，而是稳定了币值，提高了信用，占领和扩大了市场。在对法币的方针调整过程中，太行区利用法币向敌占区和大后方购买了大量必需品，为开辟新区和隐蔽战线工作提供了经费，也积极促进了统一战线的巩固。

3. 打击伪币，清除假钞。日本在侵华战争中，大肆进行经济掠夺。自 1938 年 3 月 10 日伪华北联合准备银行在北平成立后，相继设立了华北开发公司、物资对策委员会，各省县都建立了所谓的合作社，各种经济特务组织也纷纷出现。这些机构和组织在敌伪军事和政治势力扶持下，大量发行无担保的伪联银券，夺取物资，占领市场，吸收法币，兑换外汇（美元、英镑等）。到 1941 年，伪联银券已发行达 20. 24 亿元。[②] 在太行根据地与敌接壤的地区，伪联银券一度占据了很大市场。1939 年 3 月，日伪华北政府宣布禁止法币流通，但仍暗地吸收以套取外汇，并利用其对边区进行疯狂的经济掠夺与封锁。

晋冀鲁豫根据地太行区创建初期，由于战争环境的制约以及对货币斗争尚处于感性认识，因而发行本币较迟，被日伪利用滥

① 魏宏运：《抗日战争时期晋冀鲁豫边区财政经济史资料选编》第一编，中国财政经济出版社 1990 年版，第 489 页。

② 黄鉴晖：《中国银行业史》，山西经济出版社 1994 年版，第 107 页。

发纸币掠夺了大量财富。不仅如此，由于缺乏金融斗争经验，边区的一些经济工作者甚至存在着两种不正确的观念，一是片面强调政治尊严，不承认伪币外汇，拒绝与日伪接触；二是怕资敌，什么东西也不愿卖给敌人，也拒绝从敌方购进货物。结果，使根据地主要日用必需品的来源几乎断绝；土特产输出受敌方操纵，被大量廉价掠夺；冀钞对伪币比值很低，物价普遍上涨。为了保证对敌军事斗争胜利和根据地人民的生产生活少受敌区伪币的影响，必须建立起独立的货币金融体系，以增强对敌济斗争的力量。这项工作不但要以政治军事力量为后盾，更需要采取有力的经济手段，使伪币从贬值到最终被赶出根据地及边缘区市场。1941 年 5 月 8 日，冀太联办颁布《本区禁止敌伪钞暂行办法》的通令，一场打击排挤伪币运动在太行区开展起来。由于太行区和敌占区相邻，接壤地带两区人民在经济上不可能没有联系，为此，《暂行办法》规定，凡接近敌占区的商民如遇有特殊情形被敌强迫行使伪币时，可在五日内向抗日政权请求贬价兑换。这样，根据地政府实际上依据不同情况采取了不同的策略：在巩固区，严禁伪币流通行使；在游击区和敌我接壤的边沿区市场，允许敌我货币混合流通。本币则是根据战争形势的发展，努力扩大流通范围，压缩敌币流通范围；适应对外贸易的需要，掌握伪币“外汇”牌价，调剂出入口贸易。在根据地扩大时，迅速驱逐敌币；在敌占区物价高涨时，迅速抑低敌币币值。采取的具体办法有：内地贬值兑换，向外挤压；制造差额，以敌伪币打击敌伪币；组织群众到敌区换回物资；维持冀钞粮价，稳定统制贸易，掌握伪币“外汇”，实行对外贸易的冀钞本位；在游击区、敌占区建立兑换所，通过交易所掌握经纪人。根据地主动把冀钞打入敌占区，公开买货，暗地交钱，逐渐使混合币市场变成本位币市场，使伪币市场变为混合币市场；积极开辟地方市场，组织游击区商店及小贩深入敌后，从事贩卖，支持本币，扩大冀钞流通范围。

太行区确定了打击伪币的原则之后，包括冀南银行及其分支机构在内各个部门，从各方面保证实施。如 1943 年 1 月 20 日，工商管理总局在《关于 1943 年奋斗目标与中心工作的通令》中，把“打倒伪币，提高冀钞，缩小伪钞流通地区及使用范围”作为奋斗目标之一。其后，为加强对各根据地货币、物资的控制，晋冀鲁豫边区政府决定对冀钞本币实行战略区分区管理。各区票子不准互相流通，各区货币必须分别加盖“太行”、“太岳”、“平原”图章。这些措施使伪币的行使更加困难。在对敌币斗争的过程中，根据地货币信用越来越高。不少日伪军都保存冀钞，甚至在向百姓勒索时不要伪币而要冀钞。到 1945 年 8 月日本投降时，冀钞与伪联银券的比值已由 1940 年的 1∶1.2 上升到 1∶1.5。

在与伪币斗争的同时，晋冀鲁豫敌后根据地还面临着来自日本侵略者假钞的严峻斗争。侵华日军为在经济上削弱抗日军民实力，从 1940 年起印发假币。1940 年底，日军在华北进行“年关扫荡”时，推出大量冀钞五元券的假票。1941 年，假票更多地出现于平汉路以西一带，波及地区更为广大。仅太行区即出现了五元、二元、一元等多种面额的冀钞假票。1942 年秋收以后，边区出口物资大为增加，本币升值趋势日盛，流通量逐升。华北日伪政权制造推行冀钞假票的机会也相对增多。1943 年以后，日军制造推行假票的劣行更加肆无忌惮。他们在边区周围遍设印制推行假票的机构，而且年年改用新版。到日本投降的时候，假票种类达二三十种之多，印制的机关仅不完全统计就有天津、石家庄、太原、安阳、徐州、集宁、新乡、开封、济南、邢台、邯郸、武安 12 处。日军的这一伎俩十分毒辣，不仅骗去了根据地的大批粮食，破坏了冀钞的信誉，而且使根据地的金融市场和粮食市场陷入混乱。为了打击敌人的经济破坏活动，冀南银行总行针对些问题，部署各分行印制识别假钞方法，普遍散发各级政府、机关、团体、商民，引导群众打击假票。各分行设立及委托各个代理兑换所，同时具体委托其假票辨认所，负责辨认识别假票。为了保证冀钞的信用，根据地党政领导在研究了敌人抛泻假币的特点后，采取了果断的措施。1943 年 5 月 21 日，晋冀鲁豫边区政府发布了《晋冀鲁豫边区政府关于反假钞的紧急指示》，要求各地深入开展反对假钞、除汉奸的群众运动。《紧急指示》主要内容有：（1）各级抗日政府应立即召开财经委员会会议，在经济领域中制定出对敌斗争方案，各县政府要协同集市、城镇、村公所、商联会、军政机关制定出打击假冀钞的具体办法。（2）各区、市、县、镇要迅速建立冀钞辨认所，各县工商局、交通局、合作社、兑换所均可兼任辨认所的责能。（3）在游击区、敌我交错区，由县政府布置经济封锁线，责成封锁线上的村庄特别注意稽查。（4）在接敌区派遣游击队打击日军和伪警察，使其不敢向游击区推销假币。（5）凡企图以营利为目的的贩运假票的奸商，须严厉制裁，处以极刑。执行时应召开公审大会，以惩一儆百；对那些由于无知，使用保存假冀钞的商人，须宽大处理。《紧急指示》发出后，一场声势浩大的反假冀钞斗争在太行全区迅速展开。1943 年 6 月，日军在晋中的维持村强行发放假票，每村6,000元，但群众在游击队的武装支持下坚决拒绝使用。榆次、太谷、赞皇等地，抗日政府一面连日召开群众大会，广泛发动和教育群众，揭穿敌人的阴谋；一面严加游商入境，各商店都要接受事务所、税卡、缉私队、民兵的严格检查。同时，严格依照政府颁发的《紧急指示》精神，在边沿区封锁线一带设立关卡。对敌实行反封锁。7 月初，榆次、太谷、和西、榆社共查获假冀钞贩子十余人，其中榆次李成元等四名汉奸携带 7,000 元在根据地内故意抬高物价，扰乱金融。在群众的揭发下，当地抗日政府把假冀钞全部没收，并召开公审大会，将李成元等四人处以死刑。此事在太行区震动很大，对汉奸和奸商产生了巨大的震慑力。至

8 月，太行全区各地共没收假币数千万元，货币斗争取得了胜利。

1943 年 10 月，冀南银行总行提交晋冀鲁豫边区经济委员会讨论通过，并报请晋冀鲁豫边区政府批准，发行了一种票据，名曰“本票”。本票既不是一般流通货币，也不同于有价证券，是货币的代用品，是在一定的交易中代替货币的一种证据。由于信用及支付能力的关系，本票一般是由银行、银号、钱庄来发行。通常出票人也即付款人。当时有人把本票通俗地解释为“银行自己的支票”。本票是晋冀鲁豫根据地金融界的一种发明，也是战争年代对敌斗争实践的产物。本票由二联式构成，第一联是存根，第二联为正式本票，面额固定为 200 元、500 元和 1,000 元三种，在太行区可以与抗日单一货币冀钞等值自由转让。发行本票的作用，主要是适应战时环境的需要，便利于公私工商企业、政府、机关、团体、部队和人民群众的使用、携带、收授清点，也可部分地防止假币的流通。对本票有计划的发行和回收，对掌握和调剂金融秩序发挥了积极作用。

4．严格管理伪币“外汇”，以贸易支持货币斗争。“外汇”（指伪币，下同）管理贸易工作是边区金融建设的重要内容。它对支持抗日货币，抵抑伪币；保护根据地的生产，维护根据地的经济秩序；帮助财政军需供给等工作具有十分重要的意义。经过实践，太行区制订出适应斗争形势和根据地特点的有效措施。

在限制伪币入境的原则下，晋冀鲁豫边区采取了严格管理“外汇”的办法。即划定地带，指定地点，由冀南银行或银行指导下的交易所规定比价进行兑换。敌占区的商人持伪币向根据地购买土特产时（战备物资除外），要在银行或交易所兑换成冀钞使用。根据地公私商店如向敌占区买进必需物品时，也要在冀南银行或交易所换成伪币。1944 年，日军感到失败已成定局，为了准备后路，大量抛出伪币，向根据地、游击区套购战略物资和银元。太行区针对敌人的企图，针锋相对制定了严禁战略物资和银元出境条令，规定根据地“白银之出口，必须携带区行统一之白银出口证（分行局不能开）始可通行”，否则“皆以走私论罪”。银元或金银首饰，允许私人保存或饰用，不得在市面行使；如愿兑换，得需银行按规定价格兑给冀钞。

为加强各个抗日根据地的经济联系，打破日本的经济封锁，陕甘宁边区银行、晋察冀边区银行、西北农民银行、北海银行和冀南银行于1940年起实行五行通汇，建立了银行独立的电汇和邮汇。五行通汇使太行根据地在金融货币斗争中与各根据地相互策应，相互支持，立于不败之地。1943年1月，冀南银行太行区行开始办理储蓄存款业务，吸收边区政府机关团体存款与富户殷商的存款，也号召机关干部及政府团体之个人积极参加储蓄。根据地内专门组织多种形式的合作社，办理活期储蓄存款、妇女儿童体己存款、农民待用款和实物定期存款。根据地还特别规定，吸收伪币存款，以冀钞为单位按市价折算存入，提款时可取冀钞，亦可取伪币。此举一举两得，兼有方便储户和排打伪币作用。1945年5月23日，晋冀鲁豫边区政府通令颁布《优待沦陷区人民来解放区投资存款暂行办法》。其中规定：“投资存款人与解放区人民受同等法律保护，并给予各种便利与帮助”；“沦陷区人民为避免敌伪掠夺以物资存放解放区时，得受政府保护，并在保管上予以各种便利，此项存款保存人有自由处理之权”；“投资人对于其投资存款或存货，可以随时撤走，其利润可以随时汇回沦陷区”。太行区及时宣传和贯彻这个办法，在一定程度上打击了日伪的经济势力。

抗日战争时期，边区的金融货币工作是在对敌经济斗争中成长壮大起来的。边（抗）币从无到有，再到最后占领市场，为民族解放战争积蓄了雄厚的财力。尤其是冀钞，在各个解放区的货币中，以币值最高、最稳、流通最广而享誉。不仅如此，边区在金融货币方面，也积累了丰富的斗争经验，对根据地的建设起了重要的作用。

（三）展开对敌贸易斗争，扩大冀钞市场

在华北地区的敌我情况是，敌占城市交通线，我占广大农村。敌在城市最缺乏的是粮食和农副产品，我在农村最缺乏的是食盐、火柴和生产生活必需品，而棉花则双方都最感缺。因此，太行区可以掌握的粮食和其他农副产品，在经济上同敌人斗争，换回一切必需的物品，抵制敌货倾销，巩固扩大冀钞市场。事实上，在对敌贸易斗争中，以我之农村，对敌之城市，难以做到等价交换，但是在一定时机和适当利益上，多出快出迅速进行交换，采取灵活机动的战略战术，仍能以弱胜强。即使在出口极端不利时，也要少出慢出，保持一定联系，得机而动。1942 年的粮食斗争，是根据地经济斗争的一次成功范例。太行区，西临白晋铁路，沿线是著名的粮食产区；东临平汉铁路，沿线地少人多，粮食不足，多靠外地输入。抗战全面爆发后，东、西两线粮价更加悬殊。初期，由于缺乏对敌斗争经验，只想到不能资敌，严禁粮食出口，结果东部敌占区粮价更高，反而刺激了大量的粮食走私活动，不少粮食流到敌区。于是，太行区组织力量从低价的西边购进粮食，一部分用于内部调剂，一部分向东边敌占区出口，既可换回军民急需的工业品，又可控制资源，防止敌人掠夺。这一做法，使太行区掌握了西线的粮食资源，沉重地打击了敌伪掠夺粮食的计划。西线粮运销到东部，获得了高额利润，沉重地打击了伪币，提高了冀钞的地位，并且扩大了流通范围。这次交锋的结果，使太行区取得了粮食斗争和货币斗争的主动权。由于根据地掌握了粮食，许多地方的商人争着前来做生意，甚至一些敌伪军官和日本人为了发财也暗地里同根据地联络，这就为突破敌伪封锁，获取大批急需的食盐、棉花、布匹、西药及其他日用必需品，提供了极大的方便。此次西粮东运，群众共得运费百余万

元，太行区的极度贫困的林县、安阳、平顺、壶关一带部分群众凭此度过了灾荒。

在对敌占区贸易方面，太行区出口以麻、皮毛、药材、核桃、花椒、瓜子为大宗，入口以盐、布、棉花、煤油、纸张、火柴为大宗。对敌斗争的主要任务是减少剪刀差。一方面保护自给工业，减少外来必需品；另一方面支持货币斗争，平稳物价，进行有利交换。敌我贸易斗争中，太行区金融贸易部门逐渐摸索了一套经验。当军事形势有利、地域扩大、农业丰收、秋冬农副产品上市旺季或对外贸易出超时，争取时机多收购一些物资，多发放一些货币。相反，如果军事形势不利、地域缩小、农业受灾、春夏淡季或对外贸易入超时，减少投放货币，或抛售物资回笼一些货币。这样稳定了本位币币值，稳定了物价，从而在对敌贸易斗争中掌握了主动权，在货币斗争中处于有利的态势。

第七章　抗日战争时期中共中央领导下华北抗日根据地的经济建设（下）

第一节　晋绥边区的经济建设

一、抗战时期晋绥边区的自然状况与历史沿革

晋绥抗日根据地东起同蒲、平绥（大同至集宁段）铁路，与晋察冀边区相连；西至黄河，与陕甘宁边区相通；南迄汾（阳）离（石）公路，与山西阎锡山辖区相邻；东南面至同浦路，与晋冀鲁豫区相接；北达绥远之包头、百灵庙、武川、武林、陶林一线。边区为高原地带，区内山脉绵延不断，以晋西北管涔山脉为中心，包括涔山、洪涛山、云中山、吕梁山、大青山等山脉。中部和南部均是崇山峻岭，北部是蒙古草原。

1937年9月底，八路军一二〇师师部率第三五八旅进入管涔山山脉地区，开辟了以岢岚为中心的晋西北根据地。1938年8月，派出第七一五团等部队进入大青山，开辟了绥远大青山根据地。1937年10月1日，中共中央北方局成立了中共晋西北临时省委，统一领导晋西北、大青山两个地区党的工作。1938年10月后，省委改为晋西北区党委。11月，中共中央决定成立绥远省委，不久改为绥远区委。两个党委均直属于北方局，两个地区的部队由第一二〇师统一指挥。同年底，第一一五师师部及第三四

三旅主力由晋西东进山东。为加强晋西、晋西北和绥远地区的统一领导，北方局委托关向应以北方局委员会的名义，负责管理三个地区的党委。

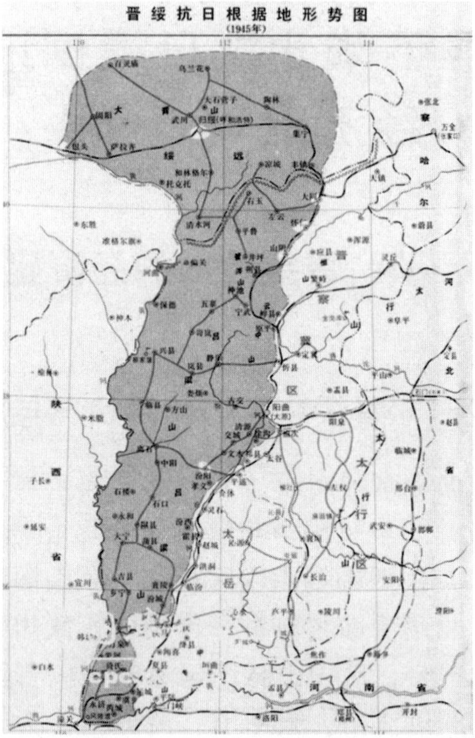

1940 年 1 月，中共中央决定，成立晋西北军政委员会，以贺龙、关向应为正副书记，统一晋西北和大青山全区党政军领导；晋西北与晋西南区党委合并为晋西区党委，林枫为书记，统一领导晋西北和晋西南两个地区党的工作。并在兴县召开了专员、县长、群众团体及新军负责人各界代表会议，正式成立了晋绥游击区行政公署（也称晋西北行政公署），推举续范亭为主任，统一领导晋西北、大青山两个地区的政权工作。4 月，绥远区和雁北（雁门关以北 13 县总称）地区党组织合并，组成晋绥边区党委，书记白如冰，后为高克林。1940 年 11 月上旬，成立了晋西北军区，统一领导两个地区的工作。

1941年，晋绥抗日根据地进入极端困难阶段。同年5月，全区守备敌伪军2.4万余人，设立大小据点70余个。全区军民进行了艰苦斗争，坚持了根据地。1942年8—9月，晋绥分局成立，以关向应为书记，林枫为副书记。1943年11月，晋西北行政公署正式改称晋绥边区行政公署。晋西北与绥远军区的党政军领导进一步统一。1945年8月，我军大举反攻，根据地扩大。晋绥边区拥有三个行署，12个专署，48个县政权，16座县城，300多万人口，总兵力六万余人。

从整个形势来看，晋绥边区虽处于华北的侧面，又是处于半敌后形势，但它仍和其他战略区具有同样的重要性。特别是自1939年12月晋西事变（即国民党第一次反共高潮）后，晋绥根据地既成为华北、华中我军与陕甘宁边区联系的唯一通道，同时又是阻敌西进的屏障、保卫陕甘宁的前线阵地。不仅如此，它还威胁着敌之同蒲、平绥两大交通线，以及太原、大同、归绥、包头等战略要地。晋绥边区抗日根据地的开辟，对于华北各根据地的建立和发展，坚持华北敌后游击战争，有着重要的战略意义。

二、抗战时期晋绥边区的农业发展

早在1941年3月4日，贺龙在晋西北行署召开的行政经济会议上，就提出要解决群众的吃饭、穿衣和住房问题。会议决定，依靠广大群众，在现有的物质基础上，自力更生，以农业为主广泛发展生产事业，争取达到自给自足。此后，在边区政府领导下，边区的大生产运动逐步开展起来，每年开荒与粮食产量均在不断增长，工业生产也有了恢复和发展。在此基础上，边区举办生产成就展览和召开劳动模范大会，表扬先进，推动后进，为大生产运动的全面开展奠定了思想和政策基础。

1944年1月28日，边区党和政府为了解决军队机关人员的吃穿问题，减轻人民的负担，根据中共中央和北方局的指示，向全区发出开展大生产运动的号召，提出实现“耕三余一”、“穿衣自给”和“主要工业品自给”的奋斗目标。具体要求是：农业普遍实行精耕细作，多耕多锄多施肥，平均每亩增粮一升；扩大耕地面积62万亩，种棉25万亩。副业主要发展牧畜、运输、作坊和各种手工业。工矿业要普遍发展生铁、煤炭和瓷器的生产。互助合作事业，要贯彻民办公助的原则，在自愿的基础上，将使全区60%以上的劳力参加各种变工互助组。部队机关生产，要以农业为主，争取40%的经费实现自给。

晋绥根据地，财政来源比较困难，斗争形势严峻，在货币发行中生产贷款特别是农业贷款较低，影响了金融对生产的促进作用。在1940年到1946年七年中，晋绥边区平均财政用款占发行总额的56.65%，贸易投资用款占发行总额的31.55%，农业贷款用款占发行总额的8.73%，[①] 这就造成了生产困顿，市场不活跃，使群众受到损失。

1941年3月，晋绥边区财政会议上提出发展经济的重要性，《抗战日报》为此发表社论，指出目前晋西北经济建设的中心一环是增加各方面的生产，特别是农业生产。为推进农业生产的发展，根据地党和政府出台了一系列正确的政策，主要有合理负担、减租减息、统一累进税、奖励生产、兴修水利和救灾保民等，这些政策大大调动了广大农民的生产积极性。在贯彻上述政策的同时，为发展农业还做了许多工作。如规定开垦生荒地免征三年公粮，免征地租五年，开垦熟荒地免征公粮一年，免征地租三年，而开垦河滩则免征公粮五年，免征地租五年至20年。

1940年6月，中共中央财政经济部在晋西北经济考察报告中

① 陕甘宁边区财政经济史料编写组：《财政经济史料摘编》第6编，陕西人民出版社1981年版，第274页。

提出：边区经济建设与生产工作开展的基本方针应该是，一方面积极培养扶植广大群众的生产能力，特别是农业生产，爱惜、节省与积蓄人民的力量；另一方面，应迅速培植与奠定公营企业与群众合作事业的基础，只有双方有机配合起来，方能克服困难，实现恢复社会生产能力的目的。同年 9 月 12 日，边区行署召开的第二次行政会议，提出边区的三大中心工作之一是生产建设，其中决定各地要认真组织群众的秋收、春耕，开展合作运动。同时，边区行署又颁布了《鼓励生产事业条例》，促进合作事业的发展。条例规定以社员互助方法调剂根据地经济，改善人民生活，组织小农经济力量，对敌进行经济斗争。当时，依据敌后根据地游击区的环境与需要，在民兵和群众运动的基础上，按民兵和庄户组织，通常一个民兵要领导二至三个劳动互助组。

翌年，边区政府推广了组织起来变工互助及劳武相结合的好办法。到 1942 年，互助合作事业有了较快的发展，仅神府、兴县组织起来的劳动力达 50% 以上。[①] 对此，行署要求：边区合作事业已引起大家的重视，组织上也有了很大发展，今后的中心任务应该在巩固中发展，团结中小商人，活跃市场，以增大贸易的群众基础；同时要继续加强扶植管理对外贸易与汇兑，以提高农币的信用。要使广大干部和群众真正认识到，只有通过合作社才能把群众从经济上及政治上动员起来，才能使群众与整个生产和公营事业联系起来。

1943 年，边区人民积极响应“组织起来”的号召，开展了生产运动，实行大家一齐动手，组织劳动互助。在 1944 年的春耕运动中，全边区已组织起来的劳动力占劳动力总数的 15%，有的地区达到 30% 以上。群众在互助变工中，极大地提高了劳动效

① 引自耿磊：《抗战时期陕甘宁边区农业劳动互助研究》，河南大学硕士论文，2010 年。

率，如开荒提高一至三倍，耕地提高20%—35%，送肥提高一至二倍，打柴提高50%—100%，修水利提高30%—300%，运输提高20%—50%。在提高生产力的基础上，各地出现了各种专业性的合作社。如兴县二区、神府直属乡由变工而组织起来的运输合作社，河曲五花城由变工而组织起来的消费合作社，保德由互助变工而组织起来的开荒合作社，等等。这一年，劳武结合的道路也有了很大发展，边区有5.1万名民兵和51万自卫队员参加变工队。中心地区民兵以变工形式协助接敌区民兵，普遍建立起联合指挥部、联防哨、封锁沟，修筑构成强有力的对敌斗争线，保护群众生产。并创造了变工队开军火田，以胜利品为主要基金的军火合作社和公私合资的造地雷合作社等组织形式。这是劳力与武力结合运用中的新发展。

三、晋绥边区抗战前期的财政问题及财政政策

抗战全面爆发不到三个月，日军就突破了长城防线，驻在晋北的国民党守军和官吏蜂拥南逃，日军长驱直入。在此紧急关头，八路军一二○师8,000人，根据国共两党达成的协议和中央军委的命令，于1937年9月8日在师长贺龙、政委关向应率领下，从陕西开赴晋西北，在敌后开展抗日游击战争。

一二○师进入晋西北后，部队的供给十分困难。粮食是在牺盟会协助下，通过统一战线的关系向当地借用。所需经费，除了总部发给一小部分外，还动用了部队在红军时期的结余。由于财政供给来源困难，致使每人每天的菜金只能发给三分钱。入冬后，一万多名战士还穿不上棉衣，为解决部队过冬的棉衣问题，在临县商会帮助下，暂借到冬装10,000套、被子7,000条、鞋2,000双、银洋2,000元，才勉强度过了抗战全面爆发后的第一个严冬。①

① 临县驻太原商会：《枣度乡情》2009年总第7期，第76—81页。

到1938年，一二〇师主力奉命调往冀中，留在晋西北的部队只有新八旅，因阎锡山的经济封锁和日军的频繁“扫荡”，处境更加困难。到1939年夏，国民党掀起第一次反共高潮，公然断绝了发给八路军的军饷和经费，阎锡山也为虎作伥，提出了“饿死八路军、困死八路军、赶走八路军”的口号，气焰十分嚣张。除在军事上向根据地进行骚扰以外，在经济上又实施严密封锁，禁止群众卖粮食给根据地，规定了谁卖粮食给根据地谁受处罚的条例。为坚持抗战，根据地在经济上与顽固派展开了激烈的斗争。当时因根据地抗日民主政权尚未建立，所以“农工业生产就很困难，只有从经营贸易上得到一些盈利，借以勉强支持活下去。”①

敌、伪、顽三股势力对根据地发起了连续“扫荡”、烧杀、抢掠、破坏和经济封锁，使根据地的经济元气大伤，给根据地财政造成了极大困难。据统计，政权初建时期，边区的劳动力比战前减少了三分之一，牛羊数减少了十分之六，驴骡减少了十分之八九，猪减少了十分之八以上。土地荒芜，产量大幅度下降，耕地面积仅为战前的84%，山地粮食产量减少了三分之一以上，棉花产量仅为战前的3%。②

只有发展生产，增加财政，边区和根据地才能存在和发展下去。为了克服财政困难，晋绥边区采取了四项措施，有力促进边区的经济建设，壮大边区的经济基础：

（一）献金、献粮、献鞋和扩兵的四大动员活动

1940年2月1日，边区政府召开第一次行政会议，成立晋西

① 山西省档案馆：《晋绥边区财政经济史资料选编》总论编，山西人民出版社1986年版，第735页。

② 编写组：《贺龙传》，当代中国丛书编辑部2007年版，第71页。

北行政公署，制定和颁布了晋西北边区政府六大施政纲领。新政权成立最紧迫的任务就是解决部队的供给问题。由于日军的进攻和阎锡山的经济封锁，部队最低生活都难以维持。同时，一二〇师主力返回晋西北后，部队增多，军队达到64,000人，经济来源十分困难。晋西北本来就很贫穷，交通闭塞，加上阎锡山长期的剥削压迫和滥发纸票，农业商业萎缩，金融混乱，群众的负担能力锐减。晋西事变时，叛军的破坏，使经济损失奇重。加之1939年大旱，沿黄河一带基本无收，粮食匮乏，商业停滞，通货膨胀更加严重，当时晋西北的通货多到17—18种。以全晋西北300余万人计，平均每人拥有的货币数量将近12万元之多。[①] 原来粮款主要是利用旧政府筹集，晋西北事变后，出现了财政经济工作停滞和无人管理的现象。为了保证战争的需要，边区行署于1940年2月发动了全区的四大动员，即献金、献粮、献鞋和扩兵。

献金（包括现金、现银、金币、法币、省钞等）即由各级政府、群众团体、和士绅代表组成的献金运动委员会负责办理。动员的对象主要是地主、富农、士绅及工商界人士。献粮的办法是：以现存粮为对象，按户计算，每人平均扣除口粮一石，余粮一石以下征10%，二石以下征20%，依次每增一石，增加比例5%，直到九石征50%。如每户每人平均余粮超过九石者，超过部分全部充作抗日公粮。

献金、献粮运动初期，由于政策规定不具体，干部作风生硬，工作方式简单，曾较普遍地出现了强迫命令等“左”的偏向，出现了吊打、处罚等偏向。地主有的逃跑，有的恐惧自杀。据统计，当时全边区因四项动员不当逃到敌占区和阎锡山统治区的富户有900户，岚、临两县自杀的有二人。6月间，边区召开

① 李茂盛等：《阎锡山全传》，当代中国出版社1997年版，第270页。

党的书记会议，纠正“四献动员”中的过左偏向，要求各地切实按政策办事。各地退还了没收的财产（负担超过余粮50%的部分），形势才逐渐稳定下来。

“四献运动”从2月开始，执行的结果，除献粮外，其余三项动员均提前超额完成了任务。其中：献金，分配任务数为68,433元，完成1,810,625元（编者注：银洋、当时银元与西农币[①]比值为1∶4）；献鞋，分配任务数为87,000双，完成118,441双；征兵，分配任务数6,280名，完成15,885名；献粮，分配任务数为107,100石，完成90,426石。[②] 由于献粮没有完成计划，边区政府于6月、8月和10月，又在兴县、临县、临南、岢岚、岚县、神府六个县进行了三次代购和一次预借，共购到粮食9,432石，又从晋中调粮8,000石。维持了军队的最低需要，初步摆脱了缺粮的困境。四项动员后，建立了边区银行，设立了两个商店，为日后财政工作打下了基础。“实践证明，这一运动的发起还是非常必要的。不这样做就不能解决问题（自然在执行中的偏向还是不应该的），而且，其他任何办法都是来不及采用的”。[③]

（二）《抗日救国公粮条例（草案）》的颁布及其改进

1940年7月边区政府公布了《抗日救国公粮条例（草案）》，规定：以全年人均入折来计算，每人平均五斗以下者免征，满五斗征1%，满六斗者征2%，一直到一石，每增一斗，增比利率

① 1940年5月，晋西北行政公署以兴县农民银行为基础成立了西北农民银行，发行西北农民银行币（以下简称“西农币”）。

② 中共晋西区党委：《晋西政权发展史》，山西人民出版社1986年版，第320页。

③ 山西省档案馆：《晋绥边区财政经济史资料选编》总论编，山西人民出版社1986年版，第735页。

1%；一石以上到一石五斗以下者征8%，直到五石，每增加五斗，增比利率2%；五石以上五石以下者，征24%，直到十石，每增加一石五斗，增比利率2%；十石以上征30%，不再累进。执行结果，据八个县九个村的调查，负担面达到75%。负担占总收入的比例，平均为9.5%；地主为22%，富农12%，中农8%，贫农1%。[①] 边区政府又提出以政治动员补救比例征收不足的方针。由于缺乏具体的政策标准，有的地方乱摊乱派，有的地方把未完成任务的部分全部加在地主富农身上。边区政府立即纠正，决定地主富农的负担，凡事超过总收入50%以上，超过部分给予减免。

边区政府在1941年3月和8月召开两次高干会议，9月召开行政会议，研究了经济建设和财政建设。政府1941年和1942年间，对财政、公粮、税收、金融等经济政策上进行了调整。1940年，边区人民的负担是比较重的。据调查，公粮负担，第一次献粮占收入的比例为17.52%，第二次征粮占收入的比例为22.24%。加上田税、营业税和付款摊派，总负担占国民经济收入的比例接近30%。负担重的原因有二：一是，敌人不断烧杀、抢夺、破坏，致使经济萎缩。1942年，全区农业劳动力比战前减少30%，牛减少60%，骡驴减少70%—80%，羊减少60%，猪减少80%以上；耕地面积仅相当于战前的84%，山地粮食产量降低三分之一以上；棉花总产量只有战前的3%，民间纺织业完全停顿，洋布占入口货总量的60%。[②] 二是，对赋税限度控制不严。为了减轻人民的负担，恢复和发展农业生产，积蓄民力，支持持久的抗战，边区政府调整了财政政策和赋税政策。首先，确定公粮、田赋、营业税、契税、没收汉奸财产、公营事业盈余等

① 中共晋西区党委：《经济建设材料汇集》（七公粮），1941年1月。
② 林枫：《坚持敌后抗战的晋西北根据地》，《解放日报》1943年7月8日。

为边区政府收入，由政府统收；军队及各级政府所需要的粮食和经费，由财政统一供给。财政收支，坚持量入为出，适当地量出为入。不足部分主要靠各单位自力更生解决。其次，规定公粮的总征收量不得超过其总收入的30%；负担面不得少于80%。再次，1942年明确规定，在敌占区不得任意动用物资，在游击区、敌占区征收公粮，负担要比内地适当减轻。最后，控制脱离生产人员。晋西北根据地1941年八路军控制地区（包括根据地和游击区）157万人，脱离生产的军政人员6.8万余人（预算数为83,700人），占根据地总人口的4.35%。为了减轻人民的负担，1942年边区政府规定，扩兵人数与居民的比例控制为1%；规定军政费用开支比例为7∶3，军费占全部支出的70%，政费占全部支出的30%。上述政策的施行，促进了经济的恢复和发展，克服了财粮供给困难。1941年部队的大部分冬衣都靠自力更生解决，1942年是敌我斗争最残酷的一年，而粮食基本上满足了人民和军队的需要。

1941年10月，边区政府公布了修订后的《征收抗日救国公粮条例》。规定：每人全年收入以折合小米计算，未满四斗（26斤斗）免征；每人全年收入满四斗征1%，四斗以上到6.75斗，每增加0.25斗，增征比例率0.5%；6.75斗以上到9.25斗，每增加0.25斗，增征比例率0.8%；9.25斗以上到1.3石，每增一斗，增征比例率1%；1.3石以上，每增加一斗，增征比例率0.5%；二石以上征30%，不再累进。[①] 边区政府还公布了《公草征收保管支付办法》，规定：每石公粮附征150斤公草，其中谷草占80%，杂草占20%。这次征粮，完成207,604石小米，比1940年的第二次征粮数减少2.5%。由于起征点降低，负担面扩

① 晋绥边区财政经济史编写组：《晋绥边区财政经济史资料选编》总论编，山西人民出版社1986年版，第202页。

大到90%。各阶层的负担，据九个县十个行政村28个自然村统计，负担占收入的比例：地主27.5%，富农27.6%，中农22%，贫农13.8%，雇农8%，平均21%。[①] 为了照顾贫困农民的负担困难，政府发出补充规定：对一般工人雇工征收公粮时，其全部收入折半计算，本人还在家庭人口计算。对贫苦农民征收公粮时，将租牛的牛租、借入的种子、夏收以前借入的口粮三项，在全部收入中减除。对肩挑小贩，凡资本额在500元以下者，以其全年盈余数的一半计算征收。贫困农民的负担多数减免了一半。

1942年9月，边区政府颁布了1942年度《修正征收救国公粮条例》，对原条例做了以下修改：第一，征收公粮计算收入，对剥削收入和劳动收入规定了不同的折合率：（1）自然地产粮按六成五折米；（2）租种地收租与夥出地收益，均按七成五折米，佃户偿还的借粮借种，扣除不算收入，收租或分益在一石以下同自种；（3）租入地与夥入地产粮，除交租（地租、牛租、房租）外，均按五成五折米。第二，对产杂粮过多的地区，在收入折合率上作了照顾，规定小麦产量占全户总数量五分之一以上，小麦部分先以一倍半折成粗粮，再按上述折米办法折米征收；若黑豆、黄豆、荞麦、大麦、高粱合计产量占全户总产量三分之一以上，先以八成折成粗粮，再依上述办法折米征收。第三，扩大了征收范围，规定了非农业收益的折算比例：（1）工资及薪俸以四成五折算；（2）纺织业不计收入，工矿事业之纯收益以八成计算；（3）经营商业之纯收益以九成五折算，肩挑小贩资本额在3,000元以下者，其纯收益以四成五折算；（4）出贷现金、现粮所得之利息，按半数折算；（5）经行署审定备案的公营商业不征公粮，其他部队机关之商业与一般商业均征公粮；（6）公营之煤

① 中共晋西区党委：《关于二十九年度征收救国公粮的指示》，1940年2月3日。

窑、粉坊、酒坊、油坊、铁匠炉均征公粮。第四，规定副业不超过正产10%，或副业（纺织业不在此限）不超过正业20%以上者，不征收公粮，超过者只征收其超过之部分，以促进农村副业的恢复和发展，增加农民收入。第五，为了照顾贫苦农民，提高了起征点。修订后的税率规定，每人平均收入小米未满五斗免征，五斗为起征点，征收5%；五斗以上，每增收一斗加征1%，每增收一升，加征1%，递增至三石，征30%，三石以上不再累进。

第四次征粮是在残酷的战争中进行的。边区管辖的23个县，绝大多数变成游击区，完整县仅有六个。征粮任务仍然胜利完成。这次征粮，实际完成161,587石小米（正税），比1941年实征数减少22.2%，达到减轻民负四分之一的要求。据典型调查，1942年负担占总收入的比例，地主为26.9%，富农为24.9%，中农为18.8%，贫农为10.9%，平均为17.4%。[①]

（三）整理田赋

田赋是旧税种，1940年8月行署第二次行政会议决定加以整理。整理的办法是：将所有土地分为水地、平地、旱地三种，以每种土地的地价分为上、中、下三级，共分三等九级。这一年各地仍按旧田赋基础征收，每一两银征洋银2.5元，与1939年相同。

1941年，为了减轻人民负担，边区政府豁免上、下忙全部田赋。1942年继续征收田赋，并再次规定了整理田赋的办法。其主要内容是：在有粮册的地区，有粮无地者免征，有地无粮者增派；在遗失粮册的地区，调查登记田亩，按旧标准重派新粮；对

① 山西省档案馆：《晋绥边区财政经济史资料选编》总论编，山西人民出版社1986年版，第741页。

旧粮制中的各种中间剥削，一概取消。整理之后，仍按旧粮银征收，每两银征银洋 1.8 元，按银行牌价折收西农币（即西北农民银行发行的纸币）。这一年，共收田赋 406 万元（西农钞），占当时全部财政收入的 19.7%。[①]

（四）统一救国公粮制度的建立

1940 年到 1942 年，晋绥边区除了征收公粮、田赋、村款粮、公草以外，还开征了营业税、出入境税、烟酒牌照税等。营业税是向工商业者征收的。1940 年到 1941 年，按资本额计征的税率为 0.1%，按营业额计征的税率为 0.2%—0.5%。1942 年取消营业税，改为征收公粮。1942 年 10 月边区临参会施政纲领第八条规定："实行合理的税收制度，统筹收支，确立一般预决算，非经参议会通过，政府不能任意增加人民负担。居民中 80% 以上的人民，按土地财产所得之多寡，负担抗日经费，切实整理村摊款，准备实行统一累进税"。政府决定停止田赋、村款、村粮、营业税的征收，把人民负担统一到公粮上（还保留出入境税），把抗日救国公粮改名为统一救国公粮。

1943 年秋，政府公布了《晋绥边区统一救国公粮征收条例》。对 1942 年的征收办法做了如下修改：第一，增加财产税。规定：土地林木计征财产税，存粮、存款、投资、放债、证券、畜养、矿山、住宅、铺房、用具、肥料，均不计财产税。土地财产计征时依其生产量计。财产以五斗米为一富力。自种地的产量每人平均在一石米以下，免征财产税。第二，修订农业收入折米的折合率。租入地与夥种地产粮除交租外，按粗粮四成折米计算；自然地产粮以粗粮五成折米计算；租出地收租与夥出地分

① 山西省档案馆：《晋绥边区财政经济史资料选编》财政编，山西人民出版社 1986 年版，第 340 页。

益，均按粗粮六成折米计算。第三，调整了非农业收益征免范围和计量标准，非农业收益按规定折米后，再按当地市价折米征收。第四，增加了扶持中农贫农经济发展的规定：（1）贫苦农民春耕前所借口粮及种子，为生产而所付的利息、地租，计征时一律扣除。（2）全家只有一人，按二口记，贫苦无依的老幼寄居户，做寄居之人口计算。第五，修订了税率。统一救国公粮的税率，以“富力”作为计征标准，以“分数”作为税率。规定收入以一斗米为一富力，财产以五斗米为一富力。全家收入富力与财产富力合计为该户之总富力，总富力除以该户人口数，得出该户每人平均富力，作为征收比例之计算标准，每人平均富力未满六个富力，征收比例为1%；五个至七个富力中间，每增加一富力，加征1%；七个至11个中间，每增加一富力，加征2%；11个富力以上每增加一富力。即增加比例1%。递增至35个富力征收35%，35个富力以上不再累进。[①] 条例贯彻执行，使地主富农的负担较前两年加重，地主加的多；中贫民的负担均有所减轻，贫民减的多，实现了“削弱封建经济、扶持生产、照顾贫苦农民利益”。

四、晋绥边区抗战后期的财政税收政策

（一）统一救国公粮税制的修订

1944年，边区政府根据形势的发展和农村阶级关系的变化，对统一救国公粮条例又进行了修订。修订的要点如下。

1. 为照顾各阶层利益，在条例中增补了以下内容：“自1943年秋以来，为扩大生产而买入之土地，其财产税暂予免征”。

① 刘欣、景占魁编：《晋绥边区财政经济史》，山西人民出版社1993年版，第241页。

“1943 年秋以来，新买地之贫苦农民其全部自种地产粮每人平均在一石米以下者，其新买地收入，暂以四成折算”。同时，对荒地财产税的征收范围缩小。

2. 为奖励农工业生产及农村副业发展，提高了免征点，如对摊挑小贩及作坊，原条例规定：“摊挑小资本额折米一石五斗米以下者，其纯收益以四成计算，在三石米以下者，以五成计算，超过三石米以上者同商业”；“……作坊之纯收益，以七成计算”。新条例修正为：“农村之摊挑小贩、作坊，无论单营与兼营……其计算办法如下：一，其资本额在二石以下者不计收入；二，两石零一升至四石以下者，其纯收益以五成计收入；三，四石零一升以上，六石以下者以七成计收入；四，六石米以上者依营业税计征”。对农村副业，原条例规定：“畜养免征，其他副业不超过一石米者免征，超过者其超过部分以七折计征”。新条例修正为：“畜养、蚕蜂免征，其余副业收入全家在一石米以下者免征，超过者依下列折合征收期超过部分：一石零一升至二石以下者以五折计，二石零一升以上以七折计”。还把奖励劳动英雄明文列出：“行政村以上之劳动英雄所种之产量，按同等土地一般产量计算”。①

1943 年取消工农业税改为统一征收公粮后，商人负担大大增加。如兴县一个中商 1942 年出公粮 12 石多，到 1943 年增加到 25 石多。因此，商人纷纷转业。为了刺激商业发展，1944 年又改为单独征收营业税，以纯利的七成计征（营业税限于城镇工商户，农村兼营工商户仍按统一征收公粮）。

3. 为了组织军火供应，打击敌人，规定凡属一切炼铁、熬硝、挖硫磺、制造火药诸企业及其工人之所得均免征公粮。

---

① 山西省档案馆：《晋绥边区财政经济史资料选编》财政编，山西人民出版社 1986 年版，第 735 页。

1944 年修订的条例，执行了一年，到 1945 年，边区政府根据前两年执行的经验和问题，公布了《晋绥边区修正公布征收条例》。这次公布的条例，又有三处修订。

（1）农业收入改按土地通常产量计征。1943—1944 年的统一救国公粮办法，农业收入都是按照实业计征的，各户的实产是通过调查评议确定的。这种办法，在执行中有高估产、抓大头等偏向，不利于生产发展。从 1945 年开始，规定农业收入以所种土地通常产量计征。通常产量依土地质量照顾道路远近，亩数大小等条件，并参照五年来一般产量确定。通常产量确定后，依产量多少划分等级，按等计征。对于因生产劳动之努力不同，实际产量超过或不足者，仍按一般标准计算。但贫苦抗属、孤寡、老弱、残疾，无劳动能力或劳动力不足之贫苦农民或因生活逼迫未能按时在自己的地内耕作，致使产量特低者，酌减等。

（2）计征资产米。资产米是对地主富有者隐蔽的资财进行增征的一种财产税。1943 年深入贯彻减租减息政策和实行统一累进税以后，农村经济关系变化很大，有些富有者为了减少负担，纷纷取消或缩小生产规模，负担很轻。相反的，有些贫苦农民由于买进土地，有了收入和财产，负担相对增加，生活仍然困难。为此，边区政府确定另征资产米。资产米按照地主富有者匿积得资财，估计折米征收，通过民主评议的方式确定。征收资产米，对地主富有者“转移财产逃避负担，是一个打击，对他们发掘资财投资生产是一个刺激，对各阶层负担也有调剂作用。这种办法虽然科学合理，但执行起来很易发生毛病。由于调查困难，边区在执行中曾发生过冒犯等偏向”。①

（3）按产余粮计征。原来的征收办法，是按全户的富力总数

① 山西省档案馆：《晋绥边区财政经济史资料选编》总论编，山西人民出版社 1986 年版，第 735 页。

计算，规定一个起征点，不够起征点的免征，在起征点以上的户其全部富力均要按比例计征。修订后改为：全户总粮数内（小米）应扣除其全户必要消费粮。此项消费粮不论长幼每口五斗。这样，就变成了有免征额的累进税。

（二）1943—1945 年的三次征粮

1943 年到 1945 年的三次征粮，是在农村逐渐恢复和财政状况稍有改善的情况下进行的。1944 年边区的农村经济恢复很快。1940 年边区政府管辖的地区，共有耕地面积 11,742,082 亩，1944 年耕地面积达到 13,387,213 亩，增加 14%；粮食总产量，1940 年估算为 93.9 万大石，1944 年达到 184 万大石，增加 95.9%。棉花种植面积，1940 年为五万亩，1944 年扩展到 18 万亩（机关部队所种未计在内），增加 2.6 倍；棉花产量由 1940 年的 25 万斤增加到 1944 年的 130 万斤（可能是籽棉数——编者），增加 4.2 倍。畜牧业也恢复得不错。新政权成立前，牲畜比战前减少 40% 以上，1941 年到 1943 年，仅兴县、临县、河曲、保德四县的牲畜头数，即比新政权成立前增加 50% 以上。[①] 农村经济的恢复与发展，使边区的农产品到 1944 年达到全部自给，粮食还有较多的剩余。

财政收支状况改善，主要反映在两个方面。一是银行透支数减少。银行透支占预算支出的比例，1940 年为 30.7%，1941 年为 20%，1942 年为 2.7%，1943 年没有透支，1944 年为 7.1%，1945 年为 14.7%。二是部队生活水平有所提高。

边区财政状况的改善，并没有增加农民的负担，而是靠开源节流，增加收入，节约支出的结果。在收入方面，自 1943 年后工商税收和药品的收入增加很多。上述收入占财政收入的比例，

① 若衡：《晋西北抗日根据地》，《解放日报》1942 年 4 月 13 日。

1942 年为 26.5%，1943 年为 85.3%，1944 年为 79.7%，1945 年为 48.7%。[①] 在支出方面，主要是开展了大生产运动，部队和机关自己解决了一部分经费，也就是“取之于己”。

边区政府考虑到农村经济刚开始恢复，农民收入和生活水平很低，原来的负担较重，在安排统一救国公粮的任务时基本上没有增加，尽可能让农民能够得到休养。1943 年征粮，正税征收任务同 1942 年差不多。1944 年的生产虽然大大增加了，人民生活水平也有相当的改善，但是政府根据减轻人民负担，发展生产，扶持贫苦农民经济上升的方针，对 1944 年的公粮任务不但未增加，反而减少了 1.4 万大石。1944 年 8 月由于战争由防御转为全面反攻，军队人员迅速增加（由原来的五万人增到 69,000 人，到日本投降前又增加到 12 万人左右），财政收支困难很大，因此在 1945 年的征粮中，不得已又增加了征收任务。1943 年征粮完成 220,856 石米，1944 年征粮完成 215,313 石米，1945 年征粮完成 358,483 石米。[②] 这三次征粮，从绝对数来讲，比前几次征粮还多一些，这主要是由于地区有扩大，同时各种税收统一于公粮征收，数字也相应增大。但是，从负担占收入的比例看，则是下降的。就是 1945 年的征粮，负担增加后，负担比例也比 1941 年以前降低。1943 年开始实行统一救国公粮后，各阶层负担的变化，主要表现在地主富农的负担比例提高，中农的负担比例略有下降，贫农的负担变化不大。地主富农的负担比例增大，一方面是由于减租减息深入贯彻以后，经济收入减少；另一方面则是累进税率执行以后，负担增加，特别是 1945 年又增征资产米，对地主打击较大。

---

① 陕甘宁边区财政经济史编写组：《财政经济史料摘编》第 6 编，陕西人民出版社 1981 年版，第 247 页。

② 刘欣、景占魁编：《晋绥边区财政经济史》，山西经济出版社 1993 年版，第 244 页。

1944 年各阶层负担，根据八个县不完全统计，地主负担占收入的 39.3%，富农占 32.7%，中农占 20.3%，贫农占 7.47%，其他阶层占 6.67%，平均为 19.35%。同上年比较，地主的比例下降了，中贫民则没有多大变化。

1945 年各阶层负担，兴、临、五、静、宁、神等县城八个自然村的调查统计显示，负担占实际收入的比例，地主为 40%，富农为 33.2%，中农为 18.2%，贫农为 10.66%，其他阶层为 3.44%，平均为 21%。① 从这些材料看，各阶层负担大体平衡。总之，这三次征粮执行情况是较好的，不仅保证了军事上的粮食供给需要，同时削弱了封建经济，鼓励了资本主义经营，扶持了中、贫民经济的向上发展。

五、抗战时期晋绥边区财政建设的经验

晋绥边区在抗战时期的财政工作，不仅在保障战争供给方面做出了重大的贡献，而且在财政建设上取得了成就，积累了经验。

（一）发展经济是解决财政问题的基础

在根据地初建时期，以根据地为依托的革命战争，要有财政保证供给才能进行。为了保证供给，除了要建立必要的财政机构以外，还必须建立各种相应的财政制度，从大力发展经济入手，保证财政收入来源渠道畅通。陈云说过："我们实行了以生产解决财政的办法"，② 在这里起决定作用的是经济。晋绥边区认真执行了这一方针，正确解决了根据地财政工作与发展经济的相互关

---

① 山西省档案馆：《晋绥边区财政经济史资料选编》财政编，山西人民出版社 1996 年版，第 503—504 页。

② 转引自陈答才：《陈云与西北财经办事处》，《陈云百周年纪念——全国陈云生平和思想研讨会论文集》。

系。明确了财政为庶民之母，经济建设又为财政之母的道理。

边区政权初建时期，为了筹措抗日经费，以募捐的形式发动群众进行“四大动员”，尽管发生了一些“左”的错误，但它在当时的历史条件下，为解决财政困难，确实起了不小的作用。当时为了抗战的胜利，动员群众“有钱出钱，有力出力”，“取之于民”是完全应该的，它作为一种解决抗日经费的权宜之计也是可取的。通过革命的实践，边区政府逐步认识到解决财政问题的出路在于发展经济，提出了把“开展生产建设”作为根据地建设的三大中心工作之一，把经济建设提到了党和政府的工作议事日程上来，决定以农业生产为经济建设中心一环的发展思路。从靠动员募捐来筹措抗战经费，到坚持自给自足方针、发展经济来解决财政问题，是一个认识上质的飞跃，它从根本上找到了解决财政问题的长久之策。晋绥边区遵循从农业入手发展生产的政策是正确的。

（二）坚持实事求是从实际出发制定财政政策

晋绥边区从 1940 年开始的九年中，规定并逐步改进了公粮负担政策，在军民兼顾的总方针下，晋绥人民节衣缩食、支援战争，共交纳公粮 250 万石，占财政收入总额的 65%，这是晋绥人民在抗战时期的巨大贡献。它不仅解决了人吃马喂，还解决了一部分财政开支，如公粮变价、定织布匹、抚恤救济，等等。但在制定这一政策过程中，由于片面强调需要而不顾及可能，造成某些地区、某些年度负担过重的情况。如货币购买力逐年降低的间接负担，特别是 1942—1945 年之间，人民是在半饥饿状况中支持战争的。在这种情况下，由于负担过重，加之战争与战勤的影响，有些村庄的农业生产受到了打击，经济形势逐年下降，甚至造成青黄不接时吃不上粮、穿衣问题解决不了和部分耕地荒芜的情况。这是制定政策上的偏差，缺乏实事求是、从实际出发的观点。晋绥边区经济条件比较落后，产量低，地区小，人口少，所负担的战争任务则甚大，是晋绥人民负担过重的一个原因，但从人民的负担能力上说，则应引以为戒，从中吸取教训。抗日战争实践证明，改按常年产量的15%征收公粮的政策是符合晋绥边区实际情况的，执行结果，不仅调到了群众生产的积极性，使农业生产有了一个很大的发展，同时也充分说明了从实际出发制定财政政策的重要性。

（三）坚持量出为入与量入为出相结合解决财政收支

晋绥边区在解决财政收支问题上应坚持什么原则，也有一个认识和发展的过程。政权初建时期，由于边区人民生活困难，人民负担能力低，财政收入少，则采取了量入为出的办法，即有多少钱办多少事，钱少了就紧缩开支。当需要不能满足时，而不得不采取增加人民负担的政策。晋绥边区每人每年负担数目以银洋计算。1940 年是 2. 77 元，1942 年增至 6. 55 元,① 负担增加是很明显的。既要解决战争中的军需供给，需要量出为入；同时又要照顾民力，也要量入为出，这是一个问题的两个方面，应当很好地结合起来，不可偏废。

综上所述，边区财政建设的指导思想，就是在组织财政收入时，一定要考虑到需要和可能，根据当时的实际情况制定财政收入计划。只考虑需要，忽视可能，就不能培养财源。在安排支出方面，要量力而行，根据边区的人力、物力、财力来进行统筹安排，这是实现财政收支平衡的原则。

第二节　山东抗日根据地的经济建设

山东抗日根据地，以沂蒙山区为中心，包括津浦路以东、陇

① 引自王志芳：《抗战时期晋绥边区农村经济研究》，山东大学博士论文 2012 年。

海路以北的山东大部，河北、江苏两省各一小部。其东临黄海、渤海；西依津浦铁路与晋冀鲁豫区毗邻；北接天津，与冀中、冀东两区接壤；南迄陇海路，与华中新四军的苏北、淮北区相邻。它是在中共山东省委领导下，经过武装起义，发动游击战争而初步开辟，罗荣桓领导的八路军山东纵队、第一一五师主力第三四三旅进入山东后，逐步建立和发展起来的。

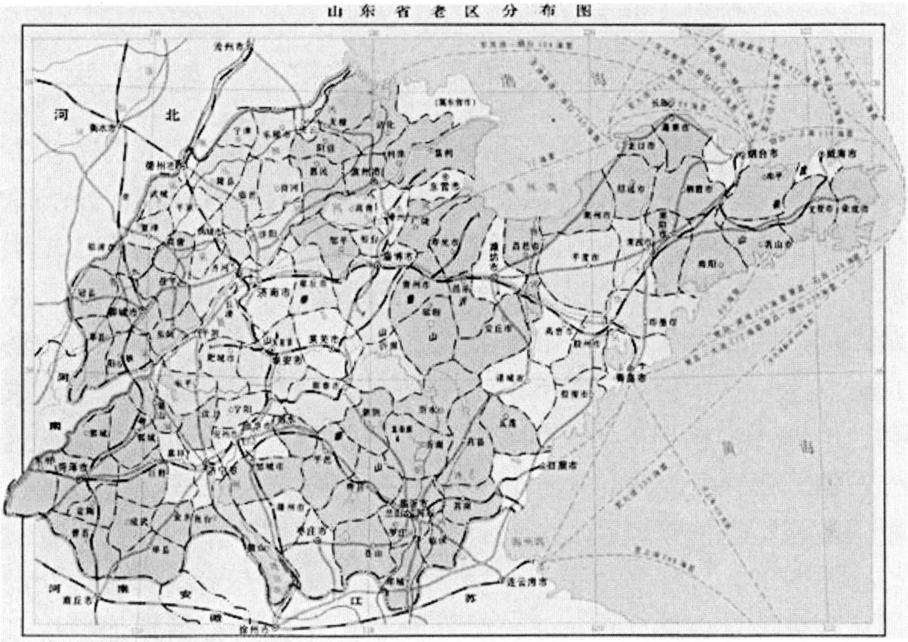

山东处于华北敌后战场的东南端，成为华北与华中两大敌后根据地联系的枢纽，它战略上与华北不仅能够配合邻区作战，更可以直接配合华中新四军行动。同时，山东山区，与晋察冀的五台山、晋冀豫的太行山，东西相峙，形成鼎足之势，使冀鲁豫大平原抗战的军民，在东西两面均能得到有力的支援与依托。因此，山东抗日根据地成为坚持敌后抗战乃至胜利的战略要地。

中共山东省委在中共中央的领导下，从1938年夏起，开始建立抗日民主政权。1940年夏，成立山东省临时参议会和战时工作委员会。同时，还成立山东各界救国总会。参议会成立后，通过了战时十大施政纲领。各地政府积极执行自己职能，实行“三三制”，进行民主选举，动员群众参军参战，发展经济和文教事业。抗日民主政权的建立，标志着山东抗日根据地的进一步发展和巩固。在山东抗日根据地创建和发展过程中，中共山东地方组织和民主政府十分重视财政经济建设，在艰苦的环境中进行了艰苦的工作，取得了显著成绩。

一、全国抗战初期山东根据地经济的恢复和发展

山东抗日根据地是在交通不便、经济比较落后的农村逐步发展壮大起来的。根据地内的经济，以分散、落后的小农经济为主体，原有的封建剥削，严重束缚着生产力的发展，加之连年军阀混战，天灾频繁，使农业生产长期处于衰退状态，人民的生活异常困难。同时，根据地不仅长期处于敌人的封锁和包围之中，而且直接遭受日本侵略者的摧残，农田破坏，房屋烧毁，耕牛、农具、粮食等生产和生活资料被抢走，正常的生产难以维系。在这样的地区建立和发展抗日根据地，并使之成为支持民族抗战的战略基地和坚强堡垒，就必须迅速恢复和发展经济，培养持久抗战的物质基础，以保障战争供应，改善人民生活，调动人民群众的抗日积极性。据此，中国共产党在领导山东抗日根据地加强抗日民主政权建设的同时，大力进行根据地的经济恢复和建设工作。

（一）发展生产事业

发展生产，以农为主，重视多种经济，是敌后各抗日根据地发展经济的一项基本方针。农业是山东抗日根据地的基本生产事业，根据地的经济建设首先是发展农业。

为了恢复和发展农业生产，山东抗日根据地积极响应中共中央制定的减租减息、废除高利贷和苛捐杂税等政策，以调动广大

农民抗日和生产的积极性，促进农业生产的发展。

1937 年 8 月，中共中央在《抗日救国十大纲领》中，提出停止没收地主阶级的土地，以减租减息作为抗日战争时期解决农民土地问题的基本政策。1939 年月，中共中央又发出《关于深入群众工作的决定》，指示在八路军、新四军活动区域，“在经济改革方面，必须实行减租减息废止苛捐杂税与改良工人生活。凡已经实行的，必须检查实行程度。凡尚未实行的，必须毫不犹豫地立即实行。”根据中央的指示，1940 年 12 月 15 日，山东省战时工作推行委员会颁布了《减租减息暂行条例》，规定减租 1/5，减息 2. 5 分。关于减租减息的具体规定是，“二五”减租（即按原租额减去 25%），“分半”减息或“一分”减息（即年利最高不得超出 15% 或 10%），减租减息工作取得的成绩是很大的。

农业生产是经济建设的基本环节，尤其是在根据地处于敌人封锁以及基本没有外援的严重经济困难条件下，发展农业生产的意义尤为重大。无论是根据地内部的经济建设，还是对敌经济斗争，都要依赖于农业生产的发展。在封建剥削广泛存在和因战争影响农业经济趋于衰退的情况下，发展农业生产又必须从减轻农民的剥削和负担入手。山东各抗日民主政府，首先力争使广大农民获得生存和生活必备的条件。据此，根据地各战略区广泛深入地开展了减租减息运动，使广大贫苦农民的生活得到初步的改善。同时，废除了旧政权遗留下来的一切苛捐杂税，实行公平负担的公粮征收和田赋征收，均平各类农户的税收负担。为解决因战争破坏各地普遍存在劳动力、耕畜、农具不足的问题，各战略区因地制宜地进行农业互助合作和大生产运动。利用民间原已存在的变工、扎工等劳动互助形式，有组织地调剂劳力、畜力、农具的使用，建立起自给自足的生产体系。在调整、变革农业生产关系基础上，抗日民主政府还采取措施增加农业生产。主要有：大力号召和奖励开垦荒地，开垦生荒地三年不交公粮，五年不交地租，开垦熟荒地一年不交公粮，二年不交地租；积极兴修水利、打井、修渠、筑堤、疏河，扩大灌溉面积；筹集资金发放农贷，以解决农业生产资金不足的困难；举办生产展览会、农业座谈会、试办典型农场，帮助农户订立生产计划等。

根据地农业以粮食生产为主，但也十分注意因地制宜，充分利用当地资源，使农、林、牧各业都得到发展，广辟财源，提高人民生活，支持抗战。根据地繁荣农村经济的另一途径就是把发展农业和发展手工业、家庭副业结合起来，为根据地创造更多的物资和财富，达到自给自足的目的。

奖励垦荒，扩大耕地面积，是抗日根据地发展农业生产的一项重要政策和措施。抗日战争时期，由于战争的破坏和消耗，根据地的农业生产资料和劳动力都减少了很多，其结果就是导致部分耕地抛荒和弃耕，而根据地由于大都处于经济比较落后的农村，因此，政府的财政和人民的生活也主要仰赖于农业，要坚持长期抗战，就必须增加农业生产。在此期间，除了党政军和人民团体“自己动手”外，“开垦荒地”就成为增加农业收入的较有效方法。另外，减租减息政策的实施，不仅调动了农民的生产积极性，也增加了他们的收入，使得他们有可能增加对生产的投入和开垦荒地。晋冀鲁豫边区，1937—1942 年扩大耕地面积 40 万亩，增加灌溉面积六万亩。① 部队机关学校在生产自给运动中也取得了很大成就。晋冀鲁豫部队 1943 年每人种地三亩，自给一季粮食。

（二）发展工商业

敌后抗日根据地的经济发展，虽然以农业为主，但在敌人严

① 张华：《大生产运动中屯田之举的成因及历史功效》，《毛泽东思想研究》2002 年第 5 期。

密封锁的情况下，军用品（枪弹、医药等）和生活必需品生产自给显得十分迫切。因此，发展工商业，使工业品和生活资料逐渐达到自给自足，以粉碎敌人的经济封锁政策，是敌后根据地经济建设的一项重要任务。

随着根据地抗日民主政权的逐步建立，山东抗日根据地开始征收救国公粮，试行“合理负担”的政策，实行粮食的统筹统支，以保证战时财政的运行和部队的供给。为了广辟财源，保护并促进战时生产建设事业的发展，平衡物价，繁荣市场，增加税收，加强对敌斗争的经济实力，抗日根据地开展了贸易工作，组织中小商人，充分发挥他们的作用。一方面供给了抗日根据地军民的必需品，另一方面有计划地输出剩余产品。山东省贸易局还通过各种途径吸收地方游资，用以发展抗战的经济事业。到1940年底，省贸易局曾用50万元的资本赚到20万元的巨大红利，解决了财政的急需。

山东抗日根据地的工业，最初是各抗日武装力量靠自力更生建立起来的简陋的军工作坊，借以解决武器弹药的供应。1938年，胶东的山东人民抗日救国军第三军，在黄县的圈杨家建立了山东抗日根据地的第一个兵工厂。到1939年11月，胶东地区的兵工厂已发展到五个，职工2,000余人。鲁中的八路军山东纵队第四支队在临淄和莱芜建立了两个兵工厂，除能生产武器弹药外，还建立了专门的刺刀厂、铁工厂等。1938年5月，鲁南人民抗日义勇军第一总队建立了30人的修械所，1939年10月，八路军一一五师供给部在此基础上发展为兵工生产社。1940年6月，一一五师供给部军工科又在莒南县胡子带建立了拥有100余人的兵工厂。[①] 在大力发展军事工业的同时，各抗日民主政府还创办了一批小型的日用工业。到1940年秋，已有织布工厂四处，织

① 《八路军一一五师征战鲁南》（九）——实施抗日救国纲领。

机工厂两处，制鞋工厂三处。淄博开办煤矿十余处，胶东开办了隆兴金矿，工人200余人，两个月赚纯利五万元。① 为发展工业生产，各地推行了合作运动。莱芜推行产销合作运动，清河区成立木业、席业合作社，胶东成立渔业、花边、发网合作社。工业生产的建立和发展对保证抗日军队的需要，巩固山东抗日根据地，起了重大作用。

（三）发展抗日根据地金融

山东各边区抗日民主政府在中共中央领导下，先后采取一系列重要措施，统一内部货币市场，严禁敌伪货币在根据地流通，保护金银、法币不使其流通资敌，逐步回收各种土杂钞以及统一发行本战略区的货币。

在山东抗日根据地，北海银行成立初期，只发行少量北海币（1939年发行300余万元），市场上北海币与法币共同流通，保持固定比例，禁止伪币流通。太平洋战争爆发后，日本帝国主义从利用法币转为排挤法币政策，加上法币贬值，造成对根据地的威胁。1942年从四周流向山东根据地的法币有几亿元，相应数量极大的物资被掠夺，以致引发通货膨胀，物价上涨，根据地人民遭受很大损失。

为了改变这种局面，抗日民主政府断然采取排挤法币措施，大量发行北海币，建立独立自主的北海币市场。同时宣布北海币与法币的兑换比率由原来的1∶1，定为1∶2。由于当时市场货币流通量已超过实际需要，提高北海币的比价未起作用，还是随法币跌价而跌价，因此又实行坚决驱逐法币的政策，禁止法币流通。并实行食盐、生油的对外统销。到1943年，北海币取得了

① 朱玉湘：《山东抗日根据地财经建设的艰苦创业》，《山东大学学报》1991年第3期。

优势地位，几亿法币被驱逐出根据地，换回了大量的物资，北海币币值稳定，独占了市场，游击区也变成了本币市场。北海币与法币兑换比率变为1∶6。由于本币流通区域扩大，北海币虽已陆续增发二至三倍，但仍不能满足市场流通。[①]

日本帝国主义加紧对敌后根据地进行军事进攻和经济掠夺，在华北开始大量印发伪“联合准备银行”纸币，并到处以武力胁迫群众使用，以此来盗取解放区的物资。日军在推行伪钞的同时，贬价吸收法币，进而套取外汇，购买军用物资，为其侵略战争提供储备。针对敌人这一阴谋，这时期山东根据地民主政府，及时采取了保护法币、严禁使用伪钞、部分地发行本币以及限制法币出境等措施，与敌人展开货币斗争。这些举措既保持了法币币值的相对稳定，也稳定了市场物价。

（四）根据地财政工作

山东抗日革命根据地财政在全国抗日战争的八年中，在外援无望，地处落后的农村经济基础之上，完全依靠根据地人民的自力更生，不仅基本上保证了浩大的战争供给，而且在一定程度上发展了经济，改善了人民生活，为支援解放战争和战后的经济建设奠定了基础。

山东抗日革命根据地的财政，是随着我们党领导的抗日武装的产生而产生的。从1937年11月起，我们党领导的武装起义连续取得成功，有了部队，必然要供给，这样以解决战时供给为目的的根据地财政就产生了。山东抗日根据地的党和政府认真贯彻中共中央的各项政策，团结一致，艰苦奋斗，在财经战线上，整顿收支，加强财政管理；机关部队实行生产节约，经费部分自

---

① 薛暮桥：《抗日战争时期和解放战争时期山东解放区的经济工作》，人民出版社1979年版，第97—108页。

给；开展对敌经济斗争，保护物资，保护生产；开展大生产运动，发展根据地经济等方面进行了长期的坚持不懈的顽强斗争。

从全国抗战开始至 1940 年 7 月，是根据地财政工作创建阶段。这个阶段的财政工作，从政策上到组织机构上都很不完善。供给工作基本上是由部队管理。主要做法是：在部队设立供给机构，一般是支队以上设供给部，团队设供给处，营设供给科或供给员。供给机构根据“抗日救国十大纲领”的精神，以“有钱出钱，有粮出粮，多有多出，少有少出”为原则，向地主、商人、资本家等富裕者募捐以及通过罚款和打击汉奸等，取得部队活动经费。所需粮食则是部队走到哪里就在哪里派，各部队自筹自用。这一时期根据地没有统一的征粮办法，部队派粮时要求地方按公平负担（或合理负担）分派，大多数地方根据旧政府的钱粮册，按地亩负担的银两摊派，直到 1940 年 7 月这种状况一直无大改变。

这一阶段根据地财政主要有三个特点。

第一，整个根据地尚未形成一个统一的政权，对财政工作缺乏统一的领导。1940 年 1 月中共北方局开始要求山东分局设财政经济委员会统一财政政策，建立财政制度。同年 2 月山东分局决定“以一纵队供给部兼财政部，为最高设计及执行机关。”① 要求：整理及开征田赋，征入口税，实行累进税制。但直到 1940 年 7 月山东省战时工作推进委员会成立前，有效的领导机构及统一的管理系统一直没建立起来，上述要求也基本没有实现。

第二，财政管理混乱。由于没有统一的财政管理办法和法规，以募捐和摊派为主解决供给问题带来很多弊端。各地自筹自用，因此造成苦乐不均。条件好的地方，多募多用，大量浪费；

① 山东省档案馆：《山东革命历史档案资料选编》第 4 辑，山东人民出版社 1981 年版，第 164 页。

而个别募捐困难的地方却发生了抓人和罚款的现象。以胶东为例，捐款占全部财政（货币）收入的比重1938年为71.39%，1939年为66.13%，1940年为37.02%。[①] 就粮食摊派而言，从征到用都缺乏必要的手续和依据。收到粮食后仅仅打一张白条，这就难免浪费和发生弊端。

第三，人民群众的负担很不公平。部队所到之处，以摊派形式解决用粮问题。1939年夏季以后，地方政权有了较快发展，部队在其活动区域摊派粮食大都是利用地方政权进行，先把任务分给村长，再由村长直接分派到各户。由于长期以来地主阶级的巧取豪夺，在土地转移中地少“粮”多、地多“粮”少的不公平现象本来就很严重，再加上当时很多地方基层政权没有真正掌握在广大群众手中，在封建地主势力掌握政权的地方，必然会加重人民群众的负担。因而出现了“第一是村中各户的负担不公平，许多村长不按照有粮出粮的原则，公平负担的办法去分派给养。或者曲解公平负担办法，致使许多粮食负担加重在中农以上人民中，而村长自己或地多粮多者负担很少。第二就是地区上负担不公平，驻军队多的地方负担重，少的地方负担轻；山地重，平原轻；正规地方负担重，游击地区负担轻”[②] 的情况。

根据地初创时期的财政虽然很不完善，甚至有很多弊病，但在当时的历史条件下，它基本上保证了这一时期抗日经费的供给，为部队的发展、根据地的不断扩大提供了财政上的保证。在分散游击、没有巩固的政权做依托的条件下，只能采取这种办法来解决当时的供给问题。各种弊病只有随着整个根据地政权建设

---

① 山东省档案馆：《山东革命历史档案资料选编》第6辑，山东人民出版社1981年版，第140页。

② 山东省档案馆：《山东革命历史档案资料选编》第6辑，山东人民出版社1981年版，第50页。

的发展才能逐渐得到克服。根据地在实行这些办法的实践中，一直在探索克服弊病改进供给的办法，如政权建设搞得较好的胶东地区，1938 年即开始征货物税并按土地数量征收田赋；为发展根据地经济并在必要时动员物资保证供给，同年还在胶东成立了北海银行；为减轻人民负担，根据地宣布取消国民党政府统治时期的各种苛捐杂税；等等。由于根据地初创时期同日伪顽军的斗争复杂激烈，加之政权建设工作开始时没有适应形势发展的要求，一些好的经验和措施难以得到推广。尽管如此，这些措施都是在吸取和总结了以募捐摊派为主的财政供给办法的经验教训基础上所采取的，并为以后财政工作的发展积累了经验。

二、抗战困难时期山东根据地的经济建设

抗日战争进入相持阶段后，日本帝国主义把主要兵力放在敌后战场，对抗日根据地进行大规模的军事进攻，并实行经济封锁，加上国民党顽固派积极反共，使抗日根据地处于十分困难的境地，军民生活十分艰苦。加之华北地区连年发生旱、涝、虫灾，1941—1942 年，是中国抗日战争最艰苦、最困难的时期。由于日伪连续“扫荡”和大规模的“蚕食”，加上国民党军队的夹击，山东抗日根据地损失很大，抗日军队遭到严重困难。据统计，1939—1940 年，日伪千人以上的“扫荡”25 次，其中万人以上的二次；而 1941—1942 年，敌千人以上的“扫荡”达 70 余次，其中万人以上的九次，千人以下的“扫荡”几乎天天都有。在对敌斗争最残酷的 1942 年，山东根据地面积缩小 1/3，部队减员 1/4。[①] 除滨海、鲁中、胶东有较大基本区外，其他各区都被分割成小块分散的根据地或游击区，与日伪形成犬牙交错的局

① 朱玉湘：《山东革命根据地财政史稿》，山东人民出版社 1989 年版，第 144 页。

面。在敌人的“扫荡”和“蚕食”下，抗日根据地遭到严重的破坏与损失。如南沂蒙纵横不过50公里的地区，在一次“扫荡”中，群众被杀害3,000多人，牲畜被抢去万余头，粮食被掠夺160余万斤，民房被毁5,000余间。[①] 在此期间，山东地区又连续发生自然灾害。1941年水旱灾害交替，夏秋歉收，粮食极端困难，不少地区群众断炊。鲁中的泰山区和鲁南区最为严重，军民都以谷糠、地瓜蔓、树叶、草籽充饥，军械、弹药、被服、医药极端缺乏。在这个关键时刻，中共中央和毛泽东向根据地全体军民发出了“自己动手，克服困难”的伟大号召。刘少奇代表中共中央到山东，帮助中共山东分局总结了四年抗战的斗争经验，提出了以后的斗争方针和任务。

（一）精兵简政，开展大生产运动

1941年12月，中共中央发出了“精兵简政”的指示，要求各解放区都要进行精兵简政。进行精兵简政，是减轻人民负担的重要措施。遵照中央的指示，山东抗日根据地从1942年春到1942年秋进行了三次精兵简政。经过三次精兵简政，山东抗日根据地（不含鲁南区、冀鲁边区和冀鲁豫边区）共精简了三万余人。党的机关人员精简约52%，政府机关人员精简约46%。[②] 通过精兵简政，缩编了机构，充实了地方基层和连队，提高了工作效率和部队的战斗力，减轻了人民负担。

同时，在深入减租减息的基础上，开展了以农业为主的大生产运动。从1941年开始，山东抗日根据地的党政军领导在组织根据地人民群众生产的同时，在部队、机关、学校中开展了大生产运动。大生产运动的重点，一是提倡开荒，扩大耕地面积；二

① 萧华：《英勇抗战的山东军民》，《山东文学》1965年第1期。

② 丁龙嘉：《山东人民抗日战争纪实》，山东人民出版社2005年版，第6页。

是实行精耕细作。开垦荒地、增加生产成绩最好的是清河区，1942 年该区垦荒 44 万亩，较 1941 年耕地扩大四倍，增产粮食 40 万石，成立新村 37 个，垦户 7,000 余户，计 68,000 余人。到 1944 年夏，已有耕地 100 万亩，较两年前增加四倍，人口增加 1.5 倍，达 25 万余人。[①] 由于贯彻实施了一系列正确的土地政策和合理负担政策，极大地调动了垦区农民的生产积极性，垦区农业连年获得大丰收。每年交纳的公粮，不仅供应了清河子弟兵及后方机关的需要，还运往胶东、鲁南，支援了其他抗日根据地。这是抗日战争时期山东各地生产建设的一个典型。

大生产运动重点在开荒种地。山东抗日根据地历年开荒成绩十分显著。据不完全统计，1941 年 13 万亩，1942 年 48 万亩，1943 年 28.3 万亩，1944 年 34 万亩，1945 年 27 万亩。1944 年战略区打井 13,031 眼，修河 1199 里，开渠 307 道，筑堤 615 道，理河四道。兴修水利是农业增产的又一重要途径，为确保粮食生产的稳定，根据地政府十分重视兴修农田水利。渤海区长山县孝妇河下游修堤筑闸引河灌溉麦田 1,316 亩。1945 年，山东抗日根据地仅水利增产粮食即达 245.8 万余斤。[②] 组织部队和机关学校生产、发展公营经济是大生产运动的一个重要方面。如毛泽东所分析的："由于是农村，由于是经常被敌人摧残的农村，由于是长期战争的农村，部队和机关就必须生产。由于是分散的游击战争，部队和机关也可能生产。"[③] 在物质条件极其困难的阶段，通过生产节约运动，开支大大减少，收入不断增加，部队、机关、团体的生产得到了改善，解决了财政供给不足的困难。1942 年，

① 中共山东省委党史资料研究委员会：《山东抗日根据地》，中共党史资料出版社 1989 年版，第 122 页。

② 朱玉湘：《山东抗日根据地财经建设的艰苦创业》，《山东大学学报》1991 年第 3 期。

③ 《毛泽东选集》第 3 卷，人民出版社 1991 年版，第 1017 页。

全省生产节约1,778,377,106元，以滨海区和鲁中区最好，分别达到7.8亿元和4.4余亿元。部分部队、机关、团体达到了自给，一部分达到了半自给。1943年山东部队生产节约总数当在5,000万元以上，自给全部经费的12.22%。[①]

（二）艰苦奋斗，发展根据地工商业

抗日战争的最困难时期，革命根据地的军民不仅缺吃少用，而且武器弹药和医疗治疗等都极端缺乏。要解决军需民用，解决战争和生产建设的物资供应问题，除靠党的领导和广大军民的艰苦奋斗外，还必须依靠工商业的力量，奠定根据地自给自足的经济基础。

在战争年代，技术力量、技术资料和研制设备都极端缺乏，只能因陋就简。根据地从实际出发，就地取材，在艰苦奋斗中创业，实行以手工劳动为主，木制铁制机器并用。根据“统一领导、分散经营”的原则，根据地除政府办工厂外，还组织部队、机关、学校发展工业。在发展公营经济的同时，还着重发展合作工业、私营工业、手工业和家庭副业。政府奖励并保护根据地内外工商业家和华侨来根据地投资发展工业，对工业给予定期免税和低利贷款。实行抗日的劳动政策，取消对资本家富农经营生产事业的各种限制，奖励地主商人创办工业。民用工业在各地也都有发展，在胶东尤为突出。胶东各公营铁厂仿造的各种机器，包括熔铁炉、机器磨、利民犁、水车、纺纱机、弹花机、织布机、石印机、织袜机、织毛机等20余种。机器磨面每天能磨小麦600—700斤。[②] 模仿制成的织布机，所织的线、斜纹、哔叽、市

---

① 山东省档案馆：《山东革命历史档案资料选编》第11辑，山东人民出版社1981年版，第359页。

② 中国革命博物馆编：《解放区展览会资料》，文物出版社1988年版，第328页。

布等，其质量不下于外来货，再加上自织的土布，完全解决了广大群众与军队的被服供给。

发展商业，是抗日根据地整个经济建设的一个重要内容，是打破敌人的经济封锁的重大措施。根据中共中央关于商业贸易“对外调剂，对内自由”的方针，各根据地所制定的总的商业贸易政策是：对外贸易采取统制主义，即统制对外贸易；对内贸易采取自由主义，即根据地内部自由贸易。总的要求是把边区不必需的货物尽量销售出去，把必需品（特别是军用品）尽量交换回来；禁止敌方奢侈品向根据地倾销，严禁粮棉资敌。

在根据地内，实行贸易自由，以利“货畅其流，物尽其用”。根据地的商业系统有公营、私营、公私合营和合作社商业。他们在公营商业的领导下，分工协作，各得其所。根据地成立有贸易局，领导商业贸易事宜，设立贸易栈，并在若干重要村镇设立贸易办事处。公营及公私合营商店的业务范围主要是：采购批发及零销根据地内外各种军需民用必需品，并购集土货，办理输出业务。它们是商业贸易系统中的骨干。私营商业几乎全都是中小商人，且小商贩占绝大多数。根据地政府允许他们合法经营非违禁商品并赚取适当的利润。在不违反政府法令的前提下，根据地政府奖励私人商业，扶助中小商人繁荣市场，允许根据地内外商人和百姓在根据地内部自由贸易。私商的发展，弥补了公营商业的不足，促进了根据地的商业发展。

（三）健全机制，加强根据地财政工作

1940 年 7 月至 1943 年 8 月，是山东抗日根据地财政经济建设全面展开和走向统一的时期。在与日本帝国主义展开艰苦卓绝的斗争中，山东抗日根据地得到发展壮大。1940 年，各抗日根据地面积达到 3.6 万平方公里，人口 1,200 余万，八路军主力武装

和地方武装近12万人，组织起来的民众近百万人。[①] 然而，由于战争的残酷性，抗日民主政权与日伪政权犬牙交错，缺乏全省统一的政权组织和政府法令，故根据地财政经济工作也存在诸多严重问题。诸如收支不统一，预决算制度未完全建立起来；政府、军队、群众团体各自筹款、募捐、罚款、筹粮；人员无定制、开支无计划、吃粮无定数现象突出；群众生产重视不够，生产基础条件薄弱等。这些都制约着抗日根据地的进一步发展壮大，同时也迫使山东抗日根据地尽快建立全省行政领导机构，实现政令统一、地区统一、上下统一。

1940年7月至9月，山东各界抗日团体召开联合大会，选举成立了全省统一的权力机关——山东省战时工作推行委员会。以此为标志，山东抗日根据地正式形成，各项建设事业由分散走向统一。省战工会内设财政经济组（翌年改称为处，并分为财政、经建两处），专管财经工作。从山东省战时工作推行委员会成立到1943年9月改为山东省战时行政委员会，山东抗日根据地的财经工作进入全面开展的新时期。

这一时期财经工作全面开展的标志主要有：第一，财经机构逐步建立健全。在党内，从中共山东分局到战略区党委，设立财政经济委员会，从方针政策方面加强对财经工作的领导。在行政上，在省战工会领导下，专署和县设立财政科和经建科，区设财经助理员，作为政权基层组织的村政委员会也设有专人分管财经工作。从上至下建立起财经工作领导系统，并建立了定期的汇报制度，以便下情上达，使上级及时了解工作开展的情况。第二，方针政策更加明确。在“发展经济、保障供给”的总方针下，联合大会通过的《山东省战时施政纲领》提出财经工作总的目标

① 刘金江、臧济红：《论山东抗日根据地的战略地位和作用》，《东岳论丛》1995年第4期。

是："努力（开展）战时财政经济建设，充裕抗战经费，发展国民经济，实行自力更生。"① 财经工作的内容主要包括：发展农业、手工业和家庭副业；积极扶持对外贸易、发展内地合作事业；开展金融工作，严格抵制伪钞；征收正税与合理负担；统一收支，反对贪污浪费。从财政经济工作的实际运作来看，在这一时期的前半段（大致为 1941 年 7 月以前），工作的重点主要放在财政方面，以实行统一收支和民众合理负担为主；在这一时期的后半段，在继续抓紧财经工作的同时，强调并实施了以发展农业生产为中心的经济建设工作。这一转变标志着山东根据地财经工作的一大进步。第三，各项工作制度更加完善。省战工会成立后，在各级民主政权的领导下，山东根据地的财经工作逐步走上制度化、正规化轨道。在省战工会颁布的各种法规、政令、条例中，属于财政经济方面的比重较大，涉及机构设置、政策法令、工作部署等多项内容。中共山东分局也及时发布批示决定，因而使财经工作有法可依，有章可循。第四，财经工作在根据地建设中的地位更加重要。随着根据地各方面工作的进一步深入，财经工作引起各级党政领导普遍的重视，成为根据地建设的中心工作之一。1942 年 4 月中共山东分局财经委员会扩大会议从抗战的长期性和残酷性出发，强调指出："开展财经工作，克服物质需要的困难，在目前说应有头等重要意义。没有财经工作的建设，就没有巩固约根据地的创造，更没有抗战的胜利"。②

这一阶段山东抗日根据地各级党政机关在坚持"独立自主、自力更生"原则，贯彻"发展经济、保障供给"的总方针，实行

① 山东省档案馆：《山东革命历史档案资料选编》第 5 辑，山东人民出版社 1981 年版，第 134 页。

② 山东省档案馆：《山东革命历史档案资料选编》第 8 辑，山东人民出版社 1981 年版，第 243 页。

“统一领导、分散经营”的管理体制下，财政经济工作向纵深发展，并为山东抗日军民渡过困难时期，逐步取得抗日斗争的优势地位奠定了日趋稳固的基础。

（四）创办银行，巩固根据地金融业

1．北海银行独立系统的建立。1939 年，北海银行重新开业。山东省军政领导机关的财政工作，最初由山东纵队统一筹划。山东北海银行设立山东纵队供给部，总行兼办鲁中区业务。1940 年春开始发行北海币。由于印刷钞票材料缺乏，北海币发行赶不上抗日根据地扩大的需要。有些地方曾发行过地方流通券。如鲁南区发行“临、郯、费、峄边区流通券”。1940 年 7 月，省站工会成立后，在鲁中设立了山东北海银行总行。胶东区的北海银行改为分行。这时北海银行发行北海币，主要是解决战时财经困难。1941 年和 1942 年又建立了滨海区分行和鲁南区支行。1941 年在全省财经文教大会上，决定加强北海银行工作，扩大北海币的发行，推行北海票，加强货币斗争。1941 年 7 月中共山东分局提出“建立独立的银行业务，使银行成为调剂金融、巩固法币、投资生产的经济命脉的中心系统”。[①] 省战工会也做出决定：“立即建立独立的北海银行组织系统，直接受战工会财政处领导，印发一定数量北海票作为本位币，维持市面流通。保存法币，防阻法币外流，并将印发纸币全部投资生产建设事业。保证一定的基金，发展银行业务，如储蓄、汇兑、借贷、投资等工作，并在各地建立北海银行分行办事处与银行网，便利于金融流通”。[②] 此后，独

① 山东革命根据地财政史料选编编委会：《山东革命根据地财政史料选编》第 1 辑，山东革命根据地财政史料编委会 1985 年版，第 101 页。

② 山东省档案馆：《山东革命根据地财政史料选编》第 1 辑，山东人民出版社 1985 年版，第 112 页。

立的北海银行系统逐步建立起来。

从1942年夏开始，为了统一进行货币斗争，控制货币发行量，根据地政府给总行和各分行下达发行数目，要求各区将发行数向总行报告。逐步健全银行制度。1943年6月，省战工会制定《北海银行组织章程》，对银行的组织领导及业务范围做了统一规定，作为统一银行工作的准则，北海银行系统建立起来。

2. 开展金融斗争，建立独立自主的本币市场。日军加紧对敌后抗日根据地的军事进攻和经济掠夺，在华北开始大量印发伪联合准备银行纸币，以武力胁迫群众使用，以此窃取根据地的物资。在太平洋战争爆发以前，日军还利用推行伪钞，贬价吸收法币，套取外汇，购买军用物资，支持侵略战争。针对敌人这一阴谋，山东抗日根据地政府及时采取了保护法币，严禁使用伪钞，部分地发行本币以及限制法币出境的办法，与敌人展开货币斗争。

首先，打击伪钞。抗日民主政府严厉查禁伪币。针对1941年冬敌伪接管山东平市官钱局及民生银行，省站工会于1942年1月发出通知，禁止民生银行钞票和伪平市官钱局纸币的流通使用。

其次，取缔土、杂钞。当时各地商民大量发行土、杂钞，1941年仅滨海地区即有土、杂钞300余种。国民党山东地方政府和军队发行的货币达二三十种。各地方分别不同情况，采取不同办法进行清除。货币斗争中最艰巨的任务是排挤法币，建立独立自主的本币市场。1942年前北海币发行量尚少，在根据地内不能发挥本币的作用。1939年胶东区发行北海币32.41万元；1940年扩大到鲁中、清河区共发行290.54万元；1940年发行北海币1,455.79万元。三年累计发行量2,278.79万元。[①] 发行量逐年有

① 王菠、郭金鹏：《抗战时期山东北海银行历史贡献评析》，《山东广播电视大学学报》2013年第1期。

较大幅度增加，但因抗日根据地扩大和物价上涨了近三倍，这一发行量当时仍只能作为辅币和财政来源的补充。只能实行依靠法币、保护法币的政策。

太平洋战争爆发后，上海、天津等大城市之英美租界相继沦陷敌手，而滞存于租界的大批法币，随即被敌人所得。由于国际关系的新变化，法币对日军已失去当作外汇使用的作用，便限制法币在其占领区流通。与此同时，他们还大量印发汪精卫伪南京政权的伪法币进而向抗日根据地渗透，企图扩大伪钞的流通范围。日军还企图将大量伪法币压缩于抗日根据地，以掠夺物资，实现其在经济上“困死”敌后根据地军民的阴谋。敌人这种以货币作为其掠夺手段，给根据地带来了灾难。大批法币流入、物资输出的结果，造成恶性通货膨胀，物价飞涨，人民生活十分困难。当时山东解放区以法币计算粮食、棉花、布、花生油等人民生活必需品价格指数，从 1937 年的 100 到 1943 年的 47,656，这六年中涨了 470 多倍。其中上涨最快的是 1942、1943 年两年。[①]面对这一严重局势，如果继续使北海币与法币保持联系，并肩在市场上流通，北海币势必成为法币的附庸，无法战胜敌人的进攻，摆脱经济困境。为此根据地政府先后采取了法币贬值和停用的政策，开展了排挤法币的斗争。

1942 年 1 月，战时工作推行委员会指示各地，为提高北票信用，各地应迅速确定以北海票及民主政权发行的纸币为本位币，对法币实行七折、八折、九折等使用。4 月中共山东分局财委会和省站工会又先后发出指示，实行法币贬值或降价政策，要求各巩固区逐渐做到禁止法币流通，扩大北海票的流通范围，提高其信用。同时增加发行北海票，并增加本币面值种类，如规定五

① 引自王志芳：《抗战时期晋绥边区农村经济研究》，山东大学博士论文，2012 年。

角、二角五分、二角、一角应占总数1/3，一元以上占2/3，十元票尽量少印，以便流通。

货币斗争的胜利，使北海币完全占领了山东抗日根据地市场，保持了币值的稳定。停用法币，使本币最终脱离了法币的影响。市场上的货币流通量根据地可以完全控制，根据地各种物价也稳定了下来。如滨海区1943年7月停用法币以后，到当年12月的半年中，物价指数平均下降了一半。由于几亿元法币被排挤出根据地市场，换回了大量物资，这就有力地支持了抗币，基本上保持了币值和物价的稳定，从而有力地支持了抗日战争。对敌货币斗争的这一巨大胜利，大大增强了抗币在人民中的信任。

3. 加强金融管理，促进经济发展。北海银行在进行货币斗争的同时，逐步扩大业务范围，开展了储蓄、汇兑、借贷、投资业务，扶持了根据地工农业生产及商业的发展，增加了税收，扩大了财务来源。

省战工会成立时，就提出“举办低利贷款”。各地成立贷款所，初期贷款主要是农业贷款，对象多为贫农和抗属，其用途有生产性，也有救济性的。1940年胶东北海银行的贷款直接扶持了农业生产，促进了商业的发展。1941年初泰山区成立低利贷款所五处，贷款44,556元，扶持了167户贫苦农民和抗属发展生产。鲁西银行贷款40%投资于工业，30%投资于商业，活跃了农村市场。1942年以后农村贷款数量增多，范围扩大。北海银行1942年，向鲁中、鲁南、胶东、清河地区，发行贷款总数938万元。其中农业贷款483万元，占总数的51.5%；工业贷款441万元占总数的47%。1943年北海银行发行春耕贷款580万元。工业贷款主要是扶持手工纺织业，滨海区发放纺织贷款，土机每张500—1,000元，洋机每张2,000—4,000元。纺车每架50—80元。促使纺织业空前发展。1942年11月到1943年2月，滨海区生产布总值420万元，群众获利223.5万元，增加私人资本109.5万元。[①] 1943年第二季度共贷款354,993元，使各地纺织业得到迅速发展。

1943年北海银行已在根据地建立起本币市场。1943年本币用途：农业贷款占25.41%，工业贷款占12.25%，合作贸易贷款占10.43%，信用贷款占6.52%，政府往来经费占14.39%，基金占12.52%，材料费占4.45%，损失费占2.25%，存款占11.78%[②]。银行业务的开展促进了根据地经济发展。

三、抗日战争反攻时期山东根据地的经济建设

1943年9月至1945年8月，是山东抗日根据地财政经济建设全面发展的时期。这一时期，山东抗日根据地在中共中央"十大政策"指导下，以开展大生产运动和加强工商管理为财政经济建设的中心，促进两方面工作的密切结合，开创了全面发展的新局面。

（一）山东根据地的农业生产

在这个时期，抗日战争最艰苦的时期已经过去，根据地军事斗争不断胜利，敌占区迅速缩小，根据地急剧扩大。1943年10月份中共中央政治局发出了关于减租、生产、拥政爱民等十大政策。10月10日中共山东分局作出贯彻中央指示的决定。山东省政委会以开展减租减息，进一步发动群众支援抗战，开展大生产及经济工作为大反攻准备物质基础作为工作重点。

---

① 朱玉湘主编：《山东革命根据地财政史稿》，山东人民出版社1989年版，第158页。

② 朱玉湘主编：《山东革命根据地财政史稿》，山东人民出版社1989年版，第158页。

1942年以后，广泛开展了减租减息、增资的群众运动，在团结各阶层一致抗日的前提下，适当调整了生产关系，在一定程度上解决了生产力，为发展生产创造了条件。对个体贫下中农实行组织起来，发展变工互助，调剂劳动力，提高了群众的生产热情和生产效率。及时发放农业贷款（规定本币发行数以四分之一用于农贷），帮助群众解决生产中的种子、农具、畜力等方面的困难。在公粮征收上推行合理负担政策，促进农业增产。提倡植树造林，组织劳武结合，开展对敌经济斗争。这些都为农业生产创造了客观条件。在根据地党政领导的反复教育下，提高干部群众对发展生产的认识，山东根据地的大生产运动取得了显著的成绩。1944年发出“耕三余一”或“耕四余一”的号召，可略见农业生产发展之一斑。1944年农业生产不仅得到恢复，而且略有发展。随着农业生产的恢复和发展，农民生活也得到一定的改善。

（二）山东根据地的工商业

1944年5月，毛泽东号召发展工业打倒日寇。“要打倒日本帝国主义，必需工业化；要中国的民族独立又巩固保障，就必须工业化。我们共产党员就是要努力于中国的工业化的。”[①] 山东省战时行政委员会积极响应中共中央的号召，提出“普遍纺纱织布，号召快纺快织，精纺精织，做到根据地内军民衣服能够自给”。“创立农具、肥皂、纸张及其他日用品的制造厂，大量发展手工业，减少外货，增加土产货”[②] 等政策，取得了良好的成效。1944年“公营工业发展很快，新工厂增多了，旧工厂扩大了。公营工业稍有基础的胶东、滨海、鲁中，一年中工厂数、资金数、

① 《毛泽东同志号召发展工业打倒日寇》，《解放日报》1944年5月26日。

② 山东省档案馆：《山东革命根据地财政史料选编》第2辑，山东人民出版社1985年版，第3—4页。

工人数均增加两倍以上。渤海、鲁南也已开始建立公营工业”。1945年各区工厂及职工工人数如表7-1所示：

表7-1　山东根据地各区工厂、职工及资金统计表

	工厂数	职工数	工人数	资金数（万元）
胶东	55	340	1,985	1,783
滨海	10	130	531	691
鲁中	14	149	299	306
鲁南	4	5	90	154
渤海	5	5	56	68
合计	88	629	2,961	3,002

资料来源：山东省档案馆：《山东革命根据地财政史料选编》第2辑，山东人民出版社1985年版，第279—280页

“在这88个工厂中，有17个染织厂，9个丝织厂，7个肥皂厂，7个造纸厂，9个工具厂，胶东还有8个化学工厂（制造酸、碱、硫磺）、去年共织布24000余匹，织毛巾1万余打（缺胶东），制肥皂60余万条（缺胶东）。此外还有金矿（胶东、鲁中）、煤矿（滨海、鲁中、鲁南），大多数是民营，公家投资135万元（缺胶东），矿工1万余人（金矿8000余人，煤矿3000余人），去年（1944年）产金1000余两，产煤1800万斤”。“今春估计，全省已经有纺车50万辆，大小织机8000万张，平均每30人有一辆纺车，每200人有一张织机。去年总共生产土布折合140万匹（长宽与洋布同），纺织等项工资以每匹400元计，可得5600万元，估计今年土布产量可达180万至200万大匹”。“矿业方面，由于金价上涨，估计今年产金可以大大增加，胶东可以产金1万余两，鲁中产量也可比去年增加一倍以上”。“煤矿估计今年可产4000万斤至5000万斤”。①

① 山东省档案馆：《山东革命根据地财政史料选编》第2辑，山东人民出版社1985年版，第279—280页。

在进入反攻阶段以后，敌人经济困难增加，加紧了对根据地的经济封锁，对游击区实行经济掠夺，导致物价上涨，通货膨胀。因此根据地采取制定了一系列措施来促进商品流通抑制通货膨胀。

（三）山东根据地的财政工作

1943年国际形势发生了重大变化，在世界反法西斯力量的打击下，德、意、日法西斯联盟开始瓦解。在中国，共产党领导的抗日力量不断壮大。1943年8月山东省召开了第一届二次临时参议会，通过了中共山东分局提出的新的施政纲领，确立了战斗、生产、民主、教育四大中心任务，决定将省战工会改名为山东省行政委员会，这标志着山东根据地政权工作全面发展新局面的开始。

1943年10月1日，中共中央政治局发出开展根据地的减租、生产、拥政爱民运动等十大政策的指示（简称“十一指示”）。10月10日，中共山东分局作出《为贯彻中央十月一日指示的决定》，要求各地抓紧进行两方面的工作，即：检查减租政策实行情形和着手准备明年进行大规模的生产运动。同时，还召开了全省群众工作会议，指出了减租减息运动中右的偏差，号召党组织与群众团体密切配合，立即开展查减工作，消灭明减暗不减的现象。1943年秋冬之后，山东各地陆续展开了查减工作。1944年上半年查减工作结合大生产运动，开始纠正过去工作中“左”的偏差。1944年7月中共山东分局又作出《关于七、八、九、十月群众工作补充指示》，指出未来四个月各地群众工作的中心是普遍、彻底地进行减租减息。减租减息的土地政策在山东抗日根据地取得了显著的成绩，从而削弱了封建剥削和地主阶级的政治经济力量，部分地然而是意义深远地触动了封建土地所有制，在一定程度上解放了农村生产力，促进了解放区经济的恢复和发展，保证了抗日民主政府经济基础的不断壮大。

为加强财政管理，严格财政制度，保持财政收支的基本平衡，1943 年下半年以后，山东根据地从实际出发，根据现实需要，对有关财粮收支和管理的法令、条例、办法又不断进行了充实、完善和发展。主要进行了以下四个方面的工作：

1. 修正或制定新的开支标准。省政委会于 1943 年 10 月颁布了各级参议会、各级政府、各级工商管理局组织条例，规定了各机构的人员编制，为财政开支提供了依据。1945 年 6 月，省政委会重新规定：军政人员的伙食费每人每天 0.5 公斤菜、25 克油、25 克盐，每月 0.5—1 公斤肉；津贴费不分等级，一律每人每月三元；对办公费包括纸张、墨水、灯油、火柴均作了具体规定；除津贴费由政府发给外，伙食费和办公费则由各机关、部队、学校生产自给。

2. 进一步加强粮食工作。省政委会于 1943 年 10 月颁布训令要求：各地严格建立粮食预算及报告检查制度；各单位在造报预算时应严格核实人数，不得浮报浮支；预备粮食不得超过 30%，节存的粮食一律查明上报，不得隐匿，不得在民间私存公粮；健全各县粮库，严格粮库制度；出发必须携带粮票，不得以公粮租地、雇人耕种或作生产资本。各地重视公粮的开支和保管，建立起一整套藏粮于民、分散储存、存粮无损者有奖和节约粮食开支等有效的工作程序，保证了机关部队的公粮供给。

3. 继续完善统收统支的财粮制度。1944 年 8 月，省政委会重申了财粮统收统支的基本要求。在财、粮收入方面要求：取消省款和地方款的划分，取消田赋附加；部队缴获粮款 5,000 公斤或一万元以上予以 30% 的奖励，其余应向财政部门转账；各机关、部队团体生产节约的粮款，每年应向财政部门转账。在财粮开支方面要求：每月预备费一等县 1,000 元，二等县 800 元，专署 1,000 元，每三个月预决算一次；各级政府的预算每三个月一次；切实执行粮票制度，一般不允许报销客饭。1945 年 3 月 5 日，省政委会颁布《山东省财粮收支暂行办法》，进一步明确了统收统支的各项制度，使各战略区的财粮收支基本上走向统一。

4. 整理公产、村财政、银行贷款和统一度量衡。1944 年，各地公产包括公款产、教育款产、没收地、代管地等改归财政部门负责整理。如鲁中沂蒙区一年就整理出土地 7,203.61 亩，共收入 472,675.31 元渤海垦利、沾化两县，清查出公田 60,420.51 亩、学田 24,972.25 亩。[①] 1944 年以后，工商财政部门开始统一度量衡标准的推行工作，力争各战略区先行统一。

从 1943 年下半年开始，山东抗日根据地的大生产运动深入开展，工商管理开创了新局面，财政工作与经济工作紧密结合。一方面大力发展农业，积极改进公粮、田赋的征收办法；一方面大力发展工业和群众性的农村工副业生产，加强工商管理，开展生产节约运动，从对敌经济斗争中开发财源。因此，财政状况有了很大好转，为抗日战争的最后胜利奠定了坚实的物质基础。

1943 年 9 月，省政委会发出指示：田赋负担包括正税和田赋附加，每标准亩每年不超过 2.5 公斤粮食。考虑到当时货币斗争刚刚开始，币值不稳，农民卖粮交赋有困难等因素，省政委会决定改征款为征粮。1944 年 3 月，省政委会为体恤农民困难，促进生产发展，决定将 1941 年 12 月以前所欠公粮田赋一律豁免。同年，因北海币币值提高，田赋部分征粮、部分征款。1945 年，基本恢复征款办法。各地一般依征粮数量，参考粮价折征北海币。

对于救国公粮的征收，各地结合实际情况，对征粮办法进行了修正，使之逐步完善、合理，因而各地征粮工作标准渐趋统一，政策更加明确，方法更加简便，效果愈加明显。

---

① 朱玉湘：《山东革命根据地财政史稿》，山东人民出版社 1982 年版，第 242 页。

1943 年以后，随着对敌斗争形势的好转和财源的进一步开拓，山东抗日根据地财政收入有明显增长。总的财政状况是支出略大于收入，基本上保持平衡。1943 年，全省财政收入16,452.5 万元。其中各项税收 6,728.7 万元，占财政总收入的 40.9%；田赋收入 6,272.9 万元，占 38.13%。财政支出 17,555.9 万元，其中军务费支出 10,835.1 万元，占财政总支出的 61.72%；行政费支出 4,434.2 万元，占 25.26%。收支相抵，财政超支 1,103.4 万元。1944 年全省工商税收收入 14,199 万元，1945 年上升到 24,445.3 万元。①

（四）山东根据地的金融业

根据前一时期滨海地区对敌货币斗争取得胜利的经验，山东抗日革命根据地政府决定从 1944 年开始，在鲁中、鲁南、渤海各地区相继停用法币。当时胶东区基本上已不用法币，市场上流通的主要是北海币，并将各区内原有的法币排挤到敌占区，换回根据地所需物资。到 1944 年底，对敌货币斗争在山东根据地取得了全面胜利。

货币斗争的胜利，使北海币完全占领了山东解放区的市场，保持了货币的稳定。停用法币，使本币摆脱了法币的影响。市场上的货币流通量可以控制，根据地的物价也随之下降和稳定了。如滨海区 1943 年 7 月停用法币以后，到当年 12 月的半年中，物价指数平均下降了一半。1944 年以后各地普遍停用法币，市场上流通单一的北海币，改变了过去各地物价不平衡的状况，逐步使各地物价大体一致，保持了物价的相对稳定。各地本币的物价指数变化如表 7－2 所示：

① 山东省地方史志编纂委员会编：《山东省财政志》，山东人民出版社 1993 年版，第 9 页。

表 7-2 1944 年 1 月—1945 年 8 月物价指数统计

（以 1944 年 1 月为 100）

年份	1944 年 1 月	1945 年 1 月	1945 年 8 月
滨海区	100	98	127
鲁中区	100	69	139
鲁南区	100	75	147
胶东区	100	264	296
渤海区	100	69	91

资料来源：参见杨波论文，载《中共党史资料》第 55 期，中共党史出版社 1995 年版。注：胶东地区物价指数上涨幅度最高，是因为该区 1944 年 1 月的物价比其他地区低一半，山东根据地统一流通本币后，其物价也相应上涨快些。实际上胶东区 1945 年 8 月的物价与其他地区大体相同。

货币斗争的胜利，使法币及伪币币值下跌，北海币币值相对提高。当本币与法币等价流通时，法币贬值也使本币随之贬值；停用法币后，本币与法币脱离关系，不受其通货膨胀的影响，本币的币值即可自主地保持稳定。这样不但提高了本币与法币的比价，也提高了本币对伪钞的比价，如 1943 年上半年，伪钞一元换本币七八元之多，经过货币斗争之后，到 1943 年底，伪钞一元，就只能兑换本币一元五角，待到 1944 年用五六元伪钞才能换一元北海币了。1943 年秋季，日照县有一个敌占区的商人，因不堪敌伪的压迫，携其资金伪钞三万元到根据地营业，当时他把伪钞依法兑换了北海币，三个月后他的店铺尚未开始营业，而他的北海币已值伪钞九万元了，即已比原本多了两倍，喜得他逢人就称赞北海币的好处。1944 年以后伪联币币值跌落的情况如表 7-3 所示。

表 7-3 1944 年 1 月—1945 年 8 月北海币与伪联币比价

（一元伪联币兑换北海币的数额）变化统计

年份	1944 年 1 月	1944 年 6 月	1944 年 12 月	1945 年 8 月
滨海区	1.50	1.10	0.16	0.03

续表

年份	1944 年 1 月	1944 年 6 月	1944 年 12 月	1945 年 8 月
鲁中区	2.00	1.00	0.20	0.03
鲁南区	8.00	1.00	0.20	0.03
胶东区	0.85	0.80	0.25	0.02
渤海区	3.00	1.70	0.25	0.025

资料来源：参见杨波论文，载《中共党史资料》第 55 期，中共党史出版社，1995 年版

货币斗争的胜利，彻底粉碎了敌人向根据地倾销法币伪钞。掠夺根据地物资的阴谋。停用法币，严禁伪钞流入，并将根据地内原有的法币推向敌占区，不但避免了法币继续贬值给根据地人民带来的巨大损失，而且支持了抗日战争，改善了人民生活，克服了经济困难。同时，由于本币币值稳定，威信提高，不但巩固了其在根据地内市场上的地位，而且扩大了其流通范围，使北海币在游击区以至敌占区城市内公开或秘密地广泛流通。正因为如此，日本投降后，北海币迅即占领了新解放区和城市市场，深为广大群众所喜爱。①

经验证明，抗日战争节节胜利，根据地逐步扩大，普遍实行减租减息，农民的生产积极性大大提高，农业生产连年丰收，粮食、棉花、油料等都能够自给，有些地区还有多余可以输出。山东海岸线长，产盐十分丰富，津浦、胶济铁路和路西有一千多万敌占区人口要吃根据地产的食盐，抗日民主政府实行盐业专卖，不但造成对敌贸易的出超，而且取得大量的财政收入。利用输出食盐所取得的大量法币伪币，不但从敌区换回根据地所需要的各种物资，而且用来压低法币和伪币的比价，取得了对敌货币斗争的胜利。

① 参见杨波论文，载《中共党史资料》第 55 期，中共党史出版社 1995 年版。

第八章　抗日战争时期中共中央领导下华中和华南抗日根据地的经济建设

第一节　华中抗日根据地的经济建设

抗日战争时期，中国共产党领导的新四军深入华中敌后，先后开辟了苏北、苏中、苏南、浙东、淮北、淮南、皖江、鄂豫边八块根据地。华中抗日根据地地处江（长江）、淮（淮河）、河（黄河）、汉（汉水）之间，战略地位十分重要，被毛泽东喻为“我最重要的生命线”。①

全国抗战开始后，日本侵略军为了摧毁华中抗日根据地并控制这一战略要地，不遗余力地发起了全面进攻。为巩固根据地，中国共产党领导华中抗日军民不仅开展了艰苦卓绝的反“扫荡”、反“清剿”、反“清乡”斗争，而且在经济上开展了富有成效的反“蚕食”、反封锁斗争。根据中共中央制定的“发展经济、保障供给”，“自力更生、丰衣足食”等一系列方针政策，领导根据地人民开展了卓有成效的经济建设。

一、华中根据地减租减息运动的开展

减租减息是抗日战争时期我们党实行的一项重要政策，在抗

① 《毛泽东军事文集》第2册，军事科学出版社1993年版，第542页。

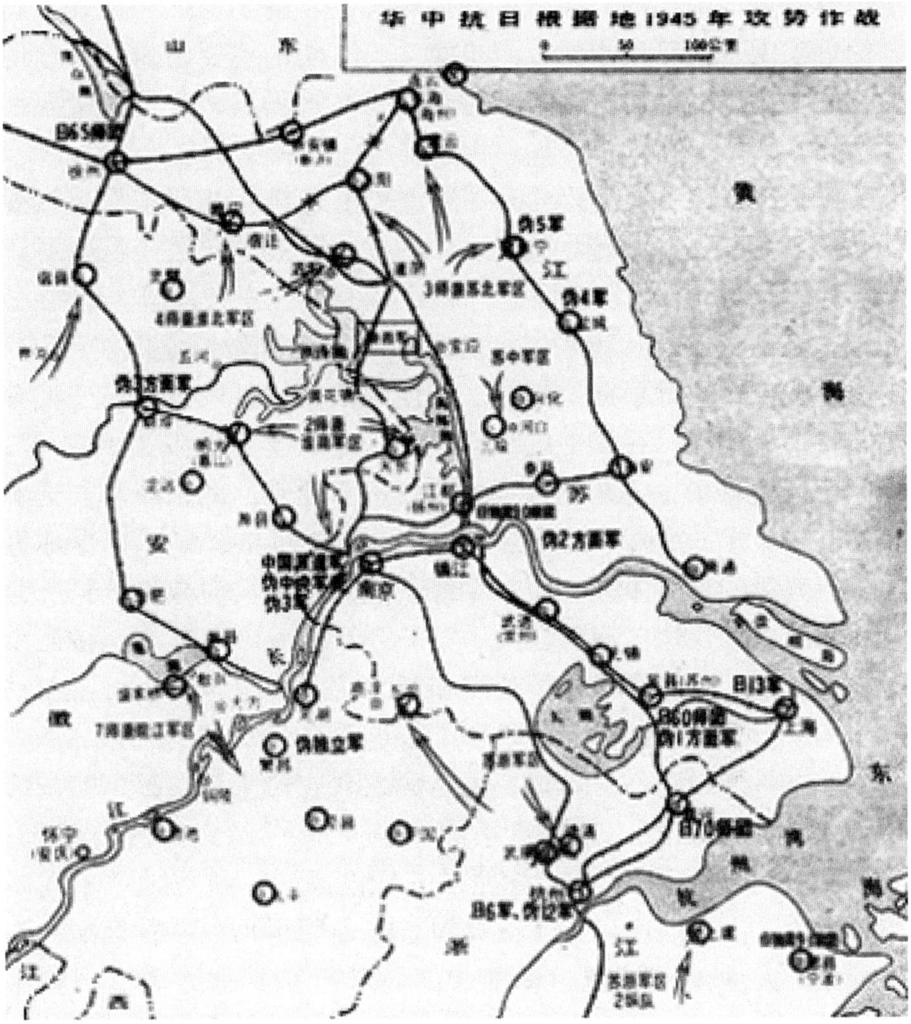

战中发挥了重要的作用。华中抗日根据地的减租减息运动也不例外。1938 年 10 月，挺进苏南敌后的新四军第一支队就在金坛县贴出了一份布告：“自全面抗战发动以来，农工业各项生产所受损失甚大……人民生计无法维持……为使本县民众加强抗战力量，减轻生活忧虑起见，特制定减租减息办法”。[①] 这份布告是华中抗日根据地最早的有关减租减息的文件。由于根据地正处在开辟的过程中，抗日民主政权尚未建立，军队的主要使命是对日伪进行军事斗争，因而这份布告对于减租减息而言，宣传意义要大于实际意义。

1939 年 11 月，为了纠正“注重了上层统一战线工作，忽视了下层群众工作”的错误倾向，中共中央下发了《关于深入群众工作的决定》，要求各根据地“减租减息……凡已经实行的，必须检查实行程度。凡尚未实行的，必须毫不犹豫地立即实行”。[②] 同样由于华中抗日根据地尚处于初创阶段，抗日民主政权还没有建立起来，该指示在华中抗日根据地的落实十分有限。1940 年 3 月以后，随着华中各地抗日民主政权逐渐建立，减租减息被提上议事日程。不过，受战争的影响，在 1940 年中，华中根据地进行减租减息的地区不多，而刘少奇负责的中原局对减租减息十分重视，所以鄂豫边区声势较大。“1939 年冬到 1940 年春，按照少奇同志的指示，彭雪枫、吴芝圃和刘瑞龙等，决定在永城县发动群众，进行了减租减息、改善雇工待遇及合理负担的试点，调查了当地农村土地租佃、借贷、主雇关系和农民生活情况，初步拟订了一个减租减息、合理负担的要点。”[③] 鄂豫边区政府强调：“不问是什么样的地主，一律照二五标准减……抗属地主不在减租中优待，中小地主可在应征救国公粮方面少出一些，但减租不能折扣。大地主也不超过标准，他们可以在其他方面多捐输一

① 江苏省财政厅：《华中抗日根据地财政经济史料选编》第 1 卷，档案出版社 1985 年版，第 85 页。

② 江苏省财政厅：《华中抗日根据地财政经济史料选编》第 1 卷，档案出版社 1984 年版，第 1—2 页。

③ 朱超南主编：《淮北抗日根据地财经史稿》，安徽人民出版社 1985 年版，第 40 页。

些。”明确指出：“在减租以后，必须在佃户地主之间照二五减租的租额订立新契约，以为法律保障，这个新的契约作用是很大的，我们必须督促农民佃户坚决进行……”①

皖南事变后，中原局与东南局合并成立以刘少奇为主要负责人的华中局，减租减息在全华中根据地的范围内逐渐展开。苏中区的减租减息工作也在1941年夏开展起来，但是由于根据地严峻的战争形势，减租减息仍然只是在中心区小范围内进行，一般地区只进行宣传，并没有真正实行。而即使在中心区，“不少地主甚至于不肯收租，想等中央军来了再一起收……”② 在盐阜区，1941年的减租减息主要是宣传，当时群众尚未发动起来，佃户还没有真心靠近抗日民主政府。客观上存在的三角斗争形势又使农民认为：新四军不会长久，国民党会重来的。减租减息刚刚开始不久，又遇到了日伪军大“扫荡”，不得不中断。其他根据地的情况也大致相同。后来华中局这样总结这一时期的减租减息工作：“各地……发动减租……是打游击式的，今日做，明日走。”“因此，当时的减租工作，实际上只起了扩大宣传的作用，并没有真正实行”。③

对华中抗日根据地减租减息不力的现象，1941年11月20日，中央给华中局下发指示，提出“应实行部分的减租减息，以争取基本群众，但不要减得太多，不要因减息而使农民借不到债……避免华北方面曾经发生的过左的错误”。④ 根据中央指示精神，淮北行署颁布了《边区修正改善人民生活各种办法》（1941年12月25日）。1942年1月中央针对减租减息工作开展的问题

① 鄂豫边区财经史编委会等：《华中抗日根据地财经史料选编》，湖北人民出版社1989年版，第119页。

② 江苏省档案馆：《中国共产党历史资料丛书》苏中抗日根据地，中共党史出版社1989年版，第178页。

③ 《学习材料：减租运动》，江苏省档案馆藏，档案号：201（永）—29—1。

④ 《中央对华中工作的指示》，江苏省档案馆藏，档案号：102（永）—7—1。

再次提出了严肃的批评："减租减息……在许多根据地内还没有普遍的、认真的、彻底的实行。在有些根据地内，还只在一部分地方实行了减租减息；而在另一部分地方，或者还只把减租减息当作一种宣传口号，既未发布法令，更未动手实行。或者虽已有政府发布了法令，形式上减了租，实际并未认真去做……"① 为了加强对减租减息的指导，1942 年 2 月，中共中央又下发了"不得公开发表"的党内指示，与以前文件的一个重大的区别是：对减租减息的范围进行了界定。文件规定："减租是减今后的，不是减过去的"；"减息则是减过去的，大体上以抗战前后为界限。"并强调指出："抗战以后是借不到钱的问题，不是限制息额的问题，各根据地都未认清这个道理，强制规定今天息额不得超过一分或一分半，这是害自己的政策"；要求各根据地："今后应该听任农村自由处理，不应规定息额。目前农村只要有借贷，即使利息是三分、四分，明知其属于高利贷性质，也于农民有济急之益……"② 同时，1942 年 6 月 20 日颁布了《边区减租缴租条例》，对减租减息的具体政策作出了规定："减租率为：（一）分租。原来对半分者改三五、六五分（即收粮一石，佃东分三斗五升，佃户分六斗五升）；四六改三七分，三七改二五、七五分；原租不到三七者不减。（二）包租。一律减二五（按原租减去二成五，即原租四斗减一斗），满收满交，半收半交。规定减息率为：分办付息，老债还本；利过半，停利还本；利倍本，停付利，减本还本；借粗还粗，借细还细，利加两成。"③ "增资"是

---

① 鄂豫边区财经史编委会等：《华中抗日根据地财政经济史料选编》第 1 卷，档案出版社 1984 年版，第 20 页。

② 鄂豫边区财经史编委会等：《华中抗日根据地财政经济史料选编》第 1 卷，档案出版社 1984 年版，第 33 页。

③ 欧远方、童天星主编：《淮北抗日根据地史》，中央文献出版社 1994 年版，第 205 页。

指淮北工人要求增加工资的运动，它与“两减”运动同时进行。到1942年，政府规定了工人的工资标准，增加了工人的工资。根据地政府通过“两减一增”运动，得到了广大人民群众支持，恢复了农村的生产力。农民在减租减息的斗争中迅速提高了阶级觉悟，认识到中国共产党是为广大人民的利益服务的。[①] 为了保卫自己的斗争成果，广大农民踊跃参军，为新四军提供了源源不断的兵员。“仅1944年，淮北地区就胜利完成了扩大1万名新战士，培训10个独立团的艰巨任务。其中减租斗争开展得深入和彻底的新行一个乡，就动员了119名新战士，打破了华中记录。”[②]

1942年5月，华中局下发了《关于减租问题的指示》，要求加大减租力度。但该指示通篇没有提及减息。此后，华中抗日根据地的减息发生了明显的变化，“增进社会经济关系及加强团结与抗战力量”成为减息的主要目标。有关减息的条例大多这样规定：“自本条例公布之后，所有借贷关系，其利率依借贷双方之协议订定之。”“债务人如拖欠本息，债权人得依法追诉之”。[③] 在一定程度上，保护了借贷关系，也为减租的进行提供了良好的社会环境。

华中根据地减租过程中，也出现过一些问题，1942年党内指示指出：“最严重的问题是有很多地区没有认真发动群众向地主斗争……这是严重的右倾错误。这种错误，不但在较差的根据地中严重存在着，就是最好的根据地中，也有一部分区域未发动减

① 刘成荫：《淮北抗日根据地经济发展的政策及其作用》，《东华大学学报》2006年第1期。

② 朱超南主编：《淮北抗日根据地财经史稿》，安徽人民出版社1985年版，第154页。

③ 鄂豫边区财经史编委会等：《华中抗日根据地财政经济史料选编》第1卷，档案出版社1984年版，第381页。

租减息与发动群众斗争”。[①] 减租过程中，普遍出现了干部包办代替的现象，“政府和工作人员出头减……总有一个大毛病，最容易明减暗不减”。[②] 有的地区对外宣传是减得很好，通过调查却发现有十分之九的根本没减。“不仅明减暗不减，还有些佃户退谷时还要加两斤肉……还要赔两斗谷”。[③] 而有些根据地减租力度较大，甚至于“个别地方提出了‘二八减租’或‘四六减租’的口号……”[④] 结果，引起了地主的反抗。据记载：“（部分地主）勾结敌伪杀害我农村抗日干部，直接雇用伪军下乡收租……盐城沙沟的83个地主，曾联名向鬼子告状，要求鬼子下乡‘扫荡’，帮助收租”。[⑤] 这一阶段的减租减息运动表现出不平衡发展的态势。

1943年5月，华中局发出《关于夏季工作的指示》，指示将减租减息作为一项重点工作，要求：“突破中心，推动全局”；“抓住中心，照顾全局”。“在那些尚未进行减租减息（或进行不彻底）的地区应继续进行和贯彻减租减息运动，在那些新开辟的地区……应抓住减租减息的口号开展群众运动，确立群众运动的基础。”强调指出：“减租减息的要求与斗争方法应根据当地环境与情况而做个别的和具体的规定（如游击区减租的要求可低于二五并可采取和地主进行协商的比较和平的斗争方法），在那些一般已经实行了减租减息的地区，主要应把发展生产、提高生

① 鄂豫边区财经史编委会等：《华中抗日根据地财政经济史料选编》第1卷，档案出版社1984年版，第32页。

② 鄂豫边区财经史编委会等：《华中抗日根据地财经史料选编》（鄂豫边区、新四军五师部分），湖北人民出版社1989年版，第559页。

③ 鄂豫边区财经史编委会等：《华中抗日根据地财经史料选编》（鄂豫边区、新四军五师部分），湖北人民出版社1989年版，第560页。

④ 《苏中减租初步总结》，江苏省档案馆藏，档案号：102（永）—24—5。

⑤ 《学习材料：减租运动》，江苏省档案馆藏，档案号：201（永）—29—1。

产……作为巩固和活跃各群众团体的中心口号”[①] 此后，华中抗日根据地减租运动走向深入。1943 年 6 月，淮北区党委指出：“在基本区，今年必须彻底肃清明减暗不减现象，未减者一律退租。”同时发动佃户与地主订立租佃合同，订定租期，以保护佃权。强调：“这是彻底减租提高生产力的重要一环”；在边区、新区，“今年须一律实行减租。如认为有必要时，可少减一些（如四六分租），但必须减到。”“坚决纠正边区不能减租的错误观点”。[②] 同月，苏中区党委也发出了《关于倒租工作的指示》，在未减租的地区，开展减租工作；“在已减租而不彻底的地区，普遍发动倒租运动，以彻底解决假减租不减租问题。”苏中区还认为：“查减工作是倒租运动中不可缺少的步骤”；“假减租是工作薄弱地区减租过程中不可避免的现象，倒租就是为了消灭减租地区假减租不减租，其目的在于贯彻政府减租减息法令”，[③] 强调：除“新解放地区不应倒租，以免影响对敌占区地主之团结”外，其他地区都应该“倒租”，而且“应以农民自己检查为主”。[④] 10 月 1 日，中共中央又下发了《开展根据地的减租、生产和拥政爱民运动》的指示，责成各级党政机关检查减租政策的实行情况，“凡未认真实行减租的，必须于今年一律减租。减而不彻底的，必须于今年彻底减租。”指出：“减租是农民的群众斗争，党的指示和政府的法令是领导和帮助这个群众斗争，而不是给群众以恩赐。”“凡不发动群众积极性的恩赐减租，是不正确的，其结果是

① 江苏省财政厅：《华中抗日根据地财政经济史料选编》第 2 卷，档案出版社 1986 年版，第 14 页。

② 江苏省财政厅：《华中抗日根据地财政经济史料选编》第 2 卷，档案出版社 1986 年版，第 71 页。

③ 江苏省财政厅：《华中抗日根据地财政经济史料选编》第 2 卷，档案出版社 1986 年版，第 41 页。

④ 江苏省财政厅：《华中抗日根据地财政经济史料选编》第 2 卷，档案出版社 1986 年版，第 42 页。

不巩固的”。[①]

这一时期，许多佃户仍然担心地主收回土地以及国民党政权重新回来。针对农民的这种心理，各地抗日民主政府纷纷采取措施，动员开明士绅和地方名流首先主动减租，带动其他地主减租。由于政府重视且注意发动群众，“看成比哪一年都要公平，不光是看成，看成后，地主又要无理退佃，于是又发动反违法退佃的斗争，把用退佃来破坏减租风气压下去了。”[②] 对破坏减租的地主，组织群众进行斗争，不但租额照减，而且给予罚谷两石的处分，因而，减租取得了显著成绩。佃户说：“再这样减三年，我们就发财了”。[③] 开明地主也表示满意：“你们减租反使我有了保证，往年我只收得三四十石租的，今年收到了百把石呢”。[④] 总的来看，1943 年华中抗日根据地的减租运动无论深度还是广度都有了很大的进展。根据党内的指示，各根据地对高利贷采取比较宽容的态度。但是这种情况如果听任自流，势必造成贫苦农民破产，也就可能使得减租减息的成果化为乌有。因此，淮北区“由政府颁布改善借贷关系的文件，表示某种程度之高利贷（借粮一担，利息超过五斗以上）不予法律保证……”农抗会组织农民出面，“对利息多少，应彼此协商，使双方满意……应避免斗争方式，致影响将来私人借贷之停滞。”这次减息与以前的一个很大不同是：不少债主是佃富农和中农。对这些人所放高利贷的处理，更应该慎重。为此，淮北区党委特地强调：“对中农富农利

---

① 《毛泽东选集》第 3 卷，人民出版社 1991 年版，第 910 页。

② 《鄂豫边区财政经济史》编委会等：《华中抗日根据地财经史料选编》（鄂豫边区、新四军五师部分），湖北人民出版社 1989 年版，第 563 页。

③ 《鄂豫边区财政经济史》编委会等：《华中抗日根据地财经史料选编》（鄂豫边区、新四军五师部分），湖北人民出版社 1989 年版，第 563 页。

④ 《鄂豫边区财政经济史》编委会等：《华中抗日根据地财经史料选编》（鄂豫边区、新四军五师部分），湖北人民出版社 1989 年版，第 369 页。

息之减让，应注意求得其愿意，不可勉强，致影响其生产的积极性。”“我们要尽一切可能的努力，以改善借贷关系，减轻农民疾苦。但切忌急性病，把复杂问题简单化”。[①] 淮南区政府也强调：“不能机械执行分半给息原则，以免影响今后的借贷停滞。”在保证还债的前提下，确定还债原则为：“借户赤贫者少还，小贫者多还。债主家境好的少还，家境困难的多还。”与其他根据地不同，淮南根据地对利息进行了明文规定：“至少是借一斗还一斗一升，至多是借一斗还一斗三升”。[②] 同时，为了防止地痞流氓钻减息的空子，宣布：“赌债烟帐，一概不问。”组织债户派代表联名请愿，“请愿书内容一面表示还债的诚意，一面表示还不起的困难，一面感谢债主春荒时的救济困难，做了好人，一面叙说高利贷的罪恶事实……要求农抗政府向债主评商，让息还债”。[③] 其他根据地也纷纷采取类似措施。通过种种努力，华中抗日根据地的高利贷问题有所缓解。

1944 年以后，华中抗日根据地减租减息拥有了比较完备的法律制度。苏中区制定的《土地租佃条例》分为总则、减租、交租、租约和附件五部分，对减租等问题进行了极为详细的规定。盐阜区制定了《盐阜区减租条例》与《盐阜区减息条例》，《减租条例》分总则、减租办法、废除各种陋规、关于主佃关系之保证以及附件五部分。有关减息的条例以《盐阜区减息条例》最为典型，“抗日民主政府成立后成立的借贷关系，其利息仍依照原来借契上之规定不减，今后之借贷关系得按照各该地经济情形及

① 江苏省财政厅：《华中抗日根据地财政经济史料选编》第 2 卷，档案出版社 1986 年版，第 73 页。

② 江苏省财政厅：《华中抗日根据地财政经济史料选编》第 2 卷，档案出版社 1986 年版，第 111 页。

③ 江苏省财政厅：《华中抗日根据地财政经济史料选编》第 2 卷，档案出版社 1986 年版，第 113 页。

习俗惯例由借贷双方自行规定。政府当依法保证借贷双方之权利与义务”。[①] 其他根据地也制定了类似的条例。这一时期，各根据地以更大的力度推进减租。1945 年 5 月，淮北区党委作出决定：“边沿地区……在武装活动的掩护下，用大力进行减租”；中心地区“减租尚不彻底的地方……退租为主”。[②]《淮海报》也发表了题为《彻底完成减租增资贯彻党的政策》的社论，指出：“虽然彻底的程度比以前是逐年增加，年年有进步，但直到今天，我们减租六年以来的中心区，还是有个别（有的县甚至还不止个别）顽固守旧的落后地主……没有执行”，“不可否认对减租……执行还有不彻底的地方。”强调：“这是毫无道理的……必须纠正的违法现象”。[③] 6 月，淮北区又公布了《减租退租补充办法》，“力求普遍与力求深入，特别是在中心区，需要来一个基本解决”。[④] 规定：“自抗日民主政府成立、减租法令公布后，一切未减租或明减暗不减及减租未彻底者，一律照减租法令退租”。[⑤] 以前所未有强硬的语气宣布：在 7 月 15 日之前，“自动减租者免予追究”，“凡以威胁办法，不执行减租法令者，经查出后，除依法减退外，并予以三日至一月之拘役处分”。[⑥] 在 7 月 15 日之后，“凡以威胁利诱手段，破坏减租法令者，除依上述法令进行减退租外，其刑

① 江苏省财政厅：《华中抗日根据地财政经济史料选编》第 3 卷，档案出版社 1986 年版，第 363 页。

② 江苏省财政厅：《华中抗日根据地财政经济史料选编》第 4 卷，档案出版社 1986 年版，第 73 页。

③ 江苏省财政厅：《华中抗日根据地财政经济史料选编》第 4 卷，档案出版社 1986 年版，第 295 页。

④ 安徽省档案馆：《安徽革命根据地财经史料选》第 2 卷，安徽人民出版社 1935 年版，第 298 页。

⑤ 安徽省档案馆：《安徽革命根据地财经史料选》第 3 卷，安徽人民出版社 1983 年版，第 295 页。

⑥ 安徽省档案馆：《安徽革命根据地财经史料选》第 2 卷，安徽人民出版社 1935 年版，第 298 页。

事部分交司法机关依法惩处”；“一般未进行减租者，以欺诈取财论罚，处以半年以上一年以下徒刑”。[①] 由于军事斗争形势好转，“我之基础更加巩固，力量日益壮大，使广大人民的疑虑更加打破，地主的幻想破灭了，工农的胜利信心提高了。这对我保证贯彻减租增资法令的执行是极为有利的”。[②] 因而，“倒租”、“退租”进展十分迅速。在“倒租”、“退租”的过程中，各抗日根据地普遍出现了群众自发性的“反贪污”（这里的“反贪污”，主要是指“抗不减租”或“高利盘剥”）、“算旧账”运动。个别地区“算旧帐于毛发之微，索赔偿以钻天之价，甚至挟嫌报复，牵累不已。以至波及到各阶层人民，影响到相互间的团结……被清算者因误会而逃亡”。[③] “据淮北一个县统计，去年（1944 年）夏季，曾逃亡 200 多户……一个地主反映‘新四军不走，甘愿外死外葬。造成地主与农民尖锐对立’”。针对这种现象，华中局一方面要求：“要使我们根据地的减租……真正做到彻底普遍，特别是中心区不容许有一家地主或佃户还明减暗不减”。[④] 一方面强调：“我们明确的不含糊的（地）宣告……自流的算旧帐……定不准其继续。”要求各地对“反贪污”、“算旧账”运动，“妥为解释劝说，不可造成普遍运动”。[⑤] 由于抗战即将胜利，广大农民以极大的热情投身于这场运动，尤其是新解放地区的农民，他们看到其他地区的农民在减租减息中不同程度上得到了好处，因而

① 安徽省档案馆：《安徽革命根据地财经史料选》第 2 卷，安徽人民出版社 1935 年版，第 299 页。

② 江苏省财政厅：《华中抗日根据地财政经济史料选编》第 3 卷，档案出版社 1986 年版，第 252 页。

③ 江苏省财政厅：《华中抗日根据地财政经济史料选编》第 3 卷，档案出版社 1986 年版，第 12 页。

④ 《学习材料：减租运动》，江苏省档案馆藏，档案号：201（永）—29—1。

⑤ 江苏省财政厅：《华中抗日根据地财政经济史料选编》第 4 卷，档案出版社 1986 年版，第 296—297 页。

对减租减息格外起劲。淮安石塘区的减租减息运动就比较有代表性。石塘区一次涌进淮安城找地主减租算账的农民竟多达4,000人，在算账的过程中，无论什么账都算，“有的要从民国十八年（1929年）算起，有的主张从1937年算起”，“不论大小地主一律算光充光……并发生将地主拖、掼、吊、打、不给饭吃等过火报复行为”。[①] 这就大大突破了中共中央及华中局的有关指示。这种现象在华中抗日根据地是比较普遍的，一些地区的饥民甚至自发地起来将土地平分，减租减息运动随着抗战的胜利走到了尽头，最终让位于彻底的土地改革。总之，华中抗日根据地减租减息运动取得明显的成效，在坚持统一战线的前提下，赢得了农民的衷心拥护。[②]

二、华中根据地农业生产的发展

华中抗日根据地创立和发展的过程，也是根据地经济建设的过程。由于日军的掠夺和破坏，加上自然灾害的发生，华中抗日根据地的社会生产力和农业经济遭受了严重破坏。据记载1940年江苏省棉花产量只及战前的47%，1941年苏北等地小麦种植面积比1937年减少16%。[③] 1941年9月，日伪签订《关于苏浙皖三省食米运输谅解事项》，加紧掠夺华中地区的粮食资源。此后不久，日方还在南通成立江北实业公司，将苏中棉区出产的棉花全部控制，这些都进一步加剧了抗日根据地军需民食的匮乏，使华中敌后抗战进入最困难的时期。面对根据地所处的经济十分落后的农村，根据地创建之初，中共各级组织就提出发展经济首

① 江苏省财政厅：《华中抗日根据地财政经济史料选编》第4卷，档案出版社1986年版，第546页。

② 王建国：《华中抗日根据地减租减息运动探析》，《江汉论坛》2004年第4期。

③ 陈绍闻：《中国近代经济简史》，上海人民出版社1984年版，第225—226页。

先主要是发展农业生产，必须致力于人民群众恢复生产、重建家园的工作。到1942年春，中共华中局在华中根据地普遍实行减租减息政策的基础上，把发展工农业生产提上了重要日程，提出农业生产要以垦植荒地和调节水利为重点，特别要奖励贫农垦荒，既可增加杂粮生产，又可改善生活。此后，华中局又先后两次发出《关于开展生产运动的指示》，强调“今后华中群众运动与改善民生工作应当以发展生产为中心”①，要求各级党组织和民主政府普遍发动群众，制定生产计划。各地认真贯彻华中局的指示精神，从本地实际情况出发，因地制宜地制定生产计划，如苏中行政公署公布了《苏中经济建设方案》，盐阜行政公署公布了《盐阜区生产奖励办法》，淮海行政公署公布了《奖励群众生产办法》，淮北行政公署发出《关于开展生产运动的训令》。各级党政干部深入生产第一线调查研究，精心指导，总结经验，及时发现和解决问题，使群众性的大生产运动广泛持久地开展起来。②

在大生产运动开展过程中，根据地各级政府目的明确，讲求实效，较好解决了丰衣足食的问题。由于华中抗日根据地大多数处于水患严重的江淮地区，加之战争所造成的土地荒芜、水利设施毁坏，这就使得农业增产主要靠扩大种植和兴修水利来保障。因此，各地在大生产运动中投入很大力量，重点抓好垦殖荒地和修整水利的工作。盐阜根据地在1942年至1944年的三年中共垦荒100多万亩。淮北行署安排2,300多户农民到洪泽湖周围地区开垦荒地66,000多亩。在兴修水利方面，最突出的是淮北治理淮河水患和苏北改造盐碱地的工作。1943年冬春，淮北行署成立

---

① 中共盱眙县委党史工作委员会：《新四军军部在黄花塘》，江苏人民出版社1993年版，第111页。

② 张衡：《略论华中抗日根据地的四大经济对策》，《江海学刊》1995年第3期。

水利委员会，组织工程技术人员详细调查勘察，制定工程计划，发动淮河行洪地区的八县人民投入治淮工程，共挖大小河沟105条，筑堤六条，总土方125万方，使受益田亩达38万亩，还扩大耕地面积30万亩。1943年冬至1944年春，盐阜根据地在沿海地区开挖永丰、沃碱、汛鲍等八条河道，总长71公里，使河道流经的十万多亩盐碱荒地很快变为良田，每年增产粮食500万斤。其中最有代表性的，是1941年夏盐阜根据地军民于战争环境之中抢修"宋公堤"。阜宁县长宋乃德一面慷慨陈词，耐心解释；一面以县政府的盐税收入作抵押担保，发行修堤专项公债，统一了大家的认识。1941年5月15日，修堤工程正式开工，数万民工及新四军指战员经过两个多月的紧张施工，终于赶在海水涨潮之前筑成了一条90公里长的防潮海堤。当地士绅民众为表达感激之情，遂将这条新海堤称为"宋公堤"，以与宋朝名臣范仲淹在苏北所修的"范公堤"相媲美。①

在开展大生产运动中，各地普遍遇到贫苦农民缺乏资金的问题。抗日民主政府尽管财力有限，但是仍然发放大笔贷款，从财力和政策上积极予以扶持，优先支持大生产运动。1942年华中各地普遍遭受旱灾，使1943年春耕备耕工作出现困难。抗日民主政府及时发放扶贫救灾贷款，支持贫苦农民搞好春耕备耕工作。盐阜行政公署发放农贷1,200万元（抗币）②、赈灾粮60万斤，淮海行政公署发放贷款和救济款1,000万元（法币）③，苏中第四

---

① 张衡：《略论华中抗日根据地的四大经济对策》，《江海学刊》1995年第3期。

② 指在抗日战争时期，中国共产党领导的各抗日根据地所发行的货币。1940—1945年，华中、苏南、苏中、苏北、淮南、淮北、鄂豫皖、皖中、浙东等敌后抗日根据地均印制钞票。

③ 中华民国时期国民政府发行的货币。1935年11月4日，规定以中央银行、中国银行、交通银行三家银行（后增加中国农民银行）发行的钞票为法币，禁止白银流通，发行国家信用法定货币，取代银本位的银元。

行政区一次发放扶贫救灾粮15,000石。淮北根据地在治理淮河中还采取以工代赈的方式，一次发放贷款153万元（法币）。[①] 抗日民主政府还通过制定奖励政策来调动群众生产的积极性。例如，在垦荒方面，垦荒户不仅可得添置耕牛、农具、种子、肥料的无息贷款，而且可以享受三年不收赋、五年不收租的优待条件，这些政策对农业的扩大再生产起了促进作用。

各地党组织在领导大生产运动中，还积极推广陕甘宁边区发展劳动互助合作组织的经验，开展了以组织变工队、短工队和互助组为主要形式的劳动合作运动。1943年，淮南根据地路东七县在半年内就组织互助组近8,000个；1944年，盐阜根据地组织换工队、互助组共9,140个，淮北根据地组织劳动互助组8,000多个。以上三个地区组织起来的农民已达到66万人。[②] 劳动合作运动的开展不仅调剂了人力、畜力、农具的余缺，而且促进了农户间的互相竞赛、有利于农业新技术的推广，从而提高了劳动生产效率，因此，它和减租减息一样，成为抗战时期解放社会生产力的重要措施。淮南根据地在组织妇女纺织时，成立纺织合作社，组织妇女纺织小组，由合作社统一发放棉花、收购棉纱，兑换布匹，提高了劳动效率、促进了妇女纺织运动的蓬勃开展。

与此同时，华中新四军遵照中共中央军委关于“一方面打仗，一方面生产”的指示，成为大生产运动的生力军，在积极支援地方大生产运动的同时，努力开展农副业生产，以达到改善部队给养和减轻人民负担的双重目的。部队大生产的项目主要有垦荒种粮种菜、饲养家禽家畜、种植棉麻烟草、开办作坊工厂等

---

① 江苏省财政厅：《华中抗日根据地财政经济史料选编》第2卷，档案出版社1984年版，第181页。

② 江苏省财政厅：《华中抗日根据地财政经济史料选编》第2卷，档案出版社1984年版，第170页。

项。据统计，1944 年，新四军军直属队、第二师、第三师和第四师已实现了蔬菜自给八个月、油盐肉食自给四个月的目标。[①]

三、华中根据地工业、手工业和商业的发展

（一）根据地工业和手工业的发展

抗战时期，华中抗日根据地处在日本侵略军的包围之中，敌人不仅对根据地进行频繁而残暴的军事“围剿”，而且在经济上采取封锁和禁运，华中根据地经济建设始终处于极为严峻的环境中。1942 年由于日伪的禁运和封锁，根据地内的布价猛涨，一尺机纺细布的比价已达到一斗粮食的价格，这就使新四军、党政机关及人民群众用于被服方面的经费支出急剧增加。仅淮北根据地当年的统计，“部队机关在被服方面的经费已占全部经费的五分之一”,[②] 1943 年 12 月 10 日淮北苏皖边区党委发布《关于开展纺织运动的决定》，根据地各级抗日民主政府提出要大力发展纺织业、造纸、制皂、制蜡等小型工业和手工业，争取实现自给自足的目的。为解决抗日军民的穿衣问题，大力发展纺织业已成为当务之急。各地从实际出发，坚持自力更生、土洋并举的方针，开展群众性的纺织活动。在淮北根据地，仅九个直属县就拥有纺纱车 36,680 辆，织布机 2,686 架，形成村村有织机、户户有纺车的局面，使经济基础比较弱的淮北根据地基本解决了衣被自给的问题。在盐阜根据地的阜宁县，1942 年夏创办了公营的试验纺织厂，用进口纱和地产土纱混合织布，年内即发展到 300 多台织布机。1943 年，该县益林镇还创办了公私合营性质的惠民织布厂，

① 张衡：《略论华中抗日根据地的四大经济对策》，《江海学刊》1995 年第 3 期。

② 安徽省财政厅编：《安徽革命根据地财经史料选》（二），安徽人民出版社 1983 年版，第 169 页。

拥有织布机100多台，生产毛巾和土布，满足了新四军第三师及地方党政机关的需求。[①] 1944年2月，淮北苏皖边区行政公署发出《关于开展生产运动的训令》，发展纺织合作社成了推广纺织运动的主要内容。通过合作社把劳力、工具和资金组织起来，耿道元合作社、泗阳夏庄李永平组织的纺织合作社、泗南半城区小谢庄的纺织合作社，都提供了很好的组织群众进行纺织的办法。[②] 纺织合作社的发展不仅满足了根据地军民的需要，而且在很大程度上增加了群众的收入，改善了根据地人民的生活。如溧高裕丰纺织合作社，自1944年4月创办到1945年8月，向参与纺纱、织布的582人发出2,256,100元工资。[③] 1943年春季鲁南成千上万的灾民纷纷到淮南根据地谋生，半塔杨言德合作社把纺车、棉花发给他们，专门替合作社纺纱谋生。从山东移来之难民妇女，纺织技术熟练，平均每月可纺纱8,000斤，以每斤40元计，每月可得30余万元。成千上万的外来难民大部分依靠纺纱解决了口粮。一般老手纺纱，每天纺四两即可养活二至三个人。[④]

除了纺织业的发展，华中抗日根据地也大力发展盐业生产。江苏是全国四大海盐产地之一。江苏盐场以淮河为界，分为淮北、淮南两大盐区。日伪因兵力所限，只占领了淮北盐区的部分盐场。1941年春华中抗日根据地开辟以后，抗日民主政府接管了两淮盐务管理局，并大力恢复盐业生产。新成立的两淮盐务管理局和盐阜盐务管理局发放大批粮草贷款，扶持盐民从事盐业生

① 张衡：《略论华中抗日根据地的四大经济对策》，《江海学刊》1995年第3期。

② 安徽省财政厅编：《安徽革命根据地财经史料选》（二），安徽人民出版社1983年版，第507页。

③ 江苏省供销合作社联合社：《江苏省革命根据地合作社史料选编》，1988年，第3页。

④ 豫皖苏鲁边区党史办公室：《淮北抗日根据地史料选辑》第5辑，1985年，第161页。

产，改善盐民生活。此外，盐政部门还通过取消加在盐民身上的苛捐杂税，组织盐民开展反封建把头剥削等措施，调动盐民生产积极性。淮北盐区还以集资方式兴建了新滩盐场，年产大盐30万担。从1941年至1945年的五年间，淮南盐区年均产盐110万担，按每担盐征税折合90斤大米计算，五年共收盐税折合大米500万担。盐阜盐区五年共产盐750万担，计征收盐税3,750万元（抗币）。[①] 盐业生产的发展不仅满足了根据地军民的需要，而且成为对外贸易的重要物资，盐税收入也成为抗战经费的重要来源。

此外，新四军的军工、军需生产也获得很大发展。在上海地下党的帮助下，新四军各师旅均建立了兵工厂。到1945年抗战胜利前夕，全军共有规模在100人以上、车床设备在十台以上的兵工厂50多个，从业人员近一万人。[②] 生产能力已由初期的修理枪支、翻造子弹手榴弹，逐步发展为生产各种枪炮弹和地雷，批量制造步枪、掷弹筒、迫击炮、平射炮和平曲两用炮等，为坚持敌后抗战作出了贡献。

通过工业和手工业大生产运动的开展，华中抗日根据地的物质基础大大增强，不仅满足了抗日军民的日常需要，而且减少了对外来生活日用品的依赖，粉碎了敌人用经济封锁的办法困死、扼杀根据地军民的企图。到抗战后期，根据地自己生产的布匹，能解决很大一部分军民的需要，基本上不从敌区或友军区进口布匹。肥皂也由靠敌区进口，到根据地自给有余。[③] 新增出来的大量农副手工业产品，还可以出口到敌占区，换回我们需要的紧缺

① 江苏盐业史编写组：《江苏盐业史》（修订本），江苏人民出版社1992年版，第296页。

② 张衡：《略论华中抗日根据地的四大经济对策》，《江海学刊》1995年第3期。

③ 华中抗日根据地和解放区工商税收史编写组：《华中抗日根据地和解放区工商税收史料选编》，安徽人民出版社1986年版，第444页。

物资。以鄂豫边区为例，1943 年以后，每年都输出大量土特产，仅土纱每年即出口 3,000 吨以上，土布出口 1,000 万匹以上。换回了大量的食盐、电讯器材、文具纸张、百货、军事物资、西药、医疗器械等。①

（二）根据地商业和贸易的发展

为了加紧掠夺战争资源，实现“以战养战”的目的，日伪对华中占领区推行严厉的贸易统制政策。1941 年日伪双方签订了《调整物资统制的一般原则》和《调整物资统制草案纲要》，其中规定武器弹药、汽车、汽油、电报机、电池、钢铁、水泥、木材、丝、茶、植物油、棉纱、粮食、盐、棉花及煤炭、煤油、火柴、肥皂、金属制品和皮制品等属于统制范围。这样，从城镇到乡村，几乎所有物资均在其统制之列。日伪对华中抗日根据地的物资掠夺主要集中在“三白”上，即稻麦、棉花和海盐。例如日方设在上海的华中盐业有限公司，垄断了淮北盐业生产、制碱、运输、买卖的全过程，从 1940 年 10 月到 1943 年 3 月，在两年多的时间，向日本输出海盐 146,330 吨，国内销盐 351,481 吨，共获纯利润约 240 万日元。② 另一方面，日伪建立层层封锁线，严厉禁止所有的统制物资运进抗日根据地。因此，华中抗日根据地建立之初，根据地面临着严重的经济困难，由于战争的破坏，工商业凋零，各种生活用品缺乏，“双沟、蒋坝、旧仁集均被敌人烧得不成样子，盐路中断，各业凋零。”③

---

① 河南省新四军华中抗日根据地历史研究会：《中原抗战论丛》，河南人民出版社 1992 年版，第 355 页。

② 江苏盐业史编写组：《江苏盐业史》（修订本），江苏人民出版社 1992 年版，第 296 页。

③ 安徽省档案馆编：《安徽革命根据地财经史料选》（二），安徽人民出版社 1983 年版，第 107 页。

为了打破日伪的经济封锁，改变边区贸易衰落的现状，华中各根据地从内部和外部两个方面开展了反封锁斗争，实行了灵活的商业政策和对外的贸易政策。在对外实行贸易统制，维护和促进根据地生产发展的同时，在根据地内部，除接近敌区外，买卖运输不受任何限制，完全自由，抗日军民广泛开展了生活日用品、必需品的自产运动和代用运动。结合大生产运动，自制纸张、墨水、粉笔、肥皂、蜡烛、皮革等产品，尽可能地减少对城市工业品的依赖性。抗日民主政府在根据地内部实行自由贸易政策，废除苛捐杂税，撤除关卡障碍，规定“根据地内商人，只要：一、不违反政府法令；二、不破坏抗日军队；三、不贩卖毒品，均可自由经营，政府加以保护。”这就解除了根据地内一些商人因为不了解共产党的贸易政策而产生的顾虑。边区政府鼓励商人经营，帮助解决他们的困难，如代购原料和推销产品，给予低息贷款等。与此同时设立淮北贸易局作为领导全区贸易的总机构。边区政府的努力，取得了积极的效果，“由于边区内采取保护商人的政策，敌占区商人也来我边区内地经商了，单一地，一年中便有七十七家敌区资源较大的商人迁入我根据地经商。”① 同时，根据地还大力发展公营商业和运销、消费合作社，有效进行物资调剂和平抑物价的工作，与商人广交朋友，鼓励和保护私营商业的发展。根据地还严格执行单一税制，没有任何军队的额外征收或敲榨，加上社会秩序的安宁，给商业繁荣以极大的便利。总之，由于抗日根据地内的贸易环境好，税收轻，因此吸引了许多敌占区的商贾奔赴根据地经商投资。仅 1942 年就有 77 家资本较多的商家从敌占区到淮北根据地中心区经商。农副手工业产品的出售和消费品的购买，促进了商

---

① 安徽省档案馆编：《安徽革命根据地财经史料选》（二），安徽人民出版社 1983 年版，第 169 页。

业的发展，处处呈现着兴旺的景象。解放区许多市场，不但已恢复到战前的繁荣，其重要的特点是许多偏僻市镇，也日渐繁荣起来。而且市场上的货物，战前是以大城市生产的货物为主，而现在则是以解放区内的农工生产品为主了。如淮南地区天长县的铜城、六合县的竹镇、定远县的藕塘三市镇出现历史上空前的繁荣。[①] 而淮南路东天（长）高（邮）泥沛镇在全国抗战之初的1938年只有小商店四家，当时之苛捐杂税，已使商业很难发展，加上土匪横行，到处抢劫。该镇房屋几被烧光，当时曾有“宁遇万重山，不遇泥沛湾”之说。因此商店亦无法维持，市面凋敝，自抗日民主政权建立后，社会秩序安定，人民负担减轻，商店之营业税只占所得的3%。到1944年初，泥沛湾小镇已有商店十家（内有油坊一家、药店两家，其他均系杂货店）。其中陈明一家，1943年冬以500元资本开业，不到半年已扩资本至二万元。小贩郑传义，以几十元资本做起，在四年之中，营业所得已购置田地70余亩。天长的铜城镇，商店林立，私商店铺100多家，招徕了他乡四方的行商客贩，流动人口每天在1,000人以上，当时号称“小上海”。私营商行如蛛网一般连续各村镇，买卖兴隆。私商运盐的盐船，1942年至1943年就有150艘到160艘。每天上市量千担左右，最高曾超过二千担。[②] 皖江地区市镇商业也十分繁荣。各村庄增开很多杂货店。六洲镇商店数目甚至增加六倍。无为东乡汤家沟镇因商业贸易十分活跃，被人们称为“小上海”。[③] 苏北阜宁县的益

① 龚意农：《淮南抗日根据地财经史》，安徽人民出版社1991年版，第143页。

② 黄爱军、宋杰：《略论华中抗日根据地工商税收的历史作用》，《现代农业》2009年第12期。

③ 《皖江抗日根据地》编审委员会：《皖江抗日根据地》，中共党史资料出版社1990年版，第348—349页。

林镇，当时有“苏北小上海”之称，一年交易量有6,000万元左右。[①] 商业的发展和繁荣对促进根据地经济发展，搞活物资流通，改善人民生活，均起了促进作用。

在根据地外部，反封锁斗争主要实行了以下的原则和措施。首先是对敌占区贸易进行统一管理的原则。边区政府对粮、油、棉等土产物资，实行统购与专卖制度，由贸易局统一组织收购，严格控制敌人所需物资的出口。这里所说的统制，并不是自己经营，主要还是商人经营，但应当通过贸易局的登记，由贸易局规定出口的数量。1943 年 11 月，苏中行政公署公布实行的《苏中战时贸易管理暂行条例》中明确规定，“管理根据地内大宗物产，举办调查登记，实行有计划之控制”。[②]

以粮食出口为例，各根据地都实行了粮食专卖制度。盐阜根据地的粮食运销管理办法是“本区粮食不经特许，一律禁止出口。特定产粮过剩地区，在特许条件下，由当时具体情况规定之。特许出口之粮食，依进出口土产管理办法办理之”。[③] 粮食专卖制度的实行，使根据地的粮食成为打破日伪经济封锁的有分量的筹码。各根据地贸易管理部门依据敌占区粮食行情，有计划地组织粮食输出，不仅增加了贸易收入，而且有利于换回日伪统制的物资。其次是以货易货的原则。因为，根据地与敌占区所需和所产在某些方面是互需的，这就使他们之间的贸易有了可能性。根据地贸易管理部门采取行政的和经济的有效手段，奖励换回根据地所急需的弹药、五金电料和医药品等。以货易货还有效防止

---

① 中共江苏省委党史工作办公室：《黄克诚与苏北抗日根据地》，中共党史出版社 2002 年版，第 566 页。

② 江苏省财政厅：《华中抗日根据地财政经济史料选编》第 2 卷，档案出版社 1986 年版，第 175 页。

③ 江苏省财政厅：《华中抗日根据地财政经济史料选编》第 4 卷，档案出版社 1986 年版，第 350 页。

了伪币的流入，在法币不断贬值的情况下，避免了根据地对敌占区贸易的损失。例如，“1944 年夏，日伪计划大量收购小麦，并在边区设立收购点，淮北贸易局采取针锋相对的办法，不使日伪得逞，日伪只得与我方协商，运来棉布换粮食，两天内就成交2,000多匹洋布的生意。”[①] 在抗战胜利前后，日伪方面尤其是伪军更是人心涣散，我方贸易工作有了更大发展，邳睢铜地区的地下党经私人联系，与伪江苏省保安司令部取得联系，经商议我方以一块银元换敌方五排子弹。最后是保持输出输入货物平衡的原则。在抗日据地物资普遍紧张的情况下，输出货物的主要目的在于筹措抗战经费、坚持抗日游击战争，而过多地输出根据地的货物，则将削弱根据地的物力。因此，各根据地在对敌占区贸易能够维持平衡的情况下，尽量限制根据地的物资流向敌占区。以食盐输出为例，它既是大后方人民的生活必需品，又是日本侵略军竭力攫取的战略物资。如苏中盐阜地区的食盐，可与淮北、淮南的烟叶、土硝直接交换，各取所需。运输由双方共同负责，选择适当的地点接送，还可以由盐阜地区利用出海口，设法与浙东、胶东等根据地贸易。因此，华中局财经委员会在《关于食盐管制运销问题的决定》中规定：“苏北对西运食盐税率及收税 10%，苏北向南经砖桥之盐税加至 30% 附带购两排子弹”。“苏中对大子盐过境西运，征收过境税 10%，苏中对大子盐过境南下或运向敌区出口者，均在进出口处征收 30% 的实物出口税，以资管制，促其西运”。[②] 这一决定对根据地食盐输出敌区显然是一种有效的限制，对敌实行反封锁斗争具有重要的意义。

---

① 欧远方、童天星主编：《淮北抗日根据地史》，中央文献出版社 1994 年版，第 212 页。

② 江苏盐业史编写组：《江苏盐业史》（修订本），江苏人民出版社 1992 年版，第 296 页。

四、华中根据地财政、税收和金融事业的发展

（一）财政建设的开展

1941年春，华中抗日根据地的开辟任务完成不久，中共华中局就及时提出了统一财政工作的任务。为此，1941年5月，华中局和各战略区党委成立了财经委员会，以加强对财政工作的领导。在抗日民主政府的各级政权中都设立了管理财政的专门机构。华中局对抗日根据地财政工作的基本任务作了明确的规定，即“保证抗战经费，实行合理负担，废除苛捐杂税，改善人民生活”。同时，华中局从各战略区被敌人分割、具有相对独立性的实际情况出发，确定了财政收支系统的基本原则，即“以各根据地划分财政单位，各财政单位均以自给自足和统收统支为原则，华中财经委员会在一定范围内，视各单位财政状况调度其盈亏”。在根据地经济基础十分薄弱，而且遭受敌人进攻和封锁的险恶环境下，华中局提出的上述基本原则对于集中有限财力，坚持抗战，渡过难关，无疑是十分必要的。①

统一的财经制度不仅有利于筹措抗战经费，而且保证了政令统一，对于废除原有的苛捐杂税，减轻人民负担，起了重要作用。华中抗日根据地开辟之前，财政税收状况极端混乱。国民党旧政权与地方豪绅相互勾结，或巧立名目，或强行摊派，且各地税种、税率任意而设，有增无减，士农工商苦不堪言。例如在淮北地区，各种名目的捐税即有40多种。根据地建立起统一的财经制度以后，党和抗日民主政府为了减轻人民负担，一方面认真贯彻精兵简政的方针，以节省开支；另一方面坚决废除原有的苛

① 张衡：《略论华中抗日根据地的四大经济对策》，《江海学刊》1995年第3期。

捐杂税。通过立法方式，明文规定根据地的主要税收为进出口货物税、田赋、契税、屠宰税、普通营业税、牙税、烟酒印花税等八种。在日伪加紧对根据地实行经济封锁、货物税锐减的情况下，各根据地集中力量抓好田赋、地产物品征税及救国公粮公草的征收工作。就某一根据地来说，上述三项赋税的征收标准都是统一的。例如，淮北根据地从1942年开始征收田赋，按照土地收获物产量的多少，每亩分别征收0.08元、0.10元、0.12元（法币）的农业税。1943年，盐阜根据地征收的夏秋两季农业税标准是：水田、稻麦田和柴滩，每亩征收抗币二元；旱田每亩征收抗币1.5元；棉田每亩征收抗币一元；洼田、花碱田每亩征收抗币0.5元；草滩每亩征收抗币0.3元；荒田每亩征收抗币0.1元。按照当时盐阜抗币与法币五比一的比价来计算，农业税的税率还是很低的。在征收救国公粮、公草方面，各根据地在贯彻合理负担的前提下，普遍采取了简单的累进制办法，即根据田亩的多少、好坏、各户人口的多少，确定不同的征收率。例如，1942年淮北根据地的秋季公粮征收率平均为3%，其中收获在五斗以下的贫困户即免征，每人收获达十石以上的大户则征收率为15%。各根据地还兼顾保证抗战经费和改善人民生活两方面的利益，努力减轻人民的负担。1943年，盐阜根据地将旱地和水田的征粮标准由上一年的每亩五斤和九斤为起点，分别降低为3.5斤和七斤为起点，使人民负担减轻了20%。据统计，淮北根据地人民群众负担的农业税和公粮，一般占其收入的13%，部分地区还不到10%。而根据地开辟之前，人民群众的负担占其收入的26.6%，根据地周围的敌占区，民众负担占其收入的17.7%。因此，抗日民主政府制定的赋税公粮制度，受到根据地各阶层人民的欢迎。[①]

① 张衡：《略论华中抗日根据地的四大经济对策》，《江海学刊》1995年第3期。

为了确保统收统支制度的严格执行，华中根据地的财经工作逐步建立起预决算、审计、会计和金库四大制度。各机关部队逐月编造预决算，财经部门严格执行不造预算不发钞、不送决算不报销的财经纪律。财政预算的审核工作由各级党政军领导人严格把关，并明确规定预算的最后批准权属于各战略区的审计委员会。各根据地通过选拔和专业培训，较快培养出一批财经工作的业务骨干。各战略区成立总金库，各县成立分金库，实行一切收入归金库、一切支出通过金库的收支制度。四大财经制度的建立和实行，使华中抗日根据地的财经工作杜绝了国民党统治区普遍发生的贪污浪费现象，保持了廉洁、节俭和高效率。①

（二）税收工作的开展

华中抗日根据地处于敌伪区，敌人在军事上占优势，大小城镇均被敌人占领，主要的水路交通被敌人控制封锁，加上国民党顽固派配合日军对我们进行封锁，所以抗日根据地在其建立的财政经济是相当困难的。敌人把物品大量吸收过去，却又不准物品流入根据地，企图造成根据地物资枯竭，军民交困，最后达到消灭新四军的目的。为了保护税收，争夺税源，华中局财委会还在各级税务机关建立足够的武装，县税务局成立税收大队，各分局则建立一至两个税警中队，进行武装税收，甚至还派出武装干部至敌伪据点去收税。当然这一时期税收的着眼点是解决军费问题。税收工作是尚不具备正常税收条件的情况下在开辟根据地的过程中进行的，税源极不稳定，税收工作大多是临时性的、游击性的，尚未形成完善和正规的税收制度，也没有专职税收人员，军人充当税收骨干，所以刚开始税收的成效也十分有限，仅能部

① 张衡：《略论华中抗日根据地的四大经济对策》，《江海学刊》1995 年第 3 期。

分解决伙食问题。以后根据地对税收制度及收税的方法虽然有所改善，但各地税种仍不统一。

而且在华中根据地建立之前国民党财政税收状况极端混乱，国民党政府与地方豪绅相互勾结，巧立名目、强行摊派，各地税种、税率任意设置，有增无减，工商业者和农民苦不堪言。在这种背景下，根据地税收首先是改变国民党政府的不合理税收制度。在根据地建立后很快建立了税收制度，采取一系列措施废除苛捐杂税，并且通过立法明文规定主要税种，主要是进出口货物税、田赋、契税、屠宰税、普通营业税、牙税、烟酒、印花税八种。面对抗日根据地人民穷困、经济凋敝的状况，边区人民政府还积极地通过其他渠道筹集资金，以减轻人民的负担。根据地人民政府代表人民根本利益，在抗战初期实行了“力争外援，休养民力”的财政方针，税收只是一种取得抗日经费的手段，且不是唯一和最重要的手段。针对当时根据地内商业市镇很少，商业很是萧条的情况，各根据地基本上都视营业税为苛捐杂税，大多不收营业税，在屠宰税上，明确规定：在春节期间，对农民屠杀自养的猪、羊一般不收税。根据《税则》税率的制定必须“有利于加强物资统制，提高农产品价格”、“保障小商人及正当商业者之利益”① 的规定，1941 年 5 月华中局对抗日根据地财政工作的基本任务作了明确的规定：“保证抗战经费，实行合理负担，废除苛捐杂税，改善人民生活。”② 这些措施不仅保障和促进商业的发展，而且更保证了税源的可靠性。根据地抗日民主政府在内部实行自由贸易的政策，废除苛捐杂税、关卡障碍等措施鼓励和保护

① 刘跃光：《华中抗日根据地鄂豫边区财政经济史》，武汉大学出版社 1987 年版，第 170 页。

② 江苏省财政厅：《华中抗日根据地财政经济史料选编》第 1 卷，档案出版社 1986 年版，第 42 页。

私营工商业的发展，给根据地营造了一个贸易环境好、税收轻的良好氛围，因此吸引了许多敌占区的商贾赴根据地经商投资。[①]

抗战时期，华中根据地税收工作起到了积极作用，其主要表现为：

第一，确立和执行了量入为出和合理负担的税收原则。税收工作是财政经济工作的重要组成部分，其最直接、最主要的目的是保证抗日军队和抗日民主政府的供给。华中抗日根据地成立之初，就确立了量入为出的财政支出原则，在税收上既考虑保障供给的需要，又考虑民众的税收负担，从发展经济着手，培养税源，增加财政收入。如在苏中根据地的扬、泰地区，由于根据地政府充分认识到利用税收杠杆，运用政策规章制度，支持发展生产，培养税源，增加人民收入。如：用较低的税率，合理的负担，打破敌人的封锁。对进口的军需民用品低税，迷信品重税，毒品没收；对军用品、白纸蜡烛、印刷用品、西药等免税，鼓励进口。淮北根据地总结出“税收工作的一个重要特点，就是和根据地的贸易工作紧密地结合在一起。在华中局的指导下，淮北边区政府采取了以税率促进贸易的繁荣，以贸易的繁荣增加税收的政策，从而达到开辟财源、克敌制胜的目的。”合理负担的税收政策，既满足了财政开支的需要，又很好地照顾了各方面群众的利益。商人运货经过根据地，没有土匪抢劫，安全有保障，而且只收一次过境税，税率又不高，因此，他们乐意经过根据地运货。无为县汤家沟、二坝等集镇，商贩云集，市面繁荣，有时一个商队就是几百人，一条商船就是上百吨货物。各界群众踊跃照章纳税。合理的税收政策鼓励了商人的活动，进而也活跃了根据地的经济，进一步增加了税收。华中抗日根据地的税收工作成效

---

① 屈秀英：《论华中抗日根据地的税收特点》，《乐山师范学院学报》2009 年第 9 期。

显著，其中工商税收居于举足轻重地位。如1944年苏皖边区的淮南、淮北、苏中、苏北四个根据地的财政总收入是抗币4,745,659,627.92元，其中工商税收收入2,091,492,421.88元，占财政总收入的44.07%。皖江根据地以其优越的区域优势取得了更为突出的成效，赢得了“富七师”的称号。以1942年为例，全年各种税收收入共24,787,729.17元，全年军队支出11,055,811.55元，全年地方支出4,352,615元，送军部款7,491,173元，年终结存891,529.62元。其他根据地也大多有不俗表现，如淮北苏皖边区，1943年除军政开支外，还有近五万石粮食与三千余万元的节余。1944年5月，中共中央在有关指示中，对华中抗日根据地的税收工作，尤其是“关税”工作，进行了充分的肯定，“华中……几年来货检收入甚大，……保证了抗战经费之供应无缺”。华中抗日根据地的税收不但满足了华中抗战的需要，而且有力地支持了华北抗日根据地。其中，仅1943年就援助华北1,600万元（法币）。华中抗日根据地税收工作，不仅满足了新四军和抗日民主政权最基本的供给需要，而且为新四军和华中抗日根据地的巩固与发展奠定了坚实的物质基础。实践证明，税收是维持和巩固抗日根据地政权、支持抗日战争所不可缺少的一个重要工具，它对于抗日根据地政权的生存、巩固和发展起到了重要的作用。①

第二，通过税收促进根据地生产发展和市场繁荣。华中抗日根据地的税收工作，主要围绕着增加税收、维护和促进根据地生产的发展两个方面而展开的。如根据地的关税政策，既对根据地起保护作用即通过对进口货物征收关税，提高其成本，削弱其与根据地同类商品的竞争能力，借以保护根据地内的商品生产和市

① 黄爱军、宋杰：《略论华中抗日根据地工商税收的历史作用》，《现代农业》2009年第12期。

场，又起到调节作用，即利用税率的高低以及关税的减免，调节生产、消费和市场的供求量。因此，在根据地“发挥税率的经济杠杆作用。进出口货物税税率，根据经济形势制定。鼓励什么，限制什么，用税率高低发挥经济杠杆作用”。如在苏北、皖东、淮北等根据地盛产芝麻、大豆、油菜等油料作物，为发展油料生产和榨油工业，根据地采取了禁止油料出口和自产内销免税等优待政策，同时发放大批贷款，帮助私人手工业榨油坊复业。出产的油，在内地销售，一律免税，自由流通。到 1945 年，榨油手工业已普遍地在产油粮的农村中建立起来。仅淮南、淮北、苏北三个地区的估计，每年除供给本地区食用外，有 20 万担的食油剩余，运输出口。同时，为保护根据地的纺织工业生产，根据地采取了提高洋布、洋纱的进口税率乃至禁止进口的政策，并对根据地的土布生产采取低税、免税和贷款扶植等政策。在对外实行贸易统制，维护和促进根据地生产发展的同时，在根据地内部，除接近敌区外，买卖运输不受任何限制，完全自由。①

第三，合理的税收政策减轻了人民负担，改善了民众生活。华中抗日根据地实行“有钱出钱，有力出力”、“收入多的多收，收入少的少收”税收政策，苛杂没有了，人民负担只有田赋和税收。这既扩大了税源，又减轻了人民负担。以鄂豫边区为例，1941 年边区田赋每亩每年出一元钱。按米价来说，比抗战前减少了 5/6。农民只出田赋，而商人则按资本之大小，生意之好坏承担捐税，一些利润低的小本经营不负担捐税，任其自愿。边区人民的负担，按百分比，与敌占区、大后方人民相比：华中根据地人民负担比敌占区人民负担减少 80% 以上；比大后方人民的负担减少 60% 以上。又据淮南津浦路西 1942 年统计，全区全年每人

① 黄爱军、宋杰：《略论华中抗日根据地工商税收的历史作用》，《现代农业》2009 年第 12 期。

平均负担是58元。当时敌占区人均负担是500元，顽占区人均负担是250元。相比之下，老百姓深有体会地说："现在我们真是坐在轿子里闹革命"。税赋负担的减轻，生产的发展和市场的繁荣，相应地改善了人民生活。如1941年春夏，路东根据地大米是40元一担，小麦只30余元一担，而南京、上海、芜湖等处米价则贵至160元一担，盱眙城小麦贵至200元一担，大罗菽贵至80元一担。在南京吃一碗面要一块钱，在重庆、昆明等处就更吓人，米价竟涨至350元一担。又如鄂豫边区，自和敌人展开经济斗争后，敌占区的米价日益高涨，闹米荒潮，已经成了敌占区的经常现象。1941年6月10、11日等日，伪《武汉报》经济新闻连续登载："近日来米价无标准，一般米商肆意抬高。一俟平售，再行续登"。"每斗米31元"（武汉上小斗）。"我边区的米价则保持常态，平均每斗10元，而且是20斤的大斗。而大后方的米价，则比边区有米价高6倍以上。"①

第四，工商税收是对敌经济斗争的有效工具。华中抗日根据地的工商税收工作，特别是关税，不仅发挥出重要的经济作用，而且具有与敌人作经济斗争的重要军事战略意义。当时根据地设立了货检处，其主要任务在于与敌人作经济斗争，而不是单纯征税机关，目的是打破敌人"以战养战"政策与敌人的经济封锁作斗争。根据地所确定的关税税率的高低及减免的规定，主要取决于对敌经济斗争和根据地的需要。

虽然，华中抗日根据地始终没有建立起全华中统一的税收机构，对税收工作始终侧重于宏观方面的指导，具体工作则由各根据地独立进行。各根据地从本地的实际情况出发而开展税收工作，具体问题具体分析。但正是这独特的收税方式，给华中抗战

① 黄爱军、宋杰：《略论华中抗日根据地工商税收的历史作用》，《现代农业》2009年第12期。

带来了较为充足的经费，也保证根据地军民的生活资料和军需，保证根据地的农业和手工业的发展，也促进了当地经济的发展，繁荣了根据地的市场，为根据地的抗战作出了巨大贡献。

（三）金融工作的开展

全国抗战爆发以后，在很长一个时间里，华中敌后地区仍然继续流通着国民政府1935年发行的法币。汪伪国民政府成立以后，尽管日伪在华中发行了所谓“中央储备银行券”，但是，法币还保持其统治地位。1941年底，太平洋战争爆发以后，日伪对华中根据地采取了挤榨的货币金融政策，包括吸收法币，夺取外汇，以购买军火，屠杀中国人；制造伪法币，欺骗无知乡民……在不完全禁用法币的情况下，贬值法币，将吸收的法币购买原料。[①] 根据这种政策，日伪一方面在占领区排斥法币；另一方面将其攫取的巨额法币到抗日根据地和国民党统治区套购物资，日军占领上海租界后，还没收中外各家银行，使法币地位一落千丈。致使法币贬值、伪币泛滥、物价飞涨，伪中储券从1941年发行时的1,370万元，到1945年膨胀至46,618亿元，五年间发行总量竟增加34万倍。[②] 日伪妄图通过这种政策，掠夺抗日根据地的物资，同时把已贬值的法币推向抗日根据地，妄图造成根据地的金融危机。

这种状况就迫使华中抗日根据地发行自己的货币，建立独立的金融系统，以与日伪进行针锋相对的斗争。为此，1942年起，华中各根据地相继成立了银行，发行了货币。它们是苏中根据地

---

① 安徽省档案馆编：《安徽革命根据地财经史料选》（2），安徽人民出版社1983年版，第103页。

② 安徽省档案馆编：《安徽革命根据地财经史料选》（2），安徽人民出版社1983年版，第118页。

的江淮银行、苏北根据地的盐阜银行和淮海银行、淮北根据地的淮北银号、淮南根据地的淮南银行、苏南根据地的惠农银行。华中局制定了抗日根据地的货币政策，其基本精神是：各根据地必须发行货币，并逐渐使它成为根据地内独占的流通工具。抗币以粮棉盐等物资作担保，不搞财政性发行。各根据地抗币以分别发行为原则，相互可以承兑，但不可以流通。抗币与法币的兑换基本采取等价原则，与法币同值流通。对法币既保护又限制，抵制日伪将法币大批挤进根据地的计划。对伪中储券则采取坚决拒用和打击的立场，不仅靠政治上的宣传来动员群众，而且用物贸的方式，防止大量伪币的流入。“以边币作为边区的本位币收兑法币……一面劝告老百姓拿法币到敌伪区买货，换进有用的东西，增加敌占区的法币流通量，使敌人排挤更加困难。”① 这些措施，使得边区政府变被动为主动。如成立于1942年5月的淮北银号，先后发行了壹角、伍角、壹元、贰元、拾元、贰拾元等八种面额的边币（抗币）。边区政府发行的抗币，作为群众的生产资本，有充足的实物作物资储备，“据估计，当时淮北边区所有粮食就达11万石，价值2亿元以上。另有实物如纸张、布匹、油料、烟叶等价值一亿元，还有未收回的债款七八千万元，因此抗币的扩大发行并没有引起物价的上涨。”② 抗币迅速在根据地流通起来。淮北地方银号不但发行货币，稳定金融市场，而且放出大批生产贷款，支援边区农民的农业生产。在1943年12月的一次财经会议中就有记载：“一，小本工商贷款6千石粮；二，麦种贷款8千8百石粮；三，水灾区牛草贷款2千5百石粮；四，水灾

① 安徽省档案馆编：《安徽革命根据地财经史料选》（2），安徽人民出版社1983年版，第63页。

② 朱超南主编：《淮北抗日根据地财经史稿》，安徽人民出版社1985年版，第145页。

区及渔民救济生产贷款110万边币。这四种贷款统限十二月二十五号前一律发到借户手里，好使全边区贫苦生产者能够获得生产资金。增加生产。”① 贷款的发放既解决了边区群众无钱无粮的燃眉之急，也赢得了民心。②

抗战胜利前夕，新四军政治部还决定成立华中银行，并授权其发行华中券，与华中各地发行的抗币等价使用。发行抗币是华中抗日根据地在财经战线上一场复杂的对敌斗争。在开始阶段，抗日民主政府运用各种办法来树立抗币的信誉。主要做法有用抗币来发放粮棉生产、垦荒水利、扶贫救灾等项贷款；征收田赋及各种税收尽量收取抗币；在日伪“扫荡”之前及时做好抗币的回笼工作，在反“扫荡”斗争胜利后立即恢复使用抗币、禁用伪币。经过一年多的努力，抗币开始在各根据地站稳了脚跟。由于抗币发行的主要目的在于抑制伪币和调剂根据地内的金融流通，在发行数量上比较有限。因此，它不可能马上成为根据地内的唯一流通工具，还必须联合比自己强大的法币，以对抗伪币的入侵。同时，为了防止法币不断贬值造成的危害，并防止日伪滥发的法币，各根据地对某些版面的法币以及破损法币进行限用或打折使用，在一定程度上压缩了法币在根据地的流通量。到1944年下半年，随着根据地经济的发展和对敌顽斗争的胜利，抗币的地位越来越稳固。在苏中、盐阜、淮海等地，抗币已占主导地位。这些地区的货币政策已由联合法币、对抗伪币，逐渐演变为确立抗币的本位制，进一步限用法币，驱逐伪币。总之，华中抗日根据地抗币的成功发行，对稳定根据地金融、促进经济发展、

---

① 安徽省档案馆编：《安徽革命根据地财经史料选》（2），安徽人民出版社1983年版，第103页。

② 刘成荫：《淮北抗日根据地经济发展的政策及其作用》，《东华大学学报》2006年第1期。

保障人民生活均起了十分重要的作用。[①]

总之，华中抗日根据地作为抗日战争时期重要的敌后战场之一，面对敌人重重的封锁与包围，能够英勇不屈地坚持五年抗战，为全民族抗战的胜利做出了重大贡献，根据地的经济建设是其取得巨大成绩的一个重要因素。它所制定的各种经济政策，不仅从根据地的实际出发，具有很强的可操作性，更重要的是它处处体现了人民的利益，得到了人民的衷心拥护与支持。

第二节　华南抗日根据地的经济建设

1938 年 10 月日本侵略者占领广州等地之后，在中国共产党的领导下，广东东江和海南岛人民英勇地开展敌后抗日游击战争，分别创建了东江根据地和琼崖根据地，统称为华南抗日根据地，成为抗战时期中国共产党领导下的敌后三大战场之一。

华南根据地由于远离八路军、新四军主力，长期处于敌人的分割包围之中，面临着更为严峻和艰难的斗争形势，因此，不仅各根据地范围比较小，而且始终处于战争的前沿。在这种极端严酷的环境中，中国共产党领导人民进行了艰苦卓绝的斗争，有力地反击了日本侵略者的军事侵略和经济掠夺，为抗日战争的胜利谱写了重要的篇章。

华南抗日根据地建立初期，部队没有经费来源，完全依赖群众的支持和海外华侨、港澳同胞的捐助，全国抗战爆发后，中国共产党领导的八路军、新四军和华南抗日游击队都得到了海外华侨和港澳同胞巨大的支持。其中，华南抗日游击队所得的援助尤为明显。东江地区曾生领导的抗日游击队在 1940 年之前的给养

① 张衡：《略论华中抗日根据地的四大经济对策》，《江海学刊》1995 年第 3 期。

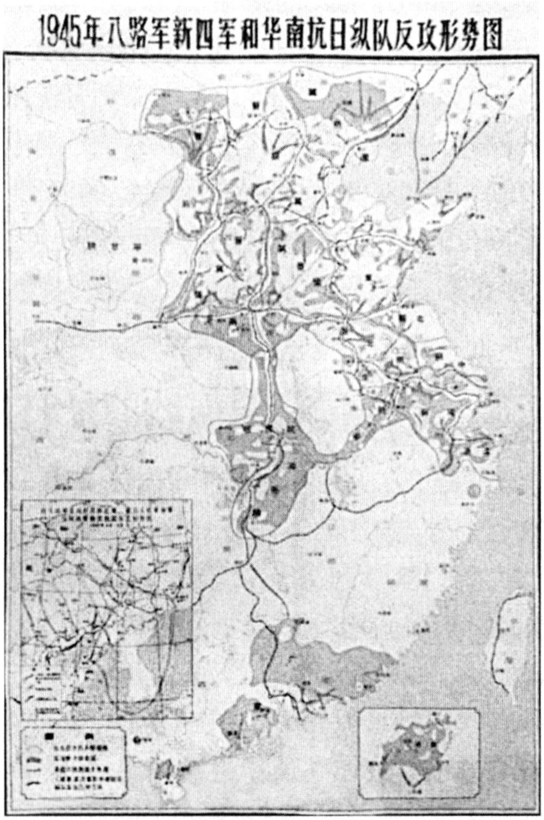

主要就是靠华侨和港澳同胞的援助，海南岛冯白驹领导的抗日游击队也得到了华侨、港澳同胞的援助。1939 年 5 月 6 日，琼崖华侨联总会救济委员会通过廖承志就给冯白驹游击队转交了捐款国币四万元、医药用品一批，以后还每月给该部汇款国币六千元，直到太平洋战争爆发为止。[①] 国共合作开始后，根据地也曾经以争取国民党番号的办法取得经费，但很微薄（战士每人每天二角，干部每人每月 12 元），且很快取消。1939 年，国民党推行消

---

① 黄自为：《华南抗日根据地的创建及其历史作用》，《贵州师范大学学报（社会科学版）》1996 年第 2 期。

极抗日、积极反共政策，驻东、宝、惠的东江人民抗日力量遭到国民党军队三千多人的“围剿”，曾生、王作尧部被迫转移到海陆丰，此间香港方面的援助中断，部队在极其困难的状态下坚持抗战。1940 年 9 月，游击队重返东江抗日前线，这时抗日的形势更为严峻，游击队不但要全力抗击日军，还要分兵对付进犯的伪军和国民党顽固派，然而游击队力量薄弱，人员由原来的 800 多人下降为 100 多人，日、伪、顽的经济封锁下，物资奇缺，不要说军需药品、行政支出，就是队员日常的衣、食、住、行都很成问题，经济的束缚严重地影响了队伍的扩充与战斗力的提高。为解决根据地经济拮据的问题，建立巩固的根据地，独立自主地发展经济的重要性凸显出来。立足于根据地的实际，华南根据地在中共中央的领导下逐步开始了经济建设。

一、根据地建立税站，以正常的税收保证供给

华南根据地所处地之一的广东东江地区是一个交通发达、土地肥沃、物产丰盛、商业繁荣的地区。但是，残酷的战争造成粮食恐慌、经济困难、民不聊生，而土匪活动的猖獗更是使经济陷于崩溃边缘。游击队重返东江前线后，改称为“广东人民抗日游击队”，进行了重新整编，在宝安布吉的上下坪会议上，确定了深入敌后打击日寇，回击国民党反动派，建立巩固的抗日根据地的方针，并决定以设立抗日游击区税站的方式解决部队的经费来源问题。首批税站设在梅林坳、水径和白芒三个地方。由于东江游击区毗邻香港，内地群众进出香港，此三地为必经之路，贸易极为频繁。而这些区域土匪出没，商旅安全普遍受威胁，税站就以护路的形式，以“抗日经费自由捐助”为号召，向进出香港办货的商人征税。由于税站的保护，过往的商旅可免除匪患的灾难，又可表现爱国心，都乐意捐助，“大商旅有的一次给二三十元，小的商旅也给一二元，每天进出有上千人次，税收收入千元

以上。”[①] 后来由自愿捐改为论担收钱，以货定税，税站也由流动收税转为相对固定。1942 年广东人民抗日游击总队下属的四个地方大队都在各自的活动范围内建立起税站，并派短枪队协助税站执行各项税收任务。1943 年 12 月，东江纵队成立后，对税务机构作了调整，税收制度上也作了完善。抗日战争胜利前夕，东江抗日根据地共设有路西、路东和惠东三个税务总站和一支海上收税队，各税总站都设有支站、分站的下属机构，拥有二三百人以上的税收队伍，在抗日根据地各集场和交通要道、边沿地区等处负责税收工作。财政税收政策施行后，部队再没有遇到经济上的干扰，能全力以赴地投入轰轰烈烈的抗日事业。

东江抗日根据地的税站建立得较早，发展也较全面，各游击大队的财经工作总结都提到，“财政的主要来源是税收”。[②] 很明显，税站在抗日战争时期地位举足轻重。为保证税源，支持抗日，游击区税站加强了如下五个方面的建设：第一，加强中国共产党对税站的领导。战争的环境复杂而艰苦，必须有坚强的政治思想作经济工作的后盾。“税站是我经济来源的地方，又是公开的机关，顽敌都必然积极来扑的”，[③] 税收工作危险性大，税站是敌人袭击的集中目标，为确保税收任务的完成，各税站加强思想建设，各税总站成立党支部，分站设党小组，建立和健全政治学习制度，加强税收人员对党的方针政策和抗日形势的了解，灌输革命纪律和革命气节的教育，使大家始终保持坚定的革命意志和革命乐观主义精神，不惜一切代价，从经济上支持抗战。第二，

① 广东省档案馆：《东江革命根据地财政税收史料选编》，广东人民出版社 1986 年版，第 364 页。

② 广东省档案馆：《东江革命根据地财政税收史料选编》，广东人民出版社 1986 年版，第 83 页。

③ 广东省档案馆：《东江革命根据地财政税收史料选编》，广东人民出版社 1986 年版，第 79 页。

制定了税收政策。部队设有财政经济委员会直接负责经济工作，税站执行的税收政策由总队领导决定，其条例在实践中不断充实。起草有《广东人民抗日游击队税收条例》，规定了准许进出口的货物，各类货品的起征点和税率，走私的处罚，优待和奖励等。此条例于各区颁发布告，让群众都有共识，方便税收政策的贯彻执行。第三，在抗日游击区实行统一征收税目和税率。游击区“取消各种新旧刮削民众不合理的税收”，[①] 为保持合理的负担，以单一税为原则，各税站不重复收税，如 1941 年 12 月香港沦陷，在香港已向港九税站缴纳税金的货物，进入内地凭税票一样可通行，免再次征税。抗日游击区主要征收进出口税，出口指从国统区运出敌占区，进口指从敌占区运入国统区，也包括游击区出入敌占区的货物。东江地处沿海，盐税和鱼佣税也是较重要的税收来源，1944 年大亚湾税站统计，半年税款收入总额为 2,452,005 元，以盐税为最大宗，港九大队的抗日经费以鱼佣税为重要来源。税站因地制宜，针对地方特点进行收税，但税率基本统一，也很低，约为百分之 1.5 至百分之七，港九税站的税率约百分之三，均比国统区的税率低得多，且全是一次性征收。[②] 东江抗日根据地征收税目税率的标准主要考虑三方面的情况：一是部队财源大小；二是从有利于游击区物资流通和经济上封锁敌人出发，对游击区需要的物资从宽从轻，对敌人需要的物资从严从重，发挥税收促进游击区物资流通作用；三是从照顾群众利益出发，贯彻合理负担原则。当时，金、银、粮、矿禁止出口，而毒品则严禁进口，化妆品等奢侈品限制入口，条例有严格规定，

① 广东省档案馆：《东江革命根据地财政税收史料选编》，广东人民出版社 1986 年版，第 76 页。

② 陈苍穹：《东江抗日根据地的财政经济政策》，《惠州大学学报（社会科学版）》1995 年第 2 期。

所有应征收的税目税率不得任意增减删改，印制成表，发到各个税务征收分站执行。第四，严格执行开支制度。部队军需处建立了会计、税票管理和税款上缴制度，所有税站收入的税款都必须由税总站汇总上缴大队部，大队按总队下达任务上缴总队部。1942 年下半年，税总站归总队直管，税收收入全部上缴总队军需部门，各大队供给由总队军需部下拨。军需处各项开支都有审批制度，大的开支如购军需物资等要经大队领导审批，小的开支也要有审批手续。各大队都要执行预算决算制度，实行节约，戒除浪费、任意支出的现象。第五，严格税收人员管理。各部队都派出精干的人员到税站工作，对税收人员实行轮训，学习税收政策，商业知识，提高业务水平和政治素养，适应税收发展的需要。为严格管理，编写税收业务教材，拟定税收人员守则，规定税收人员不得随便离开岗位，不得贪污税款，不得偏私拘情，走漏税收，要求廉洁奉公，不怕牺牲，坚决完成税收任务。税收人员除遵守党政干部纪律外，还要遵守工作人员守则，有违反者，纪律处分，甚至枪毙。如北栅税站站长冯根，放纵税收员贪污，自己更贪污了十万元以上，被枪决。税站强调任何贪污腐化都是罪恶，贪污不但破坏了部队的经济政策，违反“拥政爱民公约”，还破坏了党和部队的威信，破坏了一致御侮的抗日大业。

建立游击区税收之后，部队的供给有了正常的经济来源，队伍迅速发展壮大，敌后抗日根据地不断扩展。游击区税站一直承担了抗日与征税的双重使命，任务极为繁重，是我方对敌占区实施经济封锁的主要执行机关。税站利用分布面广、公开出头露面的特点大做抗日宣传工作，既可保证税收的顺利进行，也扩大了游击队的影响，提高了群众参与抗日的自觉性。税站先后介绍一大批进步青年加入游击队，仅路西税站就为主力部队输送了 200 多名青年，充实了战斗部队。在维持地方治安方面税站也做了大量工作，每设一个税站，必定消除沿线附近的匪患，打击土匪气焰，保护了商旅安全和群众生产。总之，税站是东江抗日根据地的重要经济机构，为争取抗日持久战的最后胜利立下了大功劳。

同样，为了克服财政困难，华南抗日根据地琼崖党组织和民主政府制订了正确的财税政策，不断健全财政机构，加财政管理，积极组织财政收入，以支持战争。当时琼府设财建厅（后改财政厅），行署和县设财政科，区设征收处（或稽征处），乡设证收员，层层负责，保证财政工作的完成。1941 年 2 月，琼崖特委作出决定："凡国民，应该缴税，不应把捐税完全放在富农地主身上；采取累进税，杂税尽量避免。"① 琼崖东北区抗日民主政府统一了税收的税目税率，实行单一税制。民主政府确定的税率比国民党的低，这使得商人乐意到根据地来做生意。税收收入成为根据地的一项主要收入。

二、根据地抗日公粮征收与减租减息运动的开展

抗日战争后期，东江抗日根据地以大部分的精力投入抗日公粮的征收。1944 年颁布的《东江纵队征收抗日公粮条例》总则第一条是："抗战已经踏上第八个年头，当兹国内外形势对我进行反攻大为有利的时候，凡我抗日军民必须精诚团结，一致奋起，军队有保国卫民之责，民众有捐粟输将之义务，军民合作准备反攻，方能杀敌致胜，收复失地，建立独立自由幸福的新中国。新征收抗日公粮的目的很明确，就是为了抗日，大家共同的事业。"②

1943 年至 1944 年，东江抗日根据地各区相继建立了抗日民

① 中共广东省海南行政区委员会党史办公室：《琼崖抗日斗争史料选编》，1986 年，第 144 页。

② 广东省档案馆：《东江革命根据地财政税收史料选编》，广东人民出版社 1986 年版，第 80 页。

主政权，抗日公粮的征收主要由地方民主政权负责，“根据有钱出钱，大家出力的原则，分田主、佃农、自耕、祖尝四种办法定出合理负担，每年分两造征收，本区民众均有负担抗日公粮之义务，不得抗缴、拒缴、滞缴、欠缴”。新东江游击区征收抗日公粮有五方面的特色：

1．认真做好征收公粮的宣传工作，制定条例，派得力的干部前往征收。通过征收人员对群众的深入宣传，使“群众认识到征粮征税是整个抗日军民的事，而不单单是部队政府的事”。① 向部队、向解放区交纳军公粮是每位百姓当之无愧的责任。为了让游击区群众切实了解公粮征收情况，组织了专门负责征收的机关征收处，颁行《东江纵队征收抗日公粮条例》，每季收割前于各乡发出布告，征收人员依照条例执行各项政策。各区在征收公粮之前，首先对区内的土地关系、田地产量作摸底调查，了解国民党及敌伪过去征地税的情况，对群众提出的疑问作回答解释。为保证征收工作提高效率，举办征收人员短训班，如路西区 1944 年尾造和 1945 年头造这两季，在征收之前对全体人员施以短期讲习，打通他们对这个工作的思想关节，告诉他们各种会碰到的困难和应付办法，研究征收条例及征收技术，等等。1945 年头造，这期的训练班连续十天，才安排工作人员展开工作。征收人员中注意选拔农民运动中培养起来的农民干部协助征粮，农会干部熟悉农村事务，了解农民生活，清楚各地具体情况，起到较好的作用。征粮前的宣传准备，令“一般群众连开明地主在内，都认为征收抗日公粮是应该的，就是沦陷区的地主来解放区收租，经解释后，他们十分满意。”②

---

① 广东省档案馆：《东江革命根据地财政税收史料选编》，广东人民出版社 1986 年版，第 150 页。

② 陈苍穹《东江抗日根据地的财政经济政策》，《惠州大学学报（社会科学版）》1995 年第 2 期。

2. 考虑民众的合理负担，以累进法进行征收。抗日公粮的征收考虑土地的多寡及肥瘦的不同情况，分等次征收，地少者产量低者低收，地多、产量高者多收，以每季收成谷量为标准，干谷100斤即一担为基本单位。征收比率如下：田主，“按其实收成量谷征收百分之五（即每收田利谷一担征收抗日公粮5斤，多少类推）”；佃农，“除交田租（田利）其本人所得者，10担以下免收，10担以上收百分之一”；自耕农，“以其全部自耕之总收获计算之：20担以下者百分之二，30担以上者，收百分之三”，“30担以下百分之七；31担以上至50担以下百分之八；51担以上至100担以下百分之十；100担以上200担以下百分之十五；200担以上百分之二十”。[①] 因为群众对百分比及终成量的一些计算术语不易理解，后来很多地方以简易的每亩或每斗种收成量来计算。

3. 照顾贫困户和军属，各种特殊情况分别对待。征粮时，“有下列情况之一者得报告，经征人转报该乡政府发给证明，报政治处批准减免或减收抗日公粮。1. 自由职业者或鳏寡孤独自有田地无力自耕，而每造总收入不足5担者；2. 抗日军人家属之男系亲（兄弟伯叔等）如确系贫苦或确系帮助出征之军人者；3. 对抗日有功人士；4. 遭受敌伪迫害抢掠之民众情节重者；5. 抗日军人家属其每造收成所得15担以下八折征收，15担以上25担以下九折征收，25担以上的其他数量均照章征收。”[②] 抗日军人不限于参加东江纵队，也包括国民党军的士兵。1945年3月，公粮的征收与田赋共同进行，条例规定“公粮与田赋征收总

① 广东省档案馆：《东江革命根据地财政税收史料选编》，广东人民出版社1986年版，第80页。

② 广东省档案馆、广东省惠阳地区税务局：《东江革命根据地财政税收史料选编》，广东人民出版社1986年版，第116页。

额为土地出产总收获量的百分之九，公粮占百分之四，由地主与佃农平均负担，田赋占百分之五由地主负担，共征收办法，在交租前由耕者手中一次缴纳之。”“凡属自耕农、自耕土地者，公粮与田赋统一征收，其征收额为土地出产总收获量百分之六。凡接敌区，地主与农民有两面负担者，公粮与田赋减半征收。凡被灾（包括天灾人祸与战争）的乡村，应按其损害的程度，依具体情形予以免征或减征。”对无劳动力、赤贫、军属等政府视其实际情况予帮助。①

4. 抗日公粮征收政策执行后半段与减租减息同步进行。为配合抗日公粮的征收，不但去除以往的一切苛捐杂税，1944 年始在解放区实施全面的减租减息和退租退息运动。1945 年颁布《土地租佃条例》和《退租实施条例》，规定：定租（或称铁租，指按土地面积计算所定之租额），“除照当地减租法令或当地现行减租额给租，一般减租额以‘百分之二十五’为标准”，活租（即按地分粮，出租人只出土地，所需工具皆由承租人自备，就地上收获正产物由双方按成分分配者是谓活租），“按原租额减百分之二十五至四十，出租人所得最多不得超过百分之三十五。”新“二五”减租之后，务求达到地主占总收成 37.5%，佃农占 62.5%。此减租比率以普通田地为标准，如特别瘦瘠之田地每造收成之谷在百斤以下者，共减租额应超过 25%，即地主应占总收成 37.5% 以下，佃农应占 62.5% 以上，依具体情况决定之。如遇灾荒、战争以致收成全部或大部被毁，得停付或在“二五”减租前提下再减付地租。减租减息运动开展后，抗日公粮征收的比率是占总收成的 7%，由地主佃农平均负担，地税征收地主所得（指未减租所得）12%，即总收成之谷 100 斤，以对分的标准地

① 广东省档案馆、广东省惠阳地区税务局：《东江革命根据地财政税收史料选编》，广东人民出版社 1986 年版，第 116 页。

主应得谷50斤，征收地税六斤，加上纳公粮三斤半，共九斤半，农民仅担负抗日公粮三斤半。征收时，如有瞒骗，一经查出予严厉处罚，公粮既可缴实物，也可依时价折钱征收，如路西1944年末征粮以收现金为主。①

5．将抗日公粮的征收与对敌斗争和维护群众利益结合。在征粮过程中，敌伪、反动的大地主、顽固的地主富农会不断造谣破坏，阻挠征收工作，地主会阻挠交出过去收租的巡丁册，阻挠调查田地的真实数目，会串同不明大义的农民以多报少或瞒报田地面积出产数量来破坏征粮工作。针对这些情况，征收人员一方面要做好解释工作，强调抗日的大局；另一方面狠狠打击反动地主，切实贯彻执行条例，真正做到减轻人民负担，严格征收人员管理，认真清查贪污作弊现象。征收过程积极发挥农会的作用，征收人员协同农会亲力亲为帮助指导农民进行减租减息斗争，“以减租减息的彻底胜利来贯彻收粮十足的完成”。如东莞新一区的梅塘乡，“征粮一到，农会就根据减租时各个会员所报告的耕地面积等等这一册籍交给政府，并全体帮助政府征粮，这一乡当时征粮成数是达百分之九十五以上，即是说只有百分之五遗漏未征的”。就当时一般情况来看，在日、伪、顽的干扰下，能征粮达七成成绩已相当不错。抗日战争的反攻阶段，形势很复杂，斗争也很关键，游击区要充分保证部队的供给以保持战斗力，敌人也在此时拼命抢粮，特别是1945年，敌伪四面出动抢掠粮食，游击区军民就在几个主要产谷地区进行剧烈的保卫夏收斗争。如路西军政民是在火线下连夜抢着收割，交粮时动员周围50里内上万农民群众把最前线的二千多担公粮，抢运到安全地区或整批卖给谷商及缺粮区的合作社，以取得现款，保证了公粮的及时按

① 陈苍穹：《东江抗日根据地的财政经济政策》，《惠州大学学报（社会科学版）》1995年第2期。

量征收，也保护了群众的粮食不被日、伪抢掠。当时，哪个地区保卫收成的仗打得好，减租减息做得彻底，哪个区征粮就快、就多、就齐。①

抗日公粮的征收工作复杂而繁锁，涉及面广，工作量大，进行过程有许多困难。如土地的调查极为不易；人手不足；收现金时谷价不易订，贪污流弊也大；收干谷须有安全的地方屯粮，转运中人力浩繁，花费大、易暴露，耗损也大，农民交的百家粮（有的是湿谷）不易贮藏，管理麻烦，所收大量干谷有时在敌人袭击时没法掩蔽而受损，等等。但是，在军政民的互相配合下，克服重重困难，取得抗日公粮征收的重大胜利。为了确切了解土地情况，曾大量印制田亩调查表，分发各乡村进行土地调查，在军队和当地教师会的协助下，不少中小乡村由调查呈报真正得到一份田地册，打击了反动地主阻碍征收的阴谋。抗日公粮的征收积极支持了抗战，也为政府开展经济工作留下了宝贵的经验。

三、发展地方经济，改善人民生活

执行各项税收政策时，华南游击区都考虑到人民群众的切身利益，征购不强迫，对发展游击区经济、改善人民生活的一切给予保护。游击区财政经济工作的总方针是“发展经济、保障供给”，在兼顾公私、兼顾军民的前提下，提出减少人民负担百分之十的口号，努力救济贫困，发展与人民生活有关的行业。1944年，抗日民主政权“集中了二百余万资金，组织生产救济会，救济贫困农民，失业小商人，优待抗属”。发展经济方面以农业为主，生产上积极开荒，扩大耕地，兴修水利，改良农作法，并发展农村副业；手工业方面，鼓励增加日用品的生产与人口，发展

① 陈苍穹：《东江抗日根据地的财政经济政策》，《惠州大学学报》（社会科学版）1995年第2期。

小规模的工业生产与商业流动，实行自由贸易，反对垄断统制，发展人民的合作事业；金融方面，发行生产建设公债和军用券，促进流通。虽然战争频繁的年代不可能集中精力搞经济建设，但各项税收政策的实施与执行，都有赖于地方经济的发展，故而东江抗日根据地努力改善游击区环境，提高人民生活水平。《东江纵队政治部对于建设惠东宝路东区的施政纲领》，提出为巩固与发展东江解放区，坚持敌后抗战，废除过去一切对人民不平等的待遇，彻底贯彻中共中央的土地政策，积极进行生产建设，发展农业、手工业、运输业、盐业、渔业与合作社，奖励正当贸易之自由，调剂粮食和物价，切实贯彻抗日经费合理负担的原则。

抗战时期根据地发展经济、改善民生的措施，深得群众的支持和拥护，发展了军民友谊，稳定了根据地形势。东江抗日根据地通过财政经济政策的制定与实施，特别是税收管理与抗日公粮的征收，全力支援了前线部队的作战，"一九四三年部队供给100%靠收税养活"。1944 年 7 月，《美亚杂志》把东江纵队誉为"纪律良好，经验丰富，获得地方居民及国外爱国团体支持的一支很强的军队，强大的经济后盾就是保持这支军队战斗力不断提高的重要条件。"[①] 抗日战争胜利时，东江纵队发展为 12,000 余人，组织了民兵 12,000 人，解放区面积达六万多平方里，人口450 余万人，成为东江人民争取民族民主解放运动的重要力量。

同样在琼崖根据地，为了克服困难，坚持抗战，琼崖特委和各抗日民主政府采取各种措施，发展根据地经济。面对日军的侵略，琼崖的工农业生产、商业贸易都出现了空前的凋敝。根据地首先着手恢复和发展农业生产。为解决基本生活问题，根据地不但干部战士自己动手，开荒种稻、种菜、养猪，发展农副业生产，而且帮助群众调剂种子，解决耕牛和农具不足的困难。在收

① 刘田夫：《东江纵队与盟国在太平洋的战略》，《美亚杂志》1944 年 7 月号。

割季节，部队和机关人员，一面保卫生产，一面帮助群众抢收、抢种。琼山县第五区抗日民主政府还组织农民代耕队、帮工队、换工队，进行生产互助。1947 年上半年，五指山中心革命根据地建立。从此，琼崖革命有了稳固的后方和依托。琼崖革命进入了一个新的历史阶段，根据地的经济建设也进入了一个新阶段。由于五指山区经济本来就十分落后，因此，根据地的经济形势依然十分严峻。根据地军民采取各种措施，发展、壮大经济实力。随着革命形势的发展和革命队伍的壮大，对粮食和其他物资的需求也较以前大为增加。而五指山区在根据地建立前，农民靠农业不能维持生活是普遍现象。黎族人民平均一年只有八个月口粮，其余四个月全靠采野生植物充饥。琼崖特委认识到，解决困难的根本途径仍然是贯彻“发展经济，保障供给，公私兼顾，军民兼顾，集中领导，分散经营”的经济工作方针，只有发展农业生产特别是农副业生产，才能支持长期战争。1947 年春，在党和民主政府领导下，根据地开展了生产运动。

在生产运动中，民主政府通过各种形式，帮助农民发展生产。如为了解决农民生产资金、生产工具不足问题，民主政府除发动农民互助借贷外，还从极其有限的财政收入中拿出一部分资金借给农民或救济贫苦农民；为了提高生产效率，鼓励农民组织起来，互相帮助；为了扩大生产，组织农民开垦荒地。经过一年的努力，五指山区农民生产获得了空前的丰收。除白沙的红毛、水满、细水三个乡尚缺粮外，其余各乡已无饥饿现象，人民生活有了很大改善。为了克服经济困难，减轻人民负担。琼纵和党政机关积极进行农副业生产。琼崖第五次党代会根据中共中央的指示，专门讨论了机关部队的生产自给问题，确定机关部队蔬菜半自给或自给、粮食半自给的任务。民主政府规定“一切机关，一切人员应参加生产”，并制定了生产纪律和奖励办法。到 1948 年，根据地机关部队大部分都实现了副食自给或半自给，有些地区还做到蔬菜全部自给和粮食部分自给。

为了抗战的需要，根据地还在极端困难的情况下努力创办工业。当时根据地创办的军需工业有军械修理厂、枪榴弹厂等。民用工业有印刷厂、造纸厂、农机修造厂、榨油厂、竹笠厂、炼盐厂等。这些工厂产品不仅满足根据地的军民需要，有的还运销外地。同时，民主政府还鼓励私营手工业的发展，对其给予减免税关照，鼓励外地能工巧匠进入根据地开办手工业，生产群众急需的生活和生产用品。为了发展根据地经济，改善人民生活，民主政府根据党委要求大力发展民用工业的指示，从有限的财政收入中拿出部分资金来办民用工业。1948 年在生产运动中各地政府办起了一批民用手工业作坊，如纺织厂、铁厂、木铺、纸厂、肥皂厂、胶鞋厂、牛皮厂、米粉厂、酱料厂等。[①] 由于资金有限，这些作坊规模都很小。相比之下，规模较大的有白沙县纺织厂、儋县胶鞋厂、琼府供销总社的造纸厂和食品加工厂。这些作坊虽然规模不大，生产工具也简陋，但在保证根据地的军需民用方面发挥了重要作用。

为了解决根据地物资供应困难，琼崖区党委和民主政府主要抓公营商业的发展。1947 年后，在抗战时期原来建立的消费合作社的基础上组建、发展了琼府大众合作社和各地区、各县的供销合作社。当时交易比较活跃的有乐东县的抱由、千家，白沙县的阜龙，琼中县的堑对等墟场集市。在商业活动中，民主政府采取单一税制和对根据地经济实行保护性税收政策，欢迎根据地外的小贩商人前来交易。这些措施和政策，对繁荣根据地经济，粉碎国民党的封锁，增加财政收入起到了积极的作用。为建立和恢复根据地商业贸易，当时由各级抗日民主政府出面创办合作社，经

---

① 唐若玲：《论琼崖革命根据地的经济建设》，《海南师范学院学报（社会科学版）》2003 年第 3 期。

营军民生活用品，极受群众欢迎。为了打破日军的封锁，各级民主政府还组织了贸易委员会，在根据地内或各游击区收购椰子、蜂蜜、海棠油、山柚油等土特产品出口，再进口纸张、药品、布匹等供应军民需要。①

商业贸易的逐步恢复，使得根据地的集市贸易活跃起来，1940 年至 1942 年，文昌县抗日民主政府在宝芳乡开设了一个农贸市场；1943 年澄迈县民主政府在旺商乡开设一个盐市场；1943 年至 1945 年特委和东北区民主政府在六芹山根据地开设农贸市场，鼓励和保护外地商人前来做买卖，连海口的一些大商人也从各地运来布匹、火柴、煤油等生活必需品，在集市里交换槟榔、烟叶、木材、红白藤、猪牛等土特产品和农副产品，使那里的集市贸易活跃起来。这些措施打破了敌人对游击区的经济封锁，不仅保障了部队的给养，满足了群众的生活需求，而且稳定了根据地形势，加强了全民抗日的实力，有效地保证了反侵略战争的顺利进行。

① 中共海南省委党史研究室编：《红旗不倒——中共琼崖地方史》，中共党史出版社 1995 年版，第 306 页。

第九章　抗战胜利后中共中央领导下解放区的经济建设

第一节　抗战胜利后党的经济政策和经济方针

一、抗战胜利后的国内形势

在中国共产党的领导下，经过八年全国抗战，中国人民终于取得了抗日战争的伟大胜利。在八年全国抗战中，中国共产党领导人民进行了全面的游击战争，建立了遍及黄河南北的大片根据地和人民政权，这些根据地成为新民主主义社会的雏形。

抗战胜利后的形势，是中国两种命运的斗争。正如毛泽东在抗战胜利前夕指出的："从整个形势看来，抗日战争的阶段过去了，新的情况和任务是国内斗争。……是建立一个无产阶级领导的人民大众的新民主主义的国家呢，还是建立一个大地主大资产阶级专政的半殖民地半封建的国家？这将是一场很复杂的斗争。目前这个斗争表现为蒋介石要篡夺抗战胜利果实和我们反对他的篡夺的斗争。"① 总之，抗战胜利后的中国，人民热望的和平与民主并没有得到，中国的前途依然晦暗不明。人民要和平，而蒋介石集团给人民的却是战争。中国面临着一场两个前途、两种命运的大决战。

---

① 《毛泽东选集》第4卷，人民出版社1991年版，第1130页。

二、抗战胜利后中国共产党经济政策的调整

解放战争开始以后，解放区经济政策有许多重大变化。根据当时抗战已经胜利，民族矛盾降为次要地位，国内矛盾上升为主要矛盾，农民群众迫切要求废除封建剥削的形势，中共中央决定将在抗战时期实行的减租减息总政策改变为没收地主土地分配给农民的政策。

1947 年 2 月，毛泽东在为中共中央起草的《迎接中国革命的新高潮》的指示中，除了强调土地政策外，还指出：各个解放区必须作长期打算，努力生产，厉行节约，并在生产和节约的基础上，正确地解决财政问题。为此，确定了三条原则：第一，发展生产，保障供给，反对片面地看重财政和商业，忽视农业和工业生产建设的观点；第二，军民兼顾，反对照顾一面，忽视另一面的错误观点；第三，统一领导，分散经营，反对不顾客观条件，一切集中，不敢放手分散经营的错误观点。

1947 年 12 月，中共中央在陕北米脂县杨家沟召开会议，通过了毛泽东关于《目前形势和我们的任务》的报告，进一步确定了党在新民主主义革命时期的三大经济纲领。即：第一，依靠贫农，巩固地联合中农，消灭地主阶级和旧式富农的封建的和半封建的剥削制度；第二，没收蒋介石、宋子文、孔祥熙、陈立夫为首的垄断资本，归新民主主义国家所有；第三，保护民族工商业，对新民主主义经济的指导方针，则确定为“发展生产、繁荣经济、公私兼顾，劳资两利”。

中共中央关于土地改革的决策和经济工作的三大原则，正确地指导了各解放区的经济工作，对于陕甘宁地区和各个解放区发动群众，团结多数，增加生产，支援战争起到了重要的指导作用。

三、抗战胜利后农业政策的实施情况

（一）解放区内土地改革的实践

没收封建地主阶级土地归农民所有，进行土地改革，是新民主主义的三大经济纲领之一。

抗战胜利后，中共土地政策的总政策是没收封建地主阶级的土地归农民所有，实行“耕者有其田”。[①] 抗战胜利后，中共仍在解放区内实行减租减息政策，然后准备采取步骤实现“耕者有其田”。但是，由于一方面在实行减租减息斗争中，广大农民已把矛头指向封建土地制度，有的地区农民已经从地主手中夺取了土地；另一方面，国民党在美国的支持下，积极准备发动反革命内战，向解放区进攻。1946 年四五月间，全面内战已迫在眉睫，在这种情况下，国内阶级矛盾急剧上升为主要矛盾，于是党及时作出决定，把减租减息政策改变为没收地主阶级的土地分配给农民的政策，以实现“耕者有其田”。1946 年 5 月 4 日中共发布了《关于土地问题的指示》。

“五四指示”仍然是一个由减租减息向平分土地的过渡政策。1947 年 7 月，人民解放军由战略防御转入战略反攻，形势发展很快。这时农村要求彻底地、普遍地实行土地改革，以便发动广大农民参军参战。于是，在 1947 年 9 月，中国共产党在河北省平山县西柏坡召开了全国土地会议。在总结“五四指示”以来土地改革经验的基础上，又制定了一个新的土地改革法，即《中国土地法大纲》。

全国土地会议的召开和《中国土地法大纲》的制定，对各解放区土地改革的深入开展起了巨大的推动作用。解放区中土地改革的完成，消除了封建剥削制度，解放了农业生产力，使广大贫苦

① 《毛泽东选集》第 4 卷，人民出版社 1991 年版，第 1253 页。

农民在政治上翻了身，极大地鼓舞了农民生产的积极性。封建土地制度是造成中国贫困落后的根源，是国家民主化、工业化、独立统一及富强的基本障碍。土地改革的完成，去掉了这个障碍，就为解放战争的胜利，为国家民主化、工业化、独立、富强奠定了基础。

（二）解放区农业生产的恢复和发展

在土地改革完成的地区，中共和民主政府又及时地把农民组织起来，进行互助合作，走合作化的道路。在当时的情况下进行互助合作，还是非常必要的。因为随着解放战争的发展，战争规模愈来愈大，所需战勤人员也愈多。这样，在农村中就产生了劳动力不足的问题。为了帮助战勤人员家中解决土地耕种问题，就需要把劳动力组织起来，进行互助合作。中共总结了解放战争以前苏区和抗日根据地中互助合作的经验，结合当时的情况，组织了各种形式的互助合作组织。

互助合作组织，在当时对农业生产特别对帮助缺少劳动力的农户，起到了一定作用。1948 年，东北互助合作组织，保证农村10%—15%的缺少劳动力的农户种上了土地。太行区 1947 年普遍干旱，有些地方还有雹、水、虫、风、霜等灾情，受灾的 26 个县，共难民 73 万余人，由于党和政府大力领导和组织农民进行互助合作和生产自救，使生产增长了 2,300 万斤（小米），按每人每日一斤计，73 万灾民可吃一个多月。

农村中互助合作组织的发展，使农业生产恢复和发展起来。陕甘宁边区，1948 年春，耕地面积已由八年前的 818 万亩增加 1,500万亩，粮食产量由 100 万石增加到 180 万石，棉花由五万斤增至 200 万斤。[①] 新区东北，耕地面积 1947 年扩大了 800 万亩，

① 邢乐勤：《新民主主义革命时期中共农业互助合作运动的实践与理论》，《浙江工业大学学报》2002 年第 6 期。

1948 年又扩大 78 万亩。粮食产量不断增加，1947 年为 600 万吨，1949 年增加到 1,400 万吨。①

总之，土地改革和互助合作组织的发展，使农村农业生产得以迅速恢复和发展。

四、抗战胜利后中共中央工商业政策的实施情况

（一）抗战胜利后解放区工商业的恢复与发展

随着抗战的胜利，解放区不断扩大。到 1945 年底，解放区中已拥有若干中等城市和工矿区，如烟台、张家口、临清、长治以及东北的安东、旅大等城市。1946 年，解放区已拥有较大的矿区、南墅铅矿、铁山铁矿、新汶县煤矿、焦作六合沟煤矿、峰峰煤矿、龙烟铁矿、鸡鸣山铁矿等。

中共解放和掌握了这些大城市及工矿区之后，一个重要的任务就是恢复城市经济和发展生产。由于中共执行了正确的政策，这些城市的经济和工矿业生产很快恢复起来。

（二）没收官僚资本

随着解放战争的胜利发展，解放区迅速扩大，许多大中城市被解放了，共产党的工作重心需要从农村转到城市中来。在解放了的城市中没收官僚资本是中共的一项基本政策。1947 年 12 月，毛泽东在《目前形势和我们的任务》的报告中，及时提出了“没收蒋介石、宋子文、孔祥熙、陈立夫为首的垄断资本归新民主主义的国家所有，保护民族工商业。”② 并且指出，蒋、宋、孔、陈四大家族在他们当权的 20 年中，已经集中了价值达 100 亿—200

① 孙健：《中国经济通史》中卷，中国人民大学出版社 2000 年版，第 274 页。

② 《毛泽东选集》第 4 卷，人民出版社 1991 年版，第 1253 页。

亿美元的巨大资本，垄断了全国的经济命脉，这个垄断资本与国家政权结合在一起，成为国家垄断资本主义。

（三）保护民族工商业

中共的经济政策是对官僚资本采取没收政策，但对民族工商业则采取保护政策。这是由民族资本主义的性质及其在整个国民经济中的地位和作用决定的。“由于中国经济的落后性，广大的上层小资产阶级和中等资产阶级所代表的资本主义经济，即使革命在全国胜利以后，在一个长时期内，还是必须允许它们存在；并且按照国民经济的分工，还需要它们中一切有益于国民经济的部分有一个发展；它们在整个国民经济中，还是不可缺少的一部分。”“对于上层小资产阶级和中等资产阶级经济成分采取过左的错误的政策，……是绝对不许重复的。”“新民主主义国民经济的指导方针，必须紧紧地追随着发展生产、繁荣经济、公私兼顾、劳资两利这个总目标。”① 在中共和民主政府的正确政策指导下，民族私人工商业迅速地获得了恢复和发展。

没收封建地主阶级的土地归农民所有，没收官僚资本，保护民族工商业是新民主主义的三大经济纲领。三大经济纲领代表了中国人民群众的根本利益，因此得到了人民群众的拥护。三大经济纲领的实现，使中国社会从经济基础到上层建筑发生了根本的变化，从而产生一个民主、自由、富强的新中国。在解放战争时期，贯彻执行三大经济纲领，特别是贯彻执行保护民族工商业政策，就是在努力实施新民主主义的经济纲领。

（四）公私兼顾、劳资两利政策

公私兼顾、劳资两利是解放战争时期的一项主要经济政策。

---

① 《毛泽东选集》第4卷，人民出版社1991年版，第1254—1256页。

1947 年底，毛泽东在《目前形势和我们的任务》报告中，针对各解放区在土地改革中出现的侵犯民族工商业者利益的“左”倾错误，明确指出：“对于上层小资产阶级和中等资产阶级经济成分采取过左的错误的政策，如像我们党在一九三一年至一九三四年期间所犯过的那样（过高的劳动条件，过高的所得税率，在土地改革中侵犯工商业者，不以发展生产、繁荣经济，公私兼顾、劳资两利为目标，而以近视的片面的所谓劳动者福利为目标），是绝对不许重复的。这些错误如果重犯，必然要损害劳动群众的利益和新民主主义国家的利益。”① 因此，必须要正确理解并认真地加以贯彻执行。

党在处理公私关系上，实行“公私兼顾”的政策。实行这一政策，是在公营经济领导下，按照解放区国民经济发展的需要和可能，在工业、商业以及价格、税收等方面要使私营厂商有利可图，这有利于解放区经济的发展。实行这个政策，又要使公营经济和私营经济在国民经济中所处的地位是领导和被领导的关系，而不是“平分秋色”。在对待劳资关系上，也采取“劳资两利”的政策。因为这样做，在当时的社会历史条件下，有利于社会生产发展，有利于解放区经济的繁荣。在符合工人阶级长远利益的原则下，使工人阶级忍受一定程度的剥削，能够使私营工商业得到顺利发展。但是必须认识到，工人阶级和资产阶级的关系，在私营经济中仍然是剥削与被剥削的关系。工人阶级有双重地位，在经济上属于被剥削者地位，在政治上是领导阶级。所以，他们之间仍然存在着不可调和的矛盾，否认这一关系是错误的。

在这个总目标之下，解放区的公营经济与私营经济都得到合理的调整与分工，所以在解放区内，除某些事业（主要是军工企业、银行等）由政府专营外，其他事业或者公营，或者私营，都

---

① 《毛泽东选集》第 4 卷，人民出版社 1991 年版，第 1255 页。

是可以的。党和政府对于私人的正当工商业，给予一定的扶助，使其迅速恢复生产或营业。解放军在收复每一座城镇时，对于遭受破坏的工商业，当地政府在经济十分困难的情况下，抽出部分资金加以帮助。如冀鲁豫的淮阳市，在抗战胜利后，对全市已有的369家大小商号在资金上给予帮助，使这些商号迅速恢复并发展到629家，几乎比先前翻了一番。关于贯彻执行劳资两利政策，毛泽东曾指出："在新民主主义的国家制度下，将采取调节劳资间利害关系的政策。一方面，保护工人利益，根据情况的不同，实行八小时到十小时的工作制以及适当的失业救济和社会保险，保障工会的权利；另一方面，保证国家企业、私人企业和合作社企业在合理经营条件下的正当的赢利。使公私、劳资双方共同为发展工业生产而努力。"他又指出，"在民主革命阶段，劳资间的斗争是有限度的。人民共和国的劳动法保护工人的利益，却并不反对民族资本家发财，并不反对民族工商业的发展，因为这种发展不利于帝国主义，而有利于中国人民。"① 毛泽东的上述论述，为正确贯彻执行"公私兼顾，劳资两利"政策是发展新民主主义经济的一项十分重要的新政策。

（五）解放区的商业税收政策

商业税收政策对商业发展关系很大。解放战争时期各解放区的商业税收工作是在抗日战争时期商税政策基础上发展和进一步完善起来的。它对外，完全独立自主；对内，保护正当商业的发展，其目的是在不加重商民负担的同时，增加解放区政府的财政收入，以支持人民解放战争的顺利推进。

根据新民主主义税收任务、政策和有关税收制度的统一规定，在税收工作中，对外贯彻执行保护贸易政策即实行保护关税

① 《毛泽东选集》第1卷，人民出版社1991年版，第159页。

制，进行平等互惠贸易，以使民族经济得到独立自主的发展；对内通过税收政策，使必需品产销得到发展，而使非必需品受到限制；促进物资交流，使市场繁荣兴旺。为此，各解放区基本上贯彻执行了实行低税、免税、轻税和重税等不同的商业税收政策。凡是解放区军民的必需品，在进口时实行低税或免税；反之，则实行重税。凡利于沟通城乡、内外关系的正当商业，采取轻税政策；对投机商业，则采取重税政策，甚至取缔其活动；凡商业税轻于地产税，经营必需品的商业税又轻于经营迷信品、奢侈品的商业税。对烟、酒等某些特殊商品，实行专卖或管理办法，以防奸商投机钻营，限制消费品的发展。所得税的征收则按资本大小、利润多少，实行合理累进的原则，资本大、利润高的多交税，做到公平合理负担。除此以外，在征收制度上，消除了国民党时期那种手续繁杂、营私舞弊的官僚作风，而实行制度严格，手续简便，纪律严明，办事认真、按税率规定收税的工作方法，以达到利民便商的目的。

上述规定的税收政策和税收制度在实际工作中得到了贯彻和落实。在党和民主政府领导下，实行这些政策和制度，不仅增加了各解放区的财政收入，有力地支援了人民解放战争，而且在调剂物资，稳定金融，开展交流、活跃经济，繁荣市场，促进生产和商业发展方面，都起到了十分重要的作用。

（六）解放区的金融货币政策

解放区的金融货币政策主要是自己的银行发行货币，在抵制国民党政府经济掠夺的同时，促进解放区商品的流通、社会经济的发展和人民解放战争的胜利进行。

随着抗日战争的胜利，解放区不断扩大并联成一片，货币制度逐步走向统一的条件已日益成熟。如陕甘宁边区与晋绥区的合并成为西北解放区，从 1948 年 1 月开始发行西北农民银行币；

1948年4月，华北解放区成立，在过去晋察冀边币和晋冀鲁豫的冀鄂币按比价互相通用的基础上，于同年12月成立中国人民银行，并统一发行货币。当时，除东北、中州银行暂时保留外，华北、华东、西北各地区银行一律改为中国人民银行，以华北银行为总行，地址设在石家庄，同时发行全国统一货币——人民币。人民币的发行，标志着中国货币制度进入一个新的历史阶段。

解放区的货币政策和货币制度，在配合公营商业开展对敌经济斗争中起过重要作用。主要是根据对敌斗争的需要，适当、及时地规定敌我货币的比价。其原则是保护解放区的重要物资不外流，有利于物资出口，保证军民必需品入口和照顾过剩产品出口。随着解放区的扩大和全国的统一，把国民党货币逐出解放区，保护解放区军民不受损失或少受损失。

总之，解放区的货币政策和货币制度，在支援革命战争，配合经济斗争，促进内外贸易的开展，保护解放区的财产和发展生产等方面，其作用是十分显著的。

五、抗战胜利后中共中央的财经政策

解放战争中，以毛泽东为首的中国共产党顺应时代发展，科学地提出和发展了新民主主义革命时期的一系列财经理论和思想。为解放战争时期财经工作的顺利进行做出了巨大贡献。

努力发展生产，繁荣经济，减轻人民负担。毛泽东在1945年12月15日写的《一九四六年解放区工作的方针》一文，对财经工作作了如下规定："财政。为应付最近时期的紧张工作而增重了的财政负担，在一九四六年中，必须有计划有步骤地转到正常状态。人民负担太重者必须酌量减轻。各地脱离生产人员，必须不超过当地财力负担所许可的限度，以利持久。……发展生产，保障供给，集中领导，分散经营，军民兼顾，公私兼顾，生产和节约并重等项原则，仍是解决财经问题的适当的方针。”①1947年2月1日，毛泽东在《迎接中国革命的新高潮》中指出：“生产问题。各地必须作长期打算，努力生产，厉行节约，并在生产和节约的基础上，正确地解决财政问题。”②

中共中央的财经政策为解放战争时期解放区经济的发展指明了方向，为解放战争的胜利做了经济上的准备。

第二节　解放战争时期陕甘宁边区的经济建设

一、解放战争时期陕甘宁边区的地位和任务

抗战结束后，陕甘宁边区军民和全国人民一样，为中华民族的胜利而欢呼鼓舞。9月2日，日本军政当局代表在东京湾签字投降。边区政府决定全边区放假三天，以资庆贺。5日，延安举行有两万人参加的庆祝抗战胜利的大会。各分区、各县也相继召开庆祝会和火炬游行会。各界群众纷纷捐款捐物慰劳劳苦功高的八路军将士。八年全国抗战中，边区人民在中共中央和边区政府的直接领导下，以自力更生、艰苦奋斗的革命精神，克服重重困难，建设和保卫边区，把这块贫瘠落后的地方建设成为全国第一个抗日民主模范根据地，始终是八路军、新四军和一切人民抗日武装的总后方和各敌后根据地的政治指导中心。在此期间，陕甘宁边区的社会经济和文化教育各项事业都获得了较大的发展，人民革命力量空前壮大。

面对抗战胜利后国内错综复杂的新形势，边区党和政府以中

① 《毛泽东选集》第4卷，人民出版社1991年版，第1176页。
② 《毛泽东选集》第4卷，人民出版社1991年版，第1216页。

共中央一系列重要决定指示为指针，确定陕甘宁边区军民当前的基本任务是：全面加强边区建设，努力争取实现全国的和平民主统一前途；同时坚决站在自卫的立场上加紧备战，随时准备粉碎国民党反动派的一切军事进攻，保卫边区，保卫中共中央。

抗战胜利前后，边区党政军民把“动员一切力量，支援前线部队胜利反攻”作为自己的中心任务。国共重庆谈判前后，边区党政军民和各兄弟解放区一样，坚决拥护中共中央《对目前时局的宣言》，决心争取和平民主在全国得到实现，表示要做和平民主建设的模范。当国民党反动派不断挑动内战进攻解放区的时候，西北局常委会及时作出加强备战的决定，要求以“保卫边区，反对内战”为口号，加紧做好自卫战争的准备工作，高度警惕国民党反动派随时可能对边区发动军事进攻，并有力支援兄弟解放区军民的自卫作战。

1945 年 11 月 7 日，中共中央发出《减租和生产是保卫解放区的两件大事》的指示。12 月 15 日，中共中央又作出《1946 年解放区工作的方针》的重要决定。据此，西北局 12 月 28 日发布《关于 1946 年边区工作任务》的指示，该文件指出：1946 年将是国内民主势力与反民主势力剧烈斗争的一年，在与反民主势力的斗争中，陕甘宁边区不仅是推动全国尤其是西北民主运动的重要阵地，而且是中国政治指导中心。如果内战继续扩大，则边区有受国民党在军事上大举进攻的危险，因此“保卫边区，进一步巩固和建设边区，一切从长期打算出发，仍为目前的总方针”。

针对国内以及边区的具体形势，西北局向边区军民提出五项任务：（1）继续发展生产，整顿财政；（2）加强整军练兵，提高警惕，反对内战，积极声援国统区正在发展中的爱国民主运动；（3）开展文教工作；（4）发展民主建设，建设区乡政权，密切党内外关系，准备召开各县和边区参议会；（5）切实整顿党务，转变作风。

二、陕甘宁边区为巩固和发展边区经济的努力

（一）陕甘宁边区开展查租保佃的斗争

1945年9月23日，解放日报发表社论《秋收与减租》，指出："今年的秋收与减租工作，不仅为了支援前线，而且也是为了巩固解放区，奠定解放区和平建设的基础"；要求各老解放区"检查过去减租的情形，如减租不彻底的地区，要重新发动群众进行减租。"11月7日，中共中央发出《减租和生产是保卫解放区的两件大事》的指示。12月15日，中共中央再次发出党内指示：1946年，除在一切新解放区发动大规模的、群众性的、有领导的减租减息运动外，老解放区应普遍开展减租减息复查工作，进一步巩固老解放区，为和平民主建设以及反对国民党蒋介石的进攻奠定坚实的群众基础和物质基础。老解放区的查减工作，主要是清算违反减租法令的额外剥削，凡违反者必须退租和订立新约，麦收后依新约计租。

陕甘宁边区属于老解放区，经过土地革命时期的分配土地和抗日战争时期的减租减息，农民的土地问题已基本得到解决，农村经济结构发生了深刻的变化，人民生活水平普遍提高。但由于减租减息运动发展不平衡，而近一两年基本放松了查租工作，以致各地程度不等地存在着影响农民生产积极性的土地问题。在一半以上已分配过土地的中心区（如延属等地），发生一些地权纠纷及少数地主违法收回土地和重租剥削的现象。在未分配过土地的绥德、陇东分区及关中、延属的部分地区，虽然减租减息成绩很大，但个别地方也存在着减租不彻底的问题。有些地主任意倒佃、撤佃假典、假卖或改定租为活租，采取不换约、变相提高租额、明减暗不减，或今年减明年又加等非法手段。有些地方没有订立新约，使佃权缺乏合法保障。也有个别乡村几乎没有实行减

租，有的地主甚至用大斗收租，有的借口重新丈量土地扩大出租地亩数以增加租额，有的把减少的地租作为欠租记账，花样层出不穷。因此，边区政府根据中共中央指示精神，紧密结合1945年冬至1946年春的普选与生产活动，发动广大农民群众开展以“查租保佃”为主要内容的减租斗争并取得很大的成绩。

各级领导机关都十分重视查租保佃工作。绥德分区地委和专署在选举运动开始时，就指示各县结合民主普选开展查租保佃斗争。经过调查，发现本地区存在的主要问题是：减租之后未能及时换约，没把减租与保佃联系起来，顽固地主乘机破坏使一些农民失去佃权。如子洲县双区四乡地主霍云台卖地放账，借口“自种”抽回租地任其荒芜以对抗减租；米脂县卧羊区六乡地主公然出卖土地，放高利贷。这些问题在民主普选、监察工作时被一一揭发出来，群众强烈要求实行减租保佃，并把选举干部与其贯彻执行减租政策的表现结合起来。根据本地区实际，绥德专署详细规定减租保佃办法，确保佃农利益，同时适当照顾地主生活。各地除对少数态度恶劣的地主分子坚决斗争外，对认错并表示愿意改过的地主，则由政府出面，由租佃双方在一起开会算账，解决了不少问题。

关中分区在民主选举中，提出880个地权问题和308个租佃问题。地委和专署召集会议认真研究，对这些问题进行分类，制定不同的处理方针和具体办法：地主夺回的租地应立即返回，巩固减租减息成果，确保佃权，并对典当土地、荒山管理、租赁地基等问题作出详细规定。在马栏的人民代表会议上，人民代表对以往减租工作提出批评，决定全面查租，并召集佃户座谈会讨论解决租额问题，市人民代表会还通过地权租佃方案，规定市政府在一年内将本市所有租佃土地契约重新登记并统统换成新约，确定租佃双方的权益和租额界限，解决现有的各种土地纠纷。

针对减租普遍不彻底和1945年遭灾歉收的情况，10月上旬，陇东党委指示庆阳、合水、镇原三县：秋收后普遍复查减租情况，务使减租达到彻底，并应按今年歉收情况酌情再减或免交租子，要求各县制定临时减租标准试行。专署还指示华池、曲子、环县县政府切实保障群众已分得的土地，若有人侵犯农民权益，坚持依法严格处理。

延属分区各县也结合普选检查，进一步弄清了当地土地问题。延川县参议会的决议规定：今后全县重新登记土地，确实统计公地，不许地主讨要旧账本的欠债，农村贷款月利不得超过一毛，粮食借贷春借一斗，夏还一斗三升，秋还一斗五升，全年以五升计息不得多要。

安边县解放后，也于 1946 年 3 月召开县临时参议会，决定立即在全县范围内实行“二五”减租。该县佃户纷纷成立农会，向地主进行清算，要回多收的租子，东滩区五个乡，开始减租试点工作。

陕甘宁边区的这次减租查租活动，有三个特点：（一）把民主普选、检查政府工作与查租减租斗争紧密结合起来，互相促进，充分发动了群众，揭露出不少实际存在的问题。（二）乡、县、边区三级人民代表会或参议会，都把减租查租作为工作重点，作出决议，制定有关法规或条例，使具体问题的处理有法可依，保证查租保佃活动深入发展。（三）合理调节地主与佃农的利益，对不法地主的清算一般采取说理斗争的方式，注重保护中农利益和扶植富农生产等政策。查租保佃活动健康普遍地展开并取得重大成绩，促进了整个社会的安定团结，保护了现有的生产力水平，调动了各方面的生产积极性，为边区生产建设的进一步发展和积极准备武装自卫创造了十分有利的条件。

（二）抗灾救荒，发展生产

1945 年，继春旱之后，又发生了大面积的夏秋干旱，加上风沙、虫蚀、冰雹、霜冻等自然灾害频频侵袭，给边区农牧业生产造成严重的损害。1946年春天，边区又出现更为严重的春荒。

1945年5月，西北局和边区政府相继发出关于防旱备荒的指示和训令。紧急动员全边区人民行动起来，抗旱救荒，大搞生产。6月26日，边区参议会和边区政府领导人林伯渠、李鼎铭、谢觉哉等联名写信给各级参议员、劳动英雄、模范工作者和中小学教员，号召他们带头努力救荒，并组织人民加紧生产，节约粮食、防荒备荒。于是，生产救荒活动在全边区轰轰烈烈地开展起来。为了救荒救灾，增加生产，各地采取的主要措施是：抢种和补种秋田作物，赶锄秋草，扩大冬麦面积，增种土豆、萝卜、南瓜等品种，同时积极兴修水利打井、挖渠、改造水浇地等，争取多打粮食。

边区政府号召全体军民开展增产节约活动，节衣缩食，共渡难关。规定部队、机关、学校降低伙食标准，每人每天节省口粮四两（小米），并完成个人生产任务（每人每年交粮一斗）。同时，严令各单位供应商点的铺张浪费行为，珍惜粮食，禁止用粮酿酒熬糖，严禁粮食出口。号召人民节用口粮，积极采集和贮存野菜、野果、枣、苜蓿、玉米心、荞花、榆树皮和糠麸等作为代食品。动员家家户户订立备荒计划，做长期打算。建立义仓，开展群众互济活动。政府还为重灾区调拨麦种，保证及时冬播，争取来年丰收。如延属分区就给子长县拨去麦种200石。8月15日，边区政府紧急指示种麦地区采取一切必要措施，保证全部种上冬麦。

发展生产，繁荣边区经济是克服暂时困难、巩固边区的根本大计，因此，边区政府根据中共中央的指示，始终紧紧抓住边区生产这个基本环节，提出1946年要使边区生产再前进一大步的光荣任务。1945年12月17日，边区政府发出关于增产粮食的指示，要求县区乡干部深入群众，在领导生产中坚决克服命令主义和放任自流两种偏向，使群众生产运动得到正确和必要的指导；要求各地精耕细作，改良农作方法，更加合理地整顿变工、扎工、唐将班子等劳动互助组织，继续推行劳模运动，改造二流子，有计划地组织移民从事生产。12 月 29 日，西北局书记习仲勋主持召开农业技术座谈会，有建设厅负责人、延属地委负责人、和农业专家参加，共同探讨研究如何提高边区农业生产。

从春耕到夏收，各地都重视把劳力组织起来。短期或长期参加变工、扎工等劳动互助组织的，最高的如延属县达到全部劳动力的 62%，最低的如固临亦达到 23%。绥德王家坪村，对主要庄稼采取变工的办法效率大大提高，既有效弥补了劳力的不足，又做到了不违农时。各地的干部作风和工作方式也有很大变化。例如，安边县干部深入基层培育生产骨干，在全县范围内就有 231 名骨干分子。绥德王家坪，成立了由九名骨干组成的核心组，带领群众把本村建成自制模范村。经过党政军民的一直努力，加上 1946 年夏秋雨水较足，边区农业生产取得了极大的成就。全边区耕种土地 1,500 余万亩，植棉 35.1 万亩。收花约 200 万斤，夏田收获细粮 85 万石，加上秋粮，共折合细粮 180 万石。部队、机关和学校的自给生产也取得新的成绩，蔬菜大部分已能自给。伙食费和办公费方面，仅据延安 16 个机关的统计，自给率已达到 47%，边区政府仅五个厅的干部生产，总产值就达到 870 多万元。

（三）贯彻“五四指示”，开展土地改革

1946 年 4 月，中共中央委托刘少奇、任弼时召集各解放区负责人到延安开会，讨论研究解放区土地问题、经济建设和财政金融贸易问题。各解放区负责人一致反映，解放区广大农民在反奸、清算、减租、减息、退租、退息斗争中，已开始直接从地主手中取得土地。中央对此非常重视，认为如果在拥有 1.5 亿以上

人口的解放区解决土地问题，就可以使解放区人民坚持长期斗争而不觉疲惫，否则就不会得到广大人民的支持，是不可能战胜强大敌人夺取胜利的。在国民党反动派即将向解放区发动全面进攻的形势下，为了满足广大农民对土地的迫切要求和有效对付国民党的军事进攻，中共中央于5月4日发出“五四指示”。文件指出：解决解放区的土地问题，是我党目前最基本的历史任务，是目前一切工作的最基本的环节。各解放区必须放手发动人民群众，除继续坚持减租外，应采取多种多样的方式和方法，使地主土地大量转移到人民手中，实现“耕者有其田”。解放土地问题的方式，一般不是无偿没收，而是通过清算、购买等办法实现有偿转移。文件还具体规定不可侵犯中农利益，要保护工商业，一般不动富农土地，区别对待大中小地主、恶霸和非恶霸地主，反对乱打乱杀，适当照顾开明绅士，团结知识分子。“五四指示”标志中共土地政策由剥削封建的减租减息开始向消灭封建的分配地主土地阶段过渡。随后，土地改革运动在各解放区迅速展开。

陕甘宁边区贯彻执行“五四指示”有自己的特点。西北局和边区政府认真研究边区土地问题的现状，认为：边区情况不同于刚从日伪铁蹄下解放出来的新解放区。边区一半以上的地方，早已在土地革命时期分配过土地，另一半未经分配土地的地方，由于抗战以来长期坚持减租减息政策，地主土地将近一半已经转移到农民手里。因此，在前一类地区，仅有部分地权纠纷及少数地主违法收回土地等问题。后一类地区，则较普遍地存在着或轻或重的减租不彻底现象。从边区土地问题的实际情况出发，西北局和边区政府决定，在1945年查租保佃斗争的基础上，进一步发动群众，在未分配土地地区仍以减租保佃为主，在已分配土地的地区以解放地权纠纷等问题为主，促进和发展边区生产，尔后在适当时候用稳妥方式进一步解决边区土地问题，逐步达到“耕者有其田”的目标。

7月21日，边区政府发出《关于减租和查租的指示》，指出农民是边区经济的基本动力和民主政治的基本支柱。进一步放手发动群众，深入开展查租减租运动，不仅为了提高农民的物质生活，而且是为了发展边区的国民经济和加强边区的民主政治，达到促进生产，巩固边区，增强自卫力量，反对国民党军事进攻的目的。要求各地把查租减租作为夏收和秋收后的中心工作，要求各级干部坚决克服“减租并非大问题”或“已无大问题”的思想，认真学习和掌握有关政策，按照本地区具体情况，发动、组织和依靠群众加强农会工作，使之成为查租减租的坚强核心，坚决纠正任何恩赐观点和包办行为。针对不同地区的实际情况，边区政府规定的方针是：在减租已彻底的绥德分区和关中分区，应以复查和保佃为主，在减租尚不彻底的陇东分区庆阳、合水、镇原一带，应以减租减息、退租、勾欠、换约、保佃为主；在解放不久的安边，除依照《边区土地租佃条例》进行退租，勾欠、换约、保佃、切实减租外，并应根据当地具体情况，适当照顾各阶层利益，在已经分配过土地的老区，应进行土地登记，调解纠纷，确定地权，同时认真执行《边区土地租佃条例》中有关减租率的规定，坚决纠正重租剥削现象。为加强指导，边区政府派出了三个工作组分赴绥德、陇东和三边，帮助当地开展查减工作。

经过深入调查研究，各地发现不少问题。例如，合水恶霸唐子光、庆阳恶霸王铨横行不法，欺压群众；延安县地主张登云利用乡长职权改填土地所有权证书；等等。这些事情，给各地干部上了几次大课，使大家认识到边区有些地方确实存在着“死角”。

在查减运动中，边区一些开明绅士和起义军官自动献地，请求政府把这些土地分配给少地的农民。他们的义举，受到政府和人民群众的称赞。

9月以后，边区各地在继续发动群众解决租佃问题的同时，开始试办征购并分配地主超额土地的工作。边区土地改革进入新阶段。

1．试行土地征购。土地征购就是由政府颁布法令，发行土地公债，再以公债作为低价交付地主，征购其超出法定数额的那部分土地，然后将这些土地分配或低价出售给无地少地的农民。用征购办法解决中国的土地问题，是孙中山早年提出的一种设想，但从未有人实行过。为了适应动员解放区全体人民参加自卫战争形势的需要，为了巩固人民统一战线，争取和平民主，反对内战独裁，中共中央考虑，制定一种公开颁布的，体现有偿和等价交换原则的征购地主土地政策和具体办法，即：由政府发行公债作为地价交付地主，分十年还本；公债基金或者由得到土地的农民担负一部分，每年向政府交付一定数量的地价，分十年至20年还清，另一部分由政府财政收入中调剂；地主在征购以前所欠农民的债务，农民亦可折算为地价；大地主超过法定数额的土地，依法照半价或半价以下递减的价格实行征购。这种征购设想既有利于解决解放区的土地问题，又使国内民主人士和中间分子容易接受；既能使无地少地农民增加一条获得土地的途径，又可以保障地主的基本生活。这实际上是一种赎买办法。

1946年7月，中共中央就征购地主土地问题征求各解放区意见。许多解放区鉴于激烈的自卫战争环境和清算斗争普遍开展，故都不主张实行土地征购。陕甘宁边区则不同。因为它是土地革命战争时期建立的老根据地，其土地占有状况不同于其他解放区，而且它是中共中央所在地，具有独特的政治地位，一举一动皆为中外观瞻所系，对全国和国外都有较大的影响。在中共中央的直接指导下，西北局和边区政府决定边区土地改革采取征购这种较为缓和稳妥的办法。

在试行征购的过程中，西北局和边区政府及时总结并推广绥德新店区贺家石村和庆阳王家塬乡的成功经验。贺家石村的主要经验是：力求农民普遍得到土地，在此基础上照顾原佃户，结果全村 72 户贫苦农民普遍获得利益，实现耕者有其田。王家塬乡的主要经验是：在征购之前充分发动群众对地主展开面对面的诉苦清算斗争，打掉地主的威风气焰，使农民看到了自己的力量，然后由农民考虑地主的地征不征、征多少留多少、低价定多少等重大问题，再实施征购，由农民分地、丈量土地，地主写约，结果所有无地或少地的农民都得到了土地。

12 月 28 日，边区政府发出《贯彻土地改革，准备明年生产，加强民兵整训以支持战争胜利》指示信，要求已经完成彻底减租的地区（如绥德分区各县）进一步实行普遍征购和分配地主超额土地，其他未曾分配过土地的地区（如陇东分区各县、安边及关中分区各县等）应在继续发动群众深入检查的基础上普遍进行征购分配。西北局和边区政府计划在 1947 年春耕之前完成边区的土地改革任务。

中共中央对陕甘宁边区的土地改革做法和成绩给予充分的肯定。1947 年 2 月 8 日，中共中央向各解放区通报陕甘宁边区的经验，指出：陕甘宁边区若干地方试办土地公债的结果，证明这是彻底解决土地问题，最后取消封建土地关系与更多满足无地少地农民土地要求的最好办法之一。用公债征购土地分给农民的办法，只要诉苦清算配合起来，不把它看作单纯的买卖关系，就只有好处而无害处。好处在于不是以公债征购代替清算、献地等，而是在这些办法之外再给农民增加一种获得土地的办法，更有利于发动群众，减少中间派资产阶级的反对，使土地问题迅速完全地得到解决。

陕甘宁边区实行征购办法有一个重要的前提条件，即边区虽然不断遭到国民党反动派的局部军事进攻，但至此尚没有发生全面战争。1947 年 3 月，胡宗南集团向陕甘宁边区发动大规模的全面进攻后，边区的土地改革被迫中断。当胡宗南对陕北的重点进攻被粉碎后，鉴于国内形势已经发生了根本性的变化，边区遂放弃了征购办法。遵照中共中央指示，陕甘宁边区和其他解放区一道，将土地改革迅速推向彻底废除封建土地所有制，实行平分土地的新高潮。

2. 西北局义合会议与土地改革运动的兴起。在人民解放军转入战略进攻和国民党统治区人民运动高涨的新形势下，1947 年 10 月 10 日，中共中央发布了由毛泽东在葭县神泉堡起草的《中国人民解放军宣言》，提出“打倒蒋介石，解放全中国”的口号，同时公布党的全国土地会议所制定的《中国土地法大纲》，宣布“废除封建及半封建性剥削的土地制度，实行耕者有其田的土地制度”，要求各解放区更加深入普遍地开展土地制度改革运动，并结合土改整编党的队伍，从而彻底解决土地问题，以充分调动广大农民的革命和生产的积极性，支援解放战争。

土地改革既是民主革命的中心内容，也是保证革命战争胜利最基本的条件。为了贯彻和执行中共中央关于土地改革和整党的重大决策，1947 年 10 月下旬至 11 月下旬，西北局在绥德县义合镇召开陕甘宁边区干部会议。会议传达了全国土地会议精神，着重检查和总结自贯彻执行中共中央《关于清算减租及土地问题的指示》以来，边区进行清算、减租、征购地主土地的进展情况和问题，严肃批评和纠正了领导作风上的官僚主义，某些离开党的路线、政策和违反纪律的倾向；对于部分干部中出现的阶级观点模糊、对敌斗争不坚定、不敢放手发动群众的右倾思想，予以揭露、批判和教育。会议作出关于彻底完成边区土地改革和开展整党工作的决议。12 月 6 日，西北局、边区政府和联防军司令部发布《坚持实现土地法大纲》联合布告。

这次会议的召开，对推进陕甘宁边区的土地改革运动起到了重要作用，会议基本上是成功的。但是也有缺点，即对边区的区情和特点有所忽视，未能从实际出发制定恰当的土改工作方针和有关政策，这也是当时许多解放区共同存在的一种倾向。

西北局义合会议后，各分区和各县都先后召开干部会，传达贯彻义合会议精神，迅速开展土地改革运动和整党试点工作。然而，凡是土改运动猛烈发展起来的地方，差不多都发生了扩大打击面的“左”倾错误。其主要表现是：侵犯中农利益，给一部分工商业造成损害，群众和干部思想产生混乱，等等。

这些“左”倾错误的产生，有党的政策的不完善和干部缺乏领导大规模土地改革运动的经验等原因，也有更深刻的社会历史根源。特别是在小农经济基础上形成的农民平均主义思想，在中国有其悠久的历史，它是旧时代农民反封建斗争的重要精神武器。在异常艰苦的革命战争环境里，一旦土地改革运动把农民发动起来，这种平均主义要求很容易形成一股强大的浪潮，冲击党的方针政策。中国共产党的历史使命是在充分发动农民大众反封建的积极性的同时，不断地对农民群众坚持教育、引导和克服这种平均主义的传统。然而，当时许多干部都缺乏这种应有的思想准备，加上整党中严厉批判右倾的影响，不敢保持党的正确政策，放任或者附合农民自发的平均主义要求，因而造成“左”倾错误。这些“左”的偏差很快引起中共中央的注意和重视，并立即采取措施坚决予以纠正，使土改和整党工作沿着健康的轨道发展。

3. 坚决纠正“左”的错误，边区土改迅速走上正轨。针对土改中“左”的风潮，西北局不懈努力，做了大量卓有成效的工作，比如：重申中共中央制定的政治路线、土改总方针与基本原则；及时转发中共中央一系列政策文件，并结合边区具体实际作出必要的补充规定，为各地纠偏提供政策指导。西北局陆续印发《关于土地斗争中的一些问题的决定》、《中央关于在老区半老区进行土地改革与整党工作的指示》和《土地改革中的几个问题》等重要文件，要求各地认真学习研究，坚决贯彻执行。

西北局主要负责人分赴各地检查指导工作（如林伯渠、习仲勋在绥德分区，马明方去延属分区，马文端去三边陇东），并要求各分区各县领导干部也经常分散下乡，到基层群众中去，大力宣传政策，即时发现和帮助解决实际问题，接受并处理群众的申诉等。

由于西北局态度坚决，措施有力，“左”的风潮在边区滋生泛滥不足一个月，就基本上被刹住了。这具体表现在：经过广泛宣传，党的方针政策已经走进了千家万户，开始深入人心，各阶层群众情绪普遍安定下来。

1月4日、19日和2月6日，习仲勋先后三次给中共中央写信，如实报告边区各地土改普遍发生“左”倾偏差问题及其所造成的严重危害，并说明目前正在努力纠正的情况，毛泽东对这些报告极为重视。他将习仲勋《关于土改中一些问题的报告》等材料迅速批转全党，要求各老解放区凡有同样情形者，务须密切改正“左”的错误。这就对边区土改工作的顺利进行提供了保证。

（四）战胜“胡祸”、天灾与瘟疫，重建家园

1947年初，胡宗南、马步芳的国民党军队对陕北发动“重点进攻”，曾先后占领边区境内的所有县城市镇，“清剿”和“扫荡”了90%以上的乡村。全边区217个区，胡、马军队就到过195个。所到过之处，一律实施灭绝人性的“七光”政策，造成边区人民多年辛劳而积攒起来的家务，大半化为无有。

在战火纷飞、“胡祸”猖獗的同时，陕甘宁边区又遭到旱、涝、雹、霜、虫、鸟、鼠等自然灾害的频繁袭击，整个边区无处不灾。数百万亩庄稼被毁，其余的也产量锐减，平均只有往年的三成左右。这些给陕甘宁边区人民造成了严重困难。然而，久经锻炼和考验的边区人民是吓不倒压不垮的英雄人民。他们在西北局和边区政府的领导下，以“胡祸必灭，人定胜天”为口号，继续发扬战胜国民党反动派军事进攻的革命勇气与决心，同“胡

祸”、天灾及瘟疫展开了顽强的斗争。

在这种艰难的情况下，西北局和边区政府确立“生产救灾”的方针，并为此做出了巨大的努力：

第一，广泛进行思想与政治动员，号召全体党员、干部、群众深刻认识灾荒的严重性，树立必胜的信念，采取一切办法和灾荒瘟疫作斗争，坚决反对漠视灾情、麻木不仁、束手待毙等错误思想，成立各级生产救灾委员会，加强领导，统一指挥，派遣大批干部下乡，协助地方开展工作。

第二，为安定和鼓励群众的生产情绪，在春耕之前停止土改，坚决纠正土改工作中的一切偏向，认真落实政策，号召生产发家，劳动致富。针对战争与灾荒造成的劳、畜力不足，种子农具缺乏以及转移难民遗弃大量土地等情况，提出帮助群众解决生产中各种具体困难，普遍动员和组织劳、畜力变工互助，提倡妇女参加农业生产，发动群众互相调剂，由政府发放农业贷款35亿元。据不完全统计，各级政府给贫苦农民解决农具三万件，种子3,910余石，有30%左右的劳畜力参加变工，结果大部分土地及时下种，奠定了战胜灾荒的根本基础。

第三，利用冬闲季节，发动群众开展各类副业生产。由贸易公司、工合组织和合作社负责，指导帮助各地群众开展纺织、运输、熬硝等生产，发放贷款，提供原料，收销土产，调剂余缺。

第四，严格保护工商业，大力恢复老区经济。努力恢复和繁荣老区经济，是陕甘宁边区政府的又一项重大任务。这不仅是生产救灾的迫切需要，而且从长远看，也是稳步恢复和发展边区建设的基本条件之一。在过去的十余年间，边区政府正确执行党的新民主主义经济政策，使边区工商业获得了长足的进步和前所未有的繁荣，达到支援战争、防灾备荒和改善民生的目的。但是，胡、马军队的疯狂进犯，使边区工商业遭到了惨重的破坏。1947年冬的土改，各地又程度不等地出现了侵犯工商业者利益的

“左”倾错误。进入1948年以后，边区政府以十二月会议精神为指导，把恢复边区经济保护工商业摆在重要位置，大力落实党的政策，坚决纠正“左”倾偏差。

总之，在中共中央的亲切关怀和兄弟解放区的大力帮助下，西北局和边区政府带领全体军民排除万难，艰苦奋斗，终于战胜了空前严重的大饥荒，为边区经济建设的顺畅发展打下了良好的基础。

（五）力争边区生产再提高一步

1．努力完成基本区土改任务。根据中共中央《1948年土地改革和整党工作》指示，7月，西北局召开边区地委书记联席会议，决定结合农村整党，继续贯彻落实中共中央制定的各项具体政策，争取在1949年春季以前完成基本区的全部土改任务。会议研究认为：基本区的封建土地制度早经消灭或已基本消灭，所以不再提出“平分土地”口号，而是普遍颁发土地证，确定地权，坚决保障农民的土地所有权不受侵犯，同时在尚存某些土地问题的地方继续实行合理抽补、适当调剂的办法，进一步调动广大农民的积极性，号召人人安心劳动，家家努力生产，发家致富。会议强调各地在具体工作中，应经过详细调查研究，根据不同类型地区的实际情况而采取不同的步骤和办法，深入细致地解决问题。

凡经过土地革命的老区，分为两种情况。有一部分地窄人稠地区，过去土地分得比较彻底，无地产也很少，则在重新颁发土地证确定地权的过程中，将现有的少量工地、黑地、遗弃地及收回被个别地主富农非法夺占的土地，用于个别调剂，尽先使当地贫苦务正的农户与长久居住的移难民获得适量的土地，帮助他们进行农业生产；对过去分得土地后又把土地卖出的二流子以及不打算久居的移难民，可以少补或不补给土地。在另一部分属于地广人稀的地区，公地荒地尚多，移难民也很多，则先调剂土地，使移难民和无地少地农户获得足够的土地，然后颁发土地证确定地权。

在经过减租的老区半老区，也分为两种情况。其中大部分地区经过减租及历次土改斗争，土地问题已基本得到解决，但今春土改时处理错误之类的遗留问题尚未全部改正的，必须认真、恰当地加以解决后，再发土地证确定地权。另有少部分地区，今春未进行调剂，则根据实际需要首先从事抽补调剂工作。所抽土地的主要来源，是抽取地主、旧富农多于总人口平均数以上的土地，彻底纠正以往分地中的不公现象以及公地、绝门产、遗弃地等，合理分配或调剂给地少、地坏和地远的农民。完成抽补调剂后，再颁发土地证确定地权。

这期土改由于方针政策明确界限清楚，方法步骤切合实际细致稳妥，所以各地进展一般都比较顺利。1949 年春，大部分地方胜利完成土改任务，确定地权工作基本结束。

2. 进一步调整政策，加快恢复经济的步伐。从年初开展大规模救灾活动时起，西北局和边区政府就着手于把自己的工作重点逐步转移到恢复生产发展经济上。4 月，毛泽东在晋绥干部会议上讲话，指示凡完成土地改革任务的地方，都必须立即提出恢复和发展生产的任务。当地党政机关必须把最大部分精力放在恢复和发展解放区农业生产以及市镇工业生产方面。在 5 月至 9 月中共中央召开的几次重要会议上，毛泽东又反复强调全党当前的中心任务是“军队向前进，生产长一寸，加强纪律性，革命无不胜”，指出各解放区后方工作的基本方针是努力将农业工业等各项生产事业再提高一步，以便能长期地、更强有力地支援战争，彻底战胜国民党反动派。

遵照中共中央的一系列重要指示，1948 年下半年，西北局和边区政府一手抓整党和土改，一手抓政策。通过调整和放宽政策，进一步刺激各阶层群众的劳动情绪，使他们牢固树立生产发家、勤劳致富的思想，加快边区医治战争创伤、恢复生产繁荣经济的步伐，增强支持西北解放战争的实力。

由于西北局和边区政府的坚强领导，政策对头，加上军民团结努力奋斗，陕甘宁边区1948年在恢复生产、重建家园方面获得了重大成就。到年底，基本区耕地1,636.5万亩，共产粮157.54万石，产棉100万斤。在工业方面，军工生产发展较快，总产量已达到1947年水平的250%；民用基本工业初步恢复，一些主要产品（原油、火柴、肥皂、造纸、农具等）的产量逐渐接近1946年的生产水平。民间手工业一般达到战前的50%至70%，民间纺织恢复到1946年水平的60%至70%。各主要公路都已修复通车，交通运输大部恢复，边区境内及各解放区的邮政畅通无阻。

边区教育事业亦有较大恢复。在老区，已有600余所小学复课，共收生约1.5万人；中学恢复四所，有学生近700人，并附设示范班；绥德、三边、陇东的分区干校都附设中学班，收生近千人；各县也都开办了干训班培训干部。各地学生人数一般都达到战前的50%左右。此外，还陆续创办了西北财经学校、西北军事政治大学、西北艺术学校等一批新校，更多地培养训练各类干部，使之能更好地为西北人民的解放事业服务。

总之，在西北局和边区政府的领导下，陕甘宁边区的经济建设在曲折中不断走向前进，为支援解放战争夺取胜利，做出了巨大贡献。

第三节　解放战争时期其他解放区的经济建设

一、东北解放区的经济建设

日本投降后，国民党为了窃取抗战果实，在美国的支持下，于1945年11月大肆进攻东北。面对国民党猖狂进攻和敌强我弱的局势，中共中央及时转变了御敌于东北大门之外的战略。中共中央、毛泽东高瞻远瞩，于同年12月28日发出了《建立巩固的东北根据地》的指示。提出把东北的工作重心放在距离国民党占领中心较远的城市和广大农村。“让开大路，占领两厢”，以便发动群众，建立巩固的根据地。逐步积蓄力量，以便将来转入反攻。发动群众建立巩固的根据地是党的工作重心所在。

（一）东北解放区的农业建设

东北根据地创建开始于1946年7月。1946年7月3日，东北局在哈尔滨召开了重大会议，通过了《关于形势和任务》的决议。决议指出：目前或今后一个时期内，发动农民，创建根据地是我们工作的第一位。而创建根据地的主要内容是：发动农民群众，开展反奸清算、减租减息、分粮分地斗争。普遍地执行中央的“五四指示”。在农村斗争中，改造基层政权，建立农会，组织人民武装，是东北自卫战争成为广大人民参加的战争。决议号召广大党员、革命干部要走出城市，丢掉汽车、脱下皮鞋、换上农民衣服、不分男女、不分资格，一切可能下乡的干部都到农村去创建根据地。例如，佳木斯市机关、东北军政大学分校和东北大学共组织了两个工作团下乡发动群众。一场土地改革、创建根据地的斗争轰轰烈烈地展开了。

在日伪统治的14年里，东北人民饱受了侵略者的压迫和汉奸恶霸的欺辱。农民渴望解放，人民渴望自由。但他们对共产党、对共产党领导下的军队还不够了解。因此，当工作团刚下乡时，老百姓认为他们是城里的大官，怕惹是非，谁也不敢靠近，见到工作团掉头就走。面对这种情况，工作团的干部就主动深入群众，帮助他们铲草，休息时主动和他们拉家常，宣传党的政策。女干部还到老百姓家里串门，帮他们整理家务。时间一长，老百姓就觉得这些人和蔼可亲，很快打破了僵局。

条件成熟后，工作团召开积极分子和群众大会，进行土地和敌伪财产分配。在土改中，除将伪满时期日本开拓团侵占的土地无偿分配给农民外，还利用清算租息、清算额外剥削、清算无偿劳役、清算霸占侵蚀、清算人权侮辱等种种方法，将地主手中的土地在还积债、交罚款、退还霸占、赔偿损失等各种名义下，转移到农民手里。农民得到了土地和粮食，从心里感谢共产党、拥护共产党。

在土改斗争中，东北解放区各地都对与人民为敌的大恶霸、大汉奸进行了严惩。其中，最典型的是 1946 年 8 月 14 日牡丹江省公审王九鹏大会，王九鹏是前伪满东满总省高等监察厅思想检察官，又称“活阎王”。数年来他在伪满的刑场、牢狱、法庭害死抗日志士和无辜群众不下数万。有名的“秋湖惨案”使 47 名抗日英雄惨遭杀害。“佳木斯血案”中，70 名“思想犯”、“政治犯”仅有一人逃生。1948 年 8 月 14 日上午，人民政府在公审大会后将其处决。

由于共产党真正为人民办事，为人民做主，人民就拥护共产党，就跟共产党走。有的老百姓说：“我活了 70 来岁，从来没碰上这样处处为老百姓办事的政府。”1947 年 10 月，中共中央颁布了《中国土地法大纲》，东北行政委员会根据东北的具体情况，制定了东北地区实行《中国土地法大纲》的补充办法。经过土改，东北解放区在政治上、经济上彻底消灭了封建制度，初步解决了农民生产资料和生活资料的困难，充分调动了农民的积极性。东北根据地的建设如磐石般地巩固起来，从而有力地支援了解放战争。

（二）东北解放区的工业建设

东北解放区的工业，是在接收和改造日伪统治时期的殖民地工业和国民党统治区的官僚资本主义工业的基础上，在激烈的战争环境中发展起来的。因此，东北工业的发展具有诸多不利因素。(1)工业的畸形。当时的钢铁生产，采矿能力大于选矿能力，选矿能力大于炼铁能力，炼铁能力大于炼钢能力，炼钢能力又大于轧钢能力。因此，大量的铁砂和生铁被运往日本。也就是说，东北虽有全国最发达的重工业基础，但是并不能自成工业体系。(2)不完整的东北工业，又多次遭到严重的破坏和损失。首先是日本投降前后对东北工业的破坏，其次是国民党在战败时对东北工业的破坏。此外，苏军进入东北后运走了东北工业的一部分比较新式的工业设备，使东北工业设备损失严重。(3)技术人员和技术工人比较缺乏。因为原在东北的近 20 万日本技术人员和技术工人已几乎全部归国，中国技术人员和技术工人原来就很少，大部分又被国民党胁迫入关。(4)资金的紧缺。由于处在战争环境中，解放区资金有限，还没有能力投放大量资金恢复和发展生产。总之，我们党要发展东北工业，必须克服当时的日伪造成的东北工业发展的畸形状态，克服日本、国民党破坏造成“有机器的地方无原料，有原料的地方无机器”和技术人员严重缺乏的局面。但是，由于东北地区自然条件优越，又具有一定的工业基础，因此，东北工业发展也有诸多有利条件。(1)自然资源丰富。不仅有农林水利资源，而且有丰富的矿藏资源，各种工业资源差不多应有尽有。(2)有比较发达的交通工具与密布于东北地区的铁路、航路、公路网，也是发展东北工业的重要条件。(3)有比较充足的电力设备和机械化条件，可供进行近代化工业的大机器生产。(4)有几十万产业工人大军和一定数量的技术人员，这是发展工业生产力的主要条件。东北解放区的工业正是在这种不利与有利因素交织下恢复和发展起来的。

解放战争时期，东北解放区工业的发展，大致可以分为三个阶段。第一个阶段（1945 年 10 月—1947 年 5 月）为东北工业初步恢复时期。东北解放区的工业有五种主要成分，即国营和公营工业、合作社工业、私人资本主义工业、国家资本主义工业和个体劳动者的小手工业。其比重是：国营工业占绝对优势，其次是私人工业，再次是地方公营工业，第四是国家资本主义工业，最小的是合作社工业。中共东北局根据东北解放区工业经济五种成分的性质和状况，采取正确的方针，主要发展国营工业，特别是以重工业和军事工业为重点。1946 年东北局提出发展工业的方针是“发展农村手工业及恢复必要的、条件可能的机器工业”。同时确定矿山是以恢复煤矿为重点，工厂是以军工和供给工矿的发电厂与机械厂为重点。1947 年，东北局从解放区实际出发，提出了“农业生产是解放区的生产工作的中心”和“有计划的组织工业生产”以及“机器工业应与手工业相结合”、“机器工业应与农业相结合”的方针，并且规定以恢复必要的工矿业和铁路运输业、发展军需工业与纺织工业为重点。这也是解放战争必需的物资，需要尽快解决的。1946 年 6 月中旬至 10 月中旬，东北停战四个月。东北局及时抓住这一有利时机，集中力量抓工业生产。首先在佳木斯、鸡西、图们、牡丹江、哈尔滨和西满等地区进行恢复和建设国营工业。党紧紧依靠企业员工，调动了他们的高度积极性，终于克服了很多困难，使解放区的煤矿工业、电力工业、机械工业、纺织工业、金矿、化学工业、造纸工业、橡胶工业得到较快的恢复。到 1947 年 5 月，较大国营矿业企业已有 15 家，国营工厂的职工人数也由 1946 年 1.3 万人增至五万人，东北解放区的国营工业已初具规模。

第二个阶段（1947 年 5 月—1948 年 11 月）为东北工业恢复和发展时期。1947 年夏季攻势以后，东北局东北行政委员会从当时的军需民用出发，从急需而又可能的条件着手，确定了“恢复与发展必须的工矿业、电力、铁路交通运输业。工矿业中尤以军工、军需、纺织、采煤、采金、钢铁与电力等为重点”的工业发展方针，并据此制定了1948年工业生产计划。为了加强对解放区工业生产的领导，1948年7月，东北行政委员会增设了东北工业部，部长王首道，副部长陈郁、邵式平。自8月起，开始加强工业部的机构领导，本部设计划、干部、经理、材料、秘书等处，原政委会工矿处改为工业部第一、第二处，分管重工业和轻工业。原有之林业、电业、金矿、纺织等部门也扩大机构，加强了管理。为了贯彻执行1947年8月东北解放区财经会议确定的关于加强财经工作统一领导的方针，东北政委会决定东北解放区内所有金矿和森林一律收归国有，各省只有经营权；同时把过去属于机关、部队和省、市经营的一批大工业有步骤地收归国营。从1947年10月开始，东北解放区的工业由分散、盲目生产转变到统一领导的有计划的生产阶段。由于充分调动了广大人民群众的智慧和劳动生产积极性，工业生产空前发展。

第三个阶段（1948年11月—1949年10月）为东北解放区工业全面恢复和开始有计划建设的阶段。1948年11月，东北全境解放后，东北局及时提出了经济建设特别是工业建设成为东北全党压倒一切的中心任务。从此全区的工作重心转入工业全面建设新时期。东北工业部将国营工业（除了大连地区的工业、军工部所属的军事工业、铁道部所属的铁道工厂之外的全部东北大工业），按专业系统管理，改变了以前按地域管理的办法，分设电业、煤矿、机械、有色金属、金矿、林业、纺织、企业管理八个管理局及鞍山钢铁、本溪煤矿两个公司，共辖160个工厂、74处矿山及26个林区。为了适应工业基地建设的需要，1949年8月东北人民政府成立后，分设重工业部和轻工业部（轻工业部后来没有实际正式成立，重工业部改成了东北人民政府工业部）。经过各方面的努力，1949年东北各项工业均完成和超额完成了生产计划。本年主要产品产量计划执行的结果是：生铁172,500吨，完成183.5%；平炉钢锭100,933吨，完成128.4%；电炉钢锭

6,684 吨，完成 157%；电铜 1,875 吨，完成 125%；电铝 2,062 吨，完成 103%；原煤 11,242,805 吨，完成 124%；发电和购电量为 13.4868 亿度，完成 103%；工作母机 570 台，完成 114%；水泥 218,791 吨，完成 109.4%。1949 年工业生产建设计划的制定与执行结果表明，东北工业正在由局部性的临时性的工业计划向比较全面的完整的工业计划过渡。

上述东北工业的发展，不仅保证了军需民用，而且其钢铁、煤炭、电力等工业的发展为军事工业发展准备了充分的条件。

（三）东北解放区的商业建设

随着东北解放区的建立、扩大和全境的解放，商业贸易也得到了迅速的恢复和发展。它为区内调剂物资余缺，物资交流，平稳市场物价，活跃经济，满足军民需求，扶植生产，增加财政收入等方面都起到了十分重要的作用。早在解放区创建之初，为了打破国民党对解放区的经济封锁，保障军需民用，就建立了公营贸易公司、公营商店，开展了内外贸易活动。当时，负责东北解放区财政经济工作的陈云于 1946 年 3 月就指出：开展商业贸易是重要的财政来源之一，建议把东北的大豆、高粱运往大连，换回南满地区生产的棉布、盐等商品，并立即开展对苏贸易。同年 7 月，陈云在《目前形势和任务的报告》中再次建议，开展南北满之间的商品交换，以满足广大军民的需要。同年冬季，经过与苏联政府的谈判，双方达成了贸易协议，用东北盛产的粮食、土产品与苏联的物资进行交换。从此，东北局与苏联之间的贸易局面被打开。1947 年 1 月，东北局在哈尔滨市召开北满各省财经工作会议，讨论确定了“长期打算，发展生产，增加贸易，厉行节约，保障供给，支援战争”的财经工作方针，要求北满各省在做好财政统一、地方自治原则的同时，强调要“统一对外贸易”，并在东北财经办事处的直接领导下，按制度对出入境的物资加强管理。1947 年 2 月 18 日，东北财政委员会委员叶季壮在东北政委会第十六次常委会议上明确规定了政府对公私贸易所采取的基本政策是："公营贸易公司的任务是掌握物资，调节市场价格，使解放区物价做到相对稳定，在政府自由贸易政策下，只要不是囤积居奇，不操纵物价，不违反政府法令，一律允许自由。"随着 1947 年 5 月东北解放区的建立和人民解放战争进攻阶段的到来，东北行政委员会于 1947 年 8 月中旬到 9 月下旬在哈尔滨市又一次召开东北解放区财经会议。在这次会议上，李富春代表东北局作了报告，东北财经办事处负责人王首道、叶季壮作了重要发言。会议确定了东北统一财政经济政策："由分散走向统一，由零乱走向有组织，由盲目走向有计划有计算，从而依靠千万万人民，组织一切公私经济力量，发展生产，改善生活，支援前线大规模的人民解放战争。"在这个统一财政政策中，党重申了公私贸易的方针政策。1948 年，东北局再次要求各地在建立公营商业的同时，要发展合作社商业，特别在广大农村应建立和发展供销合作社为主的合作商业网，并在城镇、矿区建立公营商店。1949 年又进一步确定发展国营商业，扶植合作社商业、公私合营商业，领导私人商业，搞好市场物价，发展生产的商业工作方针。党和政府所制定的一系列方针政策的贯彻执行，对东北解放区各种类型的商业发展起到十分重要的作用。

在党的正确商业方针政策指引下，多种经济成分的商业得到了恢复和发展。东北解放区内不仅有公营商业、合作社商业、私营商业，而且有公私合营商业、侨资商业、个体商业以及在公营企业内自主决定而经营的"小公营商业"等。公营商业在发展的初期，虽然资金少，经营范围不大，但从一开始就具有领导作用。从 1947 年以后，随着经营范围的扩大，就日益显示其领导作用。到 1949 年末，在整个东北的城镇和矿区，大多建立了公营贸易公司、公营商店。据统计，当时公营商业仍有的资金为

75,767 亿元，折合粮食 101 万吨，折合布 330 万匹，一年内上缴利润达到 2,080 亿元，占整个东北商品年售额的 16%。对粮、棉、油、盐、煤五种主要物资已能有效地控制商场，调节物价。合作社商业是随着东北广大农村土地改革和城市民主化进程以及在公营商业帮助指导下逐步发展起来的，到 1949 年末，已形成合作社商业网络。全东北地区从区、县到省都普遍建立了商业合作社，平均每四个行政村就有一个基层供销合作社，在城市建立职工合作社、市民消费合作社。公私合营商业是在东北解放区出现的一种具有半社会主义性质的资本主义商业。它从 1948 年在哈尔滨市首先出现后，又在其他地区陆续建立，到 1949 年底，全东北已有 20 多家公私合营商业，共有资金 50 多亿元。私营商业是在东北殖民地商业基础上转过来的私营经济商业，由于当时仍处于战争时期，时局动荡，故不少商人利用当时环境大搞商业投机而大发横财，在社会商品零售额中始终占优势。外侨商业大多集中在沿海沿江的大中城市。据统计，到 1948 年时，哈尔滨市有外侨商业和工业 732 家，其国籍有苏联、朝鲜、日本、美国、英国、法国、德国、瑞士、丹麦、土耳其等 17 国。外侨商业的资金、物资相对较雄厚，据 1947 年统计，侨商资金约占哈尔滨市资本的四分之一，经营行业达数十种。当时由苏联政府和苏联商人合办的秋林公司一直延续到新中国成立以后。个体商业包括小商小贩商业，这些商业成分复杂，变化甚大。政府为了加强对小商小贩的管理，先后采取措施加以整顿，到新中国成立前，从整个商业发展趋势看，个体商业的户数和资金都呈下降态势，市场作用日益缩小。从整个东北解放区商业经济的比重和变化看，虽没有一个较为完整准确的统计数字，但从 1949 年商业零售额中可以看到：公营商业达到 80,000 亿元，合作社商业为 83,202 亿元，两者合计为 163,202 亿元，占整个制造零售总额 497,100 亿元的 33%，私营商业为 297,433 亿元，占全东北零售额的60%。可见，公营商业、合作社商业尽管发展很快，规模也日益扩大，但从商业经营的比重看，私营商业仍占优势地位。

东北解放区党的商业方针政策的制定和商业机构的设置与逐步完善，为东北解放区商业工作的发展，为调剂余缺，平抑物价，开展城乡物资交流，活跃经济，扶植生产，支援人民解放战争等方面，都起到了十分关键的作用。

二、解放战争时期山东解放区的经济建设

（一）山东解放区的土地改革

1. 1946年6月到1946年12月，为山东解放区实行土地改革初步阶段。初步阶段分为宣传教育、试点和实际进行两个小段。山东解放区土改运动的一个重要特点，是全部过程都处在严重的战争环境下进行的。因此，贯彻土改是与紧张的战争环境、繁忙的支前任务、庞大的参军任务以及经常的反特斗争密切而又极其复杂地结合着。

华东局于8月底召开土改会议，9月1日发出了《关于彻底实行土地改革的指示》，要求打破减租减息清算的圈子，迅速贯彻土改政策，作充分准备迎接土地改革。10月12日山东民主政府发布了有关土改问题的布告，山东省人民政府又发出了《关于实行土地改革的指示》，对土改中的各项具体政策作了具体的规定，并指出支持农民的正当要求和行动，解决土地问题，是山东民主政府最基本的政策之一，是目前一切工作的基本环节，要求年底以前全部或大部分完成土改。月初，华东局了解到各地土改进展不快，随即组织巡视团分赴各地督促，推动了各地的土改。

2. 1947年1月到1947年10月，为山东解放区实行土地改革的复查阶段。

1947年2月12日，华东局发出《关于目前贯彻土地改革土

地复查并突击春耕生产的指示》，这一指示转变了当时某些干部以支前为唯一工作而忽视土改复查放弃生产的思想。1947 年 7 月 7 日，华东局根据扩大会议精神发出了《关于山东土改复查新指示》，明确规定："地主土地算出以后，可按农会多数意见，再分给他以一定土地，但至多不得超过雇贫农所得土地的平均数"，"富农除出租土地全部拿出外，其自耕土地可清算出一部分，抵偿其过去的剥削债务。其牲口、农具亦可清算一部分，但须留他自己够用部分。"这个改变是及时的和正确的。当时解放区经过一年激烈的战争，粉碎了国民党军队的全面进攻和重点进攻，至 1947 年秋转入了全国规模的进攻，原有的土改政策已经不能适应形势发展的要求。

3. 1947 年 11 月到 1949 年，为山东解放区实行土地改革深入和结束阶段。

1947 年 7 月至 9 月，在人民解放军从战略防御转入战略进攻的新的历史条件下，中共中央召开了全国土地会议，决定改变减租减息和"五四指示"执行中的不彻底性，通过了彻底消灭封建土地制度的《中国土地法大纲》。随后，山东解放区根据华东局"七七指示"精神，深入开展了土改工作。一方面达到土地相对地彻底平分；另一方面由于华东局夸大了右的问题，错误地提出了纠正"富农路线"，致使本来已经存在的"左"的错误不仅没有得到及时纠正，并发展成为普遍"左"的错误，造成了很大的损失与不良影响。

山东解放区的土改运动，总体上遵照了中共中央的一系列指示，是积极、稳妥的，虽然不同程度地出现过一些偏差，但都属于工作中的问题，不存在什么"富农路线"。因为有华东局的坚强领导，土改工作进展较快。1947 年 12 月会议至 1948 年春，全党集中力量纠正土改中发生的问题，中共中央发出了毛泽东起草的《关于目前党的政策中的几个重要问题》、《在不同地区实施土地法的不同策略》、《纠正土地改革宣传中的“左”倾错误》等一系列指示，对端正山东土改工作方向起了重要作用。在土改中积极及时地纠正错误，1948 年冬到 1949 年春，山东大部分地区完成了土地改革。

土改的完成，对于消灭封建剥削制度，促进生产力的发展和支援战争都起到了重要作用。

（二）山东解放区的工业建设

为了贯彻中央提出的城市工作要以生产建设为中心，使“生产长一寸”，实现工作重心由乡村到城市转移，由农业转向工业的指示，山东民主政府执行了中央“发展生产，繁荣经济，公私兼顾，劳资两利，城乡互助，内外交流”的方针，努力将殖民地半殖民地的经济，改造成为独立自主的新民主主义经济。

为了管好城市，管好工业企业，山东党政机关采取了正确的方针。在公营工厂中，提出五项要求：以原料足、成本低、产量多、质量好、销路广作为工作目标。对官僚资本既不能打乱，又要改造，对工人、技术人员和原工厂管理人员三者兼顾，在进行政治思想教育的同时，也要强调劳动纪律、生产责任制、奖惩制三方面的兼顾。公营工厂的工作方向确定为依靠农村，为农民服务，加强城乡互助，内外交流。在采购和推销方面，确定以内购内销为主、同时争取外销的方针。

解放区的重工业生产是有很大成绩的，这主要表现在：（1）保证了本省和附近铁路得到足够的煤炭，满足了京沪解放区的燃料需求，初步保证七城市工业用电，使工业发展具备了主要条件；（2）大量供给前线弹药，有力支援了解放战争；（3）建立了新的化学工业；（4）使 2.3 万余名职员就了业，在工矿中普遍办了职工合作社，改善了职工的生活；取消了矿工中的包工柜及工头制，并部分实行了劳动保险与社会救济。至 1949 年末，全省有机械企业 1,138 家，职工 124 万人，年产值 5,362 万元，占全省总产值的 5.7%，年产皮带车床 128 台，交流发电机 232 千瓦，变压器300 千伏，内燃机144 马力。另外，解放区的造纸、火柴、橡胶、面粉等轻工业在解放战争时期也都得到了长足地发展。

（三）山东解放区的商业建设

解放战争时期的山东解放区，在中共山东分局和山东省人民政府的领导下，在发展公营贸易、扶持合作社商业和保护发展私营商业等方面，都取得了显著的成绩，为恢复、发展山东的新民主主义经济作出了重大贡献。

抗日战争胜利后，山东解放区内的商贸事业进入了一个新的发展阶段。早在 1940 年，山东抗日革命根据地就建立了贸易局。1945 年 8 月 13 日，山东省政府成立后，为了更好地恢复和发展山东解放区的经济事业，加强对工商业的领导，在省政府内设立了两厅两局一行，即：山东省财政厅、实业厅、工商管理总局、粮食管理总局和北海银行。1946 年 1 月，为了实行对工商工作的集中统一领导，撤销了鲁中、鲁南、滨海三个地区的工商总局，而成立了山东省工商总局。1947 年下半年，随着人民解放战争进入战略进攻阶段开始，为了加强对工商工作的领导，1948 年 7 月 7 日华东财经办事处和山东省人民政府决定将山东工商总局改为华东工商部。这样，通过工商业机构的不断调整和完善，加强了对商业建设的指导，使山东解放区的公营商业、私营商业，尤其是合作社商业都获得长足的发展。

在中共山东分局、省政府的领导下，山东解放区的合作社商业也同样得到迅速的发展。据记载，从抗日战争胜利到 1949 年，先后召开三次全省范围的合作商业会议，制定了有关发展合作社的一系列方针政策以及讨论了如何开展合作经营业务等问题。如

1946 年 1 月，在中共山东分局领导下，召开了山东省农业合作会议。同年 9 月，又召开了山东省第一次合作社联合运输会议。1949 年 7 月，以中共山东分局和山东省人民政府名义召开关于加强合作工作指示的会议，在这次会议上明确指出：根据“山东合作工作发展情况和发展生产的需要，加强合作社工作，已成为当前经济建设中的迫切任务之一”。为此，山东分局、省政府特地作出了六个方面的指示，要求“目前合作社工作以发展供销业务为主，沟通工业品与农产品交换，减少商人中间剥削，促进工农业生产的发展”，并“根据合作社的新方针，有重点地试办供销合作社，并有计划、有步骤地改造旧社……试办劳动市民的消费、供销、生产、信用、运输等业务合作社”，使“合作社必须是群众自己的合作社”。山东分局和省人民政府的这些指示，为办好合作社商业指明了前进的方向。①

这一时期，山东解放区的合作社商业充分做到了把商业合作社和变工互助相结合，为人民群众服务，也为新中国合作社商业的发展开辟了广阔的前景。

综上所述，即使在再艰苦的战争环境下，中国共产党也始终做到代表先进的生产力的发展方向，代表最广大人民群众的根本利益。在党的坚强有力的领导下，无论是陕甘宁边区、东北解放区，还是山东解放区等其他解放区，其经济在解放战争时期都取得了长足的进步。这无疑为新中国经济的发展打下了良好的铺垫作用。

---

①　山东省财政科学研究所、山东省档案馆编：《山东革命根据地财政史料选编》第 3 辑，中国文史出版社 1985 年版，第 336—337 页。

第十章　中共中央在延安 13 年经济建设的基本经验与成就

第一节　中共中央在延安 13 年经济建设的成就和意义

中共中央在延安的 13 年，是中国共产党历史上辉煌卓绝的 13 年；是中国共产党领导全国人民进行抗日战争和解放战争并取得最后胜利的 13 年；是为我们党夺得全国政权奠定基础的 13 年。13 年来，中共中央领导陕甘宁边区党和人民并指导其他根据地在极其艰苦的条件下，进行经济建设，取得了举世瞩目的光辉业绩，创造了中国历史上的“延安奇迹”，形成了以后为我们党进行社会主义经济建设大量借鉴的成功经验。这些成功和经验概括起来就是：

一、为革命战争提供了坚实的物质基础和保障

第一，党在延安的 13 年，审时度势，制定和实施了有效的土地政策，调动起农民的生产积极性，促进了根据地农业的发展。延安时期党的土地政策从抗战前“没收地主土地，施行耕者有其田”的土地政策，到抗日战争中的“减租减息，交租交息”政策，以及后来的“废除封建性及半封建性剥削的土地制度”，从根本上变革了农村的土地关系，使得中国农村封建生产关系的束缚大为减弱，土地关系、阶级关系发生了很大变化，土地占有

由集中走向分散，地主经济逐渐削弱，农村生产力得到根本的解放。许多雇农、贫农上升为贫农、中农，而大多数的贫农、中农则上升为中农以及新富农，农村出现了中农化趋势，农村经济迅速上升。这种社会关系的变革，不仅调动起农村社会各阶层的生产积极性，特别是改善了广大贫农的生产和生活状况，大大提高了农民群众发展生产和参加革命的积极性。更为重要的是，有效的农业政策和措施，使根据地的社会面貌发生了根本变化，劳动生产力得到前所未有的解放，随着耕地面积逐年增加，粮棉产量的提高，贫困落后的农村根据地焕发出全新的生机和活力，根据地军民突破了敌人的封锁，经济上实现了自给自足，成功解决了根据地广大军民的生存问题。从而为抗日根据地的巩固与发展，为抗日战争和解放战争的胜利奠定了坚实的物质基础。

第二，“发展经济，保障供给”，“独立自主，自力更生”，“公私兼顾，劳资两利”等一系列新民主主义经济政策的制定和实行，调动了包括农民和地主、工人和资本家等各个阶级和阶层的生产热情，使他们积极投入到根据地的经济建设中，形成了劳动和生产的热潮。特别是陕甘宁边区私营工业的迅速发展成为延安时期一个引人注目的经济现象。在“公私兼顾，劳资两利”政策的推动下，延安时期各根据地和解放区的私营工商业也获得大力发展，在调剂市场、满足人民生活需要方面发挥重要作用。根据地的公营和私营工业在党和政府的提倡与经营下，获得了很大的发展。私营工厂的数量大幅增加，配合公营工业，为边区“发展经济，保障供给”起到了积极的作用。

第三，积极发展农工商业，建立起了独立的货币政策和有效的财政政策，使根据地的经济走上健康发展的道路，为抗日战争和解放战争的胜利提供了可靠的物质保证。中共中央和各根据地、解放区政府不仅正确认识经济建设的重要性，而且积极采取一切办法组织各方力量发展经济，面对敌人的封锁、面对灾荒，党领导的各级组织，一方面发动和帮助群众生产，开垦荒地、兴修水利、鼓励移民、发放农贷、改良耕作技术，提高农业生产水平，使广大根据地原本贫困落后的地区焕发出新的生机和活力；另一方面，面对财政经济困难，在中共中央的指导下，军民齐动员，开展了广泛和深入的大生产运动，打破了敌人的封锁，减轻了人民负担，战胜了困难。根据地农业生产得到根本恢复，工业、商业、金融从无到有，得到了快速发展，根据地人民生活改善，生活水平明显提高。经济建设保证了根据地的巩固和发展，有力地支援了前方，保证了战争供给，为抗战胜利和解放战争的胜利打下了坚实的物质基础。

第四，贯彻对内自由、对外统制的对外贸易方针，大力开展对外贸易，打破经济封锁，取得了对敌贸易战的胜利。延安时期，各根据地和解放区处于日伪和国民党重重的军事包围和经济封锁之中，通过对外贸易，打破敌人的经济封锁，是赢得战争胜利不可缺少的一环。在此方面，党和各根据地政府采取灵活多样的措施，实行对外管理、对内自由的政策，与敌人展开贸易战，同时积极发展集市贸易，组织物资交流会，成立物品交易所，利用税收调剂进出口贸易，对小商小贩还实行代购代销的办法，组织商人分散到敌占区去购买货物，采取措施吸引国统区商人来根据地做生意等。由政府直接经营几种主要商品的贸易，如食盐统销、粮食统销、特产专卖、烟酒专卖等，搜集与运销土产出口，换入必需品，既进行出入口贸易，促进物资交流，又掌握商品价格的主动权，联合并领导私营商业打破敌人的经济封锁。虽然敌人不断加紧了对根据地的包围封锁，根据地的对外贸易依然获得了很大发展，有力地打击了敌人和奸商的破坏、扰乱，促进了根据地商业贸易的发展，在保证了根据地的财政收入和党政军民的物资供给上发挥了十分重要的作用。

第五，军事工业的发展和壮大为革命战争提供了直接的支持。全国抗战开始不久，我们党便在晋冀鲁豫边区和太行、太岳各区都设立了被服、手榴弹、枪械等兵工厂，其中太行山的梁沟和黄岩洞两处军工企业具备了一定规模。随着战争规模的扩大，军队对军用品需要不断增多，军事工业也得到不断扩大。到抗战胜利时，仅太行区就有十余个军工企业。[①] 陕甘宁边区的军工厂也发展到有1,000余职工的十余个厂，为部队生产大量弹药及部分军械和无线电通信器材。在整个抗日战争时期，我军领导下的各兵工厂共生产刺刀123,842把、枪支11,046支、机枪33挺、枪榴弹筒2,196个、50毫米掷弹筒4,155门、迫击炮908门、子弹7,795,459发、手榴弹4,474,514枚、地雷192,466个、枪榴弹319,970发、50毫米掷弹377,263发、炮弹284,621发、无烟药和炸药38,980.5斤。[②] 基本满足了抗日军民对军需物资和武器弹药的迫切需求，有效地支持了前线军民的持久抗战，大大缩短了抗日战争的进程。

二、建立起相对完善的新民主主义经济体系，为新中国的经济建设奠定了坚实的基础

延安时期中国共产党领导中国人民在改造半殖民地半封建经济和领导根据地经济建设的基础上，在反复实践中不断总结正反两方面的经验，确立了新民主主义的经济纲领，形成了新民主主义的经济结构，这不仅是探索中国经济发展道路过程中的产物，也是中国共产党和人民群众智慧创新的结晶。延安时期建立的新民主主义经济是以公营经济为领导的，包括合作社经济、私人资本主义经济和个体经济等多种经济成分的一种特殊的经济形态。

---

① 刘秀生：《中国经济现代化发展史》，中国商业出版社2000年版，第182页。

② 中国人民解放军历史资料丛书编审委员会：《军事工业·根据地兵器》，解放军出版社1994年版，第127页。

各经济形态的共同协调发展，为新民主主义社会奠定了经济基础，为在全国范围内建设新民主主义国家提供了模型，也为新中国的经济建设奠定了稳固的基础。

第一，工业生产从无到有，从小到大，建立起比较完整的新民主主义工业体系，工业产品种类丰富，工业产品数量不断增加。特别是中共中央所在的陕甘宁边区，公营工业获得了巨大的发展。全国抗战以前，边区的工业相当落后，“1935 年 10 月，红军长征到陕北时，仅有一个 40 多名工人的修械所。抗战以前，加上被服厂、印刷厂等，不过 270 多名职工。”[①] 重要的军需工业和民用工业都极为落后，“一半以上的县份人民不懂纺织，除粮食、羊毛外，其他一切日用所需，从棉布针线，甚至吃饭的碗，均靠外来。”自 1939 年开始，在边区党和政府的领导下，边区的公营工业经济出现突飞猛进的发展，经过努力，到抗战结束时，公营工厂比 1937 年发展了 30 倍左右，职工人数比 1937 年发展了 20 倍左右，达到近 4,000 人。到 1944 年底，生活日用品已能全部或大部自给。至 1945 年日本投降前，重工业与化学工业已能炼铁，炼油，修造机器，配装军需品，制造硝酸、盐酸、硫酸、玻璃和陶瓷；纺织业年产布 15 万疋以上。[②] 不仅工厂数量增加、规模扩大，而且效率大大提高，实现了工业品自给或半自给，摆脱了对外的严重依赖性，为抗战胜奠定了一定的物质基础。其他根据地的工业生产也成绩显著。晋冀鲁豫根据地，至 1945 年，已有纺织、造纸、卷烟、采矿、染料、熬盐、文具、肥皂等日用工业，日用必需品均可自给。晋绥根据地，全区所生产的标准布，即达 30 万匹，已解决了全体军民 3/4 的穿衣问题。各根据

① 中共中央党史研究室编：《中共党史资料》第 28 辑，中共党史资料出版社 1988 年版，第 30 页。

② 清庆瑞：《抗战时期的经济》，北京出版社 1995 年版，第 514—515 页。

地军事工业也取得了骄人的成就，建立了一大批直接生产武器弹药的兵工厂，形成了我军军事工业的雏形。

第二，根据地和解放区的手工业生产合作社配合公营工业，为根据地“发展经济，保障供给”，打破国民党顽固派的经济封锁，实现日用品的完全自给起了重要作用。如陕甘宁边区的手工业生产合作社，在响应边区政府“求得战时工业品的自给自足”，做到花、纱、布、铁、纸等日用品完全自给方面起到了举足轻重的作用。到抗战胜利时，边区合作社经营的工厂作坊较抗战初期增长了15倍，铁木厂、制鞋厂、缝纫厂、酒厂、造纸厂、陶瓷厂、火柴厂、卷烟厂等各种工厂达1,400余家，生产的日用品在很大程度上解决了边区军民的需要。如1943年，边区公营和民营造纸生产合作社产纸一万令，使边区军民需用纸量的自给率达50%以上。肥皂、火柴等的生产已自给有余。再以民间纺织合作社为例，1944年全边区纺织妇女达20.3万人，生产布近11.5万匹，1945年纺织妇女又增加了一万人，生产布匹更多，边区所需用布量自给率达40%以上。公营纺织生产合作社1943年生产布近3.3万匹，解决了边区部队、机关、学校需要量的70%，1944年产量达四万匹，自给率更高，1945年则完全达到自给。[①] 边区各类手工业合作社生产的发展，有效地配合公营工业为解决边区军民日用品的自给自足，起到了决定性的作用。

第三，公私营商业从无到有，由小到大，获得了长足发展。在党的独立自主、自力更生方针的指导下，一批由各根据地政府经营的公营商业公司，如抗战时期的光华商店、盐业公司、土产公司、南昌公司、永昌公司等逐步发展壮大。这些公营商业企业在调剂市场、保证商业流通、刺激工商业发展，满足生产与市场

① 陕甘宁边区财政经济史料编写组：《财政经济史料摘编》第5编，陕西人民出版社1981年版，第227页。

需要；稳定外汇、平抑物价，以及帮助公私商业及合作消费社发展方面发挥出重要作用。他们由政府直接领导，经营盐、毛皮、药材、棉花、棉布、纸张、肥皂等主要物资，控制了区内市场和区外贸易。对于在战争环境下控制根据地和解放前内外市场，保证政府机关的物资供给，稳定根据地的物价、金融稳定，与敌人开展贸易战以及促进贸易繁荣有着无可取代的作用。除了政府经营的公营商业企业，各根据地在战争环境下还创造了公私合营商业等新的经济形式，形成了由各种手工业合作社、作坊、商业网点、贸易机构、消费合作社、运输合作社、运输队组成的农工商贸相结合的产业结构，建立起了新民主主义的工商业体系，使工商业成为主要经济部门，对于打破国民党的全面封锁，促进根据地经济的发展起了重大的作用。在“公私兼顾”和“军民兼顾”方针的指导下，根据地的私营商业的繁荣发展，在调剂市场，满足人民生活方面发挥了积极作用。私营商业的存在，不仅为边区财政提供了一定的税收，而且在发展商品经济、活跃市场流通，方便群众生活，促进社会生产力发展等方面的积极作用。私营商店还发挥了点多、面广、小型、分散的特点，与公营商业相互补充、健康发展，对繁荣市场，满足人民生活多方面需求起到了有益作用。

第四，在“发展经济，保障供给”的财政工作总方针的指导下，陕甘宁边区和各根据地的财政税收体制不断完善和丰富。在税收政策上，废除旧的苛捐杂税，利用和改良旧的税制并建立新税制，实行合理负担政策，逐步实行累进税，通过适度的农业税、工商业税、烟酒税等税收保证根据地巨大的财政支出，为新民主主义经济的财政税收建设创造了良好的基础，建立起相对完善的财政管理体制。各根据地政府陆续建立和进一步完善了财政预决算、审计、会计、金库等财政制度：实行统筹统支，量入为出，一切部队、团体均不准向群众征粮收税，一切税收，均归政府，交金库保存；严格执行预、决算制度，所有军政费用概由政府筹划供给；坚决反对贪污浪费；等等。总之，根据地的财政，立足于自力更生，精打细算，保证了抗日部队的需要和政府各项开支，有力地支援了敌后的抗战。

第五，新民主主义的金融事业的建设也有了长足进步，先后建立陕甘宁边区银行、晋察冀边区银行、北海银行、冀南银行、西北农民银行，建立起了相对完善、自成体系的新民主主义的金融体系。延安时期，根据地的银行体系从小到大不断发展并完善起来。1935 年到达陕北的中华苏维埃共和国国家银行与陕北根据地的陕甘晋银行合并，改组为中华苏维埃国家银行西北分行。1937 年 10 月 1 日，中华苏维埃国家银行西北分行在延安改组成立为陕甘宁边区银行，下设绥德、关中、三边、陇东四个分行及支行、办事处等分支机构。其他根据地也先后成立银行。1938 年，晋察冀根据地银行和山东的北海银行成立。1939 年晋冀鲁豫根据地成立了冀南银行。1940 年，西北农民银行在晋绥根据地成立。1944 年至 1945 年，淮南银行、淮北银行、盐阜银行、大江银行先后设立（后合并为华中银行）。抗战胜利后，东北解放区在沈阳成立了东北银行，旅大地区成立了关东银行，内蒙地区成立了内蒙银行，中原区成立了中州农民银行等。一些老解放区原有银行也进行了调整，1948 年 5 月晋察冀边区银行和冀南银行合并成为华北银行。1948 年 1 月，陕甘宁根据地银行和晋绥的西北农民银行合并为西北农民银行。形成了包括国家银行、专业银行、公私合营银行、私营银行和钱庄以及信用合作社的新民主主义金融体系。他们成功开展对敌货币斗争，并在稳定各根据地经济秩序、活跃经济、代理国库、筹划财务、扶持生产等方面发挥了重要的作用。为保证根据地经济顺利发展，各根据地成功地开展了对敌伪的货币斗争，整理货币市场，排挤、肃清敌伪货币，肃清各种杂钞，建立统一本位币市场，赢得了对敌伪货币战争的胜利，促进了根据地经济的发展。货币斗争的胜利稳定了根据地物价，在保护和争取大量军需和民用物资也起到了重要作用。随着货币斗争的胜利，大量法币、伪币被排挤出根据地，这不仅保护了根据地物资免遭大量劫夺，而且扩大了边币的信用和流通范围，边币完全占领了根据地市场，许多游击区也变成了边币市场，就连某些敌占区的民众也开始乐于接受边币。这不仅为建立独立统一的货币体系打下基础，对抗日战争做出了重要贡献，也为之后的解放战争时期和新中国成立后的金融工作积累了宝贵的经验。

三、极大地解放和发展了生产力，显著地改善了人民生活

延安时期，为了革命战争事业供给上的需要，为了改善根据地人民群众的生活，为了更好地团结教育全国人民为新中国而奋斗，中国共产党人通过对中国基本国情和中国革命基本特点的研究，从领导革命的实践中不断总结经验和教训，提出党所领导的农村革命根据地在不发生大的战争突变情况下，必须进行经济建设和发展生产力。

首先，党不断加强根据地的民主政权建设，使党领导的抗日根据地和解放区逐步扩大并日趋巩固，为社会生产力的发展提供了一个相对稳定的社会环境；根据地内建立的人民民主政府，代表了广大人民的利益，党的新民主主义政策的实施，使旧的生产关系根本改变，从而使得生产力得到极大的解放，为生产力的发展创造了前提条件。因此，党在领导全国解放生产力的同时，也领导了根据地发展生产力，并正确地处理好解放生产力和发展生产力的关系，使中国人民的革命事业才得以从胜利走向胜利。

其次，党以马克思主义辩证唯物主义和历史唯物主义为指导，坚持广大人民群众是社会生产力的创造者，通过调动和激发

起广大人民群众的积极性和创造性来发展生产力，进行经济建设。因此，中共中央延安时期的经济工作中，针对农村根据地的特点，始终将农业生产置于经济工作的重心地位，各根据地政府坚持中央提出的“农业第一”的方针，通过减租减息、鼓励垦荒、兴修水利等一系列有效的经济政策和措施，解放生产力，带领人民大力发展农业生产，使各根据地和解放区荒地减少，耕地面积大大增加，农业生产得到根本恢复。各地抗日民主政府还在财政许可的条件下，积极给农民发放的各类农业贷款，帮助农民解决了农业生产中的困难。在农贷的扶持下，调动起广大人民的生产积极性和热情，广大农民投入到农业生产中，各根据地的耕地、粮食产量和植棉都得到了很大的提高，推动了边区农业生产和农村经济的发展。党在农村经济建设中还着力发展农业生产互助。延安时期，在实践基础上产生的农业互助组织由比较简单的形式，逐步发展成为不仅在农业，而且在副业、运输贸易业，从短期到长期，从单人单畜到若干户间的家庭互助，以至发展到一个村的劳动互助合作社。劳动互助的推广和发展，把农村劳动力组织起来，调动了群众参与农业生产的热情。使党领导的根据地的农业劳动效率和农业生产力得到了很大的提高，大大增加了农业的物质产出。而随着耕地面积的增加，粮食产量大幅增加，棉花等农作物的种植面积和产量都呈现大幅增长的态势，根据地的农业生产取得了瞩目的成就，显著地改善了广大根据地人民的生活。

最后，为了促进根据地经济的发展，中国共产党通过精兵简政和大力提倡生产自给运动，切实地减轻了根据地人民群众的经济负担。延安时期，党领导的各根据地积极响应中央的号召，进行了多次精兵简政，减少脱离生产的人员，从根本上减轻了财政压力和人民负担。同时，通过开展大生产运动，实现了“自己动手，丰衣足食”的目标。在大生产运动如火如荼地展开后，根据地耕地面积大幅增加，粮食产量提高，许多部队粮食、经费达到全部自给。仅以陕甘宁边区为例，1943 年，边区粮食总产量高达 184 万石，除去自己消耗 160 万石外，净剩 20 多万石，粮食余额达 70 万石以上，农民手里第一次有了这么多的余粮，创造出西北地区粮食生产史上的奇迹。按人均占有粮食计，1943 年为 339 斤，1944 年为 362 斤，分别比 1942 年增长了 3.7% 和 10.7%，1943 年人均粮食的消费量较内战时期增加了将近二倍。[①] 陕甘宁边区部队 1944 年耕种面积达 99.1 万亩，产粮九万余石，占部队和机关每年所需粮食的 1/3。1944 年，中直机关粮食生产总量达 6,400 石，自给率达到 65.6%，边直机关粮食生产总额达 2，880 石，机关经费自给达到 51%。大生产运动充分发掘了各根据地的粮食生产潜力，使根据地的粮食供应有了一个坚实的基础。在短时间内摆脱了对外的严重依赖，促进了根据地农村生产力的复苏。生产的发展，使各根据地获得了足够的物质储备，有效地缓解了财政经济困难，使根据地经济趋于恢复和发展，逐步积累和宏观控制了大量战时生活物资和军用物资，为打破日本帝国主义和国民党反动派的封锁政策奠定了物质基础。精兵简政、大生产运动也切实减轻了人民的负担，增加了军民的收入，改善了军民的生活，对于密切党政军民关系，也产生了积极影响。

在正确的经济发展思想指导下，党领导根据地军民战胜了经济困难。由此使全国人民进一步看到了中国共产党强大的生命力，看到了国家的未来和希望，中国共产党也获得了领导革命取得胜利、夺取全国政权的深厚的群众基础。经济建设的成就也扩大了党的影响，特别是农业和工商业的发展，不仅使人民从中得到了许多实惠，争得了人民群众的广泛支持，而且使广大民众通

① 赵刚印：《陕甘宁边区大生产运动的历史背景及意义》，《宁夏大学学报（人文社会科学版）》2005 年第 4 期。

过根据地和解放区的经济工作，看到了中国共产党卓越的领导才能，看到了党全心全意为人民服务的本质，从而提高了党的威信，改善了党政军民关系。

四、保证和促进了社会各项事业的发展

首先，民主革命时期中国革命需要完成反帝反封建两大任务，这在客观上要求有一个多阶级多阶层的政治形式。这就要求中国共产党不仅要在政治上团结和争取最广泛的社会力量，而且必须关注他们的经济利益。因此，延安时期的经济建设中，中国共产党面对艰苦复杂的国际国内局势，制定和执行了新民主主义的经济政策，扩大了党的领导基础和群众基础，使包括地主、资本家在内的民族资产阶级和开明绅士成为民族解放力量的一部分，不但最大限度地加强了党的政治力量，而且巩固和保障了新民主主义的政治基础，在实践上既有利于抗日战争这一大局，也为根据地和解放前的政治文明建设提供了物质保障。而且，在党所面临的各项工作中，经济建设是搞好其他各项工作的物质基础，具有决定性的作用。正因为通过发展经济克服了严重困难，才使抗日民族统一战线的“三三制”政权得以巩固，使对敌斗争成为可能并能取得最终胜利，才使整风工作和党的其他各项工作能够顺利进行。

其次，党在经济建设方面的成就也切实保障根据地广大人民的人民民主自由权利，为人民当家作主奠定了可靠的基础。经济建设是党领导的根据地新民主主义政治文明建设的基本前提，只有解决了人民最基本的生产和生活问题，才能在此基础上带领人民进行政治文明建设，进而实现人民广泛的民主权利，因此，理论上承认人民的民主权利是一回事，而落实保障又是一回事。即不但要承认人民的民主权利，还要为其提供切实的物质保证，才能使人民的民主权利落到实处，才能真正动员人民群众加入到革

命事业中来。党领导的各级政府采取了实实在在的措施，保证人民的各项财产权利，保证人民从事生产活动的自由，使人民当家作主的民主权利和社会经济权利得以实现。随着生产的发展和根据地经济的繁荣，人民的生活大大改善，极大激发了根据地各阶层人民团结抗战的爱国热情，为敌后根据地坚持艰苦的持久战，争取战争的胜利提供了丰厚的物质保障，也为中国共产党的民主政权建设提供了坚实的基础。

再次，党在延安时期不同阶段所制定出的灵活的经济政策，有效配合了党在不同历史时期的目标和任务，为革命事业的顺利进行发挥了重要作用。抗日战争时期，日本帝国主义侵华使民族矛盾上升为主要矛盾。地主阶级中的大多数从民族大义出发，有参加抗战的要求。中国共产党从“团结一切可以团结的力量”，建立广泛的抗日民族统一战线出发，及时调整了土地政策，改变工农政权时取消地主经济的政策为“减租减息”政策，一方面维护了农民的利益；另一方面也维护了地主的利益，从而极大地调动了广大农村各阶级的抗战积极性。抗战胜利后，国内阶级矛盾上升，地主与农民之间的土地矛盾逐渐尖锐。占人口80%的农民迫切要求得到土地，要求从受地主压迫的状态下解放出来。中国共产党要建立人民民主政权也必须坚强工农联盟，必须消灭封建地主阶级。首先就必须从经济上取消地主的土地所有制。所以，中共中央适时地调整土地政策，并于1946年5月4日颁布执行，标志着党的土地政策由削弱封建经济的减租减息转变为没收分配地主土地。边区以此为指导进行土地改革，很快消灭了封建的生产关系，铲除了盘根错节的封建制度的根基，为革命事业的推进发挥了积极作用。

最后，成功的经济建设也为新民主主义的文化事业提供了物质基础。延安时期，党领导的抗日根据地和解放区是一种全新的新民主主义社会，贯彻着党提出的新民主主义的政治、经济和文化纲领，而成功的经济建设不仅为新民主主义政治提供物质基础，也是保证新民主主义文化事业顺利展开不可缺少的基础条件，促进了根据地和解放区民族的、科学的、大众的文化建设。

五、为即将建立的新中国积累了经验和储备了人才

战争环境的特殊性和战场的瞬息万变，延安时期党的经济建设工作思想和内容却是极为丰富的，涉及国家经济建设的许多方面，包括财政税收、金融货币、工农业生产、商业和对外贸易；等等。经济工作的有关思想主要集中体现在两个方面。一是毛泽东、刘少奇等中共领导人在这一时期的重要著作、讲话、通信等。其中最为著名的有毛泽东的《经济问题和财政问题》、《必须做好经济建设工作》等，刘少奇的《关于减租减息的群众运动》、邓小平的《太行区的经济建设》、陈云的《怎样做好财政工作》、张闻天的《关于公营工厂的几个问题》等著作。二是中央和各解放区（边区）政府颁布的文件和发布的有关命令、指示等。如中共中央公布的《关于土地斗争中的一些问题的决定》、《关于工商业政策》、《关于保护新收复城市的指示》，等等。这些著作和文件集中体现了党在当时历史条件下经济建设的指导思想，是党在延安时期经济建设基本思想的理论凝结，不仅具有重要的历史意义，也为新中国的经济建设提供了借鉴和指导。

中国共产党在领导根据地和解放区军民开展经济工作的过程中，积累了大量的经验，形成了成型的经济工作方法，从群众中来，到群众中去，一般与个别相结合，领导和群众相结合等基本的经济工作方法，发挥了各方面的积极性，保证了经济工作的有效开展。党还根据经济发展的需要，提出了一系列经济建设的方针和政策，成功地指导了根据地的经济建设实践，特别是1942年毛泽东在西北局高干会上所作的《经济问题与财政问题》，总结提出了一系列发展经济的方针、政策，标志着中国共产党领导

根据地经济建设事业的成熟。还有“自己动手、丰衣足食”、“发展经济、保障供给”、“厉行节约、反对浪费”、“统一领导、分散经营”、“公私兼顾”、“军民兼顾”等等被实践所验证的经济建设方针和政策：“自己动手，丰衣足食”的方针，强调立足于自力更生，要争取外援，又不能依赖外援的经济建设原则；“发展经济，保障供给”为发展生产、为解决经济财政问题清楚地指明了方向；“集中领导，分散经营”的原则，既考虑到原材料、劳动力、资本和技术、运输等客观条件的分散性，又充分调动起各方面积极性，为避免发生盲目性，实现生产计划统一，是在当时环境下提高生产经营效益的现实选择；“以农业为主体”的思想则不仅适应了当时农村根据地经济的现实条件，而且体现了以农业作为工业基础的精神，是符合中国国情的经济建设方针。保护和鼓励民族工商业的政策，不仅在最困难的时候从最大程度上团结了各根据地能够团结的各阶层，取得了抗日战争的最终胜利，并且成为制定新民主主义纲领的主要依据。尽管延安时期党的各项经济政策和方针有着极强的时代特征，是在特殊的历史时期制定的，但这些理论、方针、政策，许多仍是新中国成立初期乃至今天我们进行经济建设不可多得的宝贵财富，是党领导经济工作的宝贵经验总结，也是新中国经济政策的重要来源。这些重要的思想和方针政策不仅为新中国经济建设奠定了基础，也为在此基础上开始的社会主义建设事业的进一步发展提供了重要的思想来源和经验借鉴。

最后，经济建设的实践锻炼和培养了一大批经济工作的干部，也使他们积累了丰富的经济建设经验。为了争取革命的胜利，在长期的革命战争中，中国共产党一直把主要人力和注意力放在政治和军事方面，致使一些党员对革命工作产生了误解，认为做政治工作或军事工作是光荣的，做经济工作和技术工作是没有前途的。而延安时期的经济建设是我们党自成立以来持续时间最长、规模最大、遇到问题最多的时期，为了纠正这些错误的认识，鼓励党的组织和党员参加经济建设工作，1941年5月1日，中央书记处作出了《中共中央关于党员参加经济和技术工作的决定》。指出应向全党解释，各种经济工作和技术工作是革命工作中不可缺少的部分，是具体的革命工作。应纠正某些党组织和党员对革命工作抽象的狭隘的理解，以致轻视经济工作和技术工作，认为这些工作没有政治意义的错误观点。纠正某些党员不愿参加经济和技术工作以及分配工作时讨价还价的现象。决定要求一切在经济和技术部门中工作的党员，必须向非党的和党的专门家学习，要诚心诚意地学，熟练地拿捏自己所从事的技术，以便做好各部门的建设工作，同时使每个党员获得在社会上独立生活所必需的技能。根据中共中央的决定，当时挑选了许多工作能力强的干部参加了经济和技术工作，对保证边区经济建设的顺利进行起到了积极作用，[①] 并最终取得了丰硕成果。中国共产党人在对以往经济建设历史科学总结的基础上，以饱满的热情积极投身到经济建设中，涌现出了一批熟悉经济工作，善于组织领导经济建设的干部，在领导和组织经济工作的过程中，这些干部积累了丰富的经济建设的经验，如经济建设必须从特定的环境和条件出发才能取得成效；解决财政问题的根本出路是发展人民经济；坚定不移地依靠人民群众搞好经济建设；建立各种形式的合作社，在不断提高经济效益的前提下发展生产。这些经验不但作用于抗日战争和解放战争时期各根据地和解放区的经济建设，而且新中国成立后他们大多成了国家经济建设的骨干力量，为新中国的经济建设发挥了重要作用。

---

① 星光:《抗日战争时期陕甘宁边区财政经济史稿》，陕西人民出版社1988年版，第152页。

第二节　中共中央在延安13年经济建设的历史启示

中共中央在延安领导陕甘宁边区和其他根据地进行经济建设，形成了一整套符合当时革命与战争实际的路线、方针和政策，找到了一条富有中国特色的革命根据地经济建设道路，引导我们夺取了全国的胜利。这条富有中国特色的革命根据地经济建设道路，对我们今天进行中国特色的社会主义经济建设有极为深刻的启示。

一、正确分析判断形势，正确处理革命和经济建设的关系，是党领导根据地经济建设取得成功的重要前提

延安时期，党始终处于严酷的战争环境中，从长达八年的全国抗日战争到争取全国胜利的解放战争，在这种复杂的战争环境下进行经济建设，必须基于对所处的纷繁复杂的形势正确判断和驾驭的基础上。因而，以毛泽东为代表的中国共产党人在《中国革命与中国共产党》、《新民主主义论》和《论联合政府》等一系列论著中对当时的形势进行了正确的分析判断。

首先，明确了党首要的中心任务是领导人民进行革命，赢得战争的胜利，而经济建设要始终服务和服从于党的中心工作。毛泽东在与谢觉哉讨论陕甘宁边区的经济问题时就明确指出边区的经济政策，“首先是根据于革命与战争两个基本的特点，其次才是根据边区的其他特点”。[①] 因此，根据地和解放区的经济建设，

① 《毛泽东文集》第2卷，人民出版社1993年版，第369页。

“首先是根据于革命和战争两个基本的特点”来进行的。从革命的方面来说，中国共产党在根据地领导的经济建设首先具有新民主主义经济的性质，这要求中国共产党在根据地进行经济建设时必须考虑到广大的工农群众的利益，必须把广大的工农群众作为最主要依靠力量，但同时也要联合其他社会阶层，处理好国内各阶级间的利益冲突。特别是在抗日战争时期，抗日战争首先是事关中华民族生死存亡的反侵略战争。随着日本对中国侵略的加剧，民族矛盾已上升为中国国内最主要矛盾。为抵抗日本的入侵，国内各阶级组成抗日民族统一战线。这就要求中国共产党在进行经济建设时，必须处理好民族矛盾与国内阶级矛盾之间的关系，要把民族利益放在最高位置，联合一切抗日力量，也因此，中国共产党领导的各根据地的经济在一定意义上也是抗日民族统一战线的经济。

其次，就战争本身来说，“战争不但是军事的和政治的竞赛，还是经济的竞赛”。中国共产党要带领人民战胜日本侵略者，推翻国民党反动派的统治，还必须致力于经济建设，为战争提供胜利的物质基础。从这个意义上讲，“因为中国革命的长期性，一方面为着革命与战争事业的物质供给上的需要，一方面为着人民的需要，都必须从事经济建设的工作……加以中国地方的广大，要使全国人民都信服我们所指出的道路的正确性而拥护我们，而参加革命奋斗，需要我们拿建设榜样给他们看，才能做得到”。中国共产党人深刻认识到，革命的目的就是为着建设。党领导革命就是为着建设一个新的社会制度和经济关系，使人民能够过上真正文明的物质和精神生活。在国民党和日军的包围中，政府的工作还不可能一切“以经济建设为中心”。但在抗日民族统一战线所营造的较长时期的相对和平环境里，根据地政府发展生产，壮大经济，改善人民生活的努力是一贯的。除了战争以外，党领导人民一心一意抓生产、搞建设。因此，延安时期党领导的陕甘宁边区政府和其他根据地政府都根据当地的实际情况，大力发展经济。明确了经济建设的根本问题是发展生产，开辟财源，保障军队和党政机关的供给，改善人民生活，支持长期抗战。为此，各根据地政府采取许多措施，实行减租减息政策，调节了根据地内的生产关系和阶级关系，团结了各个阶级、阶层，巩固了抗日民族统一战线，推动了根据地的经济发展。在抗日战争最困难的相持阶段，为了战胜日、伪军封锁造成的严重经济困难，中共中央发出“自己动手，丰衣足食”的号召，强调走生产自救的道路。大生产运动首先在陕甘宁边区展开，使边区的各种经济获得了长足的发展，为巩固抗日民主政权，支持敌后长期战争，争取抗战胜利奠定了重要的物质基础。

正是因为中国共产党对延安时期的国内外形势有了正确的判断，正确处理好革命和建设的关系，党领导根据地军民不仅坚持了长期抗战，打败了日本帝国主义，进而取得了对国民党顽固派的节节胜利，又进行了卓有成效的经济建设，在外援很少甚至断绝的情况下，做到自给有余，克服了根据地所面临的严重困难，有力支持了革命战争，奠定了赢得战争胜利的物质基础，使得根据地的经济建设成为夺取中国革命胜利具有决定意义的一环，为革命战争的胜利奠定了坚实的物质基础。

二、从实际出发，实事求是，脚踏实地的开展经济工作

延安时期，中国共产党所面临的不仅是极端严酷的战争，还有旧中国所留下的积贫积弱、满目疮痍的落后状况，党的经济建设中，必须深刻分析和正确认识中国社会经济性质，在对基本经济国情认识的基础上展开经济工作。正是在延安的岁月里，1941年，毛泽东在《改造我们的学习》一文中言简意赅地阐明了实事求是的思想，他说：“‘实事’就是客观存在的一切事物，‘是’

就是客观事物的内部联系，即规律性，'求'就是我们去研究。我们要从国内外、省内外、县内外、区内外的实际情况出发，从其中引出其固有的而不是臆造的规律性，即找出周围事变的内部联系，作为我们行动的向导……从这些材料中引出正确的结论"。[①] 实事求是，一切从实际出发，也是中国共产党人开展经济建设的指针。

从实际出发，一切从实际出发，这是经济规律的基本要求。当时中国共产党开展经济工作所处的环境是建立在个体经济基础上的、被敌人分割的农村，经济建设必须从这个实际出发，必须确立新民主主义的经济政策和经济纲领。1938年5月，毛泽东《论持久战》中明确指出，中国是一个半殖民地半封建国家，《战争和战略问题》再次指出："中国的特点是：不是一个独立的民主国家，而是一个半殖民地半封建国家"。对外推翻帝国主义的压迫，对内推翻封建主义的统治，是近代中国民主革命的两大任务，为了完成这些任务，在经济上，必须走新民主主义的经济建设道路。因此必须理性地认识和对待私人资本主义，努力学会利用私人资本主义来发展中国社会生产力。从中国国情实际出发，保护和利用资本主义，是延安时期中国共产党经济工作的一个突出特点和成功经验。从政治上说，有利于团结资产阶级组成统一战线，从经济上说，有利于发展新民主主义经济。中国共产党人认识到在半殖民地半封建的中国，不是苦于资本主义的发展，而是苦于资本主义发展太少；认识到"资本主义生产方式是中国现时比较进步的生产方式"，阻碍中国社会进步与经济发展的是帝国主义和封建主义，而不是资本主义；认识到拿资本主义的某种发展去代替外国帝国主义和本国封建主义的压迫，不但是一个进步，而且是一个不可避免的过程；认识到私人资本主义的某种发

① 《毛泽东选集》第3卷，人民出版社1991年版，第801页。

展，不仅有利于资产阶级，也有利于无产阶级，有利于发展中国社会的生产力；认识到资本主义的发展，将改变中国落后的面貌，为过渡到社会主义创造必要的物质条件；认识到资本主义不能只被看作是一种罪恶，它可以被看作当时发展中国社会生产力的一种方式和途径。因此，党对私人资本主义不仅采取了保护并鼓励其发展的政策，而且将其作为新民主主义经济的构成成分。历史证明，党的这一举动是完全正确的。通过正确认识根据地的社会经济性质，全面建设新民主主义经济，广大根据地形成了当时中国最有生命力和活力的经济形态，为夺取政权后建设新民主主义经济积累了经验。

同样是基于对现实国情的认识，中国共产党为适应日本帝国主义全面侵华战争而引起的中日民族矛盾尖锐化，中华民族危机严重的形势，为了巩固扩大抗日民族统一战线和克服抗日根据地严重困难的局面，放弃了武装反抗国民党和没收地主土地的政策，提出了“减租减息，交租交息”，“自己动手，丰衣足食”，“发展经济，保障供给”等适合根据地新民主主义经济发展的理论和方针政策，指引根据地军民开展了以大生产运动为中心的经济建设，为改善民生和赢得抗日战争的最后胜利奠定了坚实的经济基础。针对当时的各根据地处于军事和经济封锁，被迫中断同外界的联系，无法获得必需的生产资料，无法同外界进行商品交换的状况，中国共产党人脚踏实地，认识到边区的经济建设既不可能有一个较高的起点（利用外来的机器设备），也不可能发挥自己的比较优势按专业分工高效率地组织生产，而只能走“自力更生”和“自给自足”的路。他们从实际出发，在经济建设的总方针、基本任务和建设次序上，采取了实事求是务实的态度。针对一些不切实际的计划，如大工业计划、大盐业计划，修铁路通火车，实现电气化，以及要求建设重工业，提出大军工计划，生产出汽车、坦克、飞机、大炮等空想进行了批评和纠正。在中共中央的指导下，实事求是地提出经济建设的总方针和基本任务是：自力更生，发展经济；支持抗战，改善人民生活。即依靠自己的力量发展边区的农业、工业和商业，保证后方和前线在财政、物资上的供给。发展经济的次序是“以农业为第一位，工业手工业与畜牧业为第二位，商业为第三位”。此外，在解决公私关系、军民关系上，确定“公私兼顾、军民兼顾”的原则；在发展公营经济上，确定“集中领导，分散经营”的政策，既避免无政府状态，又保护和调动各单位的生产积极性。为克服面临的经济困难，党号召军民齐动员，开展大生产运动，进行生产自救，对克服财政经济困难起了决定性作用。1942 年 12 月，毛泽东在陕甘宁边区高级干部会议上做的《经济问题和财政问题》的报告中指出，财政政策虽然影响经济，“但决定财政的却是经济。未有经济无基础而可以解决财政困难的，未有经济不发展而可以使财政充裕的”。报告提出：“发展经济，保障供给，是我们的经济工作和财政工作的总方针”。解决财政困难，“主要从切切实实的有效的经济发展上才能解决。忘记发展经济，忘记开辟财源，而企图从收缩必不可少的财政收支去解决财政困难的保守观点，是不能解决任何问题的”。毛泽东的报告为根据地财政经济工作的发展指明了方向。

三、独立自主，自力更生，依靠自己的力量发展经济

全国抗战初期，在国共再度合作的基础上，针对根据地经济基础极其贫弱，人民需要休养生息的内外部形势，党采取了“争取外援，休养民力”的经济政策，根据地对外援有较大的依赖，国民政府发给的军饷和国内外各界人士的捐款是中国共产党领导的八路军、新四军和根据地政府的主要财政来源。但从一开始，党的领导人就已富有预见性地提出：我们希望有外援，但是我们不能依赖它，我们要依靠自己的努力，依靠全体军民的创造力，

自力更生，发展生产，以支持长期抗战。抗战进入相持阶段后，敌人的不断“扫荡”与顽固派的封锁，直至外援的完全断绝，再加上严重的自然灾害，1940—1941 年，中共中央所在的陕甘宁边区出现了严重的财经困难。针对这种情况，毛泽东指出，军政机关规模增大而外援断绝，一切公用的生活资料和事业经费，只能完全从取之于民与取之于己这两方面来解决。并指出，食之者众，生之者寡，用之者疾，为之者舒，是要塌台的。因此，大批的干部必须从现在的工作或学习岗位上转到经济工作的岗位上去。在陕甘宁边区高级干部会议上所作的《经济问题与财政问题》的报告中，毛泽东明确地提出了“发展经济，保障供给”，将其作为各抗日根据地经济工作和财政工作的总方针。他在报告中强调经济是决定财政的。他批评有些同志不注重发展经济，发展生产，整天在财政上打算盘、绕圈子的保守的错误财政观点，指出：“财政政策的好坏固然足以影响经济，但决定财政的却是经济。未有经济无基础而可以解决财政困难的，未有经济不发展而可以使财政充裕的。”“如果不发展人民经济和公营经济，我们就只有束手待毙。”① 指出各根据地必须以发展生产来作为克服经济和财政困难的根本途径。

面对严峻的经济形势，中共中央在党内指示中指出：“认真地精细地而不是粗枝大叶地去组织各根据地上的经济，达到自给自足的目的，是长期支持根据地的基本环节。”这一主张是与抗日根据地的环境紧密相联的。由于各抗日根据地处于被分割的游击战争的农村环境，经济上又得不到任何援助，所以必须建立自给自足的经济，这是粉碎敌人经济封锁的唯一保证。边区地处广大农村，有丰富的资源，众多的人口，固有的技术，这是实现自给自足的条件。因此，建立自给自足经济，不仅具有必要性，而

① 《毛泽东选集》第 3 卷，人民出版社 1991 年版，第 891—892 页。

且具有可能性。要自力更生，必须因地制宜，一切从现实所具备的条件出发。中国共产党根据当时根据地地处农村的环境，根据当时最大的需要是粮食这一客观现实，提出了以农业为主体，全面发展解放区经济的方针，认为这是“抗日根据地财政经济政策的第一等任务，是发展整个经济的先决条件”。在工业方面，发展重点是小型工业，特别是手工业和家庭工业，且着重生产日用品，这都是从当时根据地的条件，因地制宜提出的正确主张。正是立足于自己的力量，立足于现有的条件，抗日根据地的经济迅速发展起来，“他们以极少的资本，落后的技术条件，发展了农业、手工业、运输业与商业，有些还开设了规模较大的纺织及造纸工厂”。

为实现自给自足的目标，党进一步发出“广泛开展生产运动”的号召，要求根据地军民在根据地内实行自己动手、克服困难的大生产运动，用自己动手的方法达到丰衣足食的目的。毛泽东指出：“由于是农村，由于是经常被敌人摧残的农村，由于是长期战争的农村，部队和机关就必须生产。由于是分散的游击战争，部队和机关也可能生产。在我们陕甘宁边区，则更由于部队和机关的人数和边区人口比较，所占比例太大，如果不自己生产，则势将饿饭。因此，我们决定开展大规模的生产运动。”八路军新四军这支军队“要当两支用，一方面打仗，一方面生产”，边区部队机关学校的生产运动迅速由半自给转到完全自给。三五九旅首先执行朱德所倡导的屯田政策，把主力开进延安南面的南泥湾实行屯垦，开展以农业为主的生产运动，并取得良好成效。

延安时期，党领导的各根据地范围广泛的生产自给运动，是中国共产党坚持持久抗战，争取全国胜利的重要战略性措施。通过“自己动手，丰衣足食”的军民大生产运动，各根据地实行了自给自足，最终战胜了灾荒，渡过了困难时期，更打碎了敌人的封锁。证明只有独立自主，自力更生，依靠自己的力量进行经济建设，才能战胜困难，坚持抗战。因此，依靠自己的努力，依靠群众开展经济建设，是中国共产党领导人民取得胜利的制胜之道。

四、经济建设的开展要与人民利益相结合，以人民利益为根本出发点

延安时期经济工作中，中国共产党始终代表中国最广大人民的根本利益，始终将经济工作与民众利益结合起来，成为这一时期党的经济工作的重要特征。“我们共产党人区别于其他任何政党的又一个显著的标志，就是和最广大的人民群众取得最密切的联系。全心全意地为人民服务，一刻也不脱离群众；一切从人民的利益出发”。[①] 延安时期的各革命根据地多处于贫困偏远地区，生产力极不发达，又处在敌人的封锁包围之下，人民生活困苦。中国共产党要想得到广大人民群众的拥护，激发人民群众参加革命和建设，就必须真心实意地为群众谋福利，要给人民以看得见的物质福利。毛泽东在《经济问题与财政问题》一文中指出：“一切空话都是无用的，必须给人民以看得见的物质福利。”“我们有什么东西可以给予人民呢？就目前陕甘宁边区的条件说来，就是组织人民、领导人民、帮助人民发展生产，增加他们的物质福利，并在这个基础上一步一步地提高他们的政治觉悟与文化程度。”[②]

因此，党只有在革命根据地搞好经济建设，发展生产力，搞好经济建设，才能为党领导的革命战争提高生存和发展的物质基础，才能改善人民群众的生活，给人民以看得见的物质福利；才能团结和教育人民，为争取战争的胜利而奋斗。“只有经济发展

---

① 《毛泽东选集》第3卷，人民出版社1991年版，第1094—1095页。

② 《毛泽东文集》第2卷，人民出版社1993年版，第467页。

了才能使新的社会制度获得巩固的基础”，才能拿出“建设的榜样”给全国人民看，得到人民的真正信服。[①] 为此，中国共产党不仅强调在抗日根据地不发生大的战争突变情况下要以经济建设为中心的思想，同时也提出了发展经济的一系列方针、原则和政策，努力改善人民生活。诸如提出“适当地改善工人生活和不妨碍资本主义经济正当发展的两重性的”劳动政策，“要求地主减租减息又规定农民部分地交租交息的两重性的”土地政策，推广“公私兼顾”、有利于资本主义的经济成分发展的社会经济政策等；制定出发展经济，保障供给的财政经济工作的总方针；自己动手，丰衣足食的方针；自力更生，艰苦奋斗的方针；发展生产，厉行节约，生产和节约并重的方针等。

在经济工作中以人民利益为根本出发点，也是由中国共产党始终代表着中国最广大人民的根本利益这一伟大使命所决定的。延安时期，党在处理战时财政与经济建设的关系时，不仅强调要通过发展经济，保障供给，而且强调在要求人们支持军政财政、供给军粮时不要忘记人民的利益，毛泽东在谈到人民支持解放区的财政、支持抗战事业时，要求共产党不要忘记人民给予的帮助，他说：“为了抗日和建国的需要，人民是应该负担的，人民很知道这种必要性。……但是我们一方面取之于民，一方面就要使人民经济有所增长，有所补充。这就是对人民的农业、畜牧业、手工业、盐业和商业，采取帮助其发展的适当步骤和办法，使人民有所失同时又有所得，并且使所得大于所失，才能支持长期的抗日战争。”[②] 当时的战争环境下，党领导的根据地人民在自己生活极为困难的情况下向政府纳税，以供养军队和党政工作人员。针对有些党政工作人员主张增加税收，加大人民的负担，解

① 《毛泽东文集》第3卷，人民出版社1996年版，第125页。
② 《毛泽东选集》第3卷，人民出版社1991年版，第893—894页。

决财政困难的提议，毛泽东批评说，这些人不顾人民的困难，只顾军队和政府的需要，竭泽而渔，这是国民党的思想，我们决不能承袭。他提出：“虽在困难时期，我们仍要注意赋税的限度，使负担虽重而民不伤。而一经有了办法，就要减轻人民负担，借以休养民力。”对此，毛泽东一再强调，“我们一方面取之于民，一方面就要使人民经济有所增长，有所补充。这就是对人民的农业、畜牧业、手工业、盐业和商业，采取帮助其发展的适当步骤和办法，使人民有所失同时又有所得，并且所得大于所失，才能支持长期的抗日战争。”1943 年 11 月，毛泽东在中共中央招待陕甘宁边区劳动英雄大会上的讲话中说，如果我们做地方工作的同志脱离了人民群众，不了解群众的情绪，不能够帮助群众组织生产和改善生活，只知道向群众收取救国公粮，不知道用百分之九十的精力帮助群众解决生活困难问题而用百分之十的精力去解决公粮的问题，那就是沾染了官僚主义灰尘，就是沾染了国民党的作风。

根据上述思想，为了减轻人民的负担，延安时期中国共产党对根据地土地政策和农村税费政策作了多次调整。党从土地革命时期的“没收地主土地”转到抗日战争时期的“减租减息”，再到解放战争时期的土地改革，所实行的累进税制和公平负担税收政策，都代表了最广大人民的最根本利益，调动了农民的积极性，终于取得了革命战争的胜利。1937 年至 1938 年，根据地农业税以征收粮食为主，叫作“救国公粮”，即按土地的产量累计征税，一次征收，有附加和重征，税率比较低。1940 年至 1942 年，由于日军的“扫荡”，国民党的反共磨擦，边区经济发生困难，中国共产党在各抗日根据地开始实行新税制——统一累进税，即按人们收入多少来征税，这是一种比较科学的征税办法，使人民负担更趋向合理。但由于在当时困难环境下，税收量上有所加重，中国共产党很快意识到这些，及时予以改进，新修订了税收办法，明确规定了各阶层的最高负担限度，使农民负担大大减轻，生产也得到了发展。

在尽量减轻人民负担的同时，党领导的各边区政府在极端困难的条件下，帮助人民发展农业、畜牧业、手工业和商业，尽量给人民带来利益。中共中央和各根据地政府采取了帮助群众发展生产和军队开展生产自给运动两方面相结合的措施，以减轻人民负担。实践中，一方面，在极端困难的条件下，帮助人民发展农业、畜牧业、手工业和商业，尽量给人民带来利益。如陕甘宁边区克服财力紧张的困难，筹集资金，加强对农业的投入，兴修水利，制造农具，帮助群众购买耕牛种子，受到农民极大欢迎，带动了人民生产的积极性。另一方面，在边区开展组织农民、农业互助合作运动，在生产季节提供农业贷款，加强农业水利的兴修，为战胜自然灾害，发展农业生产，为提高边区群众生活水平提供了条件。

而且，为切实减轻人民负担，中共中央号召部队、机关参加生产，开展了轰轰烈烈的大生产运动，自给自足解决一部分需要，以减轻人民负担。当时提出的军队生产的任务指标原则是，后方留守的边区部队要实现包括粮食、被服和其他一切物品的全部自给，根据地巩固区要实现80%的自给，根据地边沿区和游击区要实现15%到25%的自给。军队的生产自给运动既解决了自己的一部分需要，又可少向民众要钱要粮，使人民群众眼前利益与长远利益统一于党的经济政策之中。中共中央还虚心采纳民主人士的建议，实行精兵简政，1941年12月，中共中央发出“精兵简政”指示后，北方局及所属各分局立即贯彻落实。从1942年至1944年，华北各抗日根据地经过几次大的精简，基本上达到了中央规定的脱产人员不超过根据地负担人口百分之三（其中军队系统人员占百分之二，党政民系统人员占百分之一）的要求。在山东，精简后的脱产人员仅占根据地总人口的百分之二点四。精兵简政从根本上减轻了财政压力和人民负担，对促进根据地建设和对敌斗争起了积极作用，也成为党加强经济建设的一项重要措施。

在正确的经济发展思想指导下，经过军民的努力，党领导的农村革命根据地的经济条件得到了切实的提高，边区群众的生活水平得以显著改善，极大激发了根据地各阶层人民参与各项建设事业的热情，从而为党的领导奠定了坚实的群众基础。正如时任边区主席的任弼时所说：“只有发展经济，发展生产，使人民丰衣足食，然后政府才能富足，更有力量去进行其他建设事业；也只有在人民更加丰衣足食的基础之上，才能更加提高人民的政治觉悟和文化程度，更加发扬人民拥护这个政权和参加其他建设事业的积极性；只有提高边区的生产，切实地解决人民生活中的实际问题，才能巩固我们边区政权的基础。”①

五、注意调动一切积极因素，发动广大民众参与经济建设

开展经济工作必须注意调动一切积极因素，必须发动广大民众参与，调动一切积极因素为经济建设服务。这是中国共产党在延安时期领导经济工作的一个鲜明的特色和成功经验。延安时期面对复杂的国际国内局势，面对经济上所面临的重重困难，中国共产党认识到搞经济建设，不是一个人或者少数人能够完成的，必须发动广大民众参与，即调动一切积极因素为经济建设服务。

为此，中国共产党首先针对抗日战争这一全民战争的特殊性，实施了民族的经济政策，党提出抗日战争是一场全民族参与的反侵略战争，要打败日本侵略者，就必须联合一切抗日的人们，包括坚持抗日的大地主大资产阶级，结成广泛的抗日民族统

① 《任弼时选集》，人民出版社 1987 年版，第 157 页。

一战线，实现全面的全民族的抗战。所以中国共产党要领导各抗日根据地经济建设，也就必须发动和依靠广大的人民群众，调动各方面的积极性。根据这一思想，1937年8月22日中共中央召开的洛川会议上提出的《抗日救国十大纲领》，第一次以纲领的形式明确把减租减息作为抗战时期中国共产党在农村地区的基本政策。它将在土地革命时期实行的“耕者有其田”的政策改为地主减租减息的政策，以改善农民生活，解决农民的民生问题，从而调动农民的抗日积极性；另一方面它又要求农民交租交息，在一定程度照顾到地主富农的利益，对于推动国民党抗日和根据地地主参与抗日起到积极作用，从而体现了民族斗争和阶级斗争的一致性，有利于社会各阶层参与到抗日战争中去。1943年，中共中央公布的《为抗战六周年纪念宣言》中，明确提出：“我们认为应该为着发展生产，而实行一个调节各阶级经济利益的民主集中的经济政策。动员全国的军队一面抗战，一面生产；动员全国一切机关学校，一面工作学习，一面生产；动员全国农民增加生产，同时坚决实行减租减息政策；动员全国工人增加生产，同时增加工人的工资；保护中小工业的生产，使之不受官僚资本与投机商业的打击；在实行这些新的经济政策时，必须首先废除一切妨碍公私生产积极性的现行财政经济政策”。在根据地，中国共产党注重同时发展公营经济和私营经济。公私兼顾、军民兼顾，共同发展，推动根据地经济的发展。在资本主义企业中，一方面，工人要增加工资，减少工时；另一方面，又强调：在革命战争时期，不能机械地执行工人八小时工作制，不能无条件增加工资。这样，既照顾了农民阶级的利益，也照顾了地主阶级的利益；既照顾了工人的利益，也照顾了资本家的利益。这就能够充分调动各个阶级和阶层的积极性，调动一切积极因素参加经济建设。

鼓励私人资本主义的发展，利用资本主义，是中国共产党延安时期经济工作的又一个突出特点。党在延安时期的经济建设中实施了新民主主义的经济政策，注重发展多种所有制，调动各种经济成分的积极性，在实事求是地分析和认识当时中国的现实国情的基础上，中国共产党认为，当时的中国是一个半殖民地半封建社会，经济十分落后，处于外国帝国主义和本国封建主义的压迫之下，与它们相比，资本主义当然是一种进步的经济形态，利用这种进步的经济形态，带动社会经济的发展，是十分必要的。在中国，没有资产阶级性质的彻底的民主革命，没有私人资本主义经济一定程度的发展，要想在半殖民地半封建的中国建立起社会主义社会是不可能的。因此，在根据地经济建设中，中国共产党提出了“奖励私人企业、保护私有财产”的政策，帮助私人资本主义企业发展。中共中央和根据地各级政府采取各种办法，帮助私营企业发展经济，如政府对私营工厂实行投资、贷款、订货等措施，保证他们有资金来源、原料来源，有产品销路，有利润可赚，从而使私营工厂得以与公营工厂同时发展。政府还从公营工厂抽调技术人员到私人企业中去指导技术，解决生产中的问题，促进私营企业发展。毛泽东对此进行了深刻的剖析，他说：“现在的中国是多了一个外国的帝国主义和一个本国的封建主义，而不是多了一个本国的资本主义，相反地，我们的资本主义是太少了……我们共产党人根据自己对于马克思主义的社会发展规律的认识，明确地知道，在中国的条件下，在新民主主义的国家制度下，除了国家自己的经济，劳动人民的个体经济和合作社经济之外，一定要让私人资本主义经济在不能操纵国民生计的范围内获得发展的便利，才能有益于社会的向前发展。”① 中国共产党在新民主主义经济建设中，不但不消灭资本主义，相反保护、利用资本主义，并促进其发展，而私营经济的发展也带动了整个根据地经济的繁荣。

① 《毛泽东选集》第3卷，人民出版社1991年版，第1060页。

后　记

在中国延安精神研究会的科学指导和精心组织下，中共中央在延安十三年史（7）《经济建设史》终于完成了。写作过程的艰辛远远超过了我们的预期。解放后对党史研究很重视，编辑了大量的陕甘宁边区史料，发表了大量的研究成果，从这些原始资料和研究成果中寻找出历史发展的线索，探寻历史的发展规律，使我们耗费了大量的精力。好在我们怀着对中共中央在延安十三年历史成就的敬意和延安精神所鼓舞的志气，还是经过努力完成了这一任务。

要完成这一浩大的研究工程，非一人之力而可为。因此，这本书是我和我的博士、硕士研究生共同努力的结果。参加本书资料整理和写作的研究生分别是：第一章：赵鹏；第二章：李瑞敏；第三章：魏鹏娟；第四章：袁二护；第五章：贺佳；第六章：魏鹏娟；第七章：王强；第八章：张启云（西安外事学院思政部）；第九章：张爱娇；第十章：魏鹏娟。其中，魏鹏娟博士做了大量的工作，她不仅承担了大部分章节的研究和写作任务，而且帮助我组织了这一研究项目的协调和技术处理工作。没有她的帮助，这本书是很难如期完成的。

感谢中国延安精神研究会的领导和同志们对我们的信任，感谢研究会于力群老师对我们热情、耐心和友好的管理服务，他的努力使我们感到了北京和延安心的相通。感谢陕西省社会科学联合会对我们的信任和支持，感谢联合会副主席何泽标的关心和指导；感谢延安革命历史博物馆对我们的倾力支持，使我们比较顺利地完成了主要资料的搜集工作。还要感谢西北大学各级领导同志的关怀和支持。这本书应该是许多同志共同努力的产物。

由于我们的知识浅陋，专业功力有限，本书还会存在不足和问题，敬请广大读者和专家多多提出宝贵意见。

最后，需要说的是：感谢耸立的延安宝塔山和汩汩流淌的延河，它们永远是激励我们前进的灯塔和力量的源泉！

作者

2014年12月于西北大学五车斋

图书在版编目(CIP)数据

经济建设史/李刚,魏鹏娟主编;中国延安精神研究会编.
—北京:中共党史出版社,2016.8(2022.6 重印)
(中共中央在延安十三年史)
ISBN 978-7-5098-3578-4

Ⅰ.①经… Ⅱ.①李… ②魏… ③中…Ⅲ.①陕甘宁抗日根据地—经济建设—经济史—1935~1948
Ⅳ.①F129.6

中国版本图书馆 CIP 数据核字(2016)第 021421 号

出版发行:中共党史出版社
责任编辑:潘　鹏
责任校对:龚秀华
责任印制:谷智宇
社　　址:北京市海淀区芙蓉里南街6号院1号楼
邮　　编:100080
网　　址:www.dscbs.com
经　　销:新华书店
印　　刷:北京盛通印刷股份有限公司
开　　本:160mm×230mm　1/16
字　　数:366 千字
印　　张:30
印　　数:1551—3550 册
版　　次:2016 年 8 月第 1 版
印　　次:2022 年 6 月第 2 次印刷

ISBN 978-7-5098-3578-4
定　　价:65.00 元